21世纪高等院校
会展管理精品教材

企业活动策划——
理论、方法与实务

李玺 叶升 编著

Corporate
Planning
Event
Theory
and Practice

清华大学出版社
北京

内 容 简 介

本书以企业品牌建设和战略管理为基本理念，综合事件策划、事件管理、品牌管理、战略管理、企业文化等多个角度的内容与要素，以企业运营中出现的现实情境为线索，将公司活动策划理论、实务与工具相结合。为读者系统提供公司在庆典、营销、公关、奖励旅游、会议、展览等活动策划时的理论、方法与工具。适合各类企业的管理人员、活动策划公司以及会展、事件管理专业学生学习及参考使用。

图书在版编目（CIP）数据

企业活动策划：理论、方法与实务/李玺，叶升编著. —北京：清华大学出版社，2014（2024.2重印）
（21世纪高等院校会展管理精品教材）
ISBN 978-7-302-35779-7

Ⅰ. ①企…　Ⅱ. ①李… ②叶…　Ⅲ. ①企业管理—高等学校—教材　Ⅳ. ①F270

中国版本图书馆 CIP 数据核字（2014）第 060853 号

责任编辑：陆浥晨
封面设计：张　冉
责任校对：宋玉莲
责任印制：沈　露

出版发行：清华大学出版社
网　　　址：https：//www.tup.com.cn，https：//www.wqxuetang.com
地　　　址：北京清华大学学研大厦 A 座　　　　邮　　编：100084
社　总　机：010-83470000　　　　　　　　　邮　　购：010-62786544
投稿与读者服务：010-62776969，c-service@tup.tsinghua.edu.cn
质量反馈：010-62772015，zhiliang@tup.tsinghua.edu.cn
印　装　者：三河市龙大印装有限公司
经　　销：全国新华书店
开　　本：185mm×230mm　　印　张：30　　　字　　数：632 千字
版　　次：2014 年 8 月第 1 版　　　　　　　　印　　次：2024 年 2 月第 10 次印刷
定　　价：69.00 元

产品编号：047192-02

前 言

企业是社会经济发展中重要的经济单元,被视作经济体中的细胞。因此,企业的发展与管理一直以来都备受社会各界的关注,相关学术成果和研究也不胜枚举。从企业管理的内容演变来看,经历了从生产管理、产品管理向人力资源管理、服务管理和品牌管理的转变;从企业管理的层面上来看,实现了由对内部资源的管理,向内外要素综合统筹管理的转变;从企业管理的理念演变来看,企业管理经过了从经营管理向战略管理的转变。可见,企业管理的内容、方法与理念都在不断发生着变化。实际上,无论管理方法和理念如何转变,我们都可以将企业管理的内容和对象概括为三个方面:市场管理——消费者;员工管理——内部顾客;资源管理——生产要素。作为现代企业管理者,需要顺应企业管理理念的变革方向,不断拓展视野,更新管理思想和方法。

然而,推动企业管理理念和方法不断发展的实际上是我们所处的环境。从社会经济发展的形态来看,我们依次经历了农业经济、产品经济、服务经济和体验经济等发展阶段。目前,我们正处于体验经济的发展阶段。所谓体验经济主要包含体验式生产和体验式消费两个概念,这两个概念正是与企业管理中的消费者和员工有关。为此,现代企业非常注重在产品和服务的生产、营销、人力资源等管理环节中,采取体验式的创新管理方法,让企业的员工和顾客都能通过自身的体验增强对企业的忠诚度和美誉度。

节庆和特殊事件(festival and special event,FSE)是现代体验经济的典型代表之一。作为一般概念,节庆主要指各种传统和现代节日及庆典;而特殊事件则内涵非常广泛,包括了各类会议、展览、赛事、活动等。节庆和特殊事件往往因其具有较高的聚焦度、眼球效应和关联效应,而能够带给每一个参与其中的人深刻的体验,同时,也能带给组织者和举办地巨大的经济利益。世界上不少国家和地区都已经开始借助节庆和特殊事件作为社会和经济发展的推进剂。节庆和特殊事件在企业管理中,同样也有广阔的拓展空间。例如,在会议和奖励旅游产业中,企业每年举办的各类会议及奖励旅游活动的数量和规模都具有较大影响力。目前,尽管人们对于节庆和特殊事件或会展行业的关注度大幅提升,然而,国内外现有的研究和著述大多是立足于会展产业的角度,探讨会展产业的发展与策划问题。而以企业为核心,站在企业的角度探讨如何借助特殊事件和活动来创新企业发展的研究和成果尚不多见。

　　本书站在企业发展的角度,以企业发展和经营管理中可能接触到的事件活动为研究对象,探讨企业活动策划的理论、方法与实务。全书共分十二章。在第一章中,作者首先对企业的概念和本质进行了多角度探讨,并对事件和活动等本书中的基本概念进行了辨析和界定,以便帮助读者形成一个较为全面和系统的认知。第二章主要向读者介绍了事件和活动的产业体系构成,以及事件活动产业中的利益相关者。第三章侧重于从方法的角度,对策划和创意的理念、方法、工具等进行了系统介绍。第四、五、六、七、八、九章则分别针对在企业发展和管理中较为常见的事件和活动类型:会议、事件营销、公关活动、奖励旅游、展览活动、庆典活动等,从策划和项目管理的角度进行系统阐述,从而让读者对于上述类型活动的策划理论和方法有较为清晰的认知。第十章主要介绍了企业举办特殊事件和活动后,对其效果进行评估的方法。第十一章则针对目前互联网发展和网络社交化的特点,对网络时代下的企业事件活动策划方法进行了分析了介绍,特别是对于企业网络事件的策划方法、流程和注意事项等进行了详细介绍。第十二章从企业事件活动所需的保障体系出发,对企业实现成功的活动策划所需要素进行了阐述。

　　系统性、战略性、时代性、实务性是本书的四大特点。从全书内容体系的组织来看,涉及企业活动策划的概念、不同类型活动的策划及要点、企业活动的绩效评估、企业活动策划的保障体系等内容,覆盖面相对较全。本书在写作中也充分参考和借鉴了国内外相关领域中的研究成果,希望能够为读者提供较为系统和全面的企业事件活动策划的全景影像。企业活动策划与管理应当被置于整个企业的发展战略角度加以关注。因此,本书在各章节中都以战略管理的理念作为指导,强化企业事件活动策划中的战略管理意识和方法。此外,笔者也非常关注该领域内随着时代变化和环境改变而出现的新兴事物,如企业社交网络活动策划等,都成为本书涉及的内容。除了对知识和理论的阐述,本书也非常注重对策划方法、调研技术、评估手段、管理工具等实务知识的介绍,同时,还辅以大量的企业活动策划和管理的案例,让读者能够从理论和实务两方面均获得有益的资讯。

　　本书是由澳门城市大学国际旅游与管理学院客座教授、助理院长李玺博士与联合国教科文组织驻华代表处代表、澳大利亚西澳大学博士叶升女士联合编著完成。其中,李玺博士主要负责第一、二、三、六、八、十一、十二章的写作,叶升博士负责第四、五、七、九、十章的写作,最终由李玺博士编辑统稿。在本书的写作过程中得到了诸多业界和学术界人士的支持,包括海南三亚君澜大酒店总经理王东先生;香港中旅集团珠海海泉湾集团公司项目经理王勇先生;澳门中国国际旅行社经理张希华先生;上海师范大学旅游学院王春雷副教授;山西国际商务会展公司经理、澳门城市大学国际旅游与管理学院博士生李燕燕小姐;澳门科技大学酒店与管理学院陈小连老师;海南三亚学院李昭老师、余燕伶老师等。此外,清华大学出版社在本书的策划和写作过程中,也给予了大量的帮助与支持,在此一并表示感谢!

　　同时,本书在写作中参考和借鉴了许多国内外学者的研究成果。虽然作者已尽力搜寻相关文献,但无奈能力所限,相关研究成果不能一一尽录,缺失和疏漏在所难免。在此,对相关学者表示感激和敬意之余,也希望读者能够多提出宝贵意见,使我们共同进步!

作　者

2014 年 7 月

于澳门

目 录

第一章

事件、活动与企业

引 言

　　企业是现代经济社会和市场体系的基本构成单元之一,企业竞争力的提升和持续发展是每一个企业经营管理者的目标。在信息时代和体验经济时代,各类事件和活动已经成为协助企业实现创新和突破性发展的重要依托。因此,企业经营管理者不仅需要有专业的业务和管理才能,而且需要有适应时代发展需要的事件和活动策划能力。本章的主要目的是引入企业与事件活动的相关概念,并对目前企业发展中面临的时代环境特征,以及事件活动对于企业发展的重要性进行分析。

学习要点

　　(1) 基本概念

　　企业(enterprise)——指依法设立;为消费者提供各类商品和服务;具有特定经营目标,包括营利性及非营利性目标;关注企业内部以及企业与社会间关系的经济组织。

　　事件(event)——节事活动涉及的内容非常广泛,除了各种传统节日以及各种创新节日外,还包括文艺娱乐、商贸会展、体育赛事、文化庆典、教育科学事件等具有特色的活动或非日常性发生的特殊事件。

　　特殊事件(special event)——经过精心组织、策划和管理,具有特定的目标和主题,能够为参与者提供不同于日常生活和工作体验的情境。

　　节事(FSE)——节庆(festival)和特殊事件(special event)的总称,国外学者将其统称为节事(FSE)。

　　(2) 学习目标

　　通过本章的阅读和学习,读者应能够:

　　① 从多个角度阐述企业的内涵和性质;

　　② 理解企业管理创新与企业生命周期之间的关系;

　　③ 辨析事件、节事、特殊事件等概念之间的差异;

　　④ 按照不同标准将事件活动进行分类;

⑤ 理解事件活动的内涵；

⑥ 较为全面的阐述事件活动的正面及负面影响；

⑦ 了解企业发展面临的时代环境和特征；

⑧ 列出企业发展中常见的事件活动类型；

⑨ 说明事件活动对企业运营的影响。

引入案例

企业艺术活动的深远意义

有些企业活动是为企业的直接营利目的而筹划，如营销活动；有些活动是为了增进员工之间的感情而筹划的，如企业的艺术团活动。企业在不断壮大的同时，深入开展艺术活动，营造文艺氛围，有助于将企业形象推向世界前沿。

某大型企业为表示对员工艺术团的支持，不仅建立专门的部门管理艺术团的日常活动，还聘请专业的声乐、舞蹈老师定期对艺术团成员进行指导，并按照艺术团发展需要给予资金支持，在经济上巩固艺术团的发展。

因为企业鼓励大家利用业余时间发展自己的特长爱好，所以员工参与热情高涨，不仅在团队练习和比赛表演中增进了成员之间的友谊，而且营造了积极向上、团结友爱的企业氛围。

评论：企业的文化艺术团以及艺术表演活动是在企业经济实力达到一定水平之后才能成长起来，这种企业文化的塑造形式，一方面能够宣传企业形象，对外增加知名度；另一方面活跃企业氛围，在对内鼓励职工展示个人才艺的同时丰富各级员工生活，缓解职工工作压力。同时，也为企业文化建设增加了丰富文化意蕴与文艺色彩，可谓一举多赢。

第一节　企业内涵的立体化解读

一、企业的概念和内涵

企业是现代经济社会和市场体系的基本构成单元之一，也是本书关注的对象。为此，在深入探讨企业活动策划的相关内容之前，有必要先对企业的概念和内涵做一个立体化的解读。

1. 法学层面之解读

尽管企业已经成为推动社会经济发展的重要力量，人们对于企业的研究成果也较为丰富。但一个不容否认的事实是：到目前为止，法学界还未有对企业形成一个较为系统和被广泛接受的权威界定。

从具体的法律条文来看，李博对我国有关企业的相关法律条文进行了分析，发现法律上确实没有抽象的企业概念。现有的相关企业定义,均是侧重于法学层面。然而,从不同的法学角度出发使用企业概念,会使企业概念表现出不同的含义。

从民商法的角度来看,企业是一种由动产、不动产、债权和债务等构成,为营业目的而结合起来的综合性财产组织体;是连续稳定地从事经济活动的营利性的社会组织。主体的独立性、宗旨的营利性、活动的经营性、存在的持续性是企业的主要特点。

从经济法的角度来看,企业主要指具有一定主体资格的经济组织,它既包括营利性的组织,同时也包括以从事不追求利润为目的的公共财产生产和提供劳务的企业。可见,经济法并未将营利性当作企业的属性,只是强调企业应该依法设立。

2. 社会层面之解读

企业是社会发展的产物,因社会分工的发展而成长壮大。因此,对企业的解读也要关注社会层面的视角。在企业与社会的相关问题研究中,产生了一个专门的学科领域——企业社会学。企业社会学将企业作为一种社会组织,而非单纯意义上的经济组织;不仅研究企业内部的各种关系,还重视研究企业组织的外部职能与社会关系,如企业家与企业的社会责任等。企业权力研究、企业文化研究、企业网络结构研究、企业组织结构研究、政府对企业发展的影响以及社会法律环境的作用等内容,都是企业社会学研究的范畴。

如果从社会学的角度来解构企业的概念,则其可被视为以资本和劳动雇佣关系为基础,融合了各种人际关系的组织;同时,企业又会对外界社会产生不同层次的影响。

从企业内部关系的构成来看,主要包括:投资方,如董事、股东;劳动者,如企业员工。董事希望能够最大限度的进行投资,而股东则希望能够获得较为理想的分红;企业员工则希望能够获得较为理想的收入和福利。在企业的外部关系构成方面,则主要包括消费者、社区、国家等主体。消费者希望能够获得具有较高性价比的商品或服务;社区希望不断优化生活环境、社区形象和经济水平;国家则追求最大限度的税收,并使得企业的经济活动符合国家的政策方向。企业正是处于上述内外关系网络之中的组织形态。

3. 经济层面之解读

人们对于企业的概念之理解,更为主要的还是从经济层面。从企业一词的原意来看,其源于英语中的 enterprise,原意为企图冒险从事某项事业。从宏观角度来看,企业是社会经济运行的基本单位。国家和地区的管理者通常会定期对其进行相应统计和分析,如《中国基本单位统计年鉴》就是针对各类法人单位的统计以及部分限额以上工业企业、建筑业企业、批发和零售业企业、住宿和餐饮业企业的名录。

对于企业的实质,经济学家科斯则使用了交易费用作为媒介,将市场与企业进行对比,从而对企业的含义以及产生原因进行了阐述。按照科斯的理论,所谓交易费用(或交易成本)是指达成一笔交易所要花费的成本,也指买卖过程中所花费的全部时间和货币成本。市场的运行是有成本的,通过形成一个组织,并允许某个权威(如某企业家)来支配资源,就能节约某些市场运行的成本。于是,原先的市场买卖关系被企业内部的计划关系所取代,即市场被企业所取代。因此,从经济学的角度来看,企业是一种能够降低市场交易费用的、与市场不同的组织架构。此后,更是有经济学家给出了"企业＝领导班子＋设备"的直观界定。

综合上述经济学家对企业本质和内涵的探讨,有学者将企业界定为一种生产形式。在同一财产内,人们通过这一形式把企业主以外人员带来的各种生产因素的价格组合起来,以便在市场上出售一种产品或提供服务,并通过这两种价格的差额获得货币方面的收益。

通过从法律、社会以及经济的角度对企业的概念进行解读,不难看出,要全面理解企业的内涵,综合化的视野和角度是不可缺少的。在本书中,所提及的企业是指:依法设立的为消费者提供各类商品和服务并具有特定经营目标,包括营利性及非营利性目标且关注企业内部以及企业与社会间关系的经济组织。

二、企业类型的划分

企业分类就是按照企业自身的特点以及生存、发展的规律,或企业与外部环境的关系,将其划分成不同类别的企业。企业分类对于国家制定经济政策,落实宏观调控,以及引导企业的产生、生存和发展等都具有重要意义。然而,在不同的时空条件下,人们对于企业类型的划分具有一定的主观性。目前,我国较为常见的企业分类如下。

1. 按照企业所属的经济部门

可以分为工业企业、商业企业、交通企业、金融企业、邮电企业、建筑安装企业、水利企业,以及外贸、物资、农林企业等。

2. 按照企业的隶属关系

可以分为中央企业(包括中央和部门直属企业)、地方企业(省、市、县属企业)、乡镇企业、街道企业等;

3. 按照企业技术装备及生产力要素的比重不同

可以分为资金密集型企业、劳动力密集型企业、技术密集型企业、知识密集型企业等。

4. 按照企业的经营模式、雇员人数以及营业收入和资产规模

可以分为大型企业、中型企业和小型企业。

5. 按照企业内部结构

可划分为单一企业和联合企业。学者较为关注的联合企业类型包括:关联公司和虚拟公司。

所谓关联公司是指以股权控制、契约控制(包括组织性契约与债权性契约)为基础,由

若干独立法人组成的,旨在追求控制公司或关联公司整体利益的公司联合体。

虚拟公司则是指是由两个或两个以上的成员公司组成的一种有时限的、暂时的、非固定化的相互依赖、信任、合作的组织,以便以最少的投资、最快的反应速度(或最短的反应时间)对市场机遇做出快速反应。为了共同的利益,每个成员只做自己特长的工作,成员之间是平等合作的伙伴关系,实行知识产权、技能和信息投入共享及资源有偿共享。一旦产品或项目寿命期结束,则成员自动解散或开始新的一轮动态组合过程。例如,网络商店就是典型的虚拟公司。

6. 按照企业的法律地位

可划分为法人企业和非法人企业。

7. 按照企业经济性质

可划分为全民所有制企业、集体所有制企业、私人所有制企业和混合所有制企业。

8. 按照企业形态

可以分为公司企业、合伙企业和独资企业。

9. 按照企业资金的来源方向

可以分为外资企业和内资企业。

此外,随着社会经济的不断发展,还出现了介于企业组织和公民社会组织之间的企业类型。例如,深圳残友集团——致力于扶助残疾人在高科技领域稳定就业;上海社会创新孵化园——打造解决残障人士就业的实训和上岗平台;阿坝州妇女羌绣就业帮扶中心——为汶川地震灾区妇女提供培训和就业等。这类企业,被学术界称为社会企业。该类企业拥有基本的社会目标而不是以最大化股东和所有者的利益为动机,企业所获得的利润都会再投入到企业或社会之中。

三、企业的生命周期及创新

1. 企业生命周期的划分

生命周期理论已经成为当今研究企业管理的重要理论基础之一。企业是社会经济环境中的基本构成单位,与自然界的生命体一样,拥有从出生到成长、成熟、衰老与死亡的周期性。

在划分企业发展阶段时,可分为单一指标划分法和多指标联合划分法两种类型。在采用单一指标划分法时,国外学者大多以组织结构、管理风格等来划分,而国内学者在早期一般采用时间、组织规模或销售额等指标进行企业的生命周期划分。此外,更多的学者认为对企业发展阶段的划分应该综合考虑多个指标,以实现更为全面的企业发展阶段的划分。

从企业发展的周期阶段来看,人们对企业发展阶段性的划分结论各有千秋。如伊查克·爱迪思(Ichak Adizes)将企业生命周期划分为十个时期及三个阶段：即由孕育期、婴儿期、学步期构成的孕育阶段；由青春期、盛年期和稳定期构成的成长阶段；以及由贵族期、官僚化早期、官僚期和死亡期组成的老化阶段。

我国学者陈佳贵则根据企业规模的大小，将生命周期划分为孕育期、求生存期、高速成长期、成熟期、衰退期和蜕变期六个阶段。

罗伯特·E.奎因(Robert E Quinn)和金·S.卡梅隆(Kim S Cameron)则将企业的发展划分为以单一领导、资源汇集为特点的创业期；以非正式沟通渠道、初步形成的集体意识为特点的集体形成期；以规章制度正式化和组织日趋稳定为特征的正式控制期；以分权和业务范围拓展为特点的结构细分期等四个阶段。

无论相关学者对于企业发展的阶段性认知如何，企业生命周期理论都让管理者意识到，在企业发展的不同阶段，会面临不同的问题和挑战，管理者也可以站在战略管理的高度采取不同策略加以应对。

2．企业发展创新

应对生命周期发展规律的最佳选择就是积极主动的推行创新，通过不断优化和创新企业战略管理要素，来实现企业的可持续发展。我国政府早已认识到企业管理创新的重要性，为了促进企业注重管理创新，从 1991 年起，国务院原经贸委批准成立了全国企业管理现代化创新成果审定委员会，该机构负责每年全国企业管理现代化创新成果的审定工作，评定国家级企业管理创新成果，并向全国推广具有典型意义的企业管理经验。该委员会的官方网站[①]显示，截至 2008 年，全国企业管理现代化创新成果评定共举办了 14 届，共有1 119 项管理成果获得奖项。

上述企业创新成果涉及的管理领域包括：战略管理、组织与制度、运营管理、科技创新与知识产权管理、财务管理与资本运作、市场营销、国际化运营、人力资源管理、企业文化、信息化、节能减排与社会责任管理、中国式管理等。陈享光和王选华进一步将其归纳为经营要素的管理创新、管理模式的企业创新、管理活动过程的企业创新等类型。由此可见，企业已经认识到创新对于持续发展的重要性，并表现出了较强的兴趣和关注。

不少业界人士和学者都对企业发展创新的内涵进行了研究和阐述。如沈丽鹏认为管理创新是信息时代企业发展的永恒主题，没有管理创新，企业就难于发展。同时，该研究还强调了企业文化制度创新的重要性。沙波认为企业管理创新的关键是要在管理观念、管理组织、激励机制等方面进行创新，从而构建人本化的组织管理文化。刘崇林更是提出了零度创新的概念，即"人人创新、时时创新、事事创新，不拘形式与内容的创新"，企业管理创新不应该有内容、形式以及团队的限定。在现实中，实施零度创新的标杆企业，如万

---

① 全国企业管理现代化创新成果审定委员会官方网站：http://www.biznovo.org

科集团,海尔集团,中粮集团有限公司等,大多都表现出了良好的抗风险性和高收益性的特点,也进一步验证了管理创新对于企业发展的重要性。

通过上述分析可见,企业是市场经济中的基本构成单元和有机组成部分,具有社会、经济等多重属性。企业的发展遵循生命周期理论的大体规律,需要通过不断的强化创新来实现企业的持续生存与发展。

第二节　事件活动

一、事件的概念

1. 事件与会展的关系辨析

从事件所属的范畴来看,其与现代会展业有较深的渊源。对于这两个概念间的关系,目前存在两种观点。

(1) 观点一:事件属于会展的一个分支

近年来,全球会展业呈现出迅猛发展的态势,会展场馆不断兴建,展览面积不断扩大,展览项目数量和规模也日渐增长。国际展览业协会(UFI)的研究显示,截至 2006 年,全球共有 1 062 个室内展览面积不小于 5 000 平方米的展览场地,室内展览总面积达 2 760 万平方米。

在中国,会展业的年平均增长速度超过 20%。截至 2010 年,全国可供展览的面积达到 1 000 万平方米。在中国举办的各类展会活动数量也同步快速增长,有数据显示,2010 年全国举办的会展项目数量达到 5 040 个,"十一五"期间的年均增长率达到 24%。可见,会展业已经成为中国第三产业中具有举足轻重作用的行业之一。

会展业常被翻译为 MICE industry,对其内涵传统的理解为会议(meeting,主要指公司会议)、奖励旅游(incentive tour)、大型会议(conference,主要指团体、组织会议)和展览会(exhibition 或 exposition)。但随着会展业的不断发展,MICE 中的 E 则拥有了更为丰富的内涵,即节事活动(festival and event)。

(2) 观点二:事件的内涵包括现有的会展活动

实际上,国外学者对于会展业相关问题的研究,更多的侧重于事件管理(event management)的角度。例如,在外文相关研究数据库中,以 MICE 作为研究题目的较为少见,而以 event 作为研究题目的研究文献则相对较多。此外,用会议与事件(conference and event)来表述相关会展活动的情况也较为常见。

另外,事件(event)的内涵正在不断泛化和延展。如 Anton Shone 和 Bryn Parry 在其所著的《成功的事件管理》(*Successful Event Management:A Practical Handbook*)一书中,对现有的事件概念界定进行了评价。在评价裴·杰夫·戈德布莱特(Joe Jeff

Goldblatt)的定义时,他们明确表示,工业展览、体育竞赛以及产品发布会等也应该属于事件的范畴。戴光全等在对西方事件旅游的研究成果进行了梳理后认为,西方所谓的节事活动涉及的内容非常广泛,除了各种传统节日以及各种创新节日外,还包括文艺娱乐、商贸会展、体育赛事、文化庆典、教育科学事件等具有特色的活动或非日常性发生的特殊事件。这就产生了第二种观点,即事件是比会展内涵更为丰富的概念,会展中的各类活动,均可以归纳到事件之中。

在持第二种观点的学者中,有人将事件进一步划分为节庆(festival)和特殊事件(special event),并将其统称为节事(FSE)。有关节事概念的构成,详见图1-1。

图1-1 节事概念的构成

笔者较为认同第二种观点,即事件是一个内涵更为广泛的概念,包括了各种节庆和特殊事件,而本书中所指事件,如无特别说明,均指特殊事件。

2. 事件的概念界定

从人们对事件概念的理解来看,目前,国内外不少学者并未将节庆和特殊事件进行严格区分,并进行界定。大部分的观点和陈述,仍然停留在较为广义的节事活动(FSE)的概念和内涵。

(1) 参与者情绪的角度

有学者从参与者所拥有的欢庆情绪来界定节事。例如,戈德布莱特就较为注重强调事件中欢庆的成分,他指出,所谓节事是指为满足特殊需要,用仪式和典礼进行欢庆的特殊时刻。Jurowskic同样认为庆典活动是一个有主题的、大众共同庆祝的一项活动。吴必虎将节事界定为有主题的公众庆典活动,即城市举办的一系列活动或事件,包括节日、庆典、地方特色产品展览、交易会、博览会、会议以及各种文化、体育等具有特色的活动或非日常发生的特殊事件。

(2) 组织管理和策划的角度

有学者从组织管理和策划的角度对事件进行界定。例如,沈祖祥与张帆在《旅游策划学》中指出:节日盛事活动是指规模不等、有特定主题、在特定的地点或同一区域内定期或不定期举办,能吸引区域内、外大量游客,相异于人们常规的生活线路、活动和节目的各种节日庆典、集会、交易会、博览会、运动会、文化活动等。盖茨也从组织策划的角度指出,节庆事件是短暂的,每一个节庆都有其独特的延续时间、设计、管理以及参与者。其可以是经过设计也可以是没有经过设计。

（3）异于日常生活体验的角度

大部分的学者都对强调了事件参与者所获得的特殊体验。例如,盖茨从参与者体验的角度将事件定义为:为参与者提供的,超出日常生活体验和范围,用以获得休闲、社会、或文化体验的机会。Anton Shone 和 Bryn Parry 也指出特殊事件是指非日常状态的情境,这些情境被人为赋予了休闲、文化、个人或组织的目标。

（4）旅游吸引物的角度

还有学者将节事活动视为一种特殊的旅游形式。例如邹统钎认为节事活动专指以各种节日和盛事的庆祝和举办为核心吸引力的一种特殊旅游。卢晓也认为所谓节事,是指能对人们产生吸引,并有可能被用来规划开发成为消费对象的各类庆典和活动的总和。Retchie 给大型节庆下的定义是:从长期或短期的目的出发,一次性或重复举办的延续时间较短,主要目的在加强外界对旅游目的地的认同,增加其吸引力,提高其经济收入的活动。庄志民也认为,节庆旅游是在一定区域范围内能对旅游产生吸引向性,有可能被用来开发成旅游消费对象的各种节庆事典活动的总和。

本书所指事件没有包括节庆（festival）,因此,在充分吸收了以往学者研究成果的基础上,笔者认为,所谓事件主要指经过精心组织、策划和管理,具有特定的目标和主题,能够为参与者提供不同于日常生活和工作体验的情境。

3. 事件的内涵

（1）事件是产业化的概念

事件的内涵应该从产业的角度加以理解。从发展历史来看,事件产业起源于 20 世纪 50 年代的美国。由于中产阶级追求以服务、健身、娱乐、文化等体现个人尊严和精神需求,因此,涌现了大量的文化庆典、新产品展示、体育比赛等事件。

目前,事件管理已经成为一门新兴的管理科学,旨在对各种公众性、公益性和服务性的社会活动进行综合性、专业化管理以及向家庭乃至个人提供个性化专业化管理,从而实现既定的目标和取得预期的效益,具有跨学科和跨行业的性质。国际上也成立了专业性的节事管理协会及组织,如国际节日和事件联合会（International Festivals ＆ Events Association,IFEA）、国际特殊事件协会（ISES,International Special Events Society）等,也产生了国际性的专业性学术刊物,如《事件管理》（*Event Management*）。

从产业链构成来看,事件产业可以被大体分为上、中、下游等部分。上游方面,主要指事件活动的主办方,如政府、协会以及各种企业等,其产业要素推动了事件产业需求的产生。中游部分则包括了与事件管理、活动组织有关的运营机构或组织,以及与目的地接待有关的产业要素等,其产业要素构成事件产业的重要支撑,是事件活动成功组织的中坚力量。下游层面则主要指事件活动的参与者,在这些群体的共同参与和配合下,事件活动得以圆满举办。事件产业的产业链结构如图1-2所示:

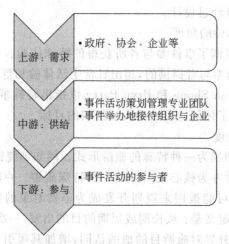

图1-2　事件产业链之上、中、下游结构示意图

从产业主体构成来看,可以将事件产业划分为事件的主办方、事件管理公司、事件产业的供应商(灯光、舞台、音响等)、事件活动的场地,以及各种事件管理的行业协会等。

拓展阅读:主要的国际事件管理行业协会及其认证课程介绍①

1. 国际特殊事件协会(International Special Event Society,ISES)

协会成立于1987年,总部位于美国芝加哥。协会成员由来自38个国家和地区的超过7 200名专业人士组成。成员包括特殊事件策划及餐饮、服务等诸多相关行业和领域的专业人士。

ISES的愿景:致力于提升特殊事件中的创造力、追求卓越和专业的精神。

ISES的使命:国际特殊事件协会的使命是教育,推动和促进特殊事件产业和相关行业的专业人士网络。

协会努力遵循专业操守和道德原则,向一般公众传递系统的特殊事件行业的专业知识;获取并传播有用的业务信息;提升特殊事件专业人员之间的合作精神,并推广较高标准的特殊事件管理实践。

为实现上述愿景,协会采取的战略举措主要包括:协助会员获得知识、推进工作

---

① 资料来源:国际特殊事件协会 http://www.ises.com 和国际节庆协会 http://www.ifea.com

的创新、提供优质的服务和方案等。

国际特殊事件协会每年 8 月在拉斯维加斯举行节事世界大会（ISES event world），主要针对特殊事件领域的最新发展趋势及教育培训领域的内容开展研讨。

同时，该协会还为大众提供特殊事件从业人员认证课程（certified special events professional ，CSEP），以帮助参与课程的人士更好地了解特殊事件行业的前沿和发展趋势。

官方网页网址：http://www.ises.com

2. 国际节庆协会（International Festivals & Events Association，IFEA）

国际节庆协会是世界节日庆典暨特殊事件活动的行业组织机构，创建于 1955 年，其总部设在美国爱达荷州。目前，全世界已经有 50 多个主要国家的超过 3 000 余个行业组织及专业人士成为 IFEA 的团体或个人会员，覆盖了全世界五大洲相关国家和地区。

IFEA 的愿景：形成一个全球统一的行业，通过各种庆祝活动，增强生活中的正面感知。

IFEA 的使命：激励和帮助那些在节事行业中的从业人员，帮助他们实现自己的梦想，建立关系网络和获得持续成功。

IFEA 的宗旨是为会员服务。其服务对象是全球范围内的各国分支机构下属的全体会员，包括节事行业中的各种大小活动、传统节日庆典、现代艺术节、运动竞技赛事、展览会。为了有效地提高节事活动各方面的质量，它为全体会员提供了教育培训的机会和活动运作科学体系。同时，特别针对节庆行业的会员提供利益回报项目，如品牌活动评估报告、全球网络交流平台、年度行业奖励和会员认证、行业高级管理人才资格认证（certified festival & event executive，CFEE），以及在北美、欧洲和澳洲举办年度论坛和研讨会。

官方网页网址：http://www.ifea.com

（2）事件通常具有特定的目标

从事件活动的主办方来看，在其组织事件活动时，通常都希望通过活动达到特定的目标。如企业借助活动进行新品发布、产品的促销和推广、更为有效地激励员工、塑造更加鲜明的企业形象等。正因为如此，作为事件活动的组织和管理者，除了要能够完成事件活动策划组织工作，还要在事件结束后，参照预定的目标，对事件的效果和效率进行评价。

（3）内容及主题经过组织与策划

事件与一般的节日不同，事件活动无论是在主题上还是在内容安排方面，都需要针对活动所期望达到的目标，按照项目策划与管理的基本要求进行设计。事件活动策划与组织工作涉及的内容较为广泛,从宏观层面的事件活动主题选择与定位,到微观和操作层面的场地选择及活动流程等,均需要经过审慎的研究和讨论才能通过。

（4）事件具有跨学科和多元属性

事件策划与管理相关工作在人力资源需求以及产业要素构成上,都体现出较为明显的跨学科和多元化的属性。从事件管理的人力资源需求与培养来看,西方国家早已经形成了完善的事件管理课程体系。例如,美国乔治华盛顿大学就是较早创办事件管理专业的高等院校,该大学每年会招收来自 30 多个国家的学生,培养 4 000 多名事件职业经理人。这些职业经理人任职的领域无所不包,如政府企业的高层管理、事件咨询公司、跨国公共关系公司、国际非政府组织、体育协会,甚至加入总统竞选团队协助进行竞选活动的策划。可见,事件具有多元化和跨行业的应用前景。

同时,事件管理教学的课程体系设置也体现了较为显著的跨学科特点。例如,英国中央兰开夏大学在课程设计方面就主要包括以下四个方面的课程内容:①通用型的服务行业管理类课程,如服务运作管理、服务质量管理等;②事件举办过程管理类课程,如事件策划管理、场地管理、风险与安全管理等;③具体的特定类型的事件管理,如事件营销等;④国际化课程,包括国际食品与文化、国际旅游管理、国际接待行业问题和全球接待管理等。

有学者还对事件管理专业课程及其涉及的理论体系进行了整理,将事件管理过程中所需要的知识体系分为五类,分别是管理类知识、设计类知识、营销类知识、运营类知识,以及风险类知识。事件管理知识结构体系如图 1-3 所示。

图 1-3　事件管理所需的知识体系架构图

由此可见,事件管理从业人员需要具备相对较为广博的知识,要有良好的团队合作精神和沟通协作能力。

二、事件活动的特点

事件活动总体来看,具有以下特点:独特性、无法保存性、注重氛围和服务、无形性、劳动力密集、人际互动性,以及特定的时间等。

1.独特性

就如同世界上没有两片完全相同的树叶,世界上,也没有两个完全相同的事件活动。所谓事件活动的独特性,主要指事件活动的策划、管理、所处环境,以及参与群体等要素都会不断发生变化,因此,不可能存在两个完全相同的事件。例如,个人事件中的生日宴会,即使生日宴会每年都在同一地点举办,参与的人员都保持一致,每年的生日宴会的内容也无法与过去的完全相同。

2.无法保存性

从事件活动的属性来看,其属于服务产品的范畴,难以像有形商品一样加以保存和延续,通常只能借助影像资料对事件活动加以记录和回忆。同时,事件活动的独特性也进一步增强了其无法保存的特性。

3.注重氛围和服务

环境氛围在事件活动的组织管理过程中十分重要,无论事件活动在何种场地举办,组织者都需要在场地内进行适当的装饰、配套特定的设施或设备。如宣传海报、灯光、音响、舞台、背景音乐,以及与活动主题相关的装饰物等。精心设计的活动环境和氛围有助于提升参与者的积极性和热情。同时,事件活动中的服务质量也会对活动的效果产生显著影响。

4.无形性

尽管在事件活动中,存在较多的有形要素,如场地、设施等,但是,从本质上来看,事件提供给参与者的,主要还是一种体验和经历。从事件活动效果的持续性方面来看,无形性的特征不利于人们对参与活动的体验形成深刻的印象。为此,事件活动管理者希望借助各种有形物品来加深参与者对无形体验的认知和印象,如为参与者提供活动全程的录影、制作精美的合影留念的照片、与会人员的通讯录、会议论文集,以及来自活动组织者的小礼物等。

5.劳动力密集性

如前所述,事件活动策划与运营在产业链上具有广泛的第三产业关联性,因此,人力资源的高度集中也成为事件活动的主要特征之一。特别是,随着事件活动参与者规模的扩大和事件本身独特性的提升,活动组织过程中对人力资源的需求也不断增加。例如,具有固定运作模式的宴会、会议,在人力资源的需求和安排方面,有既定的模式和规律可循。但是,当举办一个参与者数量相当,具有独特个性的沙滩音乐派对时,充足且优质的人力资源供应显得更为重要。

6. 人际互动性

与生产有形产品的环节不同,在事件活动中充满了各种类型的人际互动与沟通,如服务者与参与者之间的服务接触、参与者之间的沟通与互动等。这些人际沟通和互动的质量,最终会对参与者的体验价值产生影响。

7. 特定的时间约束性

事件活动的举办,通常都有特定的时间上的限制或安排。例如,一年一度的中国农历新年春节联欢晚会,一定会在大年三十晚上八点钟准时开始,新年的钟声则一定要赶在大年初一零时零分准时敲响等。基本上,重要的庆典和活动,都需要严格遵照之前设计的时间表进行,如总统就职典礼、足球世界杯开幕式、奥运会开幕式等。可以说,时间安排上的约束性,已经成为事件活动组织者需要面对的重大挑战之一。

三、事件活动的分类

由于事件活动涉及的领域非常广泛,因此,需要从多元化的视角来探讨事件活动的分类。从现有的研究结果来看,对事件活动分类的标准有:事件活动的重要性及规模、事件活动的内容、事件活动的产业属性、事件活动的影响范围、事件活动的组织者、事件活动的主题、事件活动内容及形式、参与者参与的程度、事件活动是否盈利等。

其中较具有代表性的事件活动分类方式,主要有以下几种。

1. 按照时间活动的重要性和规模分类

如果按照事件自身影响力的大小和规模来看,Roche 将事件活动分为三种类型:社区事件(community event)、标志性事件(hallmark event),以及大型事件(mega-event)。

所谓社区事件是指活动的参与者以本地和周边地区的居民为主,同时,在媒体的参与、宣传和推广方面,也仅是吸引了本地电视、报刊以及电台的参与。这一类事件的影响力相对较为有限,规模也不会很大,因此,被称为社区事件。较为常见的社区事件,如某些城市的汽车和房产商联合举办的房车联展等活动,通常会借助五一、十一、元旦等节日之际吸引本地居民到场观摩和购买。

盖茨给标志性事件下了明确的定义,即标志性事件是一种重复举办的事件,对于举办地来说,标志性事件具有传统、吸引力、形象或名声等方面的重要性。标志性事件使得举办事件的场所、社区和目的地赢得市场竞争优势。随着时间的消逝,标志性事件将与目的地融为一体,随着举办次数的增加,它会被人们逐渐定格为举办地的标志,甚至是代名词。

这种标志性事件的典型代表,如潍坊风筝节、青岛啤酒节、澳门格兰披治大赛车、西班牙斗牛节等。当人们想到该地区或某种事件时,就一定会将相关事件与特定地点联系起来。盖茨还通过研究,提出了判别标志性事件的标准:目的多元化、节日精神、满足基本需要、独特性、质量、真实性、传统、适应性、殷勤好客、确切性、主题性、象征性、供给能力、便利性等。

大型事件,也有学者称其为超级事件,由于其巨大的影响力、参与者规模和社会经济效益,而成为学者们关注最多的事件类型。超级事件是对城市或国家产生重大社会影响和经济效益的事件,可以极大地促进当地旅游,激发全球媒体报道,创造出非同寻常的知名度。吴志强则认为超级事件有广义和狭义之分。在城市发展过程中,对城市具有长远性、全局性、战略性影响的关键事件都可以构成该城市的大型事件。

在超级事件的界定标准方面,不少学者和机构都进行了相关研究。例如,MARRIS认为超级事件的定义与三个要素有关:参加者的数量、费用、心理;并提出,所谓超级事件,其参加者的数量不应低于一百万,事件创造的经济价值不应低于5亿美元。要成为全球公众生活中不可多得的盛事,事件必然具有非凡的世界性声誉。这也是超级事件能够获得政治支持的关键。而大都市委员会2002年也提出了有关界定超级事件的具体标准:具有一定的代表性;事件的独特性;需要大量投资;影响城市持续的转变;吸引大量游客;吸引国际媒体报道。

上述三种类型事件的特点比较可以总结如表1-1所示。

表1-1 重大事件、标志性事件以及社区事件的特征比较

事件类型	典型案例	目标市场	举办规律及特点	媒体类型及覆盖面
重大事件	世界博览会、奥运会、世界杯足球赛	全球	定期举办,地点不固定	全球媒体普遍加以关注与追踪报道
标志性事件	潍坊风筝节、青岛啤酒节、澳门格兰披治大赛车、西班牙斗牛节	国内/区域	定期、定点举办,具有较高的重复性和规律性	国际媒体、国家级媒体关注和追踪报道
社区事件	乡镇事件/地方社区事件	区域/地方	举办时间和地点并不固定	本地媒体关注报道

2. 按照事件活动涉及的产业或属性分类

盖茨将事先策划的事件活动划分为以下类型。

文化庆典(节日、狂欢节、宗教事件、大型展演、历史纪念活动);

文艺娱乐事件(音乐会、其他表演、文艺展览、授奖仪式);

商贸及会展(展览会/展销会、博览会、会议、广告促销、募捐/筹资活动);

体育赛事(职业比赛、业余竞赛);

教育科学事件(研讨班、专题学术会议、学术讨论会、学术大会、教科发布会);

休闲事件(游戏和趣味体育、娱乐事件);

政治/政府事件(就职典礼、授职/授勋仪式、贵宾 VIP 观礼、群众集会);

私人事件(个人庆典—周年纪念、家庭假日、宗教礼拜,社交事件—舞会/节庆、同学/亲友联欢会)。

3. 按事件活动的组织者分类

从组织者的角度来看,事件活动可以被分为:政府组织事件,如政府出面组织的公益性质的节事活动;组织或协会组织事件;企业组织事件,通常为商业性质的事件活动;私人组织事件等。

此外,还可以按照事件的内容与主题,将其划分为:历史文化类、自然生态类、民俗风情类、地方物产类、科技体育类等。以及按照盈利与否将事件划分为盈利导向事件和公益导向事件。

为了更为清晰地展示事件活动的分类,Slack 分别以复杂性和不确定性为坐标,构建了事件活动分类坐标,如图 1-4 所示:

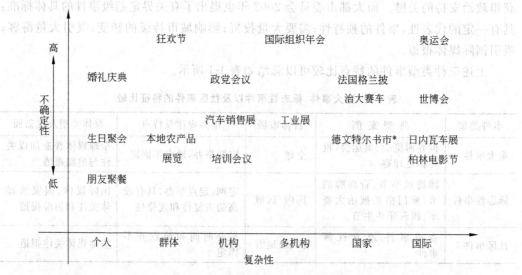

图 1-4　事件活动的分类:按不确定性及复杂性划分

＊德文特尔书市:荷兰东部城市,位于阿姆斯特丹东方约 90 公里处。每年在七月下旬会有一天举办书市,是全荷兰买新书和二手书的集市,也是全欧洲最大的书市。

四、事件活动的影响

事件活动的举办,必将与周边环境和利益相关群体发生互动,从而对其产生各种影响。对事件活动进行影响评估，是目前国内外学者十分关注的热点问题之一。现有关于事件活动的研究成果，从关注的事件活动类型来看，大部分集中在大型事件或周期性举办事件的影响研究方面；从关注的事件活动影响的时间维度来看，主要集中于事前预测分析，而事后跟进研究和分析相对较少；从关注事件活动影响的内容维度来看，研究主要涵盖了社会文化、物质环境、政治与政策、旅游与经济等领域。

在此，笔者将分别从时间维度、内容维度以及主体维度等方面，对一般事件活动的影响进行归纳和总结。

1．从主体维度视角探讨事件活动的影响

按照事件活动的主体，可以将其划分为以下维度：主办方、支持方、举办地、参与者。

在事件活动中，主办方可以是政府、企业、协会、其他组织以及个人，事件活动的举办将为主办方提供与参与者间的更具活力的沟通渠道和工具，从而，更为有效的宣传和推广其自身形象。有研究表明，通过参加展览活动的方式，企业仅需花费常规营销渠道 1/4 的成本，就能够实现既定的形象和产品推广目标。

事件活动支持方，主要指在事件组织过程中，为其提供服务和产品的相关产业部门、组织和个人，事件活动对于这些群体而言，将为其提供更加丰富的市场机会和更强的收入增长动力。王彩萍和徐红罡在对旅游上市公司股票的超常收益进行研究的基础上，认为北京奥运会对于旅游企业的作用是全方面的，旅游业各部门均不同程度地受其影响。

对于事件活动的举办地而言，事件活动的举办将有助于提升该地区的知名度和吸引力。有利于推动区域基础设施和生活环境的优化、改变当地的空间和社会结构、为当地带来更多的投资、为当地提供更多的经济发展机会、提供文化沟通和交流的平台等。

对于事件活动的参与者而言，笔者认为最主要的影响表现在，事件活动为其提供了个性化体验的机会，让其有更多的机会与参与者、主办方、举办地的社区等进行全方位的互动。

2．从时间维度视角探讨事件活动的影响

从时间维度上来看，事件活动的影响可以被分为事前、事中和事后三个阶段。所谓事前影响，主要指决定举办某个特殊事件、处于筹办阶段，但尚未正式举办之前的影响；事中影响则是指在事件举办过程中的影响；事后影响是指事件结束之后所产生的长期或短期的影响。盖茨也认为对事件影响的评价应该按照时间的顺序分为以下三种类型：事前评价（formative evaluation）、过程评价（process evaluation）和事后评价（outcome or summative evaluations）。陆烇麟等学者将事件的影响按照时间先后分别界定为：事前的拉动效应、事中的集聚效应和事后的后续效应。

从现有的研究成果来看，国外学者较为关注事件前后的影响对比。例如，麦哈里克和

斯蒙特(Mihalik&Simonetta)研究了 1992 年和 1993 年格鲁吉亚居民对 1996 年奥运会的感知变化;维特(Waitt)以 2000 年悉尼奥运会为案例比较了 1998 年(奥运会举办前两年)和 2000 年(奥运会举办期间)居民热情度的变化和对经济影响的感知;卡姆和裴存克(Kim&Petrick)以及卡姆、格鲁斯和李(Kim,Gursoy&Lee)对 2002 年世界杯的居民感知变化进行了研究。

国内大部分学者则侧重于大型事件的事前及事后的影响预测,从研究的时间范围来看,以横剖研究为主。例如,周勇和爱普,陈楠、乔光辉和冯云飞就北京居民对奥运会的感知进行的研究;马明对青岛居民对奥运会的影响感知进行了研究;刘静艳和黄西华对广州居民对 2010 年亚运会的影响感知进行了研究等。这些研究均是在重大事件发生以前进行的某一时间点的静态研究,缺乏对事件持续影响的动态评价。

近年来,也有研究者对大型事件对居民的影响展开纵贯研究。例如,许春晓和柴晓敏就针对杭州居民对 2006 年世界休闲博览会影响的感知,分别在休博会召开前、中和后三个阶段进行调研,开展了纵向研究;陈方英也以青岛市承办 2008 年奥运会帆船比赛为例,对城市居民对重大事件的感知与态度的变化开展了纵向研究。

3. 从内容维度视角探讨事件活动的影响

从事件活动的影响内容上看,现有的学者将其主要的精力放在了对事件举办地的影响研究方面,并从社会、经济、文化、环境等角度展开探讨和研究。例如,陆枭麟等将事件的影响效应划分为三个层次的内容,分别是物质层次的影响、社会层次的影响,以及对人的行为产生的影响。此处,笔者在借鉴相关学者研究成果的基础上,将事件活动的影响内容大体划分为两类:一类是物质和经济领域的影响;另一类是社会和文化领域的影响。

(1) 物质和经济领域的影响

从物质和经济领域的影响来看,主要包括对事件举办地公共物品的完善、区域景观的改造与优化、对区域空间结构以及区域经济发展的影响。例如,戴光全论述了 1999 年世博会对昆明城市基础设施建设改造与市政建设发展的影响;埃塞克斯(Essex)和乔克利(Chalkley)则对 1986 年至 2002 年期间夏季和冬季奥运会主办城市在基础设施建设上的表现进行了研究和评价。

除了基础设施得以改善外,城市的旧城区改造和环境优化也是事件活动对举办地产生的物质影响表现之一。例如,许大为和张欣就重大事件对城市发展和景观建设的影响进行了研究。在城市环境影响方面,北京奥运会具有较强的代表性。北京在筹备及举办奥运会期间,共实施了 358 个"绿色奥运"项目,包括 69 项新能源项目、168 项建筑节能项目以及 121 项水资源项目。

国外不少学者的研究结果也表明,大型体育赛事场馆和配套设施的建设是城市更新和城市再开发的催化剂。城市的空间结构会随着事件活动的举办发生改变,特别是大型事件活动的举办。例如,毛蒋兴和闫小培指出,大事件的举办通常伴随着交通系统的变革,而交通系统变革将带来城市空间的显著变化;彭涛则对第六届和第九届全国运动会对广州城市空间发展的影响进行了全面深入的实证分析;陈浩、张京祥等探讨了在世博会影响下昆明城市空间演化的基本特征,认为大型事件已经成为全球化与市场化背景下城市空间生产与再生产的重要方式,显著地推动了城市物质空间与社会空间的演化,最终表现出"时序提前"、"空间轴向生长"与"社会植入"等特征。

　　除了上述城市变革方面的影响外,事件活动的举办还会在经济方面给举办地带来机遇和动力。例如,赵燕菁从投资回报的角度分析,认为事件活动的举办能够人为创造较大的外部需求,从而加速了区域基础设施和公共产品投资的回报。由于事件产业所具有的广泛的产业关联特性,事件活动的举办也能够给举办地带来丰厚的收益和利润。根据英国爱丁堡政府的官方统计,2004 年夏季艺术节为爱丁堡带来 1.35 亿英镑的收入,该艺术节的整体收入约占全城年国民生产总值的 80%;而在热点时段,居民出国度假时,将房子租给观光客或艺术家,其获得的房租收入比出国观光的花费还多。事件活动在经济发展方面的强大影响力由此可见一斑。

　　(2) 社会和文化领域的影响

　　事件活动,特别是大型事件对社会文化方面的影响,主要体现在举办地形象、居民意识,以及地方文化的变化等方面。

　　事件活动带来的巨大的聚焦性和关注度,为举办地提供了宣传自我和取得外界认同的机会,有助于改善举办地的形象。如爱丁堡就是因为每年举办大量的艺术与节事活动而被人们称为艺术与节庆之城。罗奇(M. Rochel)对大型体育赛事与英国谢菲尔德城市形象重塑之间的关系进行了研究,发现大型体育赛事在谢菲尔德由传统的制造业城市转变成为世界闻名的体育城市过程中起了较为关键的作用。同样,2008 年奥运会的举办,使得大量的现代化体育场馆、世界著名建筑相继在北京落成,这让北京的旅游形象从经典而深刻的东方古都转为古典与现代气息兼备的世界名城。

　　从事件活动举办对居民意识的影响来看,相关事件的举办有利于增强社区的认同感。美国政府部门曾经在 1996 年美国亚特兰大奥运会后进行调查,其中一项针对佐治亚州居民的调查显示,93% 的被访居民表示运动会对于城市社区精神的作用是积极的。柴晓敏针对杭州居民进行的调查研究结果显示,在 2011 年杭州休闲博览会举办之后,受访市民在增强自豪感方面的评价,比举办之前有所减弱。一项针对青岛居民在奥运会帆船赛事之后的利益感知调研结果显示,重大事件举办确实可以加强社区凝聚力,促进当地人产生自豪感。同时,该研究也发现,居民在增强自豪感和凝聚力方面,呈现出事件活动之后略微下降的趋势。由此可见,尽管大型事件的举办能够在一定程度上增强居民的认同感和自豪感,但是,这种作用机制会随着事件活动的结束而逐步淡化。

　　在地方文化的传播与交流方面,举办有特色的事件活动,有助于挖掘、整理城市文化资源,弘扬传统文化,促进优秀文化间的交流。例如,北京奥运会期间,北京 26 个奥运文化广场共举办了 672 场文艺演出、20 多个特色鲜明的奥运主题文化展览,以及 7 个主题文化活动;而上海世博会期间,上海共计举办了 2 万场各类演艺表演和娱乐活动,平均每天就有 100 多场。

　　苏格兰艺术局(Scottish Arts Council)2002 年委托民间团体对苏格兰地区的居民做的一项调查也验证了,事件活动的举办对于目的地居民的意识以及文化认同等具有重要意义。该调查显示,96%的受访者认为文化艺术活动对大多数民众极为重要;90%的受访者认为文化艺术活动能促进地区观光业的发展;86%的受访者认为文化艺术活动能促进社区团结;84%的受访者认为如果任何地区丧失文化艺术活动,对当地的居民而言,其价值观将会产生重大且不良的影响;83%的受访者认为文化艺术活动将会提升生活质量。

拓展阅读:艺术与节庆之城——爱丁堡

　　英国苏格兰首府,号称是"欧洲最美丽的城市",也是继格拉斯哥后苏格兰的第二大城市,位于苏格兰东海岸福斯湾南岸。1995 年被联合国教科文组织列为世界文化遗产。截至 2009 年统计人口为 477 660 人,面积为 264 平方公里。

　　爱丁堡是苏格兰最重要的旅游城市,同时,也是一处充满艺术气息的城市,一年之中大大小小的艺术活动不曾间断,每年吸引约 1300 万名游客。每年一到四五月份,各种节日就开始在爱丁堡轮番登场。进入 8 月,达到高潮——爱丁堡艺术节、爱丁堡军乐节、爱丁堡边缘艺术节、爱丁堡国际节、爱丁堡国际图书节、爱丁堡国际故事节等,真可谓大节套小节,精彩纷呈。因而,爱丁堡又有世界"节日之城"的称谓。表 1-2 就列出了爱丁堡在全年中固定举办的部分节事活动。

表 1-2　爱丁堡节庆一览表

月　份	节　事　名　称
3～5 月	爱丁堡木偶戏节(The Edinburgh Puppet Animation Festival)
4 月	爱丁堡国际科学节(The Edinburgh International Science Festival)
5 月	苏格兰国际儿童艺术节(The Scottish International Children's Festival)
6 月	1. Caledonian 啤酒节(Caledonian Beer Festival) 2. 皇家高地秀(The Royal Highland Show)
7 月	爱丁堡国际爵士与蓝调音乐节(The Edinburgh International Jazz and Blues Festival)

续表

月　份	节　事　名　称
8 月	1. 爱丁堡国际艺术节（The Edinburgh International Festival） 2. 爱丁堡艺穗节（The Edinburgh Festival Fringe） 3. 爱丁堡国际学生艺术节（The Edinburgh International Student Festival） 4. 爱丁堡军乐节（The Edinburgh Military Tattoo） 5. 爱丁堡国际电影节（The Edinburgh International Film Festival） 6. 爱丁堡国际书展（The Edinburgh International Book Festival） 7. 卫报爱丁堡电视节（The Guardian Edinburgh International Television Festival） 8. 西城工艺与设计展（West End Craft and Design Fair）
8 月	爱丁堡米拉艺术节（The Edinburgh Mela）
11 月	1. 爱丁堡传统艺术节（The Edinburgh Folk Festival） 2. 苏格兰国际故事节（The Scottish International Storytelling Festival）
12 月	1. 首都圣诞嘉年华（The Capital Christmas） 2. 爱丁堡除夕嘉年华（Edinburgh's Hogmanay）

详情请参阅爱丁堡节事活动的官方网站：http://www. edinburghfestivals. co. uk/

4. 事件活动举办的负面影响

事件活动也是一把双刃剑,除了给相关利益者带来较为积极和正面的影响外,事件活动本身也可能引发一些负面的效应。

国内外有不少学者早已经关注到事件活动举办的负面影响,如布吕内(Brunet)在研究了巴塞罗那奥运会的影响机制后认为,奥运会对巴塞罗那的城市复兴和城市吸引力的提升做出了重大贡献;但是,奥运会同时也导致巴塞罗那的食物、交通和各种服务的价格明显上涨。

事件活动由于其巨大的集聚效应,也会给举办地带来经济波动的风险。例如,2006年沈阳世界园艺博览会的成功举办,吸引了1200万游客,提升了沈阳东陵区棋盘山的知名度和吸引力,也带动了周边景区的发展。但是,其后续发展却因为园博会的结束,游客数量大幅下降,导致整个区域的经济效益出现滑坡。

从事件活动对举办地社会的负面影响来看,大量的参与者进入事件举办地,无疑会对当地居民的正常生活和工作带来压力。这种社会成本问题,值得相关管理部门关注。例如,陈方英对青岛居民展开研究后发现,奥运会帆船赛后,受访者对"干扰居民生活"的感知,随着时间的推移呈现出不断强化的趋势。

此外,在事件活动导致的基础设施投资和地产开发方面,弱势群体更可能是受害者而非受益者。因此,事件活动举办地的贫困问题可能会加剧,从而加深社会阶层的分化。

从环境的角度来看,事件活动往往会造成环境的压力,如过强的噪音、过多的垃圾、过多的人流和车流导致交通拥堵等。2010年纽约时代广场倒数欢庆新年活动结束后,纽约市卫生局官员就表示,从跨年活动现场清走的垃圾竟有40吨。

过度的商业化、失去原真性等问题也经常被研究者提及。赫尔(Hall)就曾经列举了事件活动会给举办地造成的正面及负面影响,如表1-3所示。

表1-3　事件活动的正面及负面影响

影响的领域	正　面　影　响	负　面　影　响
社会文化领域	• 分享体验 • 使传统恢复活力 • 形成社区自豪感 • 社区中的小群体被认可 • 提高社区参与程度 • 引进富有挑战性的新理念 • 扩大文化视野	• 社区被异化 • 社区被操纵 • 负面的社区形象 • 引发不良行为 • 滥用钱物 • 社会错位 • 失去舒适性

续表

影响的领域	正面影响	负面影响
政治领域	• 赢得国际威望 • 改善形象 • 促进投资 • 增强社会凝聚力 • 提高行政管理能力	• 需要面对活动失败的风险 • 资金的分配失当 • 缺乏负责制 • 过度的宣传鼓噪 • 社区所有权和控制权的丧失 • 某些意识形态合法化
物质和环境领域	• 美化和优化环境 • 为最佳实践提供模板 • 增强环保意识 • 留下基础设施 • 改善交通通信 • 城市改造和更新	• 造成环境破坏 • 污染 • 破坏遗产遗迹 • 噪声干扰 • 交通拥堵
旅游和经济领域	• 促进本地成为目的地并增加访问量 • 延长游客停留时间 • 更高的产出 • 增加税收收入 • 提升商业行为和意识 • 创造就业机会	• 引起社区抵制旅游业 • 失去原真性 • 对声誉的破坏 • 过度开发 • 通货膨胀 • 造成机会成本 • 财政管理不善 • 财务损失

Hall. 1989,转引自 Johnny Allen，William O'Toole：Festival & Special Event Manangement,John Wiley,2011

第三节　事件活动与企业管理

一、企业发展环境的时代特征

　　随着社会经济水平的发展以及科技的进步,企业所面临的市场环境正发生以下显著的变化。

(一)体验经济、策划设计是核心

1. 体验经济的发展

　　体验与体验经济是在人类社会经济发展过程中,继服务经济之后的发展趋势。美国著名未来学家阿尔文·托夫勒率先提出了体验业(experience industry)的概念,并认为人类社会发展在经历了农业经济、工业经济、服务经济等形态后,将进入体验经济的时代。约瑟夫·派恩以及詹姆斯·吉尔默将体验界定为一种新的价值源泉,是从服务中提炼

出来。

他们用以下的例子来证明体验经济带来的经济效益："用同一种咖啡豆煮成的咖啡，每杯成本价格是 5~25 美分；在街头小餐馆、杂货酒吧，售价为 0.5~1 美元一杯；在一家五星级酒店，售价为 2~5 美元一杯；在意大利威尼斯圣马可广场的弗劳里安咖啡店，络绎不绝的顾客愿意为这样一杯咖啡支付 15 美元……"可见，在体验经济下，消费者在消费时考虑的不仅是产品或服务自身的价值；消费者更关注的是消费过程中的情感需要、产品和服务的个性化以及消费的过程而非结果，消费者更加愿意加入产品及服务生产的过程中。

2. 体验经济的内涵

约瑟夫·派恩以及詹姆斯·吉尔默在对体验经济进行界定的基础上，进一步指出体验由四个部分组成：娱乐、教育、遁世和审美。如果某个产品或服务能够同时具备上述四个功能，则能够为消费者带来最为客观的体验满足。近年来，澳门兴建的，如威尼斯人度假村酒店、澳门银河综合度假城等综合性酒店度假村娱乐项目，规模宏大、功能多元，并在娱乐、教育、遁世以及审美方面取得了较好的平衡，因此，吸引了越来越多的旅游者。

此外，约瑟夫·派恩以及詹姆斯·吉尔默还从体验经济的实现角度，将体验的生产分为三个"S"：满意(satisfaction)、代价(sacrifice)、惊奇(surprise)。其中，满意度是消费者期望与感知之间的差距；代价则是顾客需求与顾客的成本付出之间的差距；惊奇是消费者最终的感知与期望之间的差异。因此，在强化体验经济的过程中，应首先创造消费者的满意，然后减少消费者为该产品或服务付出的代价，最终实现其惊喜。因此，也有学者指出，所谓的体验就是消费者能够对该产品或服务产生记忆。

3. 体验经济下的企业管理

对于体验经济的到来，企业关注的焦点不能仅仅停留在产品质量以及市场需求层面；而应将更多的精力放在如何设计和营造消费者体验方面。曾学清和王忠就提出，企业应该从传统的客户关系管理 CRM 转变为客户体验管理 CEM。同时，体验设计也成为企业管理者较为关心的领域。所谓体验设计是将消费者的参与融入设计中，是企业把服务作为舞台、产品作为道具、环境作为布景，使消费者在商业活动过程中感受到美好的体验过程。蒋侃通过研究，提出企业在推出新的产品和服务时，应该依次执行体验识别、体验设计、体验测试和体验交付等体验设计环节。可见，在体验经济的推动下，企业应该通过各种渠道，吸引消费者参与企业的经营管理行为，并与消费者之间展开情感交流和互动，从而加深消费者对企业的正面记忆。

(二) 信息时代、眼球经济成主导

1. 信息时代的内涵及特征

从信息时代的含义来看，主要指由计算机技术和网络技术推动的，以信息量的爆炸式

增长、信息传播速度的提升、信息处理能力的增强，以及社会运行与管理对信息依赖程度的不断提升为表现的时期。据调查，现在每天在全球出版的书籍大约有一千种，杂志上万种，电视播放数千小时的节目，这个信息产量的数值会随着科技的发展与日俱增。近三十年里，全球的信息产量大大超过了过去五千年的信息产量，因此，人们把当今时代称作"信息爆炸时代"。在信息管理方面，美国管理信息系统专家诺兰提出了信息管理系统进化的六个阶段：初始阶段、传播阶段、控制阶段、集成阶段、数据管理阶段和成熟阶段。其中，后三个阶段属于信息管理的集约化和系统化的阶段，体现了信息时代下企业信息管理和处理的总体特征。

除了上述特点外，还有学者提出，全球经济一体化、竞争的全球化；传统思维的突破与创新；知识经济的发展等也是信息时代下的典型特征。

2. 眼球经济的含义

眼球经济的来源是注意力经济。高德哈博（Michael H. Goldhaber）认为获得注意力就是获得一种持久的财富。在新经济下，这种形式的财富使你在获取任何东西时都能处于优先的位置。诺贝尔经济学奖获得者赫伯特·西蒙也提道："随着信息的发展。有价值的不是信息，而是注意力。"例如，借助名人的吸引力来推广产品和服务；人为制造具有轰动效应的事件，吸引社会广泛关注等，均是吸引力经济推动下的产物。

拓展阅读：眼球经济的经典案例

注意力经济案例之一：大堡礁招聘巡岛人

从 2008 年开始，澳大利亚昆士兰州旅游局向全球征集大堡礁巡岛人，这份既能饱览海景风光，又能在半年时间内拿到 15 万澳元（约合 65 万元人民币）的工作，被认为是全球最好的工作。被聘请的看护员将居住在汉密尔顿岛上一间豪华的海景别墅中，每周只需工作 3 小时，完全的高薪，绝对的轻松。要做的工作只是每天清洁鱼池，喂鱼；收发信件；每周发表文章及上传照片、影片；不定期接受媒体采访；巡游大堡礁水域内其他岛屿等。消息一出，应聘者疯狂发送应聘视频，一度还曾导致网站瘫痪。

其实，此次全球招聘就是澳大利亚昆士兰州旅游局精心策划的一项旅游营销活动，目标即提高当地旅游收入。为此，他们筹划了至少一年，经费预算总计 170 万澳元，涵盖了护岛人 15 万澳元的薪水。据全球各媒体对此次招聘报道的版面大小或时间长短计算的公关价值，目前已超过 1 亿澳元，

注意力经济案例之二：酒庄万元招聘品酒体验者

2009 加州的一家名叫 Murphy-Goode Winery 将向聘用者支付每月 10 000 美元的费用，需要他能够在 Twitter 或者 Facebook 上发表自己的品酒体会。这家酒厂最近将提供一个非常棒的职位，他们在寻找一位葡萄酒作家；他将在加州美丽的索诺玛

谷中的酒庄里住上 6 个月，每天的工作就是品酒与学习酿酒，然后通过 Twitter 或者 Facebook 告诉公众他在那里学习酿酒知识的情况。然后他将得到每月 10 000 美元的报酬。这个幸运儿要符合以下条件：需要将个人的媒体经验，比如每周的博客、日记以及在 Twitter 和 Facebook 发表的文章还有录像或是媒体采访等提交给他们，同时，还需要一段时长 60 秒的录像。很多大城市的人们已经开始了申请工作，里面还不乏媒体名人。

　　注意力经济案例之三：联想乐 Phone A500 20 万年薪招声音经理

　　联想公司借助微博平台公布了一个 20 万年薪招声音经理的招聘启事，引起了网友的广泛关注，该职位没有性别限制，没有学历限制，没有身高容貌限制，安逸轻松，全靠对音乐的喜欢，便可以报名，不设门槛。其主要工作内容为：听音乐，给乐 Phone A500 建议出最好的音质。

3. 信息时代的企业管理

　　在信息时代，企业面临来自全球各地的激烈竞争。同时，消费者也需要从铺天盖地的产品和服务资讯中搜寻对其有帮助的部分。为此，企业需要使用各类智力手段，来提升消费者对企业和产品的关注度。因此，有学者认为，应该研究消费者的心理特征，找到消费者最为关注的产品或服务的属性，然后，从关注程度较高的方面着手进行产品和企业品牌的宣传。企业管理界也相应的出现了一些创新的操作模式，以提升民众对企业的关注度，如通过在影视节目中植入广告来引发大众讨论和关注。例如，在全球热播大片《变形金刚3》中，美特斯·邦威、TCL 电视、伊利舒化奶和联想电脑就成功的将其产品和形象植入其中，引发了人们的广泛关注。在百度搜索引擎上，输入"变形金刚 3＋植入广告"，反馈回来的信息数目多达八十多万条。当然，举办和参与各类会展和节事活动也是业界使用较为频繁，能够实现较好吸引观众眼球的手段之一。

　　（三）品牌竞争、人文关怀为基础

1. 品牌竞争与品牌战略

　　从市场竞争的发展态势和内涵演变来看，大体上可以分为五个发展阶段：产品竞争、技术竞争、资本竞争、品牌竞争和知识竞争。目前，我们仍然处于品牌竞争的时代，品牌已成为当代为最流行的词汇之一，也是企业打造竞争力的重要方向。有调查表明，一个知名品牌能够将产品本身的价格提升 20%～40%，甚至更高，而没有品牌或品牌知名度较低的企业则常常面临被市场淘汰的威胁。同时，品牌的概念和意识已经基本上覆盖了人们所能够接触的一切，既包括有形商品、无形服务、在线网站和服务，又包括人与组织、体育艺术和娱乐业、地理区域，甚至人们的想法和理念等也可以成为品牌化的对象。

人们对品牌的理解大体上可以分为两类，一类是强调品牌的标识和识别等功能；另一类则主要强调品牌的沟通功能。美国市场营销协会就将品牌界定为：品牌是一种名称、术语、标记、符号或设计，或上述要素的组合运用，其目的是借以辨认某个销售者的产品或服务，并使其与竞争对手的产品或服务区别开来。奥美广告公司则认为：品牌就是产品和消费者的关系。也有学者提出：品牌是以产品与服务为载体，以传播与公共关系为纽带，以企业文化为核心，与消费者的沟通手段。

在这样的时代特征下，品牌战略逐步进入企业管理者的视野。所谓品牌战略，是企业以品牌的营造、使用和维护为核心，在分析研究自身条件和外部环境的基础上，所制订的企业总体行动计划。企业实施品牌战略的本质就是要不断积累品牌资产，即基于消费者品牌知识的，对某个特定品牌产品或服务的偏好。

在实施品牌战略的过程中，企业的管理工作又可以分为对外品牌化和对内品牌化两个部分。所谓对外品牌化，是指基于品牌资产的概念和内涵，借助各种品牌要素、品牌资产杠杆、品牌推广手段和渠道，向目标消费者传递品牌知识，如品牌认知、品牌形象等。内部品牌化则是指确保企业中的每一个成员都与品牌及其代表的内涵保持一致。如在生产宠物用品的企业，除了对外积极宣传和推广企业和产品的品牌形象外，还应在公司内部培养员工热爱宠物的企业文化和氛围。

2. 品牌竞争中的人文关怀

尽管品牌战略实施过程中需要使用到许多不同的手段和工具，但是，文化始终在品牌要素中占有较为重要的地位。

从消费者的角度来看，其对品牌的偏好和选择，实际上是对某种文化和生活方式的认可，品牌使产品这一物质形式有了特定的精神内涵。如古驰（GUCCI）就是以"身份与财富之象征"的品牌内涵成为富有的上流社会的消费宠儿，一向被商界人士垂青，时尚之余不失高雅。而在美国汽车文化中，吉普（Jeep）也已成为自由和征服的象征；它本着无限的生命力而设计，追求在恶劣的环境下发挥出产品的最高性能。消费者追求的不仅是这些产品的卓越性能，更加追求产品品牌背后的独特文化底蕴。

从企业品牌战略的角度来看，企业打造强势品牌的基础之一就是要拥有相对稳定且强大的企业文化。这种文化是在企业发展过程中逐步形成的，组织成员普遍接受的价值观念和行为准则，它的独特性成为企业赖以生存的组织精神，并为企业创造价值，形成竞争能力。有学者指出，营造企业文化的目标，主要指向企业员工的精神状态问题，即要在企业员工内部倡导和营造一种积极健康、活泼和谐的精神氛围。从企业文化的内部结构来看，其核心为企业的经营理念和价值观念；外延则为企业员工的行为模式。所以，品牌竞争中的企业应侧重于在人文方面对消费者以及内部员工加以关心。

3. 品牌竞争下的企业管理

综上所述，现代企业管理者，应首先建立品牌战略的发展理念，将打造和提升企业品牌资产作为企业发展的目标。同时,企业管理也要注重对内部和外部顾客的人本化管理。按照现代营销观念的理解,员工属于企业的内部顾客,因此,品牌竞争时代下的企业,应该努力为内部顾客提供人文关怀。目前,已经有不少企业在员工管理方面实施了创新和突破。例如,在 IBM 和思科公司中,传统的等级制度被打破,所有的员工均为平等关系,在工作中相互服务和相互支持。再如,不少企业为了鼓励和激发员工的创新精神,提出技术创新的员工名字命名法。这些管理新举措都有助于企业不断提升内部员工的凝聚力和打造更具个性的企业文化。在向外部顾客和潜在消费者传递企业品牌背后的文化内涵时,可以考虑打文化牌和公关牌。通过间接途径有效传递企业文化和品牌内涵,更能显示出管理者的高明。

　　企业经营决策需要充分考虑所处的环境。通过上述分析可知,现代企业的经营管理行为以及本书中主要关注的企业活动策划,都应该充分体现体验经济、信息时代以及品牌竞争的特点。此外,笔者还认为,企业在进行事件活动策划和管理过程中,管理者还应该树立战略管理的观念,从全局的高度,对企业的系列事件和活动进行统筹安排。

二、企业管理中的事件活动

　　企业管理是对企业的生产经营进行组织、计划、指挥、监督和调节等行为的总称。在企业管理过程中,会涉及一定数量的事件活动,即经过精心组织、策划和管理,具有特定的目标和主题的特殊事件。

　　从涉及的业务范畴来看,企业的活动涉及以下类型:产品发布会、新闻发布会、产品和品牌推广专项营销活动、参与或组织专业或综合类展览、参与投资贸易洽谈会等。

　　从企业发展的生命周期来看,企业活动涉及:开业庆典、重要事件仪式(如成功上市、五星级酒店挂牌)、企业发展战略研讨会等。

　　从针对和参与的主体来看,企业活动可以分为两大类:针对消费者(公众)的事件活动和针对内部员工的事件活动。针对消费者的事件活动主要指以产品和服务推广为主要目的的各类主题营销活动。针对员工的事件活动,包括最佳员工颁奖典礼、员工培训会议、员工拓展训练及团队精神培养、员工年度大会、员工联欢会、员工奖励旅游等活动。

　　Johnny Allen 等也将企业的事件活动按照内部活动和外部活动进行了分类,详见表 1-4。

　　从活动的目的来看,企业活动可以分为以营利为目的和导向的活动和以形象提升为导向的活动两大类。其中,以推广和促进产品服务销售为直接目的的活动均属于盈利为导向的事件活动,如各类促销活动等;而危机及公关活动、品牌形象推广、员工奖励旅游、员工培训等非直接以产品和服务销售为目的之活动,属于形象提升导向的事件活动。

表 1-4　企业常见的内部及外部事件活动列表

内 部 活 动	外 部 活 动	内 部 活 动	外 部 活 动
股东年度大会	开幕典礼	员工社交活动	参加展览
企业务虚会	新产品发布	奖励活动	组织贸易代表团
董事会会议	促销	颁奖晚会	参加贸易展览
管理会议	媒体发布会	销售会议	款待客户
员工培训	宣传活动	经销商网络研讨会	赛事赞助
队伍建设	合影留念活动		

此外,企业管理中的事件活动,还可以按照活动依托的环境分为现实环境中的活动和虚拟网络环境下的活动等。例如,近几年较为流行的借助互联网和社交平台开展的企业产品和服务的营销推广活动,就属于虚拟环境下的事件活动类型。

三、事件活动在企业发展中的作用

1. 事件活动为企业管理者提供了创新管理的手段

企业管理的对象是什么?传统的观点认为,企业管理的对象是企业的生产资料、生产工具和劳动力,即如何利用生产资料、生产工具进行有效生产。也有人将其总结为五个管理的对象,即人、财、物、时间、信息五要素。企业界也流行一种说法:"资产千万级的企业较喜欢关注销售问题;亿元级以上的企业则更为关注企业的组织管理;十亿元级以上的企业,对于风险管理相关的问题十分关注。"这说明,企业管理的内容会因管理者的视角和所处环境而异。但是,从企业管理的本质来看,企业管理就是要科学合理协调配置资源,更好地满足需求。从这个角度来看,事件活动无疑在传统的管理工具和手段基础上,为管理者的管理模式创新提供了方向。事件活动可以更好的整合资源,更为有效的与员工和消费者开展互动,为消费者提供更为生动的产品和服务体验,有效增加消费者购买行为中的情感因素等。

2. 事件活动有利于更有效的提升企业品牌形象

事件活动所特有的强大的吸引力和受关注程度,以及为参与者提供良好的体验性和互动性,都让企业事件成为提升产品或企业形象的有力工具。特别是在体验经济和品牌竞争的时代中,企业与消费者之间的互动成为提升客户忠诚度和保证企业具有持续竞争力的关键。事件活动可以在形式上和内容上实现持续创新。同时,在事件活动的参与形式上,企业也可以充分利用网络提供的线上事件平台,吸引消费者全天候关注和参与。因此,现代企业管理者应该充分认识到事件活动策划及管理对企业形象提升和发展的重要性。

3. 事件活动有助于增强企业的综合效益

经过精心策划的优秀事件活动能够产生较为理想的经济和社会效益,如澳大利亚昆士兰州旅游局策划的招聘大堡礁岛主的活动就以 170 万澳元的投入,产生了超过 1 亿澳元的经济收益,并引发了更多人对大堡礁和生态环境保护的认知。对于具有多元身份的企业而言,其需要在发展中兼顾各方的利益。除了要为消费者创造使用价值和情感体验外,还要为股东、员工创造更多的经济价值。此外,还应兼顾社区和国家的发展需要,协助企业所在地提升社会福利水平。毫无疑问,企业事件活动策划,可以为管理者提供单一投入,多元产出的效果。

本／章小结

本章的主要目的是引入企业与事件活动的相关概念,并对目前企业发展中,面临的时代环境特征进行分析。

本章分别从法学、社会以及经济层面对企业的概念进行了解读,通过多角度探讨企业的具体内涵,笔者将本书中探讨的企业界定为:依法设立;为消费者提供各类商品和服务;具有特定经营目标,包括营利性及非营利性目标;关注企业内部以及企业与社会间关系的经济组织。

企业与自然界的生命体一样,拥有从出生到成长、成熟、衰老与死亡的周期性。应对企业生命周期发展规律的最佳选择就是积极主动的推行创新,通过不断优化和创新企业战略管理要素,来实现企业的可持续发展。

事件(event)是内涵十分广泛的一个概念,其具体的内涵目前仍然在不断泛化和延展。本书所指事件没有包括节庆(festival),主要指经过精心组织、策划和管理,具有特定的目标和主题,能够为参与者提供不同于日常生活和工作体验的情境。

事件的内涵应该从产业的角度加以理解,从事件产业的产业链构成来看,其可以被大体分为上、中、下游等部分;事件通常具有特定的目标,内容及主题经过组织与策划,具有跨学科和多元化的属性特征。事件管理过程中所需要的知识体系可大致分为五类,分别是管理类知识、设计类知识、营销类知识、运营类知识,以及风险类知识等。

随着社会经济水平的发展以及科技的进步,企业所面临的市场环境正发生着显著的变化,具体表现为:体验经济、策划设计是核心;信息时代、眼球经济成主导;品牌竞争、人文关怀为基础。

企业管理是对企业的生产经营进行组织、计划、指挥、监督和调节等行为的总称。在企业管理过程中,会涉及一定数量的事件活动。这些事件活动为企业管理者提供了创新管理的手段,有利于更有效的提升企业品牌形象,同时也有助于增强企业的综合效益。

现代企业的经营管理行为以及本书中主要关注的企业活动策划,都应该充分体现体验经济、信息时代以及品牌竞争的特点。此外，事件活动策划和管理过程中，管理者还应该树立战略管理的观念，从全局的高度，对企业的系列事件和活动进行统筹安排。

复习及思考

1. 企业对产品进行降价促销，这一事件是否能够被称为企业事件？为什么？

2. 请回顾企业管理理念的发展历史，谈谈企业事件管理与企业管理创新之间的关系。

3. 请列出你所经历过，或听说过的企业经营管理中的特殊事件，并分析这些事件给企业带来的影响。

4. 事件活动对于企业而言有哪些负面影响？

引申案例

请阅读下列案例，并思考后面提出的问题：

玉龙雪山，这座全球少有的城市雪山，既是丽江旅游的核心品牌，又是云南现有的两个 5A 级景区之一。根据丽江打造世界级精品旅游胜地的发展目标，玉龙雪山旅游开发区先后投资 10 亿元，在 50 平方公里范围内，开发了甘海子、冰川公园、蓝月谷、云杉坪、牦牛坪等景点以及雪山高尔夫球场和"印象丽江"大型实景演出。十年间，丽江玉龙雪山景区客流量从 2000 年的 72.25 万人次，发展到 2009 年的 230 万人次，年均增长超过 25%。玉龙雪山景区的成功并不是偶然的，其营销管理体系所形成的综合竞争力，活动策划已使其成为中国旅游景区行业的市场领跑者。与有实力的策划公司建立长期合作关系，活动策划保证新的活动创意层出不穷。综观玉龙雪山景区活动策划的特点主要体现为"三个结合"：一是跟民族文化相结合，比如"中国国际东巴文化旅游节"；二是跟体育赛事相结合，比如利用北京奥运会的机遇，加强与各类体育代表团的联系，活动策划展开"雪域高原，牵手奥运"的宣传攻势，筹建高原体育训练基地，吸引运动健儿到丽江进行体育集训。再比如为了吸引企业中高层管理人员，与高尔夫协会、自驾车协会和俱乐部合作，策划国际雪山高尔夫大赛等；三是跟影视作品相结合，比如利用《印象丽江》《一米阳光》《千里走单骑》和《茶马古道》等影视作品及其名人效应，以城市白领阶层为主要促销对象，策划和设计各种话题。此外，玉龙雪山景区在活动策划过程中活动策划比较注重大型旅游文化活动的国际性、时尚性和学术性。比如在"东巴神山"促销活动中，同时举办国际摄影大赛、中瑞姊妹峰节等国际性活动。再比如通过策划"国际东巴文化论坛""重回女儿国"等国际性的学术论坛，吸引国外专家学者，扩大玉龙雪山的海外知名度，进而拓展国际会议市场。

（资料来源：玉龙雪山 http://www.17u.com/blog/article/429736.html）

问题 1：上述玉龙雪山的品牌提升过程，体现了事件活动的什么特点？

问题 2：上述案例中提及的相关事件活动分别属于什么类型？

 ## 网络链接

国际特殊事件协会 ISES，官方网页网址：http://www.ises.com

国际节庆协会 IFEA，官方网页网址：http://www.ifea.com

爱丁堡节事活动的官方网站：http://www.edinburghfestivals.co.uk/

中华节庆会展网，网址：http://www.jhzh.org

中国节庆网，网址：http://www.comfort-i.com

全国节庆网，网址：http://www.qgjqw.com

人民网节会频道，网址：http://expo.people.com.cn

新活动网，网址：http://www.nem365.com

江苏节庆网，网址：http://www.jsfea.com

企业活动策划的基本原理

　　企业活动的策划者,应该对事件活动产业的发展及其基本产业构成有了解,并对主要利益群体及其对企业活动策划的影响有初步的认知。为此,本章的主要目的是向读者介绍事件与活动管理这个大产业的内部要素构成,以及事件活动策划的概念、基本原则等知识。

　　(1) 基本概念

　　产业链——主要指构成同一产业内所有具有连续追加价值关系的活动所构成的价值链关系。

　　相关利益群体——是指在企业中进行了一定的专用性投资,并承担了一定风险的个体和群体,其活动能够影响企业目标的实现或者受到该企业实现其目标过程的影响。

　　行业协会——是指由企业代表自发形成,介于政府和企业之间,并为行业中的企业提供服务、咨询、沟通、监督、公正、自律、协调等服务的社会中介组织。

　　事件活动配套服务供应商——是指在事件活动的策划和组织管理过程中,除了事件活动策划、活动场地外,其他为事件活动的举办提供服务的企业和组织。

　　志愿者——是指自愿奉献自身的时间、精力、技能和经验,自愿承受一定的社会责任,努力完成相关组织和机构分配的各项任务的群体。

　　项目——是指在某些限制条件下,为实现特定目标而产生的一系列相互独立、相互协调、非重复性的活动或资源组合。

　　项目管理——在项目活动中运用知识、技能、工具和技术来实现项目要求。

　　策划——是针对未来将要发生的事情做当前的决策,即找出事物因果关系,衡度未来可采取的途径,作为目前决策的依据。

　　主题——企业活动策划的理念核心。企业活动主题则是在企业活动的策划和实施过程中被不断地展示和强调的一种理念或价值观念。

概念设计——指由分析用户需求到形成概念产品的一系列有序的、可组织的、有目标的设计活动,它表现为一个由粗到精、由模糊到清晰、由具体到抽象的不断进化的过程。

策划书——是策划方案的成果表现形式,是策划思想的实质性载体。

(2) 学习目标

通过本章的阅读和学习,读者应能够:

① 了解事件及活动产业的产业链构成;

② 了解事件及活动产业中的主要利益相关者;

③ 掌握政府及其在事件活动产业中扮演的角色;

④ 了解常见的事件活动行业协会,及其在事件活动产业中扮演的角色;

⑤ 了解事件活动策划人应如何应用利益相关者提升企业活动策划的品质;

⑥ 了解项目、项目管理以及项目策划的概念;

⑦ 掌握项目策划、规划、计划等概念之间的差异;

⑧ 掌握项目策划中主要的创意理念及决策理念;

⑨ 准确理解项目策划的基本原则;

⑩ 系统掌握事件活动策划的内容;

⑪ 了解事件活动策划的大体流程。

引入案例

手表和草帽

20世纪初,在巴伐利亚的一座小城里两位钟表匠展开了竞争。一位叫菲尔德,表艺高超;另一位叫汉斯·威尔斯多夫,表艺不及菲尔德。他想聘任菲尔德,菲尔德不肯;想购买菲尔德的技术,菲尔德还是不肯。于是,汉斯·威尔斯多夫不得不与菲尔德展开竞争。当时,他俩都在攻克防水加自动功能的手表,谁先推出产品,谁就将获得市场先机。

汉斯·威尔斯多夫知道不是菲尔德的对手,怎么办呢? 汉斯·威尔斯多夫获知菲尔德除了表的生意,还做草帽生意。于是汉斯·威尔斯多夫立即指示朋友去向菲尔德订购草帽。菲尔德在接到草帽的订单后,决定将研制手表的工作暂时放一放,先去赶做草帽。

就这样,汉斯·威尔斯多夫赢得了研发时间,率先推出了防水加自动功能手表,取名为"劳力士"。当劳力士手表快速地占领整个市场,并成为世界品牌后,汉斯·威尔斯多夫才指着自家后院那一院子的草帽告诉菲尔德,那就是他的作品。恍然大悟的菲尔德这时悔之晚矣。

案例点评:通过这则劳力士手表诞生的小故事,可以看到,对于竞争中的企业而言,需要讲究竞争的策略。因此,管理者需要掌握较为充分的信息,如产业发展的趋势、相关利益者、竞争对手等,只有掌握了充分的信息,所进行的策划和行动才能获得理想的效果。

第一节　活动策划的相关利益群体

事件活动由于具有较强的关联性和产业带动性,现在已经成长为全球瞩目的产业经济形态。一个好的事件活动策划,需要从产业链的角度来理解事件活动的组织和运行过程,并通过优势资源的相互补充,实现各方利益群体的价值诉求。此处,笔者借用利益相关者的概念,来解析活动策划过程中的有关主体。实际上,利益相关者的概念来源于管理学,主要指在企业中进行了一定的专用性投资,并承担了一定风险的个体和群体,其活动能够影响企业目标的实现或者受到该企业实现其目标过程的影响。如果站在活动策划的产业角度而言,可以将其衍生为在事件活动产业中进行了专用性投资,并承担一定风险的主体,其活动对节事活动的举办产生直接影响。

一、事件活动的产业结构

产业链是产业经济学中的一个核心概念,也是分析产业组织结构的一个重要视角。所谓产业链主要指构成同一产业内所有具有连续追加价值关系的活动所构成的价值链关系。郑学益则从竞争力的角度,认为所谓产业链就是在某些领域具有竞争优势的企业间形成的价值关系,通过这种关联,单个企业的单体优势就转化为一个区域和产业的整体优势,从而形成这个区域和产业的核心竞争力。

李晓莉从产业链的角度对事件活动管理的产业结构进行了剖析,将事件活动的产业链分为上、中、下游三个大的环节。事件产业链的上游主要指政府、协会、公司等事件的主办方;中游环节主要包括组织、运作事件的专业公司,如专业活动组织者(PCO)和目的地营销组织(DMO);下游环节主要指参加事件活动的观众等。除此之外,事件活动的产业链中,还包括对活动成效进行评估的评估咨询机构,这也是事件活动产业链中的一个重要环节。具体的事件活动产业链示意图,如图 2-1 所示。

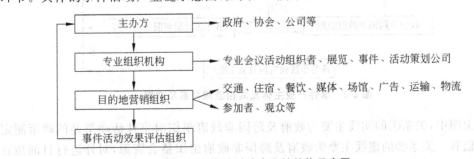

图 2-1　事件活动产业链结构示意图

　　Anton Shone 和 Bryn Parry 也表示,事件活动的举办并非纯粹出于金钱的目的。在事件产业中,除了传统的以商业和营利作为主要目的的主体,如事件管理公司、专业事件组织者以及与事件活动有关的服务商外,还有不少组织、机构、志愿者、个人和慈善机构。这些主体,出于不同的目的,聚集在事件活动的策划和组织过程中。因此,可以将事件活动产业内部的主体分为以下三类:政府投入的基础设施、行业协会以及专业化的事件管理组织;商业化的事件管理和支持企业;志愿者团体、个人,以及慈善机构等。

　　Allen 等则提出,应该将事件活动产业主体分为以下几类:事件组织者、事件管理公司、事件产业相关服务供应商、事件活动场地提供者和管理者、事件行业协会、事件运行的外部监管部门等。

　　参照产业链的概念界定,可以发现其包括了产业链中的主体以及主体间关系两大部分。在事件活动各产业主体之间的关系方面,Getz 将事件活动产业体系中各主体间的关系进行了梳理,并提出了上述群体间的六种关系类型:规则制定者、促进者、联合生产者、供应者、合作者、受众。他进一步表示,这六种类型主体各自的作用及相互关系并不固定,而是随着事件的进程而变化,如政府通常是规则制定者,但有时又是一个合作者或促进者。Spiropoulos 等则认为在事件活动中,利益相关者之间的关系可以大致归纳为三类:市场契约关系、行政规范关系与产品生产关系。

　　综合以上学者关于事件活动产业结构的论述和探讨,笔者认为,事件活动产业主要包括以下类型的主体:政府及跨国非政府组织、事件活动专业组织者及其行业协会、事件活动配套服务提供商、各类非营利机构及义工组织,以及各种事件和活动的主办方。各产业主体之间的主要角色和关系如图 2-2 所示。

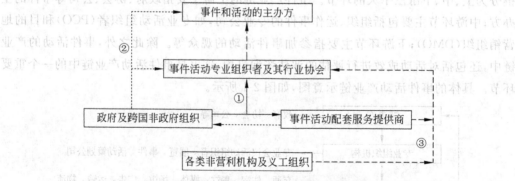

图 2-2　事件产业主体及其相互间关系示意图

　　在上图中,关系①的实线主要为政府及跨国非政府组织对事件活动举办的政策制定和过程监管。关系②的虚线主要为政府及跨国非政府组织整合资源,对外进行目的地宣传,并通过吸引主办方来促进当地事件活动的发展。关系③的较粗虚线主要是按照互补合作的原则,在事件活动专业组织者的运作下,目的地相关配套服务商和非营利机构及义工组织共同为事件和活动的主办方提供事件活动产品和服务。

二、事件活动中的政府机构

1. 政府部门在事件活动中的作用

政府部门在事件活动产业中的角色和作用主要有以下方面。

(1) 制定事件活动产业运行的战略决策。

政府部门通常是区域社会经济发展的总体指导者和规划管理者,因此,政府部门对于事件活动和产业的发展负有战略决策的责任。事件活动的举办能够给政府和当地带来一定的社会影响力和经济驱动力,但同时,若事件投资不能与城市的发展规划相吻合则会造成公共资本的浪费。因此,从区域发展和管理的角度来看,政府部门应该结合区域发展的实际情况,制定事件活动发展的战略规划:明确事件活动发展的战略目标、方向和具体的策略,如发展何种主题的事件、发展何种规模的事件等。

Michelle Whitford 就澳大利亚地方政府的一项研究表明,相关管理决策者在发展事件产业方面通常缺少理性的思考,不能充分考虑事件与目的地发展的关系,更多是从产生轰动效应和政治外交等角度出发考虑问题。进入 21 世纪,在城市转型、地方营销等理念的驱动下,事件活动也成为中国各地政府关注的产业之一。但是,其在举办事件的原因、目的及过程上都缺少战略性规划,对事件结果的期待也很模糊,事件活动产业发展战略的研究也相对滞后。

(2) 为事件活动的举办制定具体的游戏规则,并实施监管。

政府部门也是区域发展游戏规则的制定者。因此,其在产业发展过程中,除了要对产业发展的战略目标加以明确界定外,还应制定较为细致的、具有较强可操作性的规则和指引。例如,制定各类事件活动的申请及审批指引、各类事件活动的管理规定和优先发展的事件活动鼓励政策等。

日本国际观光振兴会,就为在日本举办的特定事件活动提供补助。补助的要件分为以下三点:①预计总参加人数达 200 人以上;②预计参加国家达 10 国以上,国外与会者达 50 人以上;③举办总经费需在 2 500 万日元以上。此外,展览、体育活动、音乐会不在补助范围;补助对象限于主办国际会议的公益性法人或民间非营利组织。

澳门特别行政区政府在推动澳门经济发展多元化的过程中,也推出了不少政策来吸引各类事件活动在澳门举办,如澳门特别行政区政府旅游局就推出了"奖励旅游激励计划"。该奖励计划针对的对象为在澳门筹办奖励旅游活动的主办单位及(或)策划者,该计划资助的内容主要包括奖励活动、团队建立活动、颁奖晚会以及本地交通等。同时,为促进澳门经济适度多元化,进一步推动会展业发展,澳门特别行政区政府经济局也推出会展活动激励计划。该计划透过向在澳门筹办会议展览的主办单位及策划者提供协助及支持,以提升会展业的竞争力,着力将澳门打造成为适合举办各类型会展节事活动的目的地。

 拓展阅读：澳门特别行政区政府旅游局的"奖励旅游激励计划"①

1. 对象及适用范围

于澳门筹办"奖励旅游"的主办单位及/或策划者(以下简称:申请者)。合资格的活动范围可以是以下其一:奖励活动;团队建立活动;颁奖晚会;本地交通。

2. 已确定的活动

奖励旅游规模须达 50 名非澳门参加者或以上,并在澳门最少连续住宿 2 晚酒店。按实际支出计算,每位非澳门参加者最多可获支持澳门币 300 元于澳门进行奖励旅游活动。

小贴士:企业在异地举办各类活动时,应多关注举办地的旅游及事件管理部门的网站,并充分了解相关资讯,以便申请到更多的优惠待遇。

（3）为事件活动的开展提供各类基础设施。

政府的不同部门还为各类事件活动的举办,提供基础设施。特别是旅游、体育、文化、艺术等相关部门,在举办相关主题事件和活动时,往往会成为活动组织者不可缺少的支持力量。

（4）提升当地形象,吸引更多的主办方到当地举办事件活动。

从提升区域形象的角度来看,政府部门当然是承担该责任的不二人选。目前,在政府部门中设立专门的会议与观光局（convention and visitor's bureau,CVB）是政府更为有效的支持和管理事件活动举办的方向。实际上,世界各国设立 CVB 的历史,最早的已超过一百年。会议局是来自美国的概念,是美国在 19 世纪中期,为了提振地方经济的一种做法。正式的会议局则诞生于 1896 年 2 月,是由《底特律日报》记者米尔顿·卡克所创立的底特律会议局。会议观光局通过对事件活动相关行业的协调和整合,而成为带动各城市会议产业的先驱者。

新加坡就是在旅游局下设立了专门的展览会议署,是专责推动新加坡会展业务的主要政府机构,其主要任务是推动商务旅行及商业会展在新加坡的快速发展,并使其成为旅游业发展的主要动力。该机构也协助、配合会展主办方、会展公司及协会开展工作,向国际上介绍新加坡举办国际会展的优越条件,包括会场设施、合作伙伴等,并促销在新加坡举办的各种会展。新加坡展览会议署是全球首个也是唯一一个会议局联盟（Best Cities Global Alliance）的成员,该联盟吸纳了 5 大洲的 8 个成员城市。

---

① 澳门特别行政区政府旅游局网站,www.macautourism.gov.mo

日本也是采取了会议观光局的管理架构模式。日本会议局是日本国际观光振兴机构的一部分,总部设于东京,在纽约、伦敦和首尔均有办事处。日本国际观光振兴机构的海外事务所也是日本会议局的联络据点。日本会议局可代表49个国际会议中心城市,并为有需要的主办方提供最佳会议地点。

在事件管理领域中,通常也将为促进当地事件产业和旅游业持续繁荣的这些非营利机构,称为目的地营销组织(destination marketing organization,DMO)。这些组织机构的运作资金主要来源有部分酒店税收、政府转移支付和私人企业赞助等。

2. 常见的与事件活动有关的政府部门

综合上述政府部门在事件产业发展过程中发挥的作用,可以看到与事件活动发展关系最为紧密的仍然是与旅游行业相关的政府部门。例如上面提及的CVB,其部门结构最主要都是以营销和服务为两大核心主轴。

新加坡会议局除了提供相关信息之外,还提供必要的咨询,并可安排主办者做实地参观考察,协助安排专业考察及眷属活动等。澳洲悉尼会议局则可派出员工协助大会的进行,并争取政府补助。蒙特罗会议局可以提供订房服务;提供临时工作人员,担任行政、注册、接待人员等工作;提供会前、会后活动建议,联系竞标事宜。加拿大温哥华会议局则提供理事会成员免费住宿、早餐、机场接送、欢迎酒会;协助联络机票及会前、会后旅游活动;配合主办单位促销会议活动,提高出席率,现场提供优惠的外汇服务,派人至机场欢迎与会者,并制作欢迎广告牌等。日本会议局则会邀请具有国际会议地点决策能力的贵宾来访,如要在日本举办国际会议或国际组织的决策者;协助制作申办国际会议竞标文件及发给国际观光振兴会会长名义的邀请函;提供或出借活动需要的英文数据、海报、录像带,协助做简报等;甚至,还直接为相关机构和主办方提供经费的补助。类似的旅游相关机构还包括:英国文化、媒体和体育部下属的旅游部门、西班牙产业部下属的旅游和贸易部门等。

这些以旅游为主要管理责任的部门;均整合了旅游相关行业的大量资讯,以便更具针对性的将其提供给事件活动的组织者,从而达到全面营销和推广事件活动举办地,并为组织者提供完善的配套服务的目的。

此外,由于事件活动的种类和主题繁多,除了需要在服务方面有广泛的关联性外,还会因事件活动的主题,与不同领域内的政府部门建立关联。例如,企业在组织或参加展览活动时,将与商务主管部门产生联系。

三、事件活动行业协会及专业化的组织

1. 行业协会及专业化组织的作用

行业协会是指由企业代表自发形成,介于政府和企业之间,并为行业中的企业提供服务、咨询、沟通、监督、公正、自律、协调等服务的社会中介组织。这些行业协会和专业化组

织在事件活动产业的发展过程中,也起到了较为积极的作用。总体来看,事件活动行业的协会及专业化组织所起到的作用可以归纳为以下方面。

（1）代表相关行业的利益,与政府进行沟通。

事件活动行业协会是由事件活动产业内的企业自发形成的组织,代表本行业全体企业的共同利益。通常情况下,行业协会将扮演事件活动企业与政府之间桥梁的角色,在政府与企业之间发挥协调作用。如向政府相关部门传达企业的共同价值诉求、协助政府部门制定和实施事件活动行业的发展规划、相关产业政策、行政法规,以及开展事件活动目的的联合促销推广等。

（2）制定行业规范和行为准则,并进行监管

行业协会除了要在政府部门和企业之间进行协调外,还有一个较为重要的职责,就是制定行业规范和推进行业自律。因此,通常情况下,行业协会需要研究并制定和执行行业规范和各类标准;同时,行业协会还需要出面监管和协调同行业企业之间的经营行为,保证正常的市场竞争秩序。

事件组织者协会（Association of Event Organizer,AEO）是一个构思、设计、发展或管理贸易类和消费类事件活动公司所组成的行业协会。该协会代表其成员的利益,并通过会员的选举产生委员会、专家小组和一个专职的秘书处,以负责整个协会的运行。该协会的目标是,要代表事件活动行业的声音,尽量满足活动组织者的集体诉求,并促进协会成员和行业的整体利益。事件活动组织者协会将与事件活动的供应商和服务协会,以及事件活动场地协会一道,为事件活动的主办方和参与者提供优质的服务。协会成员必须要遵守该协会制定的行为准则。该准则包括了9个方面的条款,如协会会员企业在报告和统计数据时,应该注意统一性和准确性;会员还要准确的统计和提供相关事件活动参与者的基本统计信息;有关事件活动的变更通知条款;为事件活动投保的相关规定;为参与者和组织者提供专业、规范的承建和其他服务等。这些条款对会员在事件活动管理和组织过程中的行为进行了规范化,有利于该行业正常有序的发展。

（3）整合行业资源,为有需要的群体提供服务

在下属会员企业的支持下,行业协会还能够成为一个业界交流的平台和渠道,不断提升会员企业的业务质素和管理运营能力,如协会可以为会员企业提供教育与培训服务、业务和管理咨询等服务。例如,由美国知名国际展览组织——国际展览和事件协会（International Association of Exhibitions and Events,IAEE）主办的展览项目经理认证（certified in exhibition management,CEM）认证课程与考试,目的在提升业者展览管理专业技能,其成效广为展览和事件管理业界所认可;另外,在业界颇负盛名的职业会议经理人认证（the certified meeting professional,CMP）也是由国际会议专业人才协会（Meeting Professionals International,MPI）和国际会议业议会（the Convention Industry Council,CIC）共同开发的。这些培训和认证课程,为事件活动管理业界培养了大量的优秀人才。

拓展阅读：事件和活动领域内的相关认证课程

1. 注册会展经理管理课程(CEM)

美国注册会展经理管理课程(CEM)的英文全称为 certified in exhibition management，由美国国际展览管理协会(IAEM)于 1975 年创立。CEM 旨在提高展览从业人员的专业水准，是面向广大的展览业从业人员，提供一个全面、系统提升展览理论知识和展览实用技巧的培训课程。

美国国际展览管理协会是全世界培养会展专业人才首屈一指的专业机构。迄今为止，共有 3500 多名展览精英取得了 CEM 称号。近年来，美国国际展览管理协会致力于在全球范围内推广全球认可的 CEM(certified in exhibition management)证书。该课程针对的目标人群为来自展览中心、会展公司、会展广告公司、会展服务公司的业内人士；会议承办方和组办方；其他有志于加盟会展事业的精英。

除中国外，该项目正在欧洲、日本和韩国得到发展。中国国际贸易促进委员会(CCPIT)与美国国际展览管理协会(IAEM)合作，在中国独家引进了 CEM 课程体系并对其本土化，使其成为全新的 CEM CHINA 体系。

考试方式方面。CEM CHINA 培训共设 10 门课程，每届分两期举办，每期讲授 5 门课程。课程采取单科考试的形式。考试为 40 分钟闭卷笔试。10 门课程通过后，以学习小组为单位完成一个综合的案例分析，并以书面和小组演示两种方式通过委员会的评审。学员完成全部 10 门课程并通过考核，将获得由美国国际展览管理协会(IAEM)和中国国际贸易委员会(CCPIT)注册，美国 CEM 委员会主席、IAEM 董事会主席、IAEM 主席和中国国际贸易委员会会长签署并颁发的 CEM 证书。

2. 职业会议经理人认证(CMP)

国际会议知名组织：国际会议专业人才协会(Meeting Professionals International, MPI)和国际会议业议会(the Convention Industry Council, CIC)共同发展的职业会议经理人认证(the certified meeting professional, CMP)是全球会议界知名证照之一。目前，全球计有 35 个国家的 9 500 位会议从业人员通过 CMP 考试，取得证书。该证书在业界颇负盛名，领有该证书者在业界较无该证书者年薪高出将近 1 万美元，因此，获得该证书者莫不以此为荣，并在其名片印上 CMP 证照标志。CMP 考试有其难度及深度，在北美地区，即使是具有业界丰富工作经验者，亦须花相当时间准备，才能顺利通过此考试。申请 CMP 认证考试资格为：12 个月以上业界实习记录加上 36 个月以上会议相关领域工作经验；或大学毕业加上 24 个月以上会议相关领域工作经验，及 25 小时 MPI 系统教育训练；或 36 个月以上全职教师工作经验。

3. 注册节事管理人员认证(CFEE)

注册节事管理人员认证系列课程是由国际节事协会(IFEA)在1983年创办,该认证课程旨在为业内的专业人士提供一个实现他们职业发展目标的机会。经过多年的发展,该认证课程日益完善,迄今为止已经有超过200名学员成功获得认证。注册节事管理人员的课程内容包括两大部分:六门核心课程和七门选修课程。其中,核心科目包括:赞助商管理与服务、管理导论、市场营销与媒体关系、运营与风险管理、非赞助收入计划管理、项目管理;选修课程包括:写作技巧、简报演讲技巧、创意与创新、时间管理、领导力与管理技能、经济影响研究、行业热点问题及发展趋势专题等。

为了获得注册节事管理人员的认证,除了完成上述课程外,协会还有一系列的要求,如必须成为该协会的会员;至少获得5年以上全职带薪与节事活动相关的工作经验;至少参加两场及以上的协会年会;必须在国际节事相关的期刊上,公开发表至少一篇字数不少于1500字的英文文章;还需要在协会的年会或其他会议上进行一次公开的正式演讲;最后,学员还需要提交至少两个其工作中的案例分析,以说明自己如何运用所学知识在日常的节事管理工作中。只有完成了上述所有的任务,学员才能最终获得相应的认证。

除了上述认证课程外,还有不少协会提供认证培训的课程,笔者将其摘录如表2-1所示:

表2-1 国际上较为知名的事件活动类认证课程一览表

认证课程	简称	认证机构
协会经理人认证 certified association executive	CAE	美国协会经理人协会 American Society of Association Executives
目的地管理经理人认证 certified destination management executive	CDME	国际会议观光局协会 International Association of Convention and Visitors Bureaus
展览项目经理认证 certified in exhibition management	CEM	国际展览管理协会 International Association for Exhibition Management
事件租赁专业认证 certified event rental professional	CERP	美国租赁协会 American Rental Association
节事管理人员认证 certified festival executive	CFE	国际节事协会 International Festivals and Events Association
款待业营销经理认证 certified hospitality marketing executive	CHME	国际款待业销售及营销协会 Hospitality Sales and Marketing Association International
国际奖励旅游经理人认证 certified incentive travel executive	CITE	国际奖励旅游及旅行协会 Society of Incentive and Travel Executives

续表

认 证 课 程	简 称	认 证 机 构
会议专业人士认证 certified meeting professional	CMP	会议行业协会 Convention Industry Council
国际会议管理人员认证 global certification in meeting management	CMM	国际会议专业人士协会 Meeting Professionals International
餐饮管理者专业认证 certified professional catering executive	CPCE	餐饮管理人协会 National Association of Catering Executives
特殊事件专业认证 certified special events professional	CSEP	国际特殊事件协会 International Special Events Society
目的地管理专业认证 destination management certified professional	DMCP	目的地管理经理人协会 Association of Destination Management Executives
专业婚庆认证 professional bridal consultant	PBC	婚庆顾问协会 Association of Bridal Consultants

与此同时,行业协会还能够为有需要的客户和事件活动的主办方提供其所需要的服务资源。例如,协会可配合政府相关部门开展事件活动举办目的地的联合促销推广,为事件活动的主办方提供所需各项服务和资讯等。

某地区会展及事件协会的任务:

① 协调相关行业,相互沟通、观摩、学习及联谊。

② 办理国际会展专业知识及技术训练、研习及研讨会。

③ 邀请或促进国内外会展专业人士互访,增进国际了解。

④ 协助政府及民间推广国际会议及展览。

⑤ 接受委托组团参加国外相关展览或国际会议。

⑥ 争取主办国际组织年会及相关会议。

⑦ 开发并发行会展相关信息供业界应用。

⑧ 搜集并发布会展最新专业知识及训练信息。

⑨ 协助各县市政府推广观光、商务及会展资源。

⑩ 其他有关本会会务推行及发展事项。

(4) 针对行业内热点问题,展开研究和统计工作

行业协会在事件活动产业发展过程中,还肩负着对本行业的基本情况进行统计、分析并发布结果的职责。通常行业协会都会利用其庞大的会员网络,对行业数据进行统计,并向外界公布。例如,国际节事协会(IFEA)就会组织行业调查,调查的内容涉及行业内部的薪酬与福利、相关事件活动对经济的影响、事件活动中的服务支持及其使用情况等。同时,事件活动相关的行业协会还可以根据具体情况,开展对本行业国内外发展情况的基础

调查,研究本行业面临的问题;出版刊物,供相关企业和政府参考。例如,国际大会与会议协会提供的数据和研究服务包括:协会在线数据库、公司会议市场信息、会议统计数据、目的地比较报告等。

澳门会议展览协会就针对澳门地区会展和事件管理行业发展的现状和热点问题,组织并发表了一些较为深入的研究,如澳门地区会展业人力资源调查报告、澳门地区会展业发展策略研究报告等。

国际奖励旅游及旅行经理人协会(Society of Incentive and Travel Executives,SITE)会在协会的资助下,对影响到奖励旅游旅行模式的问题展开研究,也会对协会成员较为关注的问题进行专项研究,最终,建立一个研究成果的数据库。在该协会的网站上,最新的研究成果包括:奖励旅游参与者的奖励旅游观研究;奖励旅游及会议活动策划的趋同性研究;德国奖励旅游市场现状研究等。该协会还从2010年开始,每年发布一个有关奖励旅游行业发展状况及其预测的奖励旅游指数的研究报告。

2. 常见的行业协会及专业化组织

由于事件活动需要多个产业部门的配合,具有较广泛的产业关联性,因此,事件活动中的相关行业协会和专业化组织数量也相对较多。从行业协会和专业化组织涉及的领域来看,按照其业务范畴可分为:事件活动组织者协会、目的地管理协会、配套服务供应商协会、事件活动场馆协会、事件活动运输物流协会,以及以事件、节庆、会议、展览等为主题的综合性行业协会。

事件活动组织者协会是指由专业的事件活动组织者,也被称为事件管理公司发起而形成的行业协会。事件管理公司(event management companies,EMCs)是随着事件活动产业的发展而出现的新的企业类型。事件管理公司最主要的业务就是按照活动主办方的要求,为其选定活动的主题,完成活动的整体策划、联络及安排相关配套服务等。由于事件管理公司往往拥有较为专业的团队和完善的业务网络,因此,能够较好的协助活动的主办方成功举办活动。事件管理公司又可以按照其业务范畴进一步划分为:综合性的活动策划公司、专业的会议组织者(professional conference organizer,PCO)、展览策划公司和奖励旅游管理公司等。笔者将针对上述业务范畴,选择性地介绍国际上较为知名的行业协会。

(1) 国际大会与会议协会,ICCA

国际大会与会议协会(International Congress and Convention Association,ICCA)是全球会议业界最为主要的国际专业组织之一,是全球唯一将其成员领域涵盖了国际会晤活动的操作执行、运输及住宿等各相关方面的会议专业组织。该协会创建于1963年,总部位于荷兰首都阿姆斯特丹。到2012年,该协会在全球拥有87个国家和地区的944个机构和企业成员①。

---

① 国际大会与会议协会官方网站,www.iccaworld.com

（2）国际会议筹组人协会，IAPCO

在专业的会议组织者协会方面，国际上较为知名的协会应当为国际会议筹组人协会（International Association of Professional Congress Organizers，IAPCO）。该协会成立于1968年，目前总部设于英国伦敦。其前身是英国专业会议组织者协会（The Association of British Professional Congress Organizers，ABPCO）。该非营利性组织是一个由国际、国内会议和特殊活动的专业组织者、策划者及管理者组成的专业性协会。目前，其共有100多个会员，分布于世界35个国家；是公认的专业会议组织者领袖型协会，致力于为会议组织者提供指引和帮助，以提升会议组织和策划的质量。该协会还制定了被业界人士普遍接受的会议组织策划的质量基准，在会议组织和全球会议行业中享有的卓越的品牌声誉[1]。

（3）国际展览与项目协会，IAEE

国际展览与项目协会（International Association of Exhibitions and Events，IAEE），成立于1928年，总部设于美国达拉斯。前身国家展览管理人协会是代表贸易展和展览管理者利益的组织。如今该协会在全世界拥有超过6000个与展览行业相关的独立成员，已成为国际展览业的领导组织。IAEE与UFI现已结成全球战略伙伴，共同促进国际会展业的发展与繁荣。IAEE以促进国际展览业的发展和交流为己任，每年定期举办国际展览界的交流合作会议、短期提高课程和专题会议，出版相关刊物和买家指南，提高展览组织者的管理水平[2]。

（4）国际展览业协会，UFI

国际展览业协会（The Global Association of the Exhibition industry，UFI）于1925年，在意大利米兰成立，总部设在法国巴黎。UFI是国际展览联盟（Union of international Fairs，UFI）的简称。在2003年10月20日开罗第70届会员大会上，该组织决定更名为国际展览业协会（The Global Association of the Exhibition industry），但人们仍简称其为UFI。

截至2012年，该协会已经拥有587个正式会员，包括305个展览组织机构、72个会展场馆、130个拥有组展能力的场馆，以及51个国家级和国际性的行业协会。国际展览业协会的主要目的是代表其成员和全世界展览业，将展览会作为一个独特的市场营销和沟通工具在全球进行宣传促销，并提供业界人士相互交流的平台和机制。国际展览业协会认证的展会（UFI Approved Event）已经成为较高质量水准之展会的标志之一。2011年，共有819个展览获得了国际展览业协会的认证[3]。

---

① 国际会议筹组人协会官方网站，http://www.iapco.org
② 国际展览与项目协会中国官方网站，http://www.iaeechina.com/
③ 国际展览业协会官方网站，http://www.ufi.org

（5）国际目的地营销机构协会，DMAI

国际目的地营销机构协会（Destination Marketing Association International，DMAI）已经拥有近百年的历史，是世界上最大的和最可靠的官方旅游目的地营销组织（DMOs）资源。截至 2012 年，该协会拥有来自 20 多个国家和地区的 600 个目的地营销组织，及超过 3 500 名专业人员。协会会员包括目的地营销专业人士、业界伙伴、学生以及教育机构代表等。协会的目标是为会员提供最尖端的教育资源、广泛的业务网络机会，以及全球化的营销平台优势[①]。此外，该协会还为会员提供精确测算事件活动对举办地经济影响力的工具，帮助会员更好的管理和提升事件活动效率。

（6）奖励旅游管理者协会，SITE

国际奖励旅游管理者协会（The Society of Incentive and Travel Executives，SITE）成立于 1973 年，总部设立在美国的芝加哥，是世界奖励旅游界最著名的、全球性的、非营利的专业协会。奖励旅游管理协会，致力于探讨如何以奖励旅游的形式改进企业员工的工作表现。它在认清全球文化差异的基础上制定相关策略，为其成员提供扩展人际网络和接受培训的机会。如国际奖励旅游管理者协会为成员提供奖励旅游方面的信息服务和教育性的研讨会。其每年的活动包括全球年会、欧洲分会年会、青年领袖研讨会等和组织参加世界比较著名的几个奖励旅游展销会。通过这些活动，为会员提供学习、交流和分享成功案例的机会。

目前，国际奖励旅游管理者协会（SITE）在全球有 2200 个会员，分属 87 个国家。会员国有澳大利亚、比利时、南非、新加坡、西班牙、泰国、土耳其、德国、英国、卢森堡、加拿大、爱尔兰、意大利、马来西亚、荷兰、葡萄牙、墨西哥、芬兰、新加坡、中国、东非、印度尼西亚和马耳他等，共有 34 个分会。会员的专业涉及航空、游轮、目的地管理公司（DMC）、顾问、酒店和度假地、奖励旅游公司、旅游局、会议中心、旅游批发商、研究机构、景点、餐馆和供应商等[②]。

（7）国际节庆协会，IFEA

国际节庆协会（International Festivals & Events Association ，IFEA）成立于 1956 年，总部设在美国爱达荷州的博伊西，在非洲、亚洲、欧洲、拉丁美洲、中东、北美、澳大利亚及新西兰都有分支机构。经过五十多年的发展，该协会已在全球五大洲的 40 多个国家中拥有了超过 3 700 个节庆组织会员单位，是全球最具权威性的节庆行业协会组织，也是国际节庆活动评选的权威认证机构。该协会的愿景是推动全球节庆行业的整合，通过举办各类节事和庆典，推进更为积极的生活态度。协会任务是激发及帮助节庆行业中的从业者，让

---

①　国际目的地营销机构协会官方网站，http://www.destinationmarketing.org
②　国际奖励旅游及旅行经理人协会官方网站，http://www.siteglobal.com

他们实现梦想,建立专业化的交流平台,并保证其获得持续成功①。

(8) 国际场馆经理人协会,IAVM

国际场馆经理人协会(International Association of Venue Managers,IAVM)是一个代表全球公众活动设施的专业组织。1924 年,在美国克里夫兰市成立,总部位于美国得克萨斯州科佩尔市。国际场馆经理人协会的会员包括礼堂、露天剧场、会议中心、展览场馆、体育场馆、演艺戏院、圆形剧场的经理们和高级管理人员。这些会员的场地中,每年举办数量惊人的不同类型的活动,包括展览、节事庆典、奖励旅游、文艺演出、体育赛事等。

(9) 国际展览运输协会,IELA

国际展览运输协会(International Exhibition Logistics Association,IELA)于 1985 年,由来自 5 个国家的 7 个公司发起成立,1996 年增加到 36 个国家和地区的 73 个成员。其总部设在瑞士,代表展览运输者的利益。协会下设标准和职业道德委员会、海关委员会、组织者委员会;其目的是使展览运输业专业化,提高展览运输的效率,更好地为展览组织者和展出者服务;同时,为展览运输业提供交流信息的论坛,向海关及其他部门施加影响。该协会制定的在展览场地物流运输服务规范以及出口物流运输服务规范,为业界人士提供较为详细之指引。同时,该协会还发行了一种电子手册,登载着不同国家海关的有关规定,并定期更新②。

除了上述主要的事件活动相关的行业协会外,还有不少其他范畴及区域的协会,如事件组织者协会(Association of Event Organizer,AEO)、事件活动场馆协会(Association of Event Venues,AEV)、事件活动供应商及服务商协会(The Event Supplier and Services Association,ESSA)、亚洲太平洋地区展览会及会议联合会(Asia Pacific Exhibition and Convention Council,APECC)、亚洲会议展览协会联合会(Asian Federation of Exhibition and Convention Associations,AFECA)等,因为篇幅的关系就不再一一介绍。

🖳 **小贴士:**

　　企业在组织和参与各种事件活动时,应充分借助各类事件活动行业协会提供的资源和便利。在实际中,行业协会可以为企业组织和策划事件活动提供以下便利:①相关协会的统计数据和研究报告,能够为企业提供该行业的背景信息及发展趋势分析,有助于企业更好的安排和策划活动;②相关协会的会员资讯,能够帮助企业快速找到其所需要的事件活动组织者或服务商;③相关协会制定的行业规范或准则,可以成为企业策划和组织管理事件活动时的参考。

---

① 国际节庆协会官方网站,http://www.ifea.com
② 国际展览运输协会官方网站,http://www.iela.org

四、事件活动的配套服务供应商

事件活动配套服务供应商主要指在事件活动的策划和组织管理过程中,除了事件活动策划、活动场地外,其他为事件活动的举办提供服务的企业和组织。例如,为事件活动举办提供食、住、行、游、购、娱等服务的旅游企业;提供舞台或展台搭建的企业;提供视听设备和舞台灯光等设备的企业;提供通讯服务的企业;提供保安服务的企业;提供法律顾问和咨询服务的企业;提供财务金融及保险服务的企业;提供事件活动营销推广的企业等。这些事件活动的配套服务供应商构成企业事件活动组织管理不可缺少的环节。

从这些配套服务供应商之间的关系来看,他们之间形成的是基于市场、竞争与契约的商业合作关系,并且这种关系具有较明显的复杂性与动态变化性。从举办不同类型的事件活动来看,所涉及的配套服务供应商及其相互间的关系都有较大的差异。但是,其中有一点是相同的,即配套服务商与事件活动的组织者和主办方之间顺畅的信息共享与责任共担是成功举办事件活动的基础。

五、事件活动的公益组织及志愿者群体

志愿者就是自愿奉献他们自身的时间、精力、技能和经验,自愿承受一定的社会责任,努力完成相关组织和机构分配的各项任务的群体。志愿者群体的动机并不是为了任何财物或名利上的回报,而更注重精神方面的满足与肯定。随着现代事件活动规模和复杂程度的不断增加,大型活动的组织越来越依赖于志愿者服务,如各类展会、大型赛事、公关活动等。以 2008 年北京奥运会为例,参与此次盛事的志愿者人数创历史之最,总人数达170 万名,其中有 10 万名赛会志愿者、20 万名啦啦队志愿者、40 万城市志愿者以及100 万名社会志愿者。再如上海世博会期间,共有园区志愿者 79 965 名,其中包括国内其他省区市志愿者 1 266 名,境外志愿者 204 名。这些志愿者分为 13 批次,提供了 129 万班次、1 000 万小时约 4.6 亿人次的服务,他们敬业的精神和热情的服务征服了海内外游客。

在人力资源较为紧缺的地区,志愿者对于举办事件活动而言,意义就更为重大。以澳门特别行政区为例,在博彩业和会展旅游业的带动下,澳门经济发展势头非常迅猛,然而,澳门长期面临的最严峻的问题是缺乏人力资源。为此,但凡在澳门举办各类事件活动,必须要招募大量的志愿者,以应对人力资源不足的境况。如澳门每年举办的国际贸易投资展览会(MIF)和国际环保合作发展论坛及展览(MIECF)等,都会与澳门的大专院校合作,聘请数量众多的大学生志愿者,参与事件活动的组织、管理以及服务工作。

然而,志愿者的管理不同于普通雇佣劳动关系的管理。由于志愿者与管理者之间缺乏以雇佣薪酬机制为基础的长期劳动合同关系,激励绩效控制手段相对较为单一,因此,事件活动组织中的志愿者激励与管理成为事件管理中的难点和挑战之一。笔者在万方数据库以及中国知网数据库中,以"志愿者"及"展会志愿者"为关键词进行检索,共查阅从

2001 年至今的 120 篇相关研究成果。通过对这些研究成果进行整理,笔者发现,近十年来,国内学者和业界在对事件活动中的志愿者进行研究时,关注的焦点主要集中在志愿者管理、志愿者招募与培训,以及志愿者的价值和影响这几个方面。可见,在事件活动中,如何实现科学合理的志愿者安排和管理,是值得事件活动主办方及组织者深入研究的问题。

第二节　事件活动策划的理论基础

一、项目及项目策划的概念

1. 项目的概念

美国项目管理专业资质认证委员会主席保罗·格雷斯(Paul Grace)曾说过:"在当今社会中,一切都是项目,一切也将成为项目。"由此可见,项目的概念在现代经济活动中的重要性。

从项目的本质来看,有以下几种观点是较具有代表性的。

美国项目管理协会认为,项目是一系列相互协调的独特的活动集合。这些活动具有特定的目标,有明确的时间、费用、人力资源等限制条件,拥有明确的起止日期。

R. J. 格雷厄姆认为,项目是为实现特定目标而调集在一起的资源组合。

综合上述观点,我们可以将项目界定为:在某些限制条件下,为实现特定目标而产生的一系列相互独立、相互协调、非重复性的活动或资源组合。

2. 项目的特征

通常认为项目具有以下主要特征。

(1) 系统性

项目的系统性主要表现为,项目的概念不仅涉及最终的结果,而且其还涉及最初的设计定位、中间的实现环节,以及将最终的结果移交给委托方的环节等。这整个过程都属于项目的范畴。例如,奖励旅游公司接受某一家公司的委托组织一次奖励旅游,这个项目就涉及前期的奖励旅游行程设计、奖励旅游的各环节安排与落实、奖励旅游的具体实施、奖励旅游的总结评估等全过程。

(2) 特定性

项目的特定性主要指项目所创造的产品或服务与所有其他产品或服务相比,在某些方面具有明显的差别。这些方面包括:项目通常都有特定的时间点,如上海世博会是2010 年 5 月 1 日开幕,10 月 31 日闭幕。每一个项目都有一个特定的目标,例如,公司每年举办或参与的展览活动数量繁多,然而,每次活动的目标会有不同、名称和内容也会不同。

（3）一次性

正是因为项目所具备的特定性，导致项目具有一次性的特点。所谓项目的一次性是指，任何一个项目不会存在完全一样的先例可以照搬；同时，未来也不会出现完全重复的同一个项目。创造性和创新性是项目的重要内涵。例如，著名的中国进出口商品交易会（广交会），创办于1957年春季，每年春、秋两季在广州举办，至今已有53年历史，是中国目前历史最长、层次最高、规模最大、商品种类最全、到会客商最多、成交效果最好的综合性国际贸易盛会。在举办过的112届广交会中，尽管展会的名称没有发生改变①，但不可能出现两届完全相同的展会。

（4）限制性

项目的第四个特征就是项目往往面临一定的限制性，常见的限制条件有时间、资金、质量要求、资源、场地等。这些制约因素构成项目存在的环境，同时，也是项目管理者所面临的挑战。没有任何的限制性的任务无法被称为项目。如筹备庆典活动，可能面临人手不足、缺乏合适场地、经费紧张、委托方提出较高要求等约束条件。

3. 项目管理

项目管理是在项目活动中运用知识、技能、工具和技术来实现项目要求。项目管理通过应用下列过程得以完成：启动、计划编制、执行、控制和收尾。它既可以被视为一种管理实践活动，也可以被视为一种管理思想和方法。

作为管理思想和方法的项目管理是在第二次世界大战以后逐步发展起来。目前，该管理方法已经发展成为独立的学科，并被广泛应用于多个行业。项目管理方法是以满足客户需求为终极目标，通过统筹利用人力、物力、财力及其他资源，采用规范化的管理流程，在既定的时间、预算和质量水平上完成项目任务。

作为项目管理来说，较为重要的工作节点包括：有效识别相关利益者的期望与要求；综合运用各种理论、知识、经验、工具、方法等克服限制条件所带来的束缚。项目管理与一般管理知识、经验知识和专业技术知识之间的关系如图2-3所示。

在企业活动策划领域，由于活动的组织者所面对的每一个企业活动都可以被界定为独立的项目，因此，系统化的项目管理知识和相关观念，对于企业活动的成功组织和举办十分重要。

4. 项目策划

目前，策划已经成为规模庞大的行业，2000年时就有学者估计，中国的专业策划公司数量在1万家以上，从业人员达到100万人之多。2000年，国家文化部还批准举办了一

---

① 2007年4月15日，第101届广交会正式由"中国出口商品交易会"更名为"中国进出口商品交易会"，尽管如此，人们仍然使用其耳熟能详的简称：广交会。

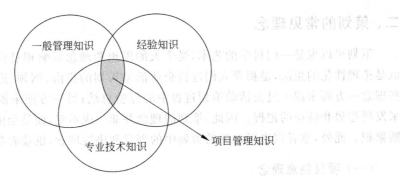

图 2-3　项目管理与相关知识的关系示意图

届"中国策划艺术成果博览会"。

策划亦被称为策划、谋划、计谋等。从文字含义来看,"策"最主要的含义为计谋,如决策、献策等;"划"则主要指设计,如筹划、谋划等。因此,从整体来看,策划是指人们为了达成某种特定的目标,借助一定的科学方法和艺术,为决策和计划而进行构思、设计、制作策划方案的过程。

从策划目标和效果的角度来看,策划是针对未来将要发生的事情做当前的决策,即找出事物的因果关系,衡度未来可采取的途径,作为目前决策的依据。

从性质上来看,策划与规划、计划等行为之间存在一定的差异。一般来说,规划侧重长期和全局性的定位,属于战略层面上的概念,如企业发展的五年规划、品牌战略规划等。策划则侧重于如何实现既定目标,设计出实现目标之策略,属于战术层面上的概念,如企业产品的营销策划、企业新闻发布会的策划等。计划往往涉及短期的行为,主要针对实际的执行方面,属于执行层面上的概念,如企业市场拓展的工作计划、企业员工奖励旅游的行程计划等。

从不同学者对策划的理解来看,西方学者和中国学者对于策划的概念理解各有侧重。西方学者更加强调策划的过程性;而东方学者则更偏向于创意和整合,他们认为作为项目策划者,需要通过整合资源来实现"1+1>2"的效果。

此外,从项目策划与项目管理之间的关系来看,两者之间也是既有关联,又存在较为显著的区别。在最终成果的形式上,项目策划的主要产物是项目策划文案;项目管理的主要产物是一次成功举办的节事活动。在两者的关联性方面,项目策划属于项目管理诸多环节中的重要一环;项目策划过程中又需要有项目管理的理论和思想作为指导,如项目管理中的成本管理与控制理论和方法、时间管理的理论与方法、风险管理的理论与方法等都对项目策划者具有极大的帮助。

二、策划的常见理念

策划可以说是一门科学的艺术，受个人的思想和理念影响相对较大。而所谓的理念就是指理性化的想法，是指导人们进行企业活动策划的指南、纲领、道理和理论基础。这些理念一方面来源于过去活动策划过程中的经验总结；另一方面来源于对于企业活动未来发展趋势和特征的把握。因此，策划的理念并非一成不变，而是会随着时代的变化而不断累积。此处，笔者列出了常见的策划中的创意和决策理念，供读者参考。

（一）项目创意理念

项目创意理念是指策划人在进行项目创意设计时，应该具备的思想。综合来看，目前较为常见的项目创意理念包括：人本理念、和谐理念、关联理念。

1. 人本理念

人本理念就是要在项目创意的环节中，注重体现"以人为本"这一基本原则。笔者认为，在项目创意策划过程中的，以人为本包括了以下三个方面的内涵：首先，应注重活动组织者的意愿和诉求，在策划时，应充分听取和了解委托机构的意见和希望。其次，策划的活动应该能够吸引、方便更多的人参与其中。最后，活动的创意策划要符合人们的审美需求，并能够考虑到人们参与活动中的各种实际需要。

2. 和谐理念

项目创意中的和谐理念，主要指活动策划的各环节之间搭配协调，如活动的主题策划与企业文化协调、活动主题与环境协调、活动主题与时代潮流协调、活动内容与主题协调、活动内容与参与人员协调，以及活动组织过程中各环节之间能够协调等。在此创意理念下，活动的有效性和融合性应被策划者置于首位，活动的丰富程度则属于第二位关注的内容。在和谐理念下，策划者应该注重如何做好活动内容的减法，即尽量排除与活动整体不协调的要素。

3. 关联理念

雷万里在其出版的著作中提及，策划的精髓在于关联。从成功的策划案来看，如何在事物之间建立关联非常重要。例如，营销界广为流传的"将木梳卖给和尚"的故事，就是考验木梳销售人员在木梳与和尚之间建立关联的能力。再如，奥克斯空调借助米卢指导中国队进入世界杯决赛圈的火热势头，建立足球与空调之间的关联性——"沸腾的事业，冷静的支持"，最终有效提升了该企业的品牌知名度和美誉度。由此可见，从项目创意的角度出发，一个很重要的问题就是在哪些要素之间建立关联？如何建立关联？这种关联是否有效？因此，可以将关联理念概括为，策划人员要做好活动内容的加法，即增加与活动主题或内容的关联性要素。

拓展阅读：将木梳卖给和尚

有一家效益相当好的大公司,决定进一步扩大经营规模,高薪招聘营销人员。广告一打出来,报名者云集。

面对众多应聘者,大公司招聘工作的负责人出了一道实践性的试题,就是想办法把木梳尽量多地卖给和尚。

绝大多数应聘者感到困惑不解,出家人剃度为僧,要木梳何用? 岂不是拿人开涮? 应聘者拂袖而去。

最后,只有小钱获得成功。当问及他成功的原因时,小钱说他到一个颇具盛名、香火极旺的深山宝刹,朝圣者如云,施主络绎不绝。小钱对住持说:"凡来进香朝拜者,多有一颗虔诚之心,宝刹应有所回赠,以做纪念,保佑其平安吉祥,鼓励其多做善事。我有一批木梳,您的书法超群,可先刻上'积善梳'三个字,然后便可做赠品。"住持大喜,立即买下1000把木梳。并请小钱小住几天,共同出席了首次赠送"积善梳"的仪式。得到"积善梳"的施主与香客很是高兴,一传十,十传百,朝圣者更多,香火也更旺。住持还希望小钱再多卖一些不同档次的木梳,以便分层次地赠给各种类型的施主与香客。

就这样,小钱在看来没有木梳市场的地方开创出很有潜力的市场。

(二) 项目决策理念

项目决策理念是指当策划者面临众多选择的时候,应该如何挑选出最具竞争力的策划方案。从现有的决策理念来看,主要有三种:满意策划、最佳策划和适应策划。

1. 满意策划理念

满意策划是指策划时应该以较为容易达到的结果为目标,并以此为基础进行策划。因此,在确定策划的目标时,应该具有一定的挑战性和可达性。策划者所设计的活动方案不一定是最好的,但一定要能够让人较为满意,且切实可行。

2. 最佳策划理念

最佳策划的理念则来源于运筹学。其主要的思想是指,在活动策划过程中,应该将企业的各方面问题均加以考量,然后借助模型的方式加以分析。如建立一套目标函数,然后,在特定的约束条件下对目标函数求解。可见,最佳策划的理念要求策划人能够为企业找到在现有条件下,最佳的活动策划方案。

3. 适应策划理念

适应策划的理念与最佳策划理念相比,最大的差异在于,适应策划理念认为项目策划的各类环境和因素并非不变,因此,在策划时,需要根据现实的情况,通过不断调整来找到最为合适的策划方案。

三、策划的主要原则

从企业活动策划的基本要求来看,对于策划过程和内容的质量判断,应该遵循以下几个主要原则。

1. 科学性原则

策划尽管可以被视为一门艺术,但是也必须以科学的策划方法作为手段。因此,企业活动策划的第一个原则就是需要尊重科学,依靠科学的策划方法。闭门造车、拍脑袋式的策划和决策方式,会给企业活动的成功策划带来较大的风险。企业活动策划的科学性需要从策划人员的构成、策划的过程管理、策划的方法、策划绩效的评估等方面加以体现。

2. 系统性原则

作为企业活动而言,无论是事件营销活动、奖励旅游,还是公关事件活动,都会涉及众多的行业和部门。广泛的关联性是现代事件活动所具有的共同特点。因此,策划时应该注重整体性,使得企业活动的各环节、各组成部分都能够相互衔接,有序运行。

3. 协调性原则

企业活动策划的协调性原则是策划和谐理念的具体表现。策划人员需要特别关注活动的主题与主办机构意愿的相协调;活动的形式和内容与活动主题的相协调;活动的内容之间能有机融合、不冲突;策划的活动与举办地环境与特色之间能较好协调等。

4. 参与性原则

参与性原则主要包括:其一,企业活动中的相关利益群体代表能够全程参与活动的策划决策,以便策划者在策划过程中能够充分听取相关代表的意见和建议;其二,所设计的活动过程中,能够吸引及方便人们参与。例如,在活动的节奏安排方面,是否考虑到参与者的生理和心理特点;在活动的形式和内容方面,是否考虑到参与者的偏好和习惯等。

5. 创新性原则

企业活动要达到吸引市场关注和参与的目的,必须在主题、内容、形式的创新方面下功夫。为此,每个活动的策划,需要思考和确定该活动的独特卖点(USP,unique selling point)。随着节事经济的繁荣发展,社会大众每天接触的事件活动数量快速增长,只有拥有独特的竞争优势,才能让该企业活动从众多的竞争者中脱颖而出。因此,企业活动策划需要跳出简单的模仿、照搬、常规、雷同等策划误区,以创新为导向,提升企业活动的竞争力。

6. 经济性原则

活动策划的经济性,主要包括两个方面的内涵:一方面是活动组织和运作应节约高效;另一方面是充分考虑投入产出的效能评估。从节约高效方面来看,企业活动策划应保证该活动能够在金钱、时间、环境等方面做到高效、节约,使相关要素和资源获得最大程度的利用。从投入产出的方面来看,作为一个活动项目,策划者应该充分考虑到企业组织活动的成本以及所期望获得的成效,并以较高的投入产出比作为策划的目标之一。

7.持续性原则

为了使得企业活动的效果达到最佳状态,策划者除了对活动本身进行策划外,还应关注到活动结束后,如何进行延伸和关联,有利于企业进行二次宣传和推广。对于某些类型的企业活动,如展览、庆典、奖励旅游、团队建设等,还应该考虑未来多次举办该类活动的继承性和创新性。而从可持续发展的角度来看,作为一个有责任感的企业,在活动策划时还应该注重尽量减少企业活动对社会及生态环境造成的负面影响。

第三节 事件活动策划的内容和流程

一、策划的核心内容

企业活动策划主要是为了解决如何通过活动组织来实现企业特定的发展目标,并协调处理企业活动中的资源分配等问题。因此,通常认为企业活动策划的主要内容包括以下方面。

1.企业活动主题定位

（1）主题的概念

主题（theme）,是企业活动策划的理念核心。企业活动主题是在企业活动的策划和实施过程中被不断地展示和强调的一种理念或价值观念。因此,企业活动的主题将关系到企业活动的策划方向和特色。

不少国内外学者都强调,主题对于突出事件活动特色的重要性。合理的主题选择及定位可以充分发挥事件活动的优势,吸引更多的参与人士;而不适宜的主题定位,有时甚至会对企业的形象造成负面影响。

（2）主题的类型

从主题的内涵来进行划分,可以将事件活动的主题分为三类:抽象概念型主题、理念趋势型主题、功能目标型主题。

抽象概念型主题是指以一些人类共同的情感、词汇为活动的主题,该类主题具有很广泛的内涵和较强的拓展性。这类活动主题具有较好的普适性,并可以连续使用。如从2003年起,已经在珠海举办了十届的沙滩音乐派对活动,其主题"爱与分享"就是由两个抽象概念组成。需要注意,尽管抽象概念型主题容易被人理解,但是,因其难以被准确界定及表现,这类主题对于活动特色和个性化的贡献度相对不高。

　　理念趋势型主题是指以行业或特定领域中未来发展的趋势以及发展的创新理念作为活动的主题,从而对参与者起到启示、激发、引领等作用。例如,某国际农机设备公司在其新产品发布会上,就以"引领未来"作为主题,并强调"世界需要农机科技新进步,中国需要农机事业新发展。该公司将挑起时代的重任,通过产品创新,引领未来!"此种类型的活动主题,意图在于强化公司的发展理念。再如,2012年澳门国际环保合作发展论坛及展览(2012 MIECF)以"绿色经济——增长新动力"为主题,倡议"关注环保、亲近自然、分享乐活"精神;北京2012年国际汽车工业博览会的主题为"创新、跨越";上海2013年国际汽车工业博览会的主题是"创新,美好生活";世界博览会的主题大部分也属于理念趋势型的主题定位与设计(参见表2-2)。这些活动的主题策划,目的在于向参与者宣传行业及社会发展的新趋势和新理念。

表2-2　部分世界博览会(包括综合性与专业性)的

年份	国　家	举办地	主　题
1933	美国	芝加哥	一个世纪的进步
1935	比利时	布鲁塞尔	通过竞争获取和平
1937	法国	巴黎	现代世界的艺术和技术
1939	美国	旧金山	明日新世界
1958	比利时	布鲁塞尔	科学、文明和人性
1962	美国	西雅图	太空时代的人类
1964	美国	纽约	通过理解走向和平
1967	加拿大	蒙特利尔	人类与世界
1968	美国	圣安东尼奥	美洲大陆的文化交流
1970	日本	大阪	人类的进步与和谐
1974	美国	斯波坎	无污染的进步
1975	日本	冲绳	海洋——充满希望的未来
1982	美国	诺克斯维尔	能源——世界的原动力
1984	美国	新奥尔良	河流的世界——水乃生命之源
1985	日本	筑波	居住与环境——人类家居科技
1986	加拿大	温哥华	交通与运输
1988	澳大利亚	布里斯班	科技时代的休闲生活
1990	日本	大阪	人类与自然

续表

年　份	国　家	举办地	主　题
1992	西班牙	塞维利亚	发现的时代
1992	意大利	热那亚	哥伦布——船与海
1993	韩国	大田	新的起飞之路
1998	葡萄牙	里斯本	海洋——未来的财富
1999	中国	云南	人与自然——迈向 21 世纪
2000	德国	汉诺威	人类—自然—科技—发展
2005	日本	爱知县	超越发展：大自然智慧的再发现
2010	中国	上海	城市，让生活更美好

　　功能目标型主题主要的特点就是通过主题的设计让参与者或关注此活动的人士，快速了解到该活动能够带来的利益。例如，第八届国际农产品交易会设定的主题为"展示成果、推动交流、促进贸易"。再如，澳门特别行政区唯一获得 UFI 认证的国际性展会，澳门国际贸易投资展览会（MIF）就是以"促进合作、共创商机"为主题，凭借澳门地区独具特色的多元文化及区域性商贸服务平台角色，进一步促进本地及内地企业拓展与葡萄牙语国家企业的经贸合作，使澳门地区成为中国与葡语国家之间的经贸合作交流平台。

　　从企业活动主题设计的过程来看，无论采取何种类型的主题，都要求策划者能够深入了解活动主办方的活动目的针对的目标市场，以及活动的内容等。只有在明确了上述活动背景信息后，策划者才能选择较为适合的主题。通常情况下，人们理解的好的主题策划应该具有以下特征：体现个性化和特色、代表人类社会共性、以人为本、兼顾资讯的发布。

　　（3）主题的展现元素

　　从企业活动主题元素的外在表现途径来看，其可以通过以下方面对外展示：主题口号、主题曲、主题物品、主题吉祥物、主题典故与趣闻、主题仪式、主题氛围等。

　　主题口号是活动主题的外在表现和宣传的主要内容，通常指用来传递该活动的描述性或说服性信息的短语。例如，惠普公司举行了一场主题为"点亮激情，惠普新世界"的策略及新品发布会。其对外宣传的主题口号就是"Everybody On，你我即世界"。可见，与活动主题相比，主题口号应该更朗朗上口，更具传播性。

　　主题曲是为特定活动所创作的音乐，用音乐的形式描述企业活动，通过受众的听觉神经引发其对企业活动主题及内容的联想。不少汽车企业将上市庆典活动与某些音乐进行关联，让这些音乐成为其产品及上市活动的主题曲。此种做法，一方面能够提升企业与文化的关联性；另一方面则能够加深受众对此次活动的印象。

　　主题物品是指与企业活动主题有关的具体实物；主题吉祥物则是能够表达企业活动

主题内涵的物品或图案；主题典故与趣闻能够增强参与者和潜在受众对于该次事件活动的兴趣。这些都是有助于强化宣传活动主题的重要手段。

主题仪式是指经过精心策划的一系列行为的秩序形式，最常见的仪式包括揭牌、开幕、闭幕等。从主题展现的角度来看，仪式过程中的人物选择、设施和环境的布置，以及仪式中的行为方式等均需要与活动之主题相一致。

主题氛围则是指基于某种文化理念而营造出来的场面特色。从营造活动氛围的角度来看，主要涉及场地选择、餐饮服务类型、视听设备、灯光效果、装饰物的设计与安排、各类表演和现场活动等。

2. 企业活动内容策划

企业活动内容的策划主要指活动的形式以及活动的具体安排，活动内容策划可以分为两个阶段，即概念设计阶段和详细设计阶段。从活动策划的内容来看，有学者将其划分为五个层次，分别为：核心关联层、基础资源层、内在逻辑层、外在执行层、最终效果层等。

（1）核心关联层的内容策划

关联是企业活动策划中的重要理念之一。因此，核心关联层的内容策划意在解决以下问题：保证活动形式与活动目的之间的关联性；保证企业活动主题与企业发展目标之间的关联性；保证企业活动个性与企业市场竞争优势之间的关联性。这些内容均需要在企业活动策划的最初阶段，即概念性设计阶段完成。

从活动形式与目的的吻合度来看，企业活动的形式种类繁多，选择合适的活动形态来满足企业的诉求，是企业活动策划中的一个基础工作。除了常规的会议、宴会、展览、团队拓展、奖励旅游、公关活动等传统形式外，策划者也可以根据企业需求和环境创新活动形式。

从活动主题与企业发展的方向一致性来看，主要是需要从企业发展的历史和文化底蕴方面，确保活动选定的主题能与企业的背景相吻合。

从活动个性与企业市场竞争优势保持的关联来看，企业活动策划还需要与其市场竞争相关联。尽量透过活动的举办，提升企业的市场竞争力。因此，策划人员需要在策划前，对企业的竞争者情况进行详细的调研。

（2）基础资源层的内容策划

企业活动的策划过程中必定会遇到资源方面的瓶颈。这就要求策划者充分考虑资源的获取和分配，并通过精心的内容策划，借助杠杆作用，使资源的利用效率达到最大化。在企业活动中常见的资源有资金、场地、人员、设备和时间等。

因此，在企业活动内容策划中，策划者需要对各项资源的需求规模、获取渠道、分配原则等加以限定，从而保证企业活动实施过程中有足够的资源储备。

（3）内在逻辑层的内容策划

企业活动内容策划中的内在逻辑，主要指构成活动的内部各环节的组成应该具备逻辑性。在策划过程中,企业活动通常是由若干流程和环节组成。策划者应对活动环节的设计、各环节的排序(流程)、各环节安排的协调性与合理性等进行关注和控制。

(4) 外在执行层的内容策划

精彩的活动内容还需要依靠有力的执行机制,所以,活动策划者还要对活动实施过程中的执行机制加以说明。活动的外在执行层方面涉及的内容主要包括:企业活动的人员分配与组织架构、企业活动的时间进度控制、企业活动的资源分配控制、企业活动的风险控制等。

(5) 最终效果层的内容策划

最终效果层主要是指企业活动效果的评估方式策划。企业活动策划者还应将活动的期望成果等内容,通过具体的指标加以表现,常见的指标有活动收入、参与者的数量与构成、企业知名度的提升等。值得注意的是,企业活动的策划过程是一个循环的过程,策划者的工作不仅包括活动举办前和举办期间的工作,还包括活动结束后的评估和总结。如分析并找出今后类似活动可以提升之处、为企业提供更好的提升声誉的路径、为活动策划的优化和效率提升提供建议等。这些工作将为下一次的企业活动策划工作提供可以借鉴的经验。

二、策划的流程

一个项目的整体运作,大致可以分为以下阶段:识别、设计、开发和评估。相对应的,企业活动策划的主要流程包括如图 2-4 所示的环节。

1. 企业提出活动需求

需求引致供给。作为企业活动策划的流程,第一位的当属企业对于举办活动的需求。作为企业活动的组织与策划的主体,通常有三种可能:其一是企业对于将要举办的活动,全程自行操控;其二是企业将相关活动的策划和管理完全外包给专门的活动管理机构或企业负责,或与专业的活动管理企业或机构共同完成企业活动的策划与运作;其三是企业负责活动的策划,而将外围的执行和管理交给相应的专业机构和企业负责。对于第一和第三种情形,企业活动的策划主要由企业内部人士自行负责,此时,不存在提出活动需求的问题。而对于第二种情形,由于涉及企业内部情况与外部活动管理专业机构或企业沟通的问题,因此,需要企业通过适当的形式提出活动需求。

对于企业而言,提出活动需求的方式主要为招投标的形式。对于小型的活动,如果企业有熟悉的专业活动服务机构,则可以采取选择性招标的方式,即与有业务往来的活动事件

图 2-4　活动项目策划的基本流程示意图

管理企业联络。对于大型活动,则应采取公开招标,甚至国际范围内招标的方式进行。例如,某些大型行业协会的年会等,每年都会在不同的地点举行,此时,该协会就会透过全球化招标的方式,选择合适的地点和形式,以及合作伙伴。

对于活动策划和管理企业而言,一方面应该尽可能地建立广泛的业务关联网络;另一方面则应该对一些行业协会、大型企业的官方网站、专业的节事活动招投标网站、目的地管理公司及协会等网站加以密切关注。例如,在国际目的地营销协会的官方网站(www. destinationmarketing.org)上,就为其会员提供各种会议和活动的招标信息,以及投标书的模板等。

如果企业希望借助招标邀请的方式进行企业活动策划,那么其邀请书(invitation to bid)通常应包括以下四个方面的内容:企业情况及欲举办之活动介绍;提交投标书之流程指引;投标书中相关内容的具体要求;投标书的时限及格式要求等。

案例:世界奇幻大会招投标指引

世界奇幻大会(World Fantasy Convention)是在光明与黑暗的幻想文学和艺术领域的专业人士和收藏家的一年一度的聚会,从1975年开始到2011年,已经举办37届。出席成员的数量通常是有限的(约850人),通常在大会举办前开始销售门票。世界奇幻大会通常采取招投标的方式选择会议的举办地,大会组委会从投保的指引以及投标者的要求等两方面来提出具体的投标要求。此处仅为投标的标书的要求,至于对投标者的要求,因为篇幅关系未能列出,有兴趣者可以关注其官方网站(http://www.worldfantasy.org/requirements.html)。

2000年以来,该大会的年会举办地点如表2-3所示:

表2-3　2000年至2013年世界奇幻大会年会的举办情况一览表

年份	举办地点	举办时间
2013	英国布赖顿	10月31日～11月3日
2012	加拿大安大略省多伦多	11月1～4日
2011	美国加利福尼亚州圣迭戈	10月27～30日
2010	美国俄亥俄州哥伦布	10月28～31日
2009	美国加利福尼亚州圣何塞	10月29日～11月1日
2008	加拿大艾伯塔省卡尔加里	10月30日～11月2日
2007	美国纽约萨拉托加	11月1～4日
2006	美国得克萨斯州奥斯汀	11月2～5日
2005	美国威斯康星州麦迪逊	11月3～6日

年份	举办地点	举办时间
2004	美国亚利桑那州坦佩	10 月 28～31 日
2003	美国华盛顿	10 月 30 日～11 月 2 日
2002	美国明尼苏达州明尼阿波利斯	10 月 31 日～11 月 3 日
2001	加拿大魁北克省蒙特利尔	11 月 1～4 日
2000	美国得克萨斯州科珀斯克里斯蒂	10 月 26～29 日

投标的总体要求

投标资料需要通过书面的形式在世界奇幻大会举办招标会前提交给大会组委会,请透过电邮 board@worldfantasy.org 联络以获取详细的地址。对于投标机构,需要在世界奇幻大会期间作宣讲,大会组委会则将在每届大会的周日上午开会,讨论下一届大会的开会地点及标书。

标书中的合同以及所有资料需要为文本文件格式(TXT)或便携文件格式(PDF),以便能够较为方便的上传到大会组委会的官方网站,供大会组委会的委员审阅及讨论。

投标者的标书中应该包括以下内容:

(1)大会的主题

标书中需要提供 2～4 个可能的主题,每个主题也需要有一些简要说明。对于配套的活动和事件可以做简要说明,但是无须指明嘉宾人选以及活动的举办地点。

(2)酒店协议

投标者需要提供活动拟举办地酒店提供的合约,其内容应该包括酒店的租用日期、酒店客房的配置与价格、酒店多功能区域的配置、酒店套房的数量及价格,以及开瓶费的收取政策等。

以下为大会建议的最基本的要求:酒店客房数量 325～350 间;多功能区域面积 1394 平方米。

(3)功能区的地图及场地规划

地图或场地规划可以是网络链接,也可以是 PDF 文档。

(4)投标者的信息及资格

投标者需要提供投标团队的成员列表及相关信息。

(5)会议场地信息

信息需要包括举办地的机场信息,如场地与机场的可达性、航班数量等;还应该包括常用的区位信息,如活动场地周边的餐厅及商店、停车场以及游览观光地等。

2．明确策划问题

在企业活动的实际策划过程中，委托方与策划方要对企业活动策划的问题加以明确。

① 双方要进行沟通，以明确委托方的意图和诉求。策划者需要与委托方进行多次的联络及交流，以明确及协助委托方制定明确的企业活动策划的目标。对于委托方提出的不合实际及难以实际执行的要求，应提出并商讨调整方案，从而避免日后出现策划过程的争执及分歧。

② 要条理清晰的列出策划的范围及内容。对于企业活动策划者而言，要清楚的界定策划问题的范围及性质。正是由于提出了清晰的策划范围及内容，策划者的责任范围也相应变得明确和可测量。

③ 明确策划过程中的重点内容之所在。由于企业活动策划涉及的内容较广，因此，需要明确策划过程中的主要问题，如该活动成功举办的关键是在于主题选择、创意策划、细节服务，还是市场推广等。明确了策划中的关键环节，策划人就可以有的放矢。

3．调查与分析

企业的活动策划，必须要充分考虑到各利益相关者以及类似活动的竞争者。因此，企业活动策划中的重要步骤之一就是进行资讯的调查与分析。从调查与分析的内容上来看，主要涉及以下方面。

① 相关活动参与者的参与动机；

② 参与者的构成及对服务和设施的需求和偏好；

③ 同类型活动的组织情况。

除了上述三类较为核心的信息，还有如活动参与者获取相关资讯的途径等，也应作为策划团队调研的内容之一。

4．活动概念设计

概念设计是指由分析用户需求到形成概念产品的一系列有序的、可组织的、有目标的设计活动，它表现为一个由粗到精、由模糊到清晰、由具体到抽象的不断进化的过程。企业活动策划中的概念设计实际上是创意的过程，借助策划者的分析、思考以及灵感形成若干初步的活动构思，并为后期的活动具体设计提供方向。

5．活动具体设计

活动具体设计是将概念设计中具有较高可行性的方案单列出来，按照实际操作的需要进行细节策划和设计的过程。概念设计、细节设计、实施方案设计是企业活动策划方案思路不断清晰的过程。在活动的具体设计环节，策划者需要从实际的运作角度考虑，对活动的场地、时间、流程、内容、配套服务等进行详尽的考虑。具体设计的内容可以大体分为三类：主体活动、辅助活动和营销推广活动。在活动具体设计的基础上，活动组织者会进行财务方面的论证及预算修订，从而保证该活动的策划方案具有财务上的可行性。

6．策划书写作

策划书是策划方案的成果表现形式，是策划思想的实质性载体。因此，作为企业活动策划人，需要在策划方案确定之后，制作一份完整详尽的策划书，并将其提供给活动的组织者及其他有需要的部门。

由于企业活动的类型多样，内容也较为复杂，因此，企业活动的策划书会根据其目标、内容、要求的不同，而呈现出不同的表现形式。一般意义上的策划书，其主要内容应该包括以下方面。

① 策划的名称与主题；

② 策划书的目录；

③ 策划的背景与依据，如环境、假设等；

④ 策划的目标与形式；

⑤ 策划的内容及详细说明；

⑥ 策划的相关资料及说明；

⑦ 如有另一方案或其他方案，则需要大体说明其内容；

⑧ 策划实施需要注意的事项；

⑨ 策划小组成员的姓名、委托单位以及完成时间；

⑩ 策划书的保密范围、保密期以及其他事项等。

7．活动审查及审批

根据《中华人民共和国行政许可法》第二十九条规定：公民、法人或者其他组织从事特定活动，依法需要取得行政许可的，应当向行政机关提出申请，待取得相关部门批准后方可实施。其中的特定活动主要指：直接涉及国家安全、公共安全、经济宏观调控、生态环境保护以及直接关系人身健康、生命财产安全等特定活动。因此，在具体实施与控制前，某些类型的活动还需要得到相关管理职能部门的审核、备案和批准。

在企业活动中较为常见的行政许可部门包括文化厅（局）、公安、消防和环卫等四个部门。其中，文化部门主要负责与演出有关的活动内容审批。公安部门则是侧重于维护社会治安秩序和公共安全等部分内容的审批。环卫部门主要是针对户外的一些横幅、竖幅等与市容和环境有关的宣传方面的审批。消防部门主要针对活动场地的消防设施和措施进行审查，像户外的空飘、气球等方面也属于消防的审查范围。另外在各种活动中的舞台或展位搭建方案包括效果图、平面图、电路图等都要经过主办单位或消防部门的审批。

活动审查及审批通过后，则由相关的活动承办机构或执行部门，严格按照策划方案的细节进行实施。

8．评估与修订

企业活动的实施并非策划的终点，相反，活动策划需要策划者以一个不断循环、提升的态度来对待每一个策划案。就如同质量管理专家戴明提出的质量提升环一样,每一个企业活动策划完成后,策划者以及活动组织方都需要对此次活动的策划及实施进行评估与反思,从而不断提升活动策划者的能力和水平。

三、成功策划的要点

结合前面探讨的内容,笔者认为,要保证企业活动的策划获得成功,策划者应重点关注以下要点。

1. 充分沟通,解读客户的利益诉求

策划者应多与活动主办方以及参与者和相关利益方联络及沟通,充分了解活动组织者的意图和期望。同时,深入了解潜在活动参与者的价值诉求;对于同类型活动的经验与教训也应认真吸取。策划者与相关利益方的沟通应该涵盖策划的前、中、后期等阶段。

2. 坚持创新,提升活动策划的个性

好的创意是成功策划的保证。因此,项目策划者应该立足于创新,并通过创新的主题、创新的形式、创新的内容以及创新的推广方式等,来提升企业活动的个性,从而增强该活动对参与者的吸引力。

3. 增强关联,为客户创造价值增值

实现顾客的期望只能让顾客基本满意,如果能够通过活动策划为企业带来额外的利益和收益,则会使客户感到无比惊喜。为客户创造价值增值是为策划方案锦上添花的策略。尤其是对于通过招投标制度进行活动策划的团队而言,能够为客户创造活动之余的额外价值将增强策划方案的竞争力。因此,策划者就需要充分运用策划中的关联原理,尽可能的为企业活动提供拓展的空间。

4. 注重细节,强调策划的人文关怀

细节决定成败,这句话对于企业活动策划同样有效。策划者在活动策划中,对于活动的流程安排、内容安排、服务安排等都应有细致入微的考虑,特别是需要从主办方和参与者的角度,提供人性化的安排。

本 章小结

本章的目的主要为向读者介绍事件活动产业的构成,以及在事件活动策划过程中涉及的利益相关者。并在此基础上,对企业活动项目、活动项目策划等概念、项目策划的理念,还有项目策划的原则和内容及流程等进行了介绍。

在事件活动产业中,主要包括以下类型的主体:政府及跨国非政府组织、事件活动专业组织者及其行业协会、事件活动配套服务提供商、各类非营利机构及义工组织,以及各

种事件和活动的主办方。

项目是在某些限制条件下,为实现特定目标而产生的一系列相互独立、相互协调、非重复性的活动或资源组合。其通常具有系统性、特定性、一次性、限制性等特点。从性质上来看,策划与规划、计划等行为之间也存在一定的差异。此外,西方学者和中国学者对于策划的概念理解各有侧重,西方学者更加强调策划的过程性;东方学者则更偏向于创意和整合。

项目创意理念是指策划人在进行项目创意设计时,应该具备的思想。目前,较为常见的项目创意理念包括:人本理念、和谐理念、关联理念。项目决策理念是指当策划者面临众多选择的时候,应该如何挑选出最具竞争力的策划方案。从现有的决策理念来看,主要有三种策划理念:满意策划、最佳策划和适应策划。

企业活动策划主要是为了解决如何通过活动组织来实现企业特定的发展目标,并协调处理企业活动中的资源分配等问题,主要包括企业活动主题定位策划和企业活动内容设计等。其中企业活动主题定位策划又可分为主题的类型选择和主题的展现元素策划等两方面。企业活动内容设计可进一步分为核心关联层、基础资源层、内在逻辑层、外在执行层、最终效果层等内容。

作为企业活动策划来说,其主要的流程包括:企业提出活动需求、明确策划问题、调查与分析、活动概念设计、活动具体设计、策划书写作、具体实施与控制、评估与修订等。在该过程中,策划者还需经过财务论证及预算修订和活动审查及审批等程序。

复 习及思考

1. 假如你现在接受企业的委托策划举办一场庆典,请列出此次活动策划中的利益相关者。

2. 请思考,活动策划团队应如何借助事件活动产业中的利益相关者实现更优质的活动策划?

3. 请探讨不同类型的企业活动中,志愿者的管理是否存在差异? 如何能够更好地激励和管理事件活动中的志愿者?

4. 作为活动策划者,应该如何正确理解活动策划的决策理念?

引 申案例

请阅读下列案例,并思考后面的问题:

2004 年被民间判定为"寡妇年",许多婚纱摄影店店主除了抱怨别无他法,而有一位店主非常高兴,他认为这正是竞争的好机会,因为婚礼的市场规模是恒定的,不会因为"寡妇年"而萎缩，只是市场推迟到了明年，于是，他果断地开展了婚礼策划方案讲座与婚礼流程模拟现场观摩活动，把明年的市场拉到今年显性化，通过优惠的预约条件，抓住了明年客户。

1. 请思考在该案例中，这个婚纱店主成功之处在哪里？
2. 他的企业活动策划运用了哪些原则？

 网络链接

澳大利亚会议及观光局联盟官方网站，http://www.aacb.org.au/

瑞士会议及观光局 CVB 官方网站，http://www.myswitzerland.com/en/meetings.html

国际目的地营销协会的官方网站，www.destinationmarketing.org

国际奖励旅游及旅行经理人协会官方网站，http://www.siteglobal.com

国际场馆经理人协会官方网站，http://www.venue.org

国际展览运输协会官方网站，http://www.iela.org

国际会议筹组人协会官方网站，http://www.iapco.org

第 三 章

事件活动策划的技术方法

　　活动策划是一门艺术，更是一门科学。在企业进行事件和活动策划时，策划者需要有系统化的技术、方法和工具的支持。可以将在活动策划过程中涉及的思想和技术方法大致分为四类：策划的思想方法、创意的方法、调研的方法以及控制的方法。

学习要点

　　（1）基本概念

　　KT 策划法——全名叫做有效问题解决与决策制定程序框架，将策划工作当作是一种决策行为，即策划人需要对企业所面临的问题进行分析，找出问题的原因所在，并从众多备选的策划方案中找出最为合适的一个，还要为该策划方案提供风险评估和应对策略。

　　TOC 策划法——认为一个组织是由许多不同环节（不同功能或部门）所构成，这些环节彼此互相依赖，环环相扣，但是，至少存在一个最弱的环节，该环节即为组织内的限制因素。策划就是要拟定相应的活动策划方案，使企业能够通过相关活动实施，消除障碍或限制，并达到高绩效的目标。

　　逆向思维法——也叫求异思维法，就是对人们司空见惯的、几乎已成定论的事物或观点反过来思考的一种思维方式。

　　头脑风暴法——指采用会议的形式，如召集专家开座谈会征询他们的意见，把专家对历史资料的解释以及对未来的分析，有条理地组织起来，最终由策划者做出统一的结论。

　　灰色系统法——指利用一些已知的行为结果，来推断产生该行为的原因或未来模糊的不确定性行为的方法。使用该方法进行活动创意策划主要是通过对企业或市场现状的分析，推导出未来可能的发展趋势和特点，从而为企业提供理想的活动策划方案的方法。

　　拍脑瓜法又称创意法——指企业活动策划人收集有关产品、市场、消费群体的信息，进而对材料进行综合分析与思考，然后打开想象的大门，形成意境，但不会很快想出策划方案，它会在策划人不经意时突然从头脑中跳跃出来。

德尔菲法——指采用函件或电话、网络等方式,反复地咨询专家们的建议,然后由策划人做出统计。如果统计结果不趋向一致,那么就再次征询专家,直至得出比较统一的方案。

观察调查法——对于某些不方便或无法直接获取的数据和信息,策划人员可能需要亲自去进行观察。

团体式焦点访谈——通常是由一个主持人对 6～12 名受访者进行访谈,其主要目的是要通过激发式的访谈了解、研究目标群体对某个问题的不同看法和意见,从而为研究者提供更为全面的信息。

抽样调查——是从所有的调查研究对象中,抽选出一部分样本进行调查,然后,根据受访者的反馈信息,对全部调查研究对象作出估计和推断的一种调查方法。

确定型决策——是指存在确定的状态,且有两个及两个以上的行动方案,各方案的损益也可量化。

风险型决策——是指在多种不确定因素作用下,对两个及两个以上的行动方案进行选择,由于有不确定因素存在,导致行动方案的实施结果及损益值也是不能预先确定的。

决策树法——是把各种可供选择的策划方案和可能出现的自然状态、可能性的大小以及产生的后果简明地绘制在线条像树干分枝的图形上,以便于研究分析。

思维导图——总是从一个中心点开始,每个与其相关的词或者图像都成为一个子中心或者联想,整个合起来以一种无穷无尽的分支链的形式从中心向四周放射,回归于一个共同的中心。

关键路径法——是一种基于工作网络图式的项目时间管理技术,主要用来决定一个项目的开始和完成日期。

甘特图——也称为条状图(bar chart),是查看项目进程最常用的工具图。

鱼骨图——是将对问题有影响的因素加以分析和分类,并在同一张图上把其关系用箭头像画树枝那样表示出来的一种图,因其形如鱼骨而得名。

(2) 学习目标

通过本章的阅读和学习,读者应能够:

① 理解策划学的系统、平衡、基于事实、因果关系等思想方法;

② 掌握和运用策划的三个基本原理;

③ 掌握策划的方法论,并加以运用;

④ 掌握获取创意方法的方法;

⑤ 掌握常见创意激发方法的操作步骤;

⑥ 掌握策划信息调研的内容、方法与步骤;

⑦ 理解策划决策的概念、内涵与分类;

⑧ 掌握策划中常见的决策方法,并运用相关方法解决实际问题;

⑨ 掌握策划中常见的控制方法,并加以运用。

校庆策划的成功秘诀

2002 年,国内许多大学都到了整年校庆的时间,如 40 周年、55 周年、60 周年等。学校校庆是提升其自身品牌的良机。如何使校庆活动更加隆重呢? 重量级人物出场是一个重要因素。北京师范大学校庆,国家领导人几乎全部到场! 为什么会有这样的效果? 原来,北师大校庆选在了一个特殊的日子——9 月 8 日,即教师节的前两天;校庆的主会场地点也很特殊——人民大会堂。作为中国教师摇篮的北师大,在教师节期间,于人民大会堂举行隆重的校庆,国家领导人怎能不去?

案例点评:优秀的策划方案,需要从多个角度综合考虑,如时间、地点、人物、主题、内容等。除了上述因素外,如何推陈出新,以创新的形式和内容来赢得人们的关注也是活动策划者需要着重研究的。为此,一套完善的策划理念、思想、方法、工具显得十分必要。

第一节　策划思想方法

策划专业人士、策略规划、拟解决问题、约定目标,以及创造性的活动通常被人们视为策划的五个要素。其中,最为核心和关键的要素,当然是专业策划人士,因为事在人为。而对于专业策划人士来说,起决定性作用的则是他们拥有的策划思想及其获取策划创意的方法。本节的重点在于,从理论基础的角度,对目前常见的策划思想及创意方法进行汇总,进而有助于读者更好的向专业策划人方向前进。

任何人的行为都受其拥有的世界观和方法论的影响,策划者同样也应该有其独特的世界观和方法论。这里所讲的世界观是指专业策划人看待策划这种经济现象和活动的视角;而方法论,则是指导专业人士进行策划的原则、理论、方法和手段的总和。

一、专业策划人士的指导思想

从专业策划人士所需的指导思想来看,应至少具备以下的策划思想。

1. 系统的策划思想

系统就是由相互联系、相互作用的若干要素组成,具有特定功能和运动规律的整体。系统化的策划思想和思维,是与线性思维和片段性思维相对的思维方式,它需要策划者将策划的对象视为一个系统,从系统、构成要素和构成要素之间以及系统与环境之间的相互联系、作用中综合地加以考虑。系统思维方式的客观依据是系统乃是物质存在的普遍方式和属性,思维的系统性与客体的系统性是一致的。现代思维方式,特别是系统思维方式,主要以整体性、结构性、立体性、动态性、综合性等特点见长,其中,较为重要的是整体性和动态性的观念。

整体性主要是要求策划者必须首先把研究对象作为系统来认识,即始终把研究对象放在系统之中加以考察和把握。在实际策划过程中,策划者首先需要在对整体情况充分理解和把握的基础上提出整体目标;然后提出满足和实现整体目标的条件;再提出能够创造这些条件的各种可供选择的方案;最后选择出最优方案加以实现。因此,作为一个优秀的策划人,应该至少具备以下系统分析的能力:对现状和形势的判断能力、对所关注问题的因果分析能力、决策分析和制定能力、执行计划和评估能力、策略化创新能力等。

动态性主要强调作为一个系统而言,其稳定性的特征是相对的。任何系统都有自己的生成、发展和灭亡的过程。因此,系统内部各要素之间以及系统与外部环境之间的联系都会随时间的推移而发生改变。作为策划人需要一方面关注策划对象内部要素及与环境之间关系的变化;另一方面,还应对策划的方案及其结果做出相应的预测,并作好战略性应对。

案例:豪斯物业的系统性营销策划

豪斯物业一期采用的"上河城"是一个怀旧的概念,主打广告为"一个充满回忆的新城",视觉采用摄影家原创的怀旧照片,广告播出之后,市场反响不大,销售平平。公司在推出二期房产时,考虑到继续延用"上河城"的名称,肯定会对项目品牌造成负面影响,因此决定放弃"上河城"这一概念。在决定启用新概念时,公司考虑到消费者对未来居住空间趣味性的要求,联想到了荷兰著名艺术家埃舍尔(M. C. Escher),这是一位以描述"矛盾空间"和"视幻图形"见长的神秘主义大师。于是决定以"唯美空间、幸福生存"作为广告语主题,将二期项目定名为"爱舍尔花园",以取代老概念。在将样板房搬进大商场展销的同时,豪斯物业公司一方面积极参与成都中城房网的"新住宅运动";另一方面经过周密策划推出悬念广告,在《成都商报》等媒体上连续刊登"等待爱舍尔"、"爱舍尔是谁"、"爱舍尔来了"等广告,并宣传爱舍尔花园通过超乎常规的设计手法使社区绿化面积超过了实际占地面积,实现了立体化。经展示后统计得知,通过项目的重新定位和营业推广,创造的附加值约为0.8亿~14亿元,而展示期间的广告费仅支出约180万元。

此案例中,豪斯物业的第一期推广策划就是采取了片段式或线性思维方式,即简单的用怀旧照片来传递该地产所主打的怀旧概念。在其营销策划中,仅关注了宣传与物业主题的一致性,而忽视了在房地产项目中,更为核心的外部环境、内在功能与价值等元素。在第二期的推广中,该企业就很好的吸收了第一期的教训,更加重视物业内部各元素的合理搭配和组合,如从理念上引入埃舍尔,并推导出唯美空间概念;在内在元素与价值方面,强调该地产项目带给消费者的价值;同时,积极推动外部营销环境的营造工作。正是基于上述内、外部系统化的努力,才使得此次的营销推广活动获得巨大成功。

2．平衡的策划思想

此处的平衡主要指利益的平衡，此思想与"中庸之道"有异曲同工之妙。在系统性的思维指导下，我们了解到世界是由许多系统所组成，我们所面对的企业及企业活动同样也是由一系列的元素和环境所组成。这其中就存在某些利益相关者，如对于企业而言，其利益相关者包括投资人、企业员工、管理者、企业的客户、企业所在的社区、各种自然环境等。这些利益相关者的利益取向各不相同，有些甚至存在直接的竞争和对立。因此，作为专业的策划人员，其工作中就应该有平衡的策划思想，即在相关利益方的利益角力中确保一种相对均衡的状态。

案例：国美液晶电视降价风暴遭抵制

2005年4月初的蓉城家电江湖，本是平板彩电"群雄"纷争乱起的时节，但家电"大鳄"国美却运筹帷幄，宣称将发起蓉城2005平板之战，豪言本月内使平板电视降价30%，让其从"庙堂之上"进入平常百姓家。据国美电器采销中心总经理透露：此次国美将在全国范围采购20万台平板彩电，总价值高达32亿元，而平板彩电整体价格下降有望突破30%！然而，这一具有绝对震撼力的推广活动却最终遭到了企业的抵制，部分企业自发形成了抵制低价阵营；不少企业减少了在国美柜台上的促销员数量；还有的企业表示国美刊登的价格不准确，国美将价格弄错了。

国美之所以在发动此次市场推广活动中遭遇较为尴尬的局面，主要原因在于该活动对于消费者及国美自身而言，能够产生较好的效益，然而，在这个行业中，除了消费者和中间商，还存在着家电企业。正是因为，此次活动的策划可能会对家电企业的利益造成威胁，所以才遭到了反对和抵制。可见，企业活动策划，一定要通盘考虑各相关利益方的诉求和需要，不能顾此失彼，应尽量做到均衡。

3．基于事实的思想

策划人是以帮助企业或个人实现特定目标为导向的。因此，对于专业策划人士而言，应该具备基于事实的策划思想。所谓基于事实的思想是指，策划人应以事实为基础，如对策划中问题应该以实际的调研和事实作为依据。此外，不要让事实去适应你的解决方法，而是应该确保你的策划解决方案适合你的客户。同时，也应该认识到，不同的客户或者同一客户的不同时段，所面对的问题均不相同。不存在"一刀切"的问题解决方法，必须做有针对性的研究和思考。

4．因果关系的思想

对于策划者而言，用因果关系的视角来探讨和关注策划的问题能够有效地帮助策划者找到解决问题的方向。从策划的内在逻辑上考虑，寻求策划方案的过程可以用因果关系描述如下："因—果—果—因。"

其中，"因—果"主要是指在策划的第一阶段，策划人接受委托，在展开前期的基础调查并明确策划拟解决的问题时，需要分析并掌握导致出现企业目前面临状况的原因所在。"果—果"则主要描述策划目标定位的过程，即按照策划目标的需要，明确通过策划希望达到何种效果。"果—因"则对应于策划的创意和实施阶段，即为了达到既定的效果和目标，有哪些因素是起到决定性作用的，应该如何对这些因素加以控制和管理，并最终完成策划任务。

可见，因果关系的思维模式，对于专业策划人士而言，也是应该具备的最基础的指导思想和思维方式。

二、专业策划人士的策划原理

上述基本思想为策划人提供了如何看待问题的指引，而策划原理则可以从活动参与者或者信息受众的角度，为策划人提供参考和启示。在策划过程中，较为常见的策划原理包括以下三个。

1. 习以为常原理

习以为常是指民众对于日常所见的一些事物、现象或活动，认为其存在属于理所当然，所以不会形成较为深刻的印象和记忆。例如，在人潮涌动的商业中心区域设立的广告牌，每天来往于此处的人们，对于广告牌的存在可能已经习以为常，因此，他们对于广告的内容关注度相对不高。

了解此原理，对于策划人而言，完全可以在传统的行为和现象之余，另辟蹊径。

国内快速成长起来的廉价航空公司——春秋航空的空中销售增值的策划方案，因为与日常生活的习惯相异，而使其大获成功。春秋航空公司从营运之初，就在创新方面大做文章。该公司提出的创意方案包括：向旅客发售航空站票、在飞机上用靓丽的模特推销商品、推出特价汽车和特价房产供乘客购买等。例如，春秋航空每天都会在飞机上推出一款汽车，因为节省了大笔的广告和场地的投入，所以售价比市场价优惠很多，还可以刷卡，但是，下了飞机，就没有这个价格了，因此很受旅客欢迎。再如，它们通过自己的渠道和品牌，经常能把一个新楼盘里最好的若干套房子拿到手中，然后乘客只要付8万元的定金，就能实际充当10万元的房款，并且只有在春秋航空才能享受。这一系列举措和方案的实施，使得其获得了巨大的成功。春秋航空公司2010年的财务报表显示，该公司在2010年的盈利总额高达2 400万美元。由此可见，不走寻常路对于活动策划而言，是行之有效的。

同时，也应该注意，与日常生活相异也有一定的限制，不能违背法律、道德、人们的价值观和信仰。在现实生活中，我们也会看到一些异于常态的策划，如"少林寺牌火腿肠"、将历史人物屈原放置于啤酒广告中等，这些虽然不属于人们日常习惯的范畴，但是却违背了基本的策划原则。

2．干扰分散原理

干扰分散原理主要提醒策划者，在策划过程中可能遭遇到的来自外界的干扰因素，或因策划者的失误导致参与者关注焦点的分散。

吴燦、李林将此种干扰分散原理划分为两大类型。

第一种类型的干扰，是在策划的活动中，无意中受到干扰。如恒基伟业在给自己的"记忆宝"掌上电脑做广告时，使用了广告词为："精确记单词，就是忘不了。"结果，该广告不仅没有帮到掌上电脑的销售，反而，刺激了另外一个企业的健脑产品"忘不了"的热销。此种情形，对于健脑产品企业而言，属于可遇而不可求。但是，对于掌上电脑生产企业而言，则属于典型的意外干扰。可见，对于专业策划人士而言，需要对策划过程中可能需要的资讯做充分的搜集和整理，尽量避免因为信息分析不全而导致的意外干扰，影响策划活动的效果。

第二种类型的干扰，属于在策划中掺入了过多的内容，淡化了活动的主题而产生的干扰和注意力的分散。例如，在某些展览活动中，企业为了提升参与者的关注度，向观众派发礼品，结果导致大量的观众排队领取礼品。在此情况下，观众的注意力都转移到了礼品发放上，对于企业的相关信息反而没有太多关注。

此种类型的干扰，较为典型的例子还有车展中的模特对于车展内容的干扰。人们通常将香车与美女紧密联系在一起，因此，在近年来举办的车展中，车模成为了车展中的核心亮点。随着汽车展览中，车模、汽车文化等元素的加入，人们对车展主题中车的关注度已经开始逐渐被对车模的关注度超越，手提各种长短镜头专业相机的参观者在车展观众中的比例不断攀升。

再如，目前不少企业活动中都希望能够请到明星加盟，以提高人们对该项活动的关注度。其实，邀请明星也是一把双刃剑，明星到场一方面有助于吸引人们关注此次活动，但另一方面也既有可能产生喧宾夺主的效果，让人们对于企业的活动本身产生遮蔽效应。

3．重复强化原理

有一句话是"谎言重复一千遍，也会成为真理"，谎言固然不可能成为真理，但某条信息被重复一千遍，则极有可能对事物产生一定的影响，成语"积毁销骨"也表达出相似的含义。这就是策划中的重复强化原理。

通过信息的重复，确实能够起到加深人们对信息的印象。如在英语学习中，就有一种学习方法为循环反复记忆法。此外，也有不少引用重复强化获得成功的企业案例，如脑白金就是其中之一。脑白金是珠海巨人集团旗下的一个保健品品牌，该品牌创立于 1994 年，由于其成功的市场营销策略，在数年时间内，脑白金成为中国大陆知名度最高和身价最高的保健品品牌之一，年均利润可达 3.5 亿~4 亿元人民币，2005 年春节期间的销售额更是达到 8.2 亿元人民币。从 2001 年起，铺天盖地的脑白金广告，成了一道电视奇观，其广告之密集,创造中国广告之最。当时,一打开电视,总要跳出三两个人来,在那里反反复复地念叨,其广告词"今年过节不收礼,收礼只收脑白金"则成为中国知名度最高的广告词之一。

但是,需要注意的是,在重复强化过程中,如果只是单纯的、简单的、一成不变的重复,则很有可能适得其反,最终引起受众的反感和厌恶。如我国著名毛纺品牌"恒源祥"就曾经利用其广告中的可爱童音"羊羊羊"获得成功,并开创了一种新的广告营销模式。2008年,该企业继续采取将此种宣传手法,并将重复的内容拓展到十二生肖。此时,消费者虽然记住了该品牌,但是,却可能会因为过多重复,对该产品的广告心生厌恶,而对该品牌的美誉度造成负面影响。

案例:恒源祥之十二生肖广告策划引争议

2008年春节期间,恒源祥投放了为时1分钟的十二生肖广告。其广告背景是一个静态画面,左方为2008年夏季奥林匹克运动会(北京奥运会)会徽,右方为恒源祥的商标。广告词是"恒源祥,北京奥运会赞助商,鼠鼠鼠",其中"恒源祥"仍为男声一字一顿,"鼠鼠鼠"也是和"羊羊羊"类似的童音。此广告词重复12遍,直到生肖从"鼠鼠鼠"变换到"猪猪猪",同时,在画面中闪现出相应生肖的卡通画面。这一广告从2008年2月6日农历除夕起在东方卫视等电视台黄金时段播放,至2月21日农历正月十五停播为止,共播出了近200次。

2008年,恒源祥十二生肖广告推出后,引起很大反响,有"电视机卡带"、"中病毒"等说法,有观众表示一开始以为是"卡了",后来觉得"很可笑",最后"觉得难受,想用头去撞墙。"相关业内人士对此的评价褒贬不一。有评价认为此广告缺乏创意,使人反感,不利于恒源祥这一定位于中高层人群的品牌美誉度;但是,也有评价认为此广告成功引起大家注意,从效果上来说十分成功,同时没有违法,属于正常的商业行为。

三、专业策划人士的策划方法论

策划方法论是为专业策划人士提供方法指导的相关理论和知识,从现有的文献和研究成果来看,策划方法论的数量不少。与策划思想相比,策划方法论更加注重在策划实践过程中,为策划人提供方向上及程序上的指导。因此,策划方法论通常可以被分为两大类:一类是以策划的步骤指引为侧重的方法论;另一类则是以策划方向为侧重的方法论。

(一)侧重策划步骤的方法论

企业活动策划需要按照一定的步骤,不断推进。从不同的角度来看,活动策划的步骤、阶段和节奏都会有所不同。这里主要介绍四种与策划的步骤或阶段性有关的策划方法。其中,PDS策划法、HITS策划法和3P策划法在策划步骤指引上相对宏观,而KT策划法对于策划步骤的指引则更加注重实际操作和运用。

1. PDS 策划法

PDS 策划法是计划（plan）、实施（do）与反省（see）三个过程英文字母的缩写。该策划方法认为，计划、实施与反省是策划必经的三个步骤，只有按照此步骤进行的才能被称为策划。而以往的策划方法，更加侧重于策划的内容。

2. HITS 策划法

HITS 策划法名称的来源是遇到困难时怎么办（how）、有什么好主意或办法（idea）、试着做做看（try）、选择某一种方法（select）等四个策划步骤英文字母的缩写。

此策划方法主要提醒人们在策划时避免出现简单计划的误区。一般情况下，当人们面对某个问题时，会思考"怎么办？"但是，通常人们只要找到一个办法就会停止继续思考。其实，解决问题的方法可能还有很多种。只有尽可能多地列出可能的解决问题的方法，并预先进行测试，再挑选出最佳的方案，才能保证策划方案的成功概率较高。该策划法提出的策划步骤可以用图 3-1 加以表示。

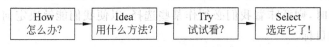

图 3-1　HITS 策划法的策划流程概念图

3. 3P 策划法

3P 策划法中的 P 主要指可行性（possibility），因此，该方法也被称为三阶段可能性追求法。三阶段可能性主要包括：需求的可能性、主意的可能性以及测试的可能性。该方法主要强调的是企业活动策划人，应从上述三个阶段对策划成功的可能性进行测试，如果通过测试，则可行，可以继续策划；如不可行，则需要放弃该策划案。

其中，可能性的包括：发现抱怨型需求、发现渴望型需求和发现潜在型需求。策划创意的可能性主要需要关注：综合顾客的意见、综合企业各部门意见、意见的综合等环节。对于策划方案测试的可能性，则可以考虑通过销售测试、问卷调查等形式，并对测试的结果加以综合分析，最终决定策划成功的可能性。

4. KT（KT matrix）策划方法

KT 策划方法的全名叫做有效问题解决与决策制定程序框架，该方法是最负盛名的决策模型，由美国人查尔斯·H. 凯普纳（Charles H. Kepner）和本杰明·特雷高（Benjamin B. Tregoe）二人合作研究发明，他们把发现问题分为界定问题和分析原因两步。因此，该方法就用他们两人姓氏的首字母联合命名。

将 KT 决策法用于策划工作，主要是将策划工作当作是一种决策行为，即策划人需要对企业所面临的问题进行分析，找出问题的原因所在，并从众多备选的策划方案中找出最为合适的一个，还要为该策划方案提供风险评估和应对策略。

（1）KT策划方法的思考技术

从策划过程中所需方法来看，KT策划方法包含了情境探索、问题分析、决策分析、潜在问题分析等四种思考技术。

情境探索（situation analysis，SA）就是要对目前的状况进行深入研究，如对"现在发生什么事（What is going on）?"这一问题，予以评估及澄清，然后将复杂的状况细分为可以管理的组成要素，并且决定优先处理顺序和应该采取何种行动，以及何时、如何和由谁来完成这些行动。

问题分析部分（problem analysis，PA）主要是要对问题发生的原因，通过比对分析来予以确认。该部分的工作主要是回答"这事为什么发生（Why did this happen）?"主要借助因果关系的分析模式，即对发生的问题经过探索，了解问题发生的原因，以便能采取适当的改善行动。

决策分析部分（decision analysis，DA）实际上是一个具有创造性特征的思维分析过程，主要回答"应采取哪一个行动方案（Which course of action should we take）?"的问题，当运用这一程序时，则意味着我们必须作某些选择，以便我们能够决定何种方案最有可能达成某一特别的目标。

潜在问题分析部分（potential problem analysis，PPA），需要策划者回答"未来的变化如何（What lies ahead）?"的问题，当运用这一程序时，则意味着我们必须确认未来行动计划流程中最弱的环节，应用已知或假设的数据对其进行检验或分析，并提供预防及紧急应变的策略和建议，以避免未来可能发生的不利结果，其最终目标是为确保所采取的行动计划能得以顺利完成。

（2）KT策划法的实施步骤

如果以KT策划方法为指引，企业活动策划应该按照如下四个步骤去实施。

① 确认问题，即确认有无问题及问题出在哪里，这里的问题主要是指偏差或距离。对于企业活动策划者而言，问题的含义是指委托企业目前的实际状态与期望通过活动策划而达到的理想状态间存在的需要缩小的差距。因此，策划者必须先要对企业目前的实际状态、希望达到的理想状态，以及上述两个状态之间存在的差距等三个方面的内容予以确认。

在确认问题时，应先找出企业关注的事项，并对这些事项进行拆解和厘清，然后，在此基础上设定优先级，即从严重性、紧迫性和发展趋势等方面进行综合判断，从而明确需要优先处理的问题。结合上述判断，选择后续策划环节所需的分析思考技术，以及提出在策划过程中所需要的帮助和支持等。在确认问题阶段，通常使用如表3-1所示的工作表。

表 3-1　状况分析工作表样表

所关注的事项	对事项进行分解和厘清	严重性、急迫性和成长性评估			所需行动及思考技术		所需帮助
		严重性	急迫性	成长性	所需行动	思考技术	

在上表中,所关注的事项,是通过与相关人士交流而获知其关注的主要领域和内容。对事项进行分解和厘清,则是将前面提及的关注事项,进行进一步细分。严重性、急迫性和成长性评估则是分别从问题的严重性、问题需要解决的紧迫性,以及问题发展的情况等进行评估,从而明确哪个(些)问题是需要优先处理和解决。所需行动及思考技术,主要针对需要优先处理的问题,需要通过什么方式去解决,该方式后续还需要何种思考技术。

案例：企业现状分析的具体操作

以某企业市场绩效表现不佳为例,简要说明该步骤的主要操作模式。假如,该企业负责人希望请一名策划人员帮助其解决和处理企业市场拓展方面的问题,那么,策划人应先了解该企业目前所处的环境和现状。其中,探讨企业对于市场拓展关注哪些问题是第一位的。

通过访谈,策划人员了解到,该企业关注的问题主要包括两大类,即企业市场占有率的下降和消费者投诉率的上升。策划人员通过进一步详细询问,将市场占有率下降分解为竞争者大量进入和宣传推广不力两个关注问题。同时,将消费者投诉率上升分解为产品质量下降和后续服务欠缺等问题。

在对企业关注事项进行分解和厘清的基础上,策划人请企业负责人对于上述厘清后的四个事项,分别从严重性、急迫性、成长性方面进行评估,评估结果分为三个档次,分别为高、中、低。评估的具体情况,见表 3-2。从评估的结果来看,宣传推广不力是最为关注和亟须解决的问题。因此,策划人认为改善宣传推广不力,需要开展市场营销活动。此行为需要策划人分析现有营销方案中的问题;同时,还需要从若干市场营销策略中选择最佳方案,因此,在思考技术上需要问题分析(PA)和决策分析(DA),为了配合市场营销活动策略的决策和选择,策划人需要得到财务、市场等部门的支持和配合。

由于设置此案例的主要目的是为了让读者更好地理解 KT 策划方法中现状分析部分的操作,因此,对此案例中其他内容不做具体说明,操作流程及含义,请对照表 3-2 理解。

表 3-2 企业现状分析之工作信息汇总表

所关注的事项	对事项进行分解和厘清	严重性、急迫性和成长性评估			所需行动及思考技术		所需帮助
		严重性	急迫性	成长性	所需行动	思考技术	
市场占有率下降	竞争者大量进入	高	中	低	竞争战略	PA、DA、PPA	战略、市场等部门
	宣传推广不力	高	高	高	市场营销活动	PA、DA	财务、市场部
消费者投诉率上升	产品质量下降	高	高	低	加强产品质量管控	PA、DA	品质管理、人力资源、财务等部门
	后续服务欠缺	中	中	高	完善服务体系	PA、DA、PPA	战略、市场等部门

② 问题分析(PA),即找出问题发生的真正原因。作为 KT 策划法中的问题分析,其基本的原理是通过对问题的描述及比较,找出可能的原因,并最终确定问题产生的原因。

在描述问题方面,主要通过以下问句来实现。

什么样的群体出现问题?(who)

出现了什么样的问题?(what)

在什么地方出现的问题?(where)

在何时出现的问题?(when)

问题出现的程度如何?(extent)

如果只是通过上述问题来对问题进行描述,当然无法找到原因所在。KT 策划法的问题分析之核心在于对比分析,即需要找到与发生问题的群体相似,然而却没有出现该问题的群体,通过比较问题群体与未出现问题的群体,发现两者之间的异常和变化情况,从而做出产生问题的原因的判断。问题分析过程中,通常需要配合工作流程填写如表 3-3 所示的表格(每个问题的分析都需要填写一张表格)。

表 3-3 问题分析工作表样表

描述问题	问题问句	问题是	其他相似却未发生问题的群体	相比有何异常	相比有何变动
谁出现问题?					
出现什么问题?					
何处出现问题?					
何时出现问题?					
问题程度(广度)如何?					

通过上述的问题分析过程后，一般可以找到问题产生的原因，余下的步骤则是对可能的原因进行检测。

案例：企业问题分析的具体操作

为了帮助读者更好地理解 KT 策划法中的问题分析，特沿用前一案例中的分析部分，继续开展问题分析。如前一案例中提及，目前亟须策划人员解决的问题是产品的宣传不力。

为此，策划者需要找出产品宣传推广不力的原因。这样就需要从"什么样的群体出现问题？"、"出现了什么样的问题？"、"在什么地方出现的问题？"、"在何时出现的问题？"、"问题出现的程度如何？"等方面对此问题进行具体描述。最终得到如表 3-4 所示的问题描述。即从秋季开始，该企业的产品 A 在华东区的销售量开始变得低迷，从而对华东区的市场拓展造成影响。

表 3-4　企业市场营销推广不力之问题分析之工作信息汇总表

描述问题	问题问句	问题是	其他相似却未发生该问题的群体	相比有何异常	相比有何变动
谁出现问题？	出现宣传推广不力的是何种产品？	产品 A	产品 B、产品 C	产品包装有差异	产品 B、产品 C 包装中增加了礼品
出现什么问题？	是什么样的宣传推广不力？	销售量很低	退货率高	不适用	不适用
何处出现问题？	在什么地方出现此问题？	华东区	华南区	气候及生活习惯不同，华东区有较多的竞争对手	竞争对手频频出招
何时出现问题？	从何时开始出现该问题？	秋季开始	冬季开始	不适用	不适用
问题程度（广度）如何？	该问题影响程度如何？	对华东区销售造成影响	不适用	不适用	不适用

为了找出产生此问题的原因，则需要找出与产品 A 相似，但是，却未出现该营销推广问题的产品进行对比。于是，策划者找出了该企业的其他产品 B 及产品 C 进行对比分析。产品 B 和产品 C 的情况是，未出现销量下降的情况，但是，从冬季开始，华南区开始出现退货率较高的问题。

进一步从出现问题的主体、问题本身、出现时间、出现地点、问题影响程度等方面对产品 A 及产品 B 和产品 C 的情况进行对比。结果发现，两类产品在其他方面均不具备比较差异的意义，仅在产品自身以及发生问题的区域上存在差异。其在产品自身上表现的差异为,企业为产品 B 和产品 C 的包装中增加了促销礼品,而产品 A 则无此变化。在出现问题的区域比较上,华东区与华南区相比,主要存在气候及生活习惯不同,以及华东区存在较多的企业竞争对手的不同。在区域的变动比较时,还发现,华东区的竞争对手近期频频出招抢占市场。

在进行了上述分析后,将所得信息填入表 3-4 的信息汇总表,则策划人员可以发现,该问题产生的原因可能有以下两个:一方面是企业的产品包装未能同时更新;另一方面是华东区竞争对手的进攻,使得该企业的市场份额相对减少。

在明确了问题的原因之后,策划人员接下来的工作就是要针对竞争对手的出击,设计相关方案并选择出最优方案予以实施。

③ 决策分析(DA),即要从若干备选的策划方案中选择出最优的方案。

从决策分析的过程来看,首先,应明确制定策划方案选择的标准和依据;其次,需要制定判断的方法;最终,进行比选得到所需方案。

从制定策划方案的选择标准来看,主要应明确以下三个方面的内容,即此次决策的目标是什么? 相关策划的必要目标是什么? 相关策划的需要目标是什么?

决策的目标是指此次方案决策的主要目的,如选出最佳的策划方案。

由于相关策划方案是以实现特定目标为判断标准,因此,在进行决策分析时,需要对目标进行细分,并以其作为判断的标准。在目标细分方面,一般将其分为必要(must)目标和需要(want)目标两类。必要目标是指相关策划一定需要达到的目标,即最为基础的要求,而需要目标则可以理解为更高层次上的需要,即理想化的目标。此两类目标的细分主要是为了确定决策分析时的优先等级,即一般情况下,应先考虑必要目标的满足程度,然后再考虑需要目标的满足程度。

区分必要目标与需要目标有时并没有特定的方法,在较多情况下,都是由企业的需求主观确定。但是,一般作为必要目标应该满足以下条件:一定是必要的(mandatory)、可达到并测量的(measurable)、可实现的(realistic)。

在决策分析时,对于必要目标和需要目标的满足程度的考察方法有所不同。对于必要目标满足程度的考察,主要依靠必要目标可测量的特征,直接加以判断。以必要目标中对于时间的要求为例,假设某企业的必要目标中规定三个月内产生效果,如果某个方案的生效期限超过三个月,则可以直接否定。只有同时满足所有必要目标的方案,才能进入到需要目标满足程度的考评过程中。

对于需要目标满足程度的考察方法,则采取加权评分的方式进行。即首先让参与决策评定的人员对各需要目标的重要性予以打分;然后,针对不同策划方案对需要目标的满足程度予以评分;最后,将各项需要目标满足程度的评分与该项需要目标的权重相乘得到该项满足程度的标准分数,并将某一方案所有需要目标的分数进行加总,可以得到不同方案的需要目标满足程度得分。以该得分高的作为方案决策分析的结果。

决策分析过程中,相关信息需要填入到表 3-5 所示的工作样表中,以便进行汇总、分析。

表 3-5　决策分析工作表样表

目　标	方案 A		方案 B	
必要目标	执行信息	可行性	执行信息	可行性
需要目标	权重	执行信息	得分×权重	执行信息	得分×权重
合　计					

为了更好地帮助读者了解决策分析的过程,这里也通过一个案例加以详细说明。

案例：市场推广策划方案的决策选择

继续前述案例中的市场推广问题,即为了解决产品市场推广不力的问题,策划人员提出了三种市场推广活动的策划方案,并希望借助决策分析过程选择出最优的方案。

根据上述背景,并结合企业需要,将决策分析的总体目标界定为:到销售旺季前,为了扩大产品在市场的占有率,决定市场推广活动策划方案。

通过访谈和调查相关管理者,得到企业产品市场推广活动的必要目标包括以下方面:

① 在销售旺季前,提升 2% 的产品市场占有率;

② 费用不超过 7 000 万元;

③ 5 个月后,开始进入销售旺季前,产生效果。

策划人员将相关信息填写如表 3-6 的工作信息汇总标准表中。

进一步,策划人获知了企业相关负责人对于市场推广活动策划方案的需要目标,具体来看包括以下要求:

① 在销售旺季时,最大限度扩大产品在市场的占有率;

② 销售旺季后,继续保持这种效果;

表 3-6　企业市场营销推广活动策划方案决策分析之工作信息汇总表

目　　标		方案甲		方案乙		方案丙	
必要目标		执行信息	可行性	执行信息	可行性	执行信息	可行性
产品市场占有率提升2%		提升3.8%	√	提升3.0%	√	提升2.4%	√
费用不超过7 000万元		5 000万元	√	4 800万元	√	4 200万元	√
5个月后开始进入销售旺季		3个月见效	√	7个月见效	×	5个月见效	√
需要目标	权重	执行信息	得分×权重	执行信息	得分×权重	执行信息	得分×权重
在销售旺季时最大限度扩大产品在市场的占有率	10	预期情况略	10分×10	预期情况略		预期情况略	9分×10
销售旺季后继续保持这种效果	7	预期情况略	4分×7	预期情况略		预期情况略	1分×7
可以对抗竞争对手的促销策略	9	预期情况略	7分×9	预期情况略	此方案未能满足必要目标,因此不予考虑。	预期情况略	2分×9
尽量减少费用	6	预期情况略	9分×6	预期情况略		预期情况略	2分×9
有提供高品质形象的作用	5	预期情况略	9分×5	预期情况略		预期情况略	2分×5
有提高产品销售量的效果	3	预期情况略	10分×3	预期情况略		预期情况略	6分×3
满足度标准分合计			320分		—		203分

③ 可以对抗竞争对手的促销策略;

④ 尽量减少费用;

⑤ 有提供高品质形象的作用;

⑥ 有提高产品销售量的效果。

策划人并要求企业相关负责人对上述需要目标的重要性按照1~10分进行评分,其中分数越高,表明该项目标越重要。策划人将研究得到的需要目标及其重要性评分均填写入相关工作信息汇总表中(详见表3-6)。

由于策划人共按照企业的要求提供了三种策划方案,即方案甲、方案乙和方案丙。策划人则按照必要目标项目和需要目标项目,将各方案执行的预期情况填入相关栏位中。

在进行了上述操作后,首先比较必要目标之满足程度。从表3-6中可见,对于方案乙,由于其未能满足必要目标中对于时间的要求,因此,直接被排除在备选方案之外。而方案甲及方案丙均顺利通过了必要目标的考核。

在需要目标考核阶段,结合方案甲及方案丙的后续执行的预期信息,分别对其满足需要目标的程度进行打分,并与相关目标权重相乘,得到标准分。将一个方案满足需要目标的标准分相加,最终得到方案甲满足需要目标的得分为 320 分,而方案丙得分为 302 分。由于方案甲得分高,因此,最终决定以方案甲作为企业实施市场推广活动的方案。

④ 对于选中的方案进行潜在问题分析(PPA),即探讨被选择的方案在执行过程中,会面临哪些潜在的问题,可能导致该问题的原因,以及如何常规应对和紧急处置。可见,潜在问题分析实际上是构建一项行动方案,即打算要做某些事情,来消除或减少潜在的问题。完成该步骤的工作,则应该形成如表 3-7 所示的工作分析样表。

表 3-7 潜在问题分析工作表样表

实施计划	潜在问题	发生原因	预防对策	紧急时对策	触发信息

(二)侧重策划方向的方法论

对于策划者而言,策划的程序和流程指引能够为其提供行动的方向;而策划方向的指引,则将成为其策划时的思维指南。目前,以策划的方向作为侧重的策划方法论有以下几种:理想策划法、创造性问题解决法、限制理论策划法及可拓学的策划方法。

1. 理想策划法

理想策划法也被称为浪漫型策划法。该方法是以企业发展的梦想作为活动策划的愿景,然后,将实现该梦想的各种可能的手段和方法都详加考虑,慎重选择,以提高策划成功的可能性。此种方法,强调策划的方向可以是宏大而高远的,然后策划人就朝着这个目标,用各种可行的方法进行尝试。理想策划法的思想逻辑,可以通过图 3-2 加以表现:

图 3-2 理想策划法的逻辑思路

2. 创造性问题解决（creative problem solving，CPS）策划法

创造性问题解决方法与理想型策划法较为相似，都是希望策划者不要着急做出判断，应尽可能多的提出策划方案，并从众多的方案中选择较为优秀的方案。问题解决者在选择或执行解决方案之前，应尽量想出各种可能的解决问题的方法，并利用系统性思考来解决问题。可见，创造性问题解决是一种利用系统化的思考方式来解决问题的思考策略。

在采用创造性问题解决方法时，通常应该遵循以下原则。

① 不满原则：即策划人应该对于现状或处理方法保持永不满足的态度，并力求改进。

② 开放原则：开放性的思维是创造性问题解决方法的核心，因此，在发现问题或概念构思过程中，都应该持有相对开放的思维方式和心态。

③ 流畅原则：将脑力激荡贯穿于整个策划活动的运作过程，力求产生大量构思，以量取质，求得创造性想法。

④ 延缓判断原则：对知觉的认知善加利用，不要轻易的做出结论，以不妨碍思考的流畅性和促进更好的解决方案产生为基本准则。

⑤ 联想原则：联想是获得多样性的解决方案的途径之一，因此，在利用创造性问题解决策划法的过程中，应该保持思考的多样性，并由一个解决方案引出一连串相关的策略。

⑥ 客观评价原则：通过客观的评价标准而不是主观偏见，客观地判断想法的价值与可行性。

⑦ 增加知识原则：通过不断地积累经验，力求丰富知识，尤其是创造活动的相关知识。

将创造性问题解决方法用于策划工作，一方面，能够为策划工作提供一个创造性的架构，帮助人们增加对创造性策划过程的了解，并使创造性观念更加具体化；另一方面，该思维方式能够提供一个系统化、良好结构的途径，帮助策划者在混沌的策划工作中，有效从事创造性策划。

3. 限制理论策划法（TOC 策划法）

TOC 策划法是 theory of constraint（限制理论）策划法的简称，也翻译为"制约法"，美国生产及库存管理协会称之为"限制管理"。该理论与"短板理论"较为相似，认为一个组织是由许多不同环节（不同功能或部门）所构成，这些环节彼此互相依赖，环环相扣，但是全部环节中至少存在一个最弱的环节，该环节即组织内的限制因素。因此，当我们专注于改善组织的整根链条时，要改善的是链条的强度；链条的强度不是决定于最强的那一环，而是决定于最弱的那一环。只有打破最弱的环节，才能增强链条的强度，此时，最弱的一环就会转移到另一个环上。在此基础上，通过持续性的改善就能够达到系统的最优化。

因此,在为企业进行活动策划时,策划者思考的方向应该是:首先找到阻碍其达到更高绩效的限制或核心问题,并且要把彼此之间的因果关系厘清;其次,针对上述核心问题,寻找相对的激发方案,并拟定相应的活动策划方案;最后,使企业能够通过相关活动的实施,消除障碍或限制,并达到提高绩效的目标。此环节和过程也可以被简单归纳为,回答下列三个问题:什么需要改变?改变成什么?如何改变?

在限制理论策划法中,一个较为核心的元素就是因果理论,即依照限制理论进行策划时,需要反复不断地应用因果理论进行分析。有学者将限制理论策划法的流程描述为以下四个字:果、因、果、应。即先就目前的状况,推导出造成此问题的原因;然后,探讨如果要改善现状,则需要哪些结果;再从所需的结果上,推导出应该如何获得我们所期望的结果。这一系列的思辨过程,就是策划者在创意策划过程中的思维方向和模式。

4. 可拓学的策划方法

可拓学(extension theory)是一门用形式化的方法研究事物拓展的可能性和开拓创新的规律,并用于处理矛盾问题的新学科。自 1983 年我国学者蔡文创立以来,经过二十几年的耕耘与研究,可拓学的触角已经延伸向自然科学、社会科学、系统科学、生命科学,并应用在经济、工业、医学、军事、地质、文化、管理等领域的多个层面。

可拓学的研究对象是矛盾问题;基本理论是可拓论;方法体系是可拓方法,由于这些方法特别适合于创新,因此也被称为可拓创新方法。逻辑基础是可拓逻辑,与各领域的交叉融合形成可拓工程。可拓论、可拓创新方法和可拓工程构成了可拓学。可拓论有两个支柱,一个是研究物元及其变换的物元理论;另一个是作为定量化工具的可拓集合论,它们构成了可拓论的硬核。可拓创新方法体系包括:拓展分析方法、共轭分析方法、可拓变换方法、可拓集合方法、优度评价方法及可拓创意生成方法等。

近年来,该领域内的学者更是开展了在计算机、设计、管理、控制和检测等领域的应用,研制了生成策略的可拓软件。例如,可拓策略生成方法和可拓数据挖掘方法就是在各个领域中能出点子、想办法的智能系统;可拓营销、可拓决策则是可拓学在管理领域上的应用;可拓设计是可拓学在设计领域中的应用;可拓控制、可拓检测是该学科和方法在检测和控制等领域的应用。我们把用可拓学的方法和从处理矛盾问题的角度进行的策划,称为可拓策划,它是可拓学和策划学结合的产物。

可拓策划的基本思想主要包括三个方面:①一举多得的可拓思想,如果由一件事引发的很多事件都会产生有利的效果,则称为一举多得;②用别人的资源办自己的事的可拓资源思想,那些虽不属于企业所有,而经过一定变换后可为企业所用的资源,称为可拓资源;③创新无限的思想,事物的可拓性和可拓集合的概念,为人们解决矛盾问题提供了很多可供选择的路径、方法、点子。可拓学认为,一切方案都是不完善的,都是可以开拓、改进的。对方案的筛选,也只能得到较优的。

可能可拓学本身对于策划者而言,掌握和理解起来具有一定的难度,但是,该学科所体现出来的创新和拓展思想,对于企业活动策划者而言,则具有较好的指导性和启发性。

第二节　创意获取方法

一、创意及其来源

创意从字面上理解是创造新意,即为活动带来新的理念、主题、形式或内容等。活动创意是企业活动策划的关键步骤之一,好的创意不仅能提升活动的吸引力,有时还能起到一举多得、事半功倍的效果。策划者如何获得理想的创意呢?除了要有深厚的知识积累、丰富的经验和发散性的思维外,掌握正确的方法也十分重要。通常情况下,创意的方法主要依靠激发,即通过各种形式和途径的激发,来帮助策划者获得创意的方向。但是,创意并非完全从天而降,个人的意识培养也非常重要。机遇总是青睐有准备之人,作为企业活动的策划者需要从各方面提升自己的创意水平及能力。

1. 应主动地培养创意意识,克服惰性思维。

从人的大脑构造来看,人的左脑具有语言功能,擅长逻辑推理,主要储存人出生以后所获取的信息;人的右脑具有形象思维能力,但不具有语言功能。右脑信息的来源渠道:①人出生后凭直观感受直接摄取的;②经过左脑反复强化的信息转存的;③祖先所经历的人和事,经过浓缩后遗传下来的。从左、右脑的功能分工来看,与创意有关的应当是右脑。但右脑能力的培养,除了遗传外,更多的是要靠主动的记忆和观察。因此,作为策划人应当具备积极主动的意识,在生活和工作中,应克服惰性的思维,多看、多听、多想,以丰富的资讯积累来支持自我创意意识的培养。

2. 勇于突破思维定式,训练发散思维。

关于定式的研究始于心理学,最初德国心理学家埃伦·兰格(Ellen J. Langer)提出了定式的概念,用以标志经验影响反应的事实。20世纪80年代,我国学者开始注意到,思维活动中普遍存在的这种准备状态,我们称之为思维定式。创新意识或发散思维是创新活动中的思维,通过标新立异,发明或创造出前所未有的新思想、新观念和新理论。只有勇于突破现有的思维定式,才能从不同的视角来关注所研究的问题,从而获得创造性的发现和结论。例如,美国有一位著名的咨询顾问师,名字叫劳尔尼格,是一个有着很强的创新思维的人。在平时的工作实践中,不论是涉及新产品的构思和策划,还是商务运行中的一些策略,以及那些消除错误的方法和如何改进职员的行为准则等问题,劳尔尼格都会突破习惯的思维定式,提出一些许多人想不到的新方法和新见解,从而成功地解决问题,促进事情获得质的飞跃。劳尔尼格著有一本书,名为《我是如何成功的》,他在书中全面而详尽地阐述了自己的思维方法和成功心得,他说:"我认为自身的专业及通晓的知识并不比那些企业家更内行、更有经验,之所以能够找出独特的解决办法,全在于我能够突破思维定式,用一种创新思维的办法来看问题。"

3.寻求诱发灵感的契机,提高想象力。

科学研究需要三种能力:想象力、洞察力和理解力。其中,想象力是一种直接创新思维的力量,是创造力的源泉,人类所有重大的基础科学理论都是由想象力创造的。除了科学研究,想象力的重要性还体现在各种艺术创作和策划工作中。因此,作为专业的活动策划人,还应时刻关注各种能够诱发灵感的资讯和事件,同时,努力保持并提高自己的想象力。

> **小贴士:如何保持想象力?**
>
> 以下做法都有助于保持想象力:打破习惯、拾回童心、保持好奇心、积累词语、丰富知识、博览群书、四处旅行、发展联想、运用联想等。

二、通用的创意模式

创意需要有创新,然而创新并非一定是原创,也可以是对现有事物或发展模式的调整与优化。因此,借鉴已有的成功经验对于策划人而言,有助于其更好地完成创意和策划的工作。

目前,人们较为认同的通用创意模式可归纳为以下几类,供读者参考。

1.移植法

移植法就是把成熟的事物原理根据相似性复制到其他活动策划的思维中。事物之间总是或多或少存在一些相似性,而这种相似性主要体现在结构或过程两个方面。发现与利用事物的相似性,形成联想,这是运用移植法的要领。运用移植法打开思路,是探求、把握新鲜事物发展规律的一条捷径,它对使用者的要求是,必须善于总结他人的经验,而非简单照搬。

目前,在我国电视娱乐节目策划中,移植法的使用过于频繁,甚至出现全盘照搬的情况,此种情形就失去了创意的意味。例如,以选秀类节目而论,湖南卫视的《快乐女声》来源于《美国偶像》;浙江卫视《中国梦想秀》脱胎于《就在今夜》;东方卫视《中国达人秀》引自《英国达人》;而东南卫视的《欢乐歌唱团》源于英国同名节目;《中国好声音》是移植的荷兰选秀节目《The Voice》。

2.分解法

中国有句俗话,"大事化小,小事化了。"作为策划者,将所面对的问题加以分解,有时候也会产生出其不意的效果。分解可以从产品实体、权利、空间、时间等方面进行。

例如,产权式酒店就是将酒店产品实体进行分解的典型例子。产权式酒店就是由个人投资者买断酒店客房的产权,即开发商以房地产的销售模式将酒店每间客房的独立产权出售给投资者。每一套客房都各拥有独立的产权,投资者像购买商品房一样投资置业,再将客房委托给酒店管理公司分取投资回报及获取该物业的增值;同时,还能获得酒店管理公司赠送的一定期限的免费入住权。这种方式既解决了投资方回收资金的问题,也为酒店管理公司和投资者提供了很好的平台。

而海外非常流行的分时度假也是源于分解式的创意方法。此种度假方式下,酒店或度假村会将其客房的使用权分成若干个周次,按 10～40 年甚至更长的期限,以会员制的方式一次性出售给客户,会员每年到酒店或度假村住宿 7 天。分时度假就是将酒店使用权的在时间上进行分解,同时,在不同空间内进行交换。

拓展阅读：尤伯罗斯与奥运会

1984 年以前,奥运会一直是很赔钱的工程。1980 年,莫斯科奥运会花掉 90 亿美元,致使 1984 申请举办奥运会时,只有美国洛杉矶一个申办城市。

洛杉矶成立了筹备委员会,选尤伯罗斯担任主任。他上任后的第一个任务就是要降低奥运会的举办成本,减少亏损。于是,他采取民间办奥运会的方针,广泛细致地分解各个利益点。首先,压缩成本,将服务奥运作为荣誉,吸引大学将宿舍提供给运动员使用,招募志愿人员为大会提供免费劳务;其次,广开财源,将各种用品的供应权作为商品拍卖,用品牌效应换取办会费用,小到胶卷,大到汽车,甚至连火炬接力手都采取招标方式征集,可谓是把钱算计到了"骨髓"。结果,第二十三届奥运会不仅没有亏空,反而节余 2 亿多美元!从那以后,各届奥运会主办城市纷纷移植尤伯罗斯的分解法,使 1988 年的汉城奥运会、1992 年巴塞罗那奥运会、1996 年的亚特兰大奥运会、2000 年悉尼奥运会、2004 年的雅典奥运会都获得了直接或间接赢利。

3. 组合法

与分解法相对,组合法是按照一定的内在关系,将多个要素联系起来,形成有机的整体,使整体价值大于各个要素的简单加和。例如,铅笔与橡皮原本就是两个功能上相互配合的产品,将这两个要素组合在一起,就能够极大地方便使用者。再如,目前较为盛行的产品营销推广方式是将产品与礼品打包进行销售,有些消费者对于礼品的重视程度超过了商品本身,从而能达到较为理想的营销效果。此举,同样属于组合策划法的范畴。

由此可见,万事都有其特定的内容与存在形式,不同内容之间组合成新内容、不同形式之间组合成新形式、相同的内容与不同的形式组合成新事物、相同的形式与不同的内容组合成新事物,这就是事物发展所表现的情形。以游乐场中的机动游戏过山车为例,这一目前较为常见的游乐设施的创新就是依靠轨道、环境、悬挂方式、车辆材质、运行方式等元素的交叉组合来实现,如木质过山车、悬挂过山车、室内过山车、加速过山车、来回往复过山车等。

4. 重点法

重点法就是从众多要素中,寻找、确定具有带动作用的关键性要素,从关键性要素着手突破,以最小的投入,解决整体问题。如在针对家庭消费者的产品营销推广活动中,如果能够赢得儿童的关注和青睐,则能够对整个家庭的消费产生影响,因为,中国的独生子女往往会成为家庭关怀的核心。儿童的消费,能够引发数倍的家庭衍生消费。

再如,会展活动的策划过程中,不少策划者会担心现场观众数量不足,或专业观众比例不高。如果按照重点法的策划模式,只要能够邀请到行业内的知名人士,或者组织一场对于行业人士而言十分有价值的研讨会等,上述疑虑应该都能够迎刃而解。

5. 背景转换法

借助背景的力量来提升自身的价值,这是背景转换法的核心主张。一个人、一件商品、一家企业,无论多么强大,其价值、力量都是十分有限的,而其所处的背景有时是可以选择的,有时背景的价值和力量是无限的。这个背景可以是区域、可以是时间,也可以是特定的人。

如果你采购了一批蚊帐,结果蚊帐洞眼太大,根本起不到防蚊的作用,你会怎么办?王仁德是江西余汀的一位老工人,他得知非洲的苏丹有很多伊蚊(蚊科中最大的一类),这种蚊子体态庞大,嘴巴奇长,吸人血多,染病率非常高。他觉得蚊帐可以卖到那里去,并最终成功实施,成为传奇人物。他的成功就是利用了背景转换的策划原理,最终找到了市场商机。

6. 逆向思维法

逆向思维法也叫求异思维法,就是对人们司空见惯的似乎已成定论的事物或观点反过来思考的一种思维方式。敢于"反其道而行之",往往会获得令人意想不到的惊喜。法拉第通过十年不懈的努力,于1831年提出了著名的电磁感应定律,并根据这一定律发明了世界上第一台发电装置,将人们知道的电流的磁效应进行逆转,堪称科学发展史上典型的逆向思维案例。

再如,某国际酒店集团为了迎合"80后"和"90后"员工的特征,将传统的入职培训形式通过逆向思维转变成为一种游戏,通过这个游戏,新入职的员工能够在游戏过程中对酒店文化、组织架构、各部门功能等有较为深入的了解。这样既激发了员工对入职培训的兴趣,又大幅提升了培训的效果。

三、常见的创意激发方法

1. 头脑风暴法

头脑风暴法(brain storm)又称集体思考法或智力激励法,于1939年由A. F. 奥斯本首先提出的,并在 1953 年将此方法丰富和理论化。

头脑风暴法是指采用会议的形式,如召集专家开座谈会征询其意见,把专家对历史资料的解释以及对未来的分析,有条理地组织起来,并由策划者做出统一的结论;然后,在这个基础上,找出各种问题的症结所在;最终,提出针对具体项目的策划创意。

这种策划方法在进行时,策划人要充分地说明策划的主题,提供必要的相关信息,创造一个自由的空间,让各位专家充分表达自己的想法。同时,参加会议的专家的地位应当相当,以免产生权威效应,从而影响另一部分专家创造性思维的发挥;专家人数不应过多,应尽量适中,因为人数过多,策划成本会相应增大,一般 5～12 人比较合适。会议的时间也应当适中,时间过长,容易偏离策划方案的主题;时间太短,策划者很难充分获取信息。这种策划方法要求策划者具备很强的组织能力、民主作风与指导艺术;要能够抓住策划的主题,调节讨论气氛,调动专家们的兴奋点,从而更好地挖掘专家们潜在的智慧。

头脑风暴法的不足之处是邀请的专家人数受到一定的限制,如果挑选不恰当,则容易导致策划的失败。此外,由于专家的地位及名誉的影响,有些专家不敢或不愿当众说出与人相异的观点。这种策划方法的优点是能够获取广泛的信息、创意,并通过互相启发,集思广益,在大脑中掀起思考的风暴,从而启发策划人的思维,想出优秀的策划方案来。

2. 德尔菲法

德尔菲法(Delphi method)在 20 世纪 40 年代,由美国兰德公司首次使用,是一种特殊的策划方法。德尔菲是古希腊的一座城市,因阿波罗神殿而驰名,由于阿波罗有着高超的预测未来的能力,故德尔菲成了预测、策划的代名词。

所谓德尔菲法是指采用函件或电话、网络等方式,反复地咨询专家们的建议,然后由策划人做出统计。如果其结果不趋向一致,那么就再次征询专家,直至得出比较统一的方案。这种策划方法的优点是:专家们互不见面,不能产生权威压力。因此,该方法的参与者可以自由充分地发表自己的意见,从而得出比较客观的策划方案。

运用这种策划方法时,要求专家具备项目策划主题相关的专业知识,熟悉市场的情况,精通策划业务操作。在专家的意见得出结果后,策划人需要对结果进行统计处理。但是,这种方法缺乏客观标准,主要凭专家的主观判断;而且,由于咨询次数较多,反馈时间较长。此外,有的专家可能会因工作忙或其他原因而中途退出,这有可能会影响策划的准确性。

德尔菲法的基本流程是:

① 把一群富有市场经验且可以相互补充的专家汇集在一起,通常为 30～50 人,并设定控制条件(常用的方法是邮寄调查表,以避免群体压力影响);

② 设计、分发第一轮调查表,要求回答者确定或提出某些事件发生的可能性以及发生的可能时期;

③ 整理第一轮回收的调查表,包括确定中间值和确定两个中间四分位数,以便减少

过于乐观或过于保守的极端意见影响；

④ 把统计整理的结论制成第二轮调查表，寄给同一专家组的成员，要求回答是否同意四分位数范围，如仍是在四分位数之外，则需要请专家们解释原因；

⑤ 将第二轮调查表的结果及评论意见整理成表；

⑥ 有没有必要再征询 1～2 轮，要看预测的差异是否过大，评论意见的寄发是否有助于专家组形成新的、较为统一的意见；

⑦ 总结预测结果，包括中间值、中间四分位数范围，以及正确对待和消化处理那些意见尚未统一的预测事项。

3. 拍脑瓜法

拍脑瓜法又称创意法，是指企业活动策划人收集有关产品、市场、消费群体的信息，进而对材料进行综合分析与思考，然后打开想象的大门，形成意境，但不会很快想出策划方案，它会在策划人不经意时突然从头脑中跳跃出来。

拍脑瓜法其实并不是在短时间内一拍即完，而是经过一个长时间的前期准备工作，思绪积累到一定程度，自然而然地流露出来，它需要策划人具备一定的项目策划功底，具有渊博的专业知识。策划人要像蜜蜂采蜜一样，从各种鲜花中一点一滴地采集最有效的成分。

4. 灰色系统法

系统是指相互依赖的两个或两个以上要素所构成的具有特定功能的有机整体。系统可以根据其信息的清晰程度，分为白色、黑色和灰色系统。白色系统是指信息完全清晰可见的系统；黑色系统是指信息全部未知的系统；灰色系统（grey system）是介于白色和灰色系统之间的系统，即有一部分信息已知而另一部分信息未知的系统。

灰色系统法是指利用一些已知的行为结果，来推断产生该行为的原因或未来模糊的不确定性行为的方法。使用该方法进行活动创意策划主要是通过对企业或市场现状的分析，推导出未来可能的发展趋势和特点，从而为企业提供理想的活动策划方案的方法。

5. 智能放大法

智能放大法（brainpower amplify）是指对事物形成全面而科学的认识，然后在这种认识的基础上对事物的发展作夸张的设想，运用这种设想对具体的企业活动项目进行设计与策划。

由于这种方法受到时间、地点以及人文条件的制约，因此，在具体操作时要靠项目策划人自己来准确把握。

这种策划方法容易引起公众的议论，形成公众舆论的焦点，进而很快拓展其知名度，形成炒作的原料。"没有想不到的，只有做不到的"就这是这种策划方法的原则。但是，这种策划方法并不是一味地往大处想，而是在现有的客观条件下，合理地考虑到公众的心理承受力。这就是说，智能放大法是有一定风险的，太过于夸张，容易导致项目策划向反方向发展，而彻底改变项目策划的初衷。

第三节 信息调研方法

一、信息调研的主要内容

在企业活动策划过程中，策划者需要搜集多方面的信息作为参考。因此，信息的调研方法和技术也成为企业活动策划系列方法中的重要组成部分。活动策划的信息调研是指运用科学的方法和手段，有目的、有系统地收集、记录、整理、分析和总结与企业活动策划有关的各种企业发展、市场需求以及行业发展信息，并为企业活动策划者提供客观决策依据的活动。

企业活动策划的信息调研工作因不同类型的活动而异，但基本上都应该包括以下方面的内容。

1. 对企业内部情况的调研

对企业内部情况的调研主要是了解企业发展的现状，因此，通常会涉及企业的人员、管理、目标等。特别是当企业活动外包给专业策划公司时，通过调查企业发展现状对于策划人了解企业背景，顺利完成策划和组织工作具有重要的意义。

策划者除了需要对企业发展的总体情况开展调查外，还应该对企业的主要业务领域开展调查和研究，如产品的特性、质量、库存、生产能力等。特别是进行市场营销活动策划时，对于企业产品及服务的了解程度要求较高。

2. 对企业外部情况的调研

策划人在了解企业内部信息的同时，对于企业外部资讯也应有必要的了解。较为常见的外部资讯包括：企业产品的流向、市场占有率、分布区域等；企业产品主要消费群体的构成、消费特点、消费心理以及消费习惯、购买决策行为等；消费者在购买和消费产品或服务时的详细细节，如消费者进入商店选择商品时，面对众多的商品，为何选择这种而非那种商品？

对于商品销售人员，策划者也有必要对其进行调查和了解。因为，商品销售人员工作在第一线，是直接与消费者打交道的群体，他们对于消费者的需求和购买情况最为了解，所以，商品销售人员的意见可能会对企业营销活动的策划起到较好的指导。

商品的价格是影响购买的直接因素，因此，策划人员在开展营销活动策划之前，必须要对企业的商品价格体系、价格策略、目标客源对商品价格体系的认同度、竞争对手所采取的价格应对策略等进行详细了解。

此外，行业发展的总体趋势、企业的竞争者之发展情况、本企业产品与同类型产品相比的优势与不足等，也会成为企业策划过程中有用的资料。

尽管上面提及了关于企业内部和外部两大部分资讯的搜集，但实际上，并非任何活动的策划都要将上述信息搜集齐全。不同的活动在策划时，关注的对象和焦点不同，对于信息的需求也会有一定的差异。笔者会在后续章节中，针对不同类型的企业活动策划做进一步说明。

二、信息调研的方法

对信息的调研主要通过四种方法进行。

（1）搜集和整理有关企业或行业发展的直接和间接的统计资料。包括宏观经济发展指标、市场消费能力指标、行业发展趋势指标，以及其他政府机构和行业协会所公布的统计资料。对上述资料进行综合分析，可以从宏观上把握策划所涉及行业的总体发展情况，以及企业在行业中的大体位置和竞争态势。

（2）观察调查的方法。对于某些不方便或无法直接获取的数据和信息，策划人员可能需要亲自去进行观察。例如，为了了解消费者的消费行为特征，策划人员可以到产品的销售地点，以及消费者相对集中的地区进行观察。按照观察者是否参与被观察者的活动，可以将观察法分为参与式观察法和非参与观察法。参与式观察法是调查者参与到所研究的消费者活动中的实地调查，在相互交流和互动中观察对方的行为特征；而非参与式观察法，研究者仅作为旁观者来了解消费者的行为特征。

（3）访谈和电话调查。访谈法主要指通过与受访者之间进行互动交流和沟通，来了解受访者对某些事情的看法及行为特点。按照访谈的内容设计可以分为非结构化访谈和半结构化访谈。非结构化访谈是访谈者对访谈的控制程度最小的访谈形式，通常情况下，由受访者来对访谈的内容进行引导，并视他们的语言和行为来选择何时结束访谈；半结构化访谈通常会由访谈者事先准备好一份访谈大纲，然后按照访谈大纲的流程逐个问题进行访谈。此外，还可以按照访谈的形式分为焦点访谈和深度访谈等。团体式焦点访谈（focus group）通常是由一个主持人对 6～12 名受访者进行访谈，其主要目的是要通过激发式的访谈了解研究目标群体对某个问题的不同看法和意见，从而为研究者提供更为全面的信息。深度访谈（in-depth interview）属于非结构式访谈，也被称为自由式访谈，受访者围绕某一个既定的主题进行自由探讨。

电话调查法通常借助计算机辅助电话访问系统（computer assisted telephone interview，CATI）进行，调查的对象通常是本地居民或本地消费者，主要目的在于通过电话调查了解居民或消费者的基本信息及其对企业和产品的认知和态度。进行电话调查时，问题的设计要简单、明确、符合当地人的语言习惯，避免冗长、烦琐而引起被调查者的疑惑与反感。例如，在广东地区进行居民电话调查，应该将问卷的表述形式转化为粤语的习惯用法，以符合当地居民的习惯。

拓展阅读：计算机辅助电话访问系统（CATI）

CATI 即计算机辅助电话访问（computer assisted telephone interview），是将近年高速发展的通讯技术及计算机信息处理技术应用于传统的电话访问所得到的产物，问世以来得到越来越广泛的应用。目前，国内越来越多的专业商业调查机构、政府机构和院校已在积极地大量使用这种技术。计算机辅助电话访问使用一份按计算机设计方法设计的问卷，用电话向被调查者进行访问。计算机问卷可以利用大型、微型或个人计算机来设计生成。

访问人员坐在计算机前，面对屏幕上的问卷，向通话另一端的被调查者读出问题，并将其回答的结果通过鼠标或键盘记录到计算机中；督导人员则在另一台计算机前，借助局域网和电话交换机的辅助对整个访问工作进行现场监控。通过该系统调查者可以以更短的时间、更少的费用，得到更加优质的访问数据。所得数据可被各种统计软件直接使用。

计算机会系统地指引整个业务流程。问卷可以直接在计算机中设计、调试，抽样过程可以大大简化，配额也完全由计算机系统自动控制，问卷执行时所有的问卷内部的流程和逻辑都由计算机内部控制，并且计算机会检查答案的适当性和一致性。数据的收集过程是自然的、平稳的，而且访问时间大幅缩减，数据质量得到了加强，数据的录入等过程也不再需要，编码也可以统一的自动实现。由于回答是直接输入计算机的，因此，关于数据收集、结果的阶段性和最新报告几乎可以立刻就得到。同时，CATI可以提供更高效、更全面、透明的监控方式，所有的话务监控、通话录音、监听、监看都在一个独立的计算机上执行，大幅降低了对访问过程产生干扰的可能性。

电话访问的优点在于速度快、样本代表性强、访问质量容易控制。一般来说，能够进行真正具有代表性抽样的数据采集方式只有入户访问与电话访问。然而，由于入户访问接触率较低，因此，电话访问就成了样本代表性最强的数据采集方式。

CATI系统与传统访问方式相比，具有以下几个主要特点。

① 速度快，效率高。使用 CATI 系统省去了面访所必需的上街或入户、问卷复核、问卷编码、数据录入等费时费力的过程；研究人员在调查结束后几分钟或几十分钟内就可拿到调查数据。这在某些时效性要求较高的调查中，更突显其优越性。

② 质量高。由于事先可对计算机进行设置，可以避免一些因跳问路线或选择答项错误而导致的数据差错或丢失；此外，由于所有访问记录（包括录音记录）全程都可以保存在系统中，且访问过程始终处于督导人员的全程监控之中，因此，不会出现访问员作弊现象。

③ 成本低。采用 CATI 系统，可以省去交通费、礼品费和问卷印刷费等。根据测算，完成同样调查项目，采用 CATI 系统所花费的费用要比面访低 30% 左右。

（4）抽样调查。抽样调查是在数据和信息搜集方面，较为常用的方法之一。它实际上属于一种非全面调查即从所有调查研究的对象中，抽选出一部分样本进行调查；然后，根据受访者的反馈信息，对全部调查研究对象作出估计和推断的一种调查方法。由于抽样调查以概率估计为基础，因此，在相关数据和信息获取方面，具有经济性好、实效性强、适应面广、准确性高等特点。

从抽样调查的样本选择方式来看，抽样调查可以分为概率抽样和非概率抽样两类。概率抽样在抽选被调查样本时，一般都要求为随机抽样。尽管，目前笔者看到的不少市场调研报告中，都声称相关研究采取了随机抽样调查的方式进行。但实际上，实现随机抽样的前提是，要有完善的样本框以及随机抽取的机制。如调研者需要拥有某企业产品的所有消费者的资料，以此来构建抽样框；并在此基础上，配合随机抽取的程序，才能最终保证抽样是以随机的方式进行。很显然，在实际的调研过程中，大部分情况下都无法做到概率抽样，特别是对于消费者的研究，通常都是在街头或特定的商场中进行拦截式的方便抽样或判断抽样。

此外，策划信息调查按照不同的标准可以划分为不同的类型，表 3-8 就对调查的方法进行了较为全面的分类。

表 3-8 企业活动策划信息调研方法一览表

	类 型 名 称		形 式	特 点	主 要 用 途	缺 点
按调查目的的分类	探索性调查		有限访谈或查找资料	简便初步	用于了解现状，发现问题，制定调查方案。	准确性低
	描述性调查		对对象基本情况的调查	客观性	广泛收集基础性信息，为深入研究工作做准备。	工作量大
	因果性调查法		设定和控制变量，调查因变量	因果性	基于描述性调查，针对特殊问题证明因果关系。	调查环境难以完全控制
按选择对象的方法分类	全面调查		对所有对象进行调查	全面精确	用于人口、车辆等调查；多用于全国普查。	工作量巨大
	典型调查		选择典型代表	工作量较小	适用于调查对象庞大，且熟悉该对象。	难于准确选择典型
	抽样调查	系统抽样	排列对象，等距抽样	等距、简单易行	适用于对同类对象作一般分析。	对异质分析不易深入
		随机抽样 简单随机抽样	安全随机地抽取样本	随机性	适用于对象总体均质性较高的情况。	受条件制约，可能沦为任意抽样
		分层随机抽样	先按质归类，再在各同质层简单随机抽样	能增加代表性，工作量大	适用于异质分异明显的场合，如按年龄段分层再研究各段分列特性。	取决于设层的准确性

续表

	类型名称		形　式	特　点	主要用途	缺　点
按选择对象的方法分类	抽样调查	非随机抽样 任意抽样	视条件方便取样本	任意性	适用于对象同质性较高时。	易有偏差
		判断抽样	按专业人员的判断选择	取决于专业人员	对象个体极不相同,为避免误差应删除极端样本。	受调查人员素质影响很大
		配额抽样	划分群体,规定每群体的样本数,再任意抽样	工作量小、较均、信度和效度较高	适用于一般性、小规模调查。	调查人员素质对结果有一定的影响
按资料来源分类	第二手资料调查	外部资料	政府和专业出版物	较简便	适用于宏观调查、背景调查等。	时效低、难以满足专业性要求
		内部资料	档案、文件等	简便	适用于历史、内部情况调查等。	
	第一手资料调查		有计划地调查专门信息	时效性好、针对性强	适用于调查本地特定问题。	成本高
	观察调查法		旁观或借助仪器观察	间接性、客观性	适用于调查消费者的行为规律及其隐含态度。	原因要靠主观推测
按交流方式分类	询问调查法	面谈法	面谈,可间断询问、启发判断	灵活、亲切、较准确	常用于小组专题访谈。	成本较高,受调查员影响
		电话询问法	通过电话征询意见	成本低、灵活性	适用于远距离、补样本或大范围的较简单问题调查。	复杂问题不易配合
		邮寄调查法	问卷邮寄	较客观	常用于问题多、不便面谈或易受调查者影响的问题。	返回率低、受问卷设计质量影响
		留置问卷法	面交问卷,回家填写	较明确、客观性	可用于问题多且须仔细思考的问题调查。	周期长、返回率较低
	实验调查法		控制变量,了解变量间的关系	科学性、客观性	可用于小规模实验,为推广作准备。	难以完全控制实验条件

此外,随着近年来网络技术的应用和普及,在实地调查之外,线上调查也成为一种发展迅猛的信息调研形式。有数据显示,在 2008 年全球市场调查的行业支出中,有 20% 是用于在线调研,超过排名第二位的计算机辅助电话调研(CATI)3%,而当面访谈则只占到 12%。可见,线上调查的形式早已经被广泛使用了。

目前,在线市场研究较为常见的几种形式为:网上在线座谈会、电子邮件调查、网页形式调查、网上随机弹出问卷调查,以及自助式网上市场研究等。

三、企业活动策划信息搜集和分析的程序

在企业活动策划过程中,信息调研和分析的工作原则是:思路明晰、抽样适当、分析

确切、成本节约。

调研程序如下。

1．调研准备阶段

这一阶段是调研工作的开始，主要解决三个方面的问题。

① 评估现有资料，明确调查问题。

② 针对调查问题，确立调查目标。

③ 制定调查计划。包括确定调查方法、目标人群、参考时段、抽样单位、抽样数目、调查地点，以及安排训练调查员；设定研究框架，在了解样本的基础上，进行问题设计；在试验性调查的基础上进行问卷设计。

2．调研实施阶段

这一阶段的主要任务是按计划系统搜集各种资料数据，包括第一手资料和第二手资料。发放问卷，实施调查，并对调查过程实施监督。

3．调研分析整理阶段

① 平衡调查样本，编辑、检查调查资料。

② 借助一定的统计分析技术，将整理后的资料和数据进行分析、解释，得出结论，提出合理化建议。

③ 撰写、呈报调查报告，为企业活动策划的创意工作和方案决策提供依据。

第四节　企业活动策划的常用工具

企业活动策划与项目管理有着非常密切的关系，因此，在整个策划和组织的过程中，需要利用到不少工具。本节主要针对活动策划过程中的策划与决策、信息管理与整合，以及策划进程管理等环节，介绍几种常用的工具。

一、策划与决策工具

1．决策的类型与方法

决策是企业活动策划过程中常见的行为。

① 根据决策的影响程度和范围，可以将其分为总体决策和局部决策。总体决策是对整个系统发展具有重要决定性意义的决策；局部决策则是指对系统内部各子系统产生影响的决策。

② 根据决策的目标多样性可以分为两类：单一目标决策，即以单一目标为基准进行的决策；多目标决策，是以两个或者两个以上的目标作为基准的决策行为。

③ 根据决策的环境特点可以分为确定型决策和风险型决策。

确定型决策是指存在确定的状态,且有两个及其以上的行动方案,各方案的损益也可量化。一般来说,确定型决策是较为简单的决策情形,只需要对各方案的损益值加以计算并比较,从中选择收益较大的方案或损失较小的方案即可。

风险型决策是指在多种不定因素作用下,对两个以上的行动方案进行选择,由于有不定因素存在,因此行动方案实施结果的损益值是不能预先确定的。风险型决策可分为两类:若自然状态的统计特性(主要指概率分布)是可知的,则称为概率型决策;若自然状态的统计特性是不可知的,则称为不确定型决策。

在风险型决策问题中,以损益表为基础的期望值法,是较为常用的方法,包括:最大收益法、最大最小收益值法、最小最大后悔值法、乐观系数法和完全平均法等。上述方法对解决比较简单的决策问题具有简便、有效的优点。但是,对比较复杂的决策问题,则需要运用决策树法。决策树法不仅可以解决单级决策问题,而且可以解决损益表难以适应的多级决策问题,是风险型决策问题中常用的方法。

2. 决策树及其应用

决策树法(decision tree)的主要做法就是把各种可供选择的策划方案和可能出现的自然状态、可能性的大小以及产生的后果,简明地绘制在线条像树干分枝的图形上,以便于研究分析。

决策树的基本形式和构成要素如图 3-3 所示。

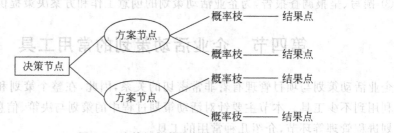

图 3-3　决策树的基本架构和形式

上图中最左侧的为决策节点,从它引出的分枝叫方案分枝,每条分枝代表一个方案。表示方案节点,其上方的数字表示该方案的损益期望值。从方案节点引出的分枝叫概率分枝,每条分枝上注明相应自然状态发生的概率。概率分枝右方的是结果点,在其右侧应注明每个方案在相应自然状态下的损益值。

在绘制决策树时,其顺序是由左向右,各节点的顺序号按从左向右、从上向下的次序标注。运用决策树方法进行决策,是从右向左逐步后退进行分析,即根据结果点的损益值和相应概率分枝的概率,计算出期望值的大小;然后,根据各备选方案的期望值大小来选择最优方案。

决策树在实际应用时,一方面能够通过树形图将待决策的方案和问题简单直观地表现出来,让决策者能够一目了然;另一方面,通过决策树的绘制,待决策问题被条理清晰的展现,并且用定量和定性相结合的方式进行分析和处理,能够实现较为科学的决策。

下面通过一个展览活动策划的例子,来说明决策树方法的应用。

案例:企业投资展览的方案决策

某企业拟投资筹办展览,经过可行性论证,提出大规模办展和小规模办展两个方案。大规模办展需一次性投资 4 550 万元人民币;小规模办展需一次性投资 2 800 万元人民币。假设两个办展方案的策划期限均分为前 2 年和后 4 年两期考虑。年平均投资收益如表 3-9 所示。

根据市场调查预测,前 2 年市场热情高,参展需求量较高的概率为 0.7。如果前 2 年市场需求量较高,则后 4 年需求量较高的概率为 0.9;如果前 2 年需求量较低,则后 4 年的需求量肯定低。试问:在这种情况下,哪个方案投资效益好?

表 3-9　不同市场状态下的办展收益一览表　　　　　单位:万元

投资方案 \ 市场状态	市场热情高	市场热情低
大规模办展	1500	−200
小规模办展	800	100

在此案例中,按照决策树的操作流程,应首先根据企业面临的场景,绘出决策树的结构。通过分析,最终得到如图 3-4 所示的决策树:

图 3-4　会展投资策划方案的决策树

由于各种市场发展情境的概率已知,各种情境下的年平均投资收益也已知,因此,我们所需要做的就是按照决策树展示出来的逻辑思路,计算出两种投资方案的总体收益,并将总体收益与投资成本进行比较。

根据表 3-9 提供的信息,以及已知的市场情境发生的概率,计算决策树图中各点的收益期望值,并标在图中相应的节点上。

点(4): 1 500×0.9×4+(−200)×0.1×4=5 320(万元)

点(5): (−200)×1.0×4=−800(万元)

点(6)：$800×0.9×4+100×0.1×4=2\,920$(万元)

点(7)：$100×1.0×4=400$(万元)

点(2)：$1\,500×0.7×2+5\,320×0.7+(-200)×0.3×2+(-800)×0.3-4\,550=914$(万元)

点(3)：$800×0.7×2+2\,920×0.7+100×0.3×2+400×0.3-2\,800=424$(万元)

比较点(2)和点(3)的期望值，可见，在此次备选的方案中，大规模办展仍然是较为理想的方案。

二、资讯管理与整合工具

在企业活动策划过程中，策划者通常需要接受并处理庞杂的信息，并在整理和整合的基础上开展创意工作。此时，有效的分析和整理资讯的工具显得尤为重要。在活动策划和项目管理过程中，较为常见的对信息进行整理和分析的工具有两种：心智图或思维导图(mind map)和鱼骨图(cause & effect/fishbone diagram)

1. 思维导图

要把信息"放进"你的大脑，或是把信息从你的大脑中"取出"，思维导图是最简单的方法和工具。思维导图(mind map，也译为心智图或脑图)，是英国的记忆之父、脑力开发专家托尼·博赞(Tony Buzan)受到达·芬奇做笔记的方法启发，发明的一种有效使用人脑的方法，并于1974年首次介绍给读者。他最初将其用于训练一群被称为"学习障碍者"的群体，这些被称为失败者或曾被放弃的学生，很快地变成好学生，其中更有一部分成为同年级学生中的佼佼者。

目前，思维导图被广泛应用于个人、家庭、教育和商务机构，用于记录笔记、头脑风暴、摘要总结、理清思路等。在国外，还出现了形形色色的基于思维导图原理开发的软件，如广泛用于教学的 inspiration、商务类软件 mind manager、用于个人的应用软件 mind genius、免费软件 free mind、学习软件 think map visual thesaurus 等。

思维导图在提高信息整理及知识学习效率方面的优势，主要体现为以下方面。

① 将思维过程和信息体系进行可视化，有利于发掘信息内部的隐形知识。思维导图运用图形化技术来表达人类思维发散的特点，并借助于文字、图像、颜色和线条等，将知识体系加以描述和整理，便于人们形成较为清晰的知识体系。

② 将信息进行精心挑选，有利于提升记忆水平和创新能力。思维导图将信息中的冗余信息加以剔除，仅保留与研究或策划有关的核心资讯，便于策划者将精力集中于策划内容本身，有助于协助实现创新。

③ 思维导图能够协助我们形成发散性的思维方式，提升联想和关联能力。经由思维导图的放射性思考方法，除了加速资料的累积量外，还能将数据依据彼此间的关联性分

层、分类管理,使资料的储存、管理及应用更系统化,从而增加大脑运作的效率,它允许你探索大脑能够创造的无限联想的世界。

从形式上来看,思维导图总是从一个中心点开始,每个与其相关的词或者图像都成为一个子中心或者联想,整个合起来以一种无穷无尽的分支链的形式从中心向四周放射,回归于一个共同的中心。

思维导图的绘制方法与步骤如下:

① 从一张白纸的中心开始绘制,周围留出空白;

② 用一幅图像或图画表达你的中心思想;

③ 在绘制过程中使用彩色;

④ 将中心图像和主要分支连接起来,然后把主要分支和二级分支连接起来,再把三级分支和二级分支连接起来,以此类推。

⑤ 让思维导图的分支自然弯曲而不是像一条直线;

⑥ 在每条线上使用一个关键词(用正楷书写);

⑦ 自始至终使用图形。

尽管目前已经有许多电脑软件辅助我们绘制思维导图,但有学者表示,用手工绘制的思维导图,从效率和效果来看,仍然更具竞争优势。

图 3-5 就是一个有关如何节约能源的思维导图。

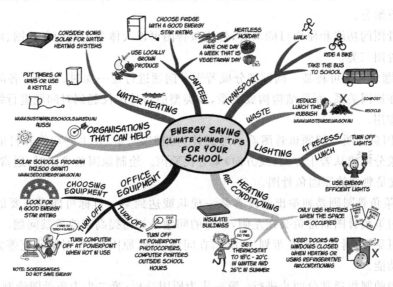

图 3-5 有关如何节约能源的思维导图

2. 鱼骨图

鱼骨图就是将对问题有影响的因素加以分析和分类,并在同一张图上把其关系用箭头像画树枝那样表示出来的一种图,因其形如鱼骨而得名。它具有直观、逻辑性强、因果关系明确的特点。其基本原理是用因果分析的方法,抓住影响事件发生的主要因素,对事件的发生过程进行推理判断,从而得出一定的结论。可见,鱼骨图是一种发现问题"根本原因"的方法,也可以被称为因果图。鱼骨图的形式如图 3-6 所示。

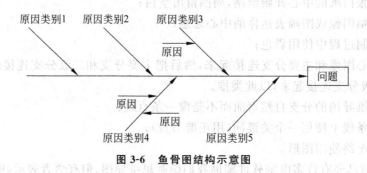

图 3-6　鱼骨图结构示意图

在上图中,右侧的问题为鱼头;粗线为鱼脊,代表导致问题的原因来源的主轴;由鱼脊分出的 5 根次骨,分别代表导致该问题的 5 个原因类型;在各次骨上,再对各类产生问题的原因进行细分。

从鱼骨图的功能和使用目的来看,传统鱼骨图可以大体分为问题鱼骨图、原因鱼骨图和对策鱼骨图三类。

① 问题鱼骨图可将某一问题细分成若干子问题进行逐一探讨。此时,各问题与子问题间不存在原因关系,而是结构构成关系,该类型的鱼骨图仅起到对问题进行结构化整理的功效和作用。

② 原因鱼骨图与问题鱼骨图看来形式较为相似,但是,其主要功能和目的是将某一问题或现象分解成从若干方面(或方向)来寻找原因。绘制原因鱼骨图时,通常鱼头在右。如图 3-6 就是典型的原因鱼骨图。

③ 对策鱼骨图则是列举出要改善某一现状或达到某一目标可能或需要的若干方面的对策。对策鱼骨图通常鱼头在左侧,研究的问题是如何提高或改善某问题。

由此可见,鱼骨图可以在策划工作时,在问题分解、原因探讨、对策研究等方面提供资料整理的功能。

鱼骨图的制作通常分两步进行:第一步为原因分析;第二步为鱼骨图绘制。

通常情况下,策划人员在接受企业委托时,都面临着一项或多项需要解决的问题。此时,策划人员可以借助相应的策划思维方法和技术手段,如采取头脑风暴、德尔菲法以及信息调研等方法,对产生该问题的原因进行分析,并对分析所获得的信息进行分类整理。

在鱼骨图绘制方面，首先，应绘制鱼脊，即从左至右（问题鱼骨图及原因鱼骨图）或从右至左（对策鱼骨图）画一条带箭头的直线，并在箭头侧标注出现的问题或希望达成的目标。其次，在鱼脊的直线部分画出一定量的斜线段，作为次骨，并在远离鱼脊的一端标识出原因的类别，类别的多少视具体情况而定。再次，在次骨上，沿着平行鱼脊的方向绘制一定量的二次骨，代表引起次骨异常的原因，并在各二次骨的线段上标出产生的可能原因，二次骨的数量视具体情况而定；此外，也可以在二次骨上再分出一定量的三次骨，此时，二次骨只用在端部标识原因类别即可。最后，对以上鱼骨图进行整理、检查，完成鱼骨图的绘制。

三、进程管理与控制工具

在企业活动策划过程中，为了保证策划工作按照计划按时完成，对工作进度施行控制和管理十分重要。在策划工作的进程管理和总体控制方面，较为常用的两个工具包括：甘特图和关键路径法。

1.甘特图（Gantt-chart）

甘特图，也称为条状图（bar chart）是查看项目进程最常用的工具图。该工具由亨利·甘特在 1917 年开发，基本是一种线条图，用横轴表示时间，纵轴表示活动（项目），线条表示在整个期间上计划和实际的活动完成情况，如图 3-7 所示。

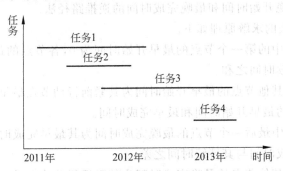

图 3-7　甘特图的基本图样示意图

甘特图能够直观地表明任务计划在什么时候进行，及实际进展与计划要求的对比。管理者由此能够较为便利地弄清一项任务还剩下哪些工作要做，并可评估工作是提前还是滞后，抑或正常进行，是较为理想的进程控制工具。

2.关键路径法（critical path method，CPM）

关键路径法是一种基于工作网络图式的项目时间管理技术，是用来决定一个项目的开始和完成日期的一种方法。这种方法所得到结果就是找出一条关键路径（critical path），或者是从开始到结束将活动串成一条活动链（chain of activities）。其中，关键路径是指网络图中时差量最小的路径,关键路径上的所有工序即为关键工序,如果这些工序在网络中耽搁,就会产生瓶颈问题,影响项目的开展进度。所以,关键活动在资源分配和管理上享有最高的优先。

(1)关键路径法中的核心概念包括。

① 最早开始时间 early start time(ES):工作最早可能开始时间,也是所有前置作业的作业时间总和。

② 最早结束时间 early finish time(EF):最早开始时间加上作业所需时间。

③ 最晚开始时间 late start time(LS):在不影响整个项目计划工时的前提下,一项作业可以允许开工的最晚时间。

④ 最晚结束时间 late finish time(LF):不造成项目延误的最晚完成时间,一般用项目完成的时间减去某项工作后续作业所需时间。

⑤ 宽松时间(slack time):每项工作可以延迟开始或延迟结束的弹性时间,却不会延迟项目完成日期的时间。

⑥ 总宽松时间 total slack time(TS):指在不影响整个项目计划完成的时间下,所有各项作业容许可以延误的时间(TS=LS−ES 或 TS=LF−EF)。

CPM 分析的基本目标就是确定关键路径,关键路径决定了项目的最短完成时间,可以采用决定网络中每个工序的最早开始时间和最早完成时间的正推路径法;也可以采用决定每个工序的最晚开始时间和最晚完成时间的逆推路径法。

(2)关键路径法的求解原理如下。

① 定义网络图中的第一个节点的最早开始时间为 0,各节点的最早完成时间是其最早开始时间与其持续时间之和。

② 网络图中的其他节点的最早开始时间为其紧前行动节点最早完成时间的最大值,依次求出所有节点的最早开始时间和最早完成时间。

③ 定义网络图中最后一个节点的最晚完成时间为其最早完成时间,各节点的最晚开始时间是其最晚完成时间与其持续时间之差。

④ 网络图中的其他节点的最晚完成时间为其紧后行动节点最晚开始时间的最小值,从网络图的最后一个节点开始,向前依次求出各节点的最晚完成时间和最晚开始时间。

⑤ 所有最早开始时间等于最晚开始时间的节点(或所有最早完成时间等于最晚完成时间的节点)所构成的路径即为该项目的关键路径。

(3)从具体操作步骤上来看,关键路径法的具体分析程序为:

① 根据项目策划的工作内容和顺序画出网络图,以节点标明事件,由带箭头的线段代表作业。其中,箭尾意味着作业的开始,箭头则意味作业的完成,而箭线的长短与时间的长短无关。这样可以对整个项目有一个总体上的掌握和了解。根据习惯,一般在绘制网络图时,都是从左边开始,终止于右边。

图 3-8 是一个项目流程的网络图,该项目可以分为 5 个事件和 5 个作业,其中事件用数字加以标识,作业流程则用字母标识,字母下方代表该作业流程所需的时间。

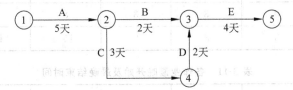

图 3-8　项目流程网络示意图

② 在箭头上标出每项作业的持续时间(D)。

③ 从左面开始,计算每项作业的最早结束时间(EF),该时间等于最早可能的开始时间(ES)加上该作业的持续时间。

④ 当所有的计算都完成时,最后算出的时间就是完成整个项目所需要的时间。

⑤ 从右边开始,根据整个项目的持续时间决定每项作业的最迟结束时间(LF)。

⑥ 最迟结束时间减去作业的持续时间得到最迟开始时间(LS)。

⑦ 每项作业的最迟结束时间与最早结束时间(LF−EF),或者最迟开始时间与最早开始时间的差额(LS−ES)就是该作业的时差或宽松时间(slack time)。

⑧ 如果某作业的时差为零,那么该作业就在关键路线上。

⑨ 项目的关联路线就是所有作业的时差为零的路线。

以某个节庆活动的策划和组织工作为例,该次活动的策划和组织可以分为 6 项作业活动,分别标记为 a、b、c、d、e、f,其先后次序与作业所需时间如网络图 3-9 所示(时间单位:天)。其中,作业的先后次序以字母表示;事件则在圆圈中用数字序号加以表示;每项作业活动的延续时间,则在箭头上用数字标识出来。

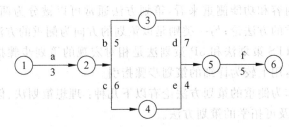

图 3-9　某节庆活动的策划和组织工作流程网络图

以事件 1 作为起始点,起始时间设为 0,分别计算各作业的最早开始时间和最早结束时间,得到如表 3-10 所示的结果。

以事件 6 为起点,起始时间设为 20,从右往左,分别计算各作业的最晚开始时间和最晚结束时间,得到如表 3-11 所示的结果。

表 3-10　各作业最早开始及最早结束时间

作 业 标 识	a	b	c	d	e	f
最早开始时间	0	3	3	8	9	15
最早结束时间	3	8	9	15	13	20

表 3-11　各作业最晚开始及最晚结束时间

作 业 标 识	a	b	c	d	e	f
最晚开始时间	0	3	5	8	11	15
最晚结束时间	3	8	11	15	15	20

　　根据关键路径的判断方法，每项作业的最迟结束时间与最早结束时间，或者最迟开始时间与最早开始时间的差额为零，那么该作业就在关键路线上。根据上述两个表格中的数据，可知，流程 a、b、d、f 符合上述判断条件。因此，该节庆活动策划过程中的关键路径为：a→b→d→f。

本 章小结

　　活动策划者应具有专业的世界观，具体是指专业策划人看待策划这种经济现象和活动的视角。其中，包括了策划中必须具备的思想，如系统、平衡、基于事实和因果关系等思想。

　　习以为常原理、干扰分散原理、重复强化原理是日常活动策划中较为常见的策划思路与原理。

　　从策划方法的内容和功能侧重来看，策划方法通常可以被分为两大类：一类是以策划的步骤指引为侧重的方法论；另一类则是以策划的方向为侧重的方法论。

　　PDS 策划法、HITS 策划法和 3P 策划法是相对宏观的策划步骤指引；而 KT 策划法则是从实际操作和运用上较为详细的策划步骤指引。

　　以策划的方向作为侧重的策划方法论有以下几种：理想策划法、创造性问题解决法、限制理论策划法，以及可拓学的策划方法。

　　通用型的创意方法包括移植法、分解法、组合法、重点法、背景转换法和逆向思维法等方法。

　　从创意激发的方法来看，较常用到的方法包括：头脑风暴法、德尔菲法、拍脑瓜法、灰色系统法和智能放大法等。

　　企业活动策划的信息调研工作量因不同类型的活动而异，但基本上都应该包括以下方面的内容：对企业内部情况的调研和对企业外部情况的调研。

对信息的调研主要通过四种方法进行：搜集和整理有关企业或行业发展的直接和间接的统计资料；观察调查；访谈和电话调查；抽样调查。

在方案决策方面，决策树是较为常见的决策方法。

对信息进行整理和分析的工具有两种：一种为心智图或思维导图；另一种为鱼骨图。

在策划工作的进程管理和总体控制方面，较为常用的两个工具包括：甘特图和关键路径法。

思 考题

1. 为什么企业活动策划者需要具备专业的世界观和方法论？
2. 拍脑瓜法是否为最简便易行的方法？
3. 请简要叙述思维导图的绘制方法和功能。
4. 请简要说明 KT 策划法的含义和具体操作步骤。
5. 请简要说明关键路径法的原理和具体操作步骤。

引 申案例

阅读下列案例，并回答后面的问题。

相传，大英图书馆因为老馆年久失修，所以需要换个地方新建一个图书馆。新馆建成后，要把老馆里的书搬到新址去，这本来是一个搬家公司的活儿，没什么好策划的，把书装上车，拉走，摆放到新馆即可。

问题是按预算需要 350 万英镑，图书馆里没有这么多钱。眼看着雨季就到了，不马上搬家，这损失就大了。怎么办？ 馆长想了很多方案，仍是一筹莫展。

正当馆长苦恼的时候，一个馆员问馆长苦恼什么。馆长把情况和这个馆员介绍了一下。几天之后，馆员找到馆长，告诉馆长他有一个解决方案，不过仍然需要 150 万英镑。馆长十分高兴，因为图书馆有这么多钱。

"快说出来！"馆长很着急。

馆员说："好主意也是商品，我有一个条件。"

"什么条件？"馆长更着急了。

"如果把 150 万全花尽了，那全当成我给图书馆做贡献了，如果有剩余，图书馆把剩余的钱给我。"

"那有什么问题！350 万我都认可了，150 万以内剩余的钱给你，我马上就能做主！"馆长很坚定地说。

"那咱们签订个合同？"馆员意识到发财的机会来了。

合同签订了,不久实施了馆员的新搬家方案。花150万英镑?连零头都没用完,就把图书馆的藏书给搬完了。

原来,图书馆在报纸上发出了一条惊人的消息:"从即日起,大英图书馆免费、无限量向市民借阅图书,条件是从老馆借出,还到新馆去……"

馆员发财了。

问题:

1. 该图书馆馆员的主意运用了什么样的策划思想和方法?

2. 能否再举出一个日常生活中,运用相同的策划原理解决问题的例子?

第 四 章

企业市场营销活动策划

市场营销是企业最为普遍的经营行为。随着市场竞争日趋激烈，市场营销的理念和方法也不断创新。本章着眼于非传统营销方式的指导策略，并结合成功的营销活动策划案例，勾勒出企业营销策略与营销活动实施过程中，需要统筹规划的内容。本章分析了举办成功营销活动的策划要点；对主流的创新营销活动策划并结合案例作了详尽的介绍；针对创新营销活动策划的要点，提出了指导性的原则方案。

（1）基本概念

事件营销——利用人们对社会事件的广泛关注，将人们的注意力潜移默化地转移到对企业品牌的偏好上来。

营销策划——指在对企业内、外部环境予以准确分析，并有效运用经营资源的基础上，对一定时间内企业营销活动的行为方针、目标、战略以及实施方案与具体措施进行设计和计划。

文化营销——指策划人有意识地通过发现、甄别、培养或是创造某种核心价值观念，激发产品的文化属性，并进行一系列调查分析、设计制作及以文化取胜的一种营销活动及方案。

体验营销——企业通过采用观摩、聆听、尝试、试用等方式，使消费者亲身体验企业的产品或服务，认知产品与服务的性能、品质，进而促使消费者喜好并购买的企业产品或服务的一种营销方式。

情感营销活动——从消费者的感受出发，细心体察与呵护消费者的情感，并以良好的沟通作为双方合作的基础，在感情上融洽了，彼此就能得到更多的理解和帮助。

绿色营销——指企业在绿色消费的驱动下，以绿色消费为出发点，从保护环境、充分利用资源的角度出发，在满足消费者绿色需求的前提下，实现营销目标的全过程。

（2）学习目标

通过本章的阅读和学习，读者应能够：

① 较为全面了解企业市场营销活动的分类；

② 了解以发散性思维进行企业营销策划的含义；

③ 掌握企业市场营销活动策划的流程；

④ 熟知企业市场营销活动策划的要点；

⑤ 熟悉创新营销活动策划的原则；

⑥ 掌握创新营销活动的策划要点；

⑦ 理解创新营销活动策划指引。

引入案例

星巴克咖啡的文化营销

星巴克为顾客营造了一个办公室与家之外的放松场所，即所谓第三空间的概念，这是星巴克很重要的一项营销理念。星巴克在第三空间的基础上，还透过顾客体验计划的实施，与消费者之间建立了一种亲密而忠诚的伙伴关系，这种信任超越了历史与地域文化的界限，成为一种全球消费者所共同认可的咖啡文化观和生活态度。

完全放松的气氛、优质的咖啡、提供可带走的咖啡服务和突出的门店风格都是星巴克顾客体验计划有机的组成部分。

在咖啡文化氛围营造方面，星巴克的咖啡师会细心讲解咖啡知识而且会推荐合适的咖啡品种，让顾客找到最适合自己的咖啡。在中国，星巴克在400多家门店内开设了定期的"咖啡教室"，邀请顾客积极参与，向他们讲解咖啡知识，分享经验。星巴克几乎从来不打广告，也不做传统的营销活动，其成功依赖于"顾客"对品牌衍生的忠诚度。

在门店设计、地方食品和饮料供应等方面，星巴克也非常重视将当地习俗融合到星巴克顾客体验之中，用以提升星巴克顾客体验的品质。星巴克店面设计风格依照店面位置的不同而不同，门店装饰因地制宜，不断创造新鲜感。例如，北京的前门店、上海豫园店、成都的宽窄巷子店等，既透着浓厚的中国传统文化，又保持着原汁原味的美式风情，以浓郁的当地特色为顾客带来了独特的星巴克门店体验。

案例点评：顺应型的文化营销模式需要企业具备对社会文化发展变化趋势、消费者心中的矛盾与诉求等内容的精确判断与预测。而创造型的文化营销则对企业的文化渗透能力提出了较高的要求。创造型文化营销活动策划的宗旨是将企业自身的文化因素渗透到市场营销组合中，充分利用营销战略全面构筑并推广企业自身的文化。众所周知，星巴克卖的不仅仅是普通的纸杯咖啡，而是在销售和传播一种文化，它出售的是企业产品的文化高附加值。

第一节 企业营销活动策划的基本原理

一、企业市场营销活动及其策划

营销活动是指营销者在真实和不损害公众利益的前提下,有计划地策划、组织、举行和利用具有新闻价值的活动。借助活动的吸引力和创意性,使之成为大众关心的话题、议题,并吸引媒体的报道与消费者的参与,最终达到营销的目的。

营销活动可以按照不同的角度,划分为若干类型。具体分类详见表4-1。

表 4-1　企业市场营销活动的分类

分 类 标 准	营销活动的类型
营销理念	关系营销活动、文化营销活动、情感营销活动、体验营销活动、绿色营销活动、网络营销活动、病毒营销活动等。
活动形式	会议营销活动、产品发布会营销活动、促销活动等。
营销内容	综合营销策划、部门营销策划和专项营销策划。
活动性质	宏观市场策划、营销调研策划和营销战略策划。
营销主体	自我策划、战略联盟策划和专业策划人策划。
按营销策划时间	长期营销策划和短期营销策划。
营销策划客体	对企业集团营销策划和单一企业营销策划。

营销策划是指在对企业内外部环境予以准确分析,在有效运用经营资源的基础上,对企业营销活动的行为方针、目标、战略以及实施方案与具体措施进行设计和计划;对整体市场营销活动或某一市场方面的市场营销活动进行分析、判断、推理、预测、构思、设计和制定市场营销方案的行为。

市场营销策划的基本内容包括:市场调研策划、市场营销战略策划、产品策划、价格策划、促销策划、渠道策划、公共关系策划和广告策划等。营销活动的策划则是策划人将上述企业的市场营销元素进行整合,形成一个综合的营销产品。

二、企业市场营销活动的特点

与市场推广的其他方式相比,举办具有较高吸引力和关注度的市场营销活动,具有如下的特点。

(一)宣传成本低廉

营销活动不但能够节约宣传成本,还可以有效提升消费者对企业品牌的关注度。好的营销活动对产品形象及品牌知名度、美誉度的提升作用也同样显著。有学者研究后认为，企业运用营销活动所取得的传播投资回报率，约为一般传统广告的 3 倍。

（二）传播速度快捷

与其他传播活动相比，营销活动能够以较快的速度，在较短的时间创造强大的影响力。营销活动之所以被世界许多知名企业所推崇，并作为品牌推广传播的先锋手段，是因为事件营销是借一个社会事件，将人们对社会事件的广泛关注，潜移默化地转移到对企业品牌的偏好上来。由于事件营销中企业的品牌与热点事件具有较强的关联性，因此，其实际的传播效果要较常规的品牌传播更加显著、有效。

（三）高度参与性与互动性

高参与度的互动性营销活动弥补了低介入（如电视）媒体造成受众短暂记忆的缺陷，从而使一般接触向深度接触转化。受众在参与活动过程中，通过信息处理、思考判断、行为发生等一系列过程，能获得与品牌关联的深刻体验。

三、企业市场营销活动的作用

市场营销活动的具体作用包括如下三个方面。

（一）营销活动是实现生产目的的必要条件

市场营销活动是实现企业生产目的的重要过程，特别是在市场竞争日趋激烈的现代社会，科学有效的市场营销活动对企业再生产过程起到了保证作用。企业的市场营销活动，已经成为实现产品使用价值并为消费者提供产品或服务体验价值的有效途径之一。

（二）营销活动是联系生产和销售的纽带

营销活动是开拓市场的先锋；在产、供、销的过程中，起着桥梁的作用；是企业用来把消费者需要、市场机会变成企业机会的一种行之有效的方法。

（三）营销活动为企业各项经营决策提供客观依据

营销活动能够帮助企业更好的了解顾客需求及其变化趋势，为企业进行产品决策、销售决策等提供有用的信息。

四、企业营销活动策划要点

（一）企业营销活动策划中的常见问题

企业在营销活动中可能存在问题，概括起来，主要有以下几个方面。

1. 企业营销活动缺乏公众的参与度

企业仅从自身的需求出发，一厢情愿地策划活动，没有考虑如何能够让消费者参与其中，如消费者可能面临参与的成本较高、或活动时间有冲突等。如果某市场营销活动有新闻价值和社会价值，但缺乏公众的参与，那么，活动营销效果也会大打折扣。

消费者参与营销活动途径和方式的选择会在很大程度上影响参与意愿。例如，有两家企业希望举办一个有奖调查活动来了解消费者对企业的认知，并借此机会宣传企业的品牌。其中，一家企业在某杂志上刊登了有奖问卷的广告，要求消费者填完杂志上刊载的问卷后，将其寄回公司市场部，回答正确的参与者可参与抽奖。结果该企业收回的有效问卷数量仅为 200 份。另一家企业不仅在杂志上，而且在网站上登载了问卷，并允许消费者通过网上答题、电话答题、手机短信答题和邮寄问卷答题等形式参与此次活动。结果这家企业收回了有效问卷 5 000 多份，其中仅有 100 份是通过邮寄方式获得的。可见，了解消费者的生活习惯和规律，并采取有效的途径能够提升消费者的参与意愿和参与能力。

2. 企业营销活动未能高效整合社会资源

企业营销活动的合作对象可以包括政府机关、职能部门、行业协会、零售商家、公关媒体、策划公司、广告公司、网站、礼仪、演出、会展等机构。企业应与这些合作对象形成一条联动的营销链，从而保证在活动过程中使社会资源得到充分整合，并最终实现销售产品、提升企业形象的目的。因此，对社会资源的整合程度越高，企业营销活动的影响力和带动性也就越大。

3. 企业营销活动未能有效结合企业形象

企业营销活动的主要目标是吸引人们对该企业的关注，提升企业的品牌知名度及形象。因此，企业营销活动的主题策划应该与企业发展战略目标、企业发展愿景等内容结合或相一致；同时，应注意所策划的活动内涵和品质。不能为了求一时的眼球效应而哗众取宠，反而损害了自身形象。

（二）营销活动成功策划的要点

1. 营销活动应巧借东风

营销活动若能有效的借助外力，便可以用较少的成本投入，获得较高的收益。这里的外力或东风，主要指活动开展的时机。

把握时机是指营销策划者在最佳时间点上推行策划方案，以期获得策划活动的成功。在日常的筹备中等待时机，寻找最佳切入点，当某个时刻的社会氛围已经为企业开展营销活动营造了理想的人气，企业便可顺势展开营销攻势。

案例：萨达姆头像手表热销，成为"战争纪念品"。

2003 年 3 月 21 日，美、英等多国部队在伊拉克发动战争，首都巴格达陷入战争火海，战事打得如火如荼。西方人在巴格达到处寻找"战争纪念品"。

聪明的巴格达商人感觉到商机已来，及时抓住了此商机，他们把中国台湾制造的手表印上萨达姆头像，以每只 50 美元的高价出售，即使是仿制的手表也卖到 12～45 美元。要知道，当时巴格达人一个月的平均工资仅是 5～6 美元。钟表商将身穿军装的萨达姆头像印在男式手表盖上，而将身着猎装或阿拉伯传统服装的萨达姆头像印在女士手表盖上，可谓花样百出，手表式样极多，满足了美、英等国部队军人的需求。萨达姆头像手表一下子成了巴格达的热销商品，钟表商大发战争财。钟表匠阿米德说："萨达姆手表卖得很好，因为包括美国人在内的许多外国人都想把萨达姆手表带回家去。"

巴格达钟表商善于选择时机，抓住了美英多国部队战士的心理特征，抓住了商机，并因此获得了战争收益。

一般情况下，公益事件、聚焦事件以及危机事件等，均可以被视为企业开展特定营销活动的标志性窗口期。因为，以上三类事件能够引起消费者的关注，具备较高的新闻价值、传播价值和社会影响力。具体来看，企业借助公益事件有助于企业提升企业形象与品牌的社会影响力。聚焦事件可以是大型假日，如母亲节、情人节，还可为企业自行策划产生聚焦事件，企业借此时机开展营销活动，易于唤起共鸣，被消费者接受。借助危机事件的营销，一种情形是企业在卷入危机事件时，以真诚示人，化被动为主动，借势进一步宣传和塑造企业形象；另一种情形，则是当整个社会面临某项危机时，企业挺身而出，强化自身勇于承担社会责任的形象。

如 2003 年，我国部分地区爆发"非典型性肺炎"，广大人民群众的生活和工作受到很大影响。中国移动通信集团公司此时采取了两项措施：一是设立"非典"医疗研究奖金，中国移动向卫生部捐赠人民币 300 万元，奖励国内首先研制出大幅度提高"非典"治愈率的特效药的团队和个人；二是免费发布"非典"权威资讯，将卫生部提供的权威资讯，通过中国移动短信平台以短消息的形式在第一时间发送给广大中国移动用户，便于广大客户及时了解准确信息，发挥正确的舆论导向作用。此举使得中国移动在公众心目中的形象得到进一步的提升。

2．把握推广空间

好的时机也需要配合适当的空间（渠道与地点）。企业活动策划者通常需要在空间上进行选择和决策。例如，选择网络、电视、电台、报刊等平台，还是线下活动推广平台；是在同一个城市开展，还是同时在多个城市同时开展，有一种理论认为市场推广的空间规划重点在于第三空间点的选择。第三空间点的选择有多种思路，最常用的方法有垂直发展和环状发展。垂直发展可形成幅员广阔的市场带；环状发展有利于开辟区域性市场。

（1）垂直发展型的第三点

所谓垂直发展，是指所选择的三个点是直线型分布，每个点之间大体等距离，打过三个点后，会形成由南至北或由北至南的市场带。这种方法适用于实力较强的企业向大范围市场扩张。例如，洋酒切入中国时，就是沿着香港、广州、上海、北京一线向全国扩展的，可口可乐进入中国也是相似的思路。

从近几年中国市场的发展看，北京、上海、广州构成了全国性的潮流点和市场扩展线，影响大、波及面广，进入这三个城市成为商家的愿望。

（2）环状发展的第三点

所谓环状发展，是指所选择的三个点呈环状进行分布，每个点之间大体等距离，获得三个点所包含的区域市场后，会形成圆形或方形或其他几何图形的市场区域。这种方法适用于实力一般，并以区域性市场为目标的企业。例如，亚都公司针对加湿器的特点和适用范围，一直在北京市场活动；百龙矿泉壶虽然辐射面较广，但百龙集团也采取区域性扩展策略，在占据北京、天津两个市场后，选择了相距不太远的郑州进行市场渗透，形成了稳定而又集中的区域市场；豪门啤酒在进入唐山、天津市场后，也区域性地向北京延伸。

3．增强活动针对性，注重顾客感知价值

策划人员应重视营销活动前的调研，并以调研的结果为基础，设计出具有较强针对性的营销活动方案。例如，策划者应充分考虑活动对象（客户）的特点，设计企业营销活动的主题、内容、形式等，这样才能真正吸引目标客户参加，达到活动的预期目标。

企业要想提高顾客满意水平，就必须提高顾客的感知利得、减少顾客的感知利失。顾客感知价值（或顾客价值）是顾客在购买和使用（或消费）产品或服务过程中感知到的利得与利失之间的权衡。为了增加顾客的感知利得，可以从产品、服务、员工能力和企业形象等方面着手，也可以从功能价值、社会价值与情感价值等方面入手。同时，营销活动策划也要注重与顾客的沟通，通过激发客户自身固有的意识，使得客户自觉成为产品信息的传播中心，从而达到企业品牌固化于消费者心目中的最终目的。

4．出奇制胜

注重形式和内容的创新是活动拥有长久生命力的关键。营销活动策划，除了追求活动的创新性和关注度外，还要结合各种媒体的特征和优势进行整合营销，才能将创新性转化为影响力，开发潜在受众，将非固定受众通过好奇、接触、接受、喜爱等过程培养为固定受众。

第二节　企业营销活动策划筹备指引

企业营销活动的策划组织者需要熟悉企业市场营销活动的基本策划流程以及流程中的具体事项。内容包括：了解活动策划目的、进行市场调研、制订活动预算、制订营销策

略和安排营销组合要素。

详细策划程序如图 4-1 所示。

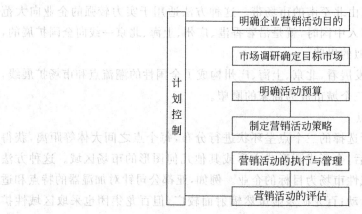

图 4-1　企业市场营销活动策划的大体程序

一、明确企业营销活动的目的

一般来说,企业自主策划应根据企业管理者下达的任务指标来确定策划目的;而外包策划则应根据外包合同书的约定来确定策划目的。对于营销活动而言,策划的动机不同,就会有不同的策划重点以及相应的活动形式。如表 4-2 中就列出了不同目的的企业营销活动的策划要点。例如,一个为了增加销售额的营销活动与一个为了提升品牌价值的营销活动所关注的策划重点与选用的营销理念会有很大的差别。前者可能会把策划重点放在营业推广上,如安排产品价格策略和产品组合策略;而后者则可能把策划要点放在品牌故事渲染形象宣传上。

表 4-2　营销活动的目的与对应的策划重点

活动目的	对应策划要点
从现有顾客中获得更多的利润	① 从购买数据中明确产品和服务的变量之间是否有差距,创造相关的产品和服务,并对其进行促销; ② 向数据库中的消费者促销相关的产品和服务; ③ 和原有顾客创建新的关系,创造更紧密的联系,增加顾客忠诚度; ④ 开发顾客忠诚项目,该项目可方便顾客与你建立更密切的关系; ⑤ 明确客户对服务水平的要求,提高服务水平,并事后跟进,以确保继续发扬好的做法,对有缺陷的服务应给予顾客补偿,以实现高水平的顾客满意度和顾客忠诚度; ⑥ 明确对个别顾客的竞争性威胁,针对顾客开发较强的激励制度。

续表

活 动 目 的	对应策划要点
增加客户基础	① 开发已存在的有价值的客户资料,并充分利用这些资料来选择外部顾客名录,向顾客推销相关的产品,加强相互关系; ② 通过识别和定义需求,以开发和促销产品来重新获得流失的老顾客; ③ 从与公司联系的人那里搜集数据,并用其捕获市场和美好的未来发展前景; ④ 发现市场空缺,用更有吸引力的产品主张进行目标市场定位。
减少促销成本	① 检验与顾客交流方式是否正确,探寻能够与直接交流达到相同效果的交流方法; ② 分析目前每次回应的成本,根据目标降低成本; ③ 检测不同计划、信息和报价的有效性,确保目标可以实现。
品牌市场定位	① 每个直复式营销活动要支持产品的市场定位和定牌(主打品牌或附属品牌)的创新,对于发盘的类型和创意的表述应该坚持严格的标准; ② 在时间把握上协调直复式营销活动,将顾客对产品的意识最大化,并转化成销售额。

资料来源:Merlin Stone, Alison Bond, Elizabeth Blake,2007。

在设定营销活动目标时,应该注意。

1. 目标应该是可以被测量的。营销目标必须是一种在执行中可以测量的行动,而不是难以控制的变量。在设定目标时,不要使用那些难以或不可能测量的词语。可以直接或间接根据企业的营销目标确定指标,如利润率、销售额、销售增长率和市场占有率等,就是能够较好的被测量的目标指标。

2. 营销目标应该是可以行动的方案,而不是一个空洞的想法。不要把营销目标锁定在处理那些企业难以控制的因素上。除了要被测量外,营销活动目标要尽可能的具体,即通过定量化,来表示营销活动所希望达到的效果。例如,企业规定每个营销人员全年应增加 30 个新企业客户;市场调查访问每个用户的费用每次不得超过 10 元;某项新产品在投入市场半年后,应使市场占有率达到 3 倍等,这些都是具有行动指引的目标类型。

3. 营销目标必须考虑到时间因素,也就是必须考虑开始的时间和结束的时间。

二、市场调研确定目标市场

通过市场调研来确定目标市场主要是指,企业通过对现有市场以及潜在市场中相关信息进行收集和整理,然后考察、分析相关情报和资料,从而,最终帮助企业进行市场细分和实现目标市场定位的过程。例如,通过收集类似产品的市场现状,来作为本企业产品市场细分时的参照;或者通过对消费者的调查,来检验欲采用的细分市场因素是否合适等。

（一）市场调研的内容

在市场调研过程中，需要明确以下内容。

1．明确调查目标

用以解决搜集何种类型信息以及信息搜集的详尽程度等。

2．确定调查的范围和对象

在调查经费许可的前提下，选择具有代表性的被调查群体或调查对象，切实保证调查内容的真实可靠。

3．确定调查方式

解决对选定的调查对象采用何种方式进行调查的问题。根据调查目的和性质的不同，选择访问法、观察法或实验法等。

4．实施调查方案

按照上述确定的调研方向、内容及计划，严格执行相关的调查工作，得到相关数据和信息。

5．整理调查结果

对调查所获得的数据进行整理，通过图表和各种基本的描述统计方法，将数据理清并清晰的呈现出来。

数据调查的相关过程可以参考图 4-2。

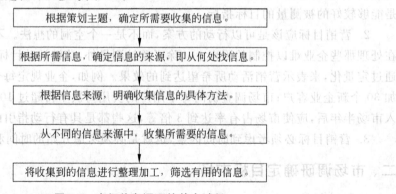

根据策划主题，确定所需要收集的信息。

根据所需信息，确定信息的来源，即从何处找信息。

根据信息来源，明确收集信息的具体方法。

从不同的信息来源中，收集所需要的信息。

将收集到的信息进行整理加工，筛选有用的信息。

图 4-2　市场信息调研的基本过程

（二）数据分析的角度选择

在获取相关的数据和信息后，就需要对搜集到的数据进行具有针对性的、有效的分析，此时，需要根据企业的营销目的来选择适合的分析角度。例如，企业如果希望增加销售量,进一步拓展市场占有率,那么可以通过了解或掌握现有顾客或潜在顾客的消费及购买模式后采取有效的营销战术。在对市场中的消费者进行分析时,较为常见的问题包括:谁是产品或服务的购买者?他们购买的具体内容是什么?他们通过何种方式进行购买?他们在什么时候会购买?他们购买的产品及服务的数量为多少?他们的购买地点通常在哪里?详见表4-3。

表 4-3　消费者数据分析中常见的分析视角

调 研 数 据	各种有关销售分类所得信息
购买者(who)	地理区域、最终使用者、购买经历、顾客规模、顾客性别等。
具体购买产品(what)	产品线、价格范畴、品牌、原产地、包装规格、购买行为趋势等。
购买时间(when)	季节、假期、一天内何时、频率如何等。
购买方式(how)	付款方式、账单期限、送货方式、包装方式等。
购买销量(volume)	销售数量、销售金额、利润额比例等。
何处买(where)	开单地点、购买地点、仓库地点等。

(三)细分活动目标市场

细分市场就是调查分析不同的消费者的需求、资源分配、地理位置、购买习惯和行为等方面的差别,然后,将上述各方面要求基本相同的消费者分别归类,形成整体市场中的若干子市场或分市场。分析人员亦可以将上述差别作为市场细分的标准,根据顾客的需求和企业自身的特点,为企业产品设计和塑造一定的个性形象,并通过系列营销活动,努力把这种企业品牌个性及形象传达给顾客,从而在市场上实现定位。在实际营销活动策划过程中,较为常见的市场细分标准,可以参见表 4-4。

表 4-4　常见的市场细分之标准

细 分 标 准	细分变量因素
地理环境	区域、地形、气候、城镇规模、交通运输条件、人口密度等。
人口状况	年龄、性别、收入、职业、教育、文化水平、信仰等。
消费者心理	生活方式、社交、态度、自主能力、服从能力、成就感等。
购买行为	购买动机、购买状况、使用习惯、对市场营销的感受程度等。

三、明确活动预算

市场营销的活动策划要取得预定的效果,必须有相应的资源投入。其中,投入资源的数量、投入的时机、投入的领域等问题,均牵扯到营销活动的具体预算。因此,在拟定市场营销活动策划时,必须认真计算用于策划的具体费用。一般认为,用于市场营销活动策划的费用主要包括下述几项。

（一）市场调研费

该部分的资源投入约占策划总费用的 15％。市场调研费的多少，取决于调研规模的大小和难易程度，规模大、难度大，耗费的人力、物力，费用必然高；反之，则费用低。

（二）信息收集费

信息收集费主要包括信息检索费、资料购置及复印费、信息咨询费、信息处理费等。其费用的多少由信息收集的规模及特性来决定，通常，信息搜集费用约占策划总费用的 10％。

（三）宣传投入费

宣传的相关成本约占企业营销活动策划总费用的 45％，主要包括了在活动策划及筹备实施过程中的广告、销售促进、人员推销和公共关系及宣传等的预算。由于此部分的资源投入及成本相对较高，因此，需要在实际的营销活动策划中，对这些费用加以控制。具体的控制方法可以参见表 4-5。

表 4-5　市场推广费用及成本的控制方法

控 制 项 目	具 体 控 制 措 施
促销费用	• 根据年度促销计划，安排每月的促销费用； • 合理制定促销活动的预算，并保留一定的备用金； • 根据区域的不同情况，分配促销的活动经费； • 对于突发事件需要动用备用金的，要进行深入调查和评估； • 对于按计划实施的促销活动，应保证经费的连续性； • 各区域要定期汇报费用的情况，企业要定期或不定期对费用的使用情况进行核查。
广告宣传费用	• 根据年度广告计划，安排每月的广告费用； • 对广告宣传费用的使用情况进行监督和检查，若遇到问题，应与相关媒体协商解决； • 对各区域的广告宣传，合理制定预算，并监督其使用情况。
市场辅助用具费用	• 根据区域的不同情况，分配相适应的市场辅助用具； • 按市场销售情况，合理分配数量； • 各区域要设置专人检查这些辅助用具的使用情况和实际效果。

（四）活动投入费用

活动投入费用主要指在活动举办过程中，所需的平台租金、设备租金、主持人、嘉宾邀请、礼品赠送、专业人士策划费用等。通常，该部分的投入约占营销活动策划总费用的

30%。在专业人士的策划费用方面,如果活动由公司内部人员征收策划,则可以节约这方面的开支,实施取得成效后可通过资金等形式奖励策划人员;如果是外聘策划专家,就要支付策划费。

四、制定营销策略

营销策略主要指为实现计划目标而采用的主要营销方法,包括产品策略、价格策略、渠道策略和促销策略等。通常,企业在营销过程中可以控制的主要因素包括:产品、价格、渠道和促销。因此,针对特定目标市场,企业要制定具体的营销组合;而营销组合又包含了企业针对特定目标市场所设计的全部的具体营销手段与措施。

此处,本书将着重对现在较受人们关注的文化营销、体验营销、情感营销和绿色营销等策略加以介绍。

(一)文化营销策略

文化营销是指策划人有意识地通过发现、甄别、培养或是创造某种核心价值观念,激发产品的文化属性,并进行一系列调查分析、设计制作,最终以文化取胜的一种营销活动。随着社会的发展,人们的需求也不断提高,他们看重的不再仅仅是商品的使用价值,还有其文化价值。企业营销以文化沟通的角度,通过与消费者及社会文化的价值共振,将各种利益关系群体紧密维系在一起,从而引起顾客的价值共鸣,并在价值共鸣状态中达成促销,完成文化营销的历程。以本田汽车为例,传统的营销可以传达产品的性能与质量、价格。但若选用文化创新营销的方式,则可以展示,"本田汽车灵敏过人,与你配合无间,难怪备受推崇,缔造了一个以智慧和人性价值为基础的崭新系统,在追求驾驶乐趣的道路上,人与车从未如此融合无间"。如此阐述,表达了部分消费者的价值取向,从而能引起价值的共鸣。

> **🔍 拓展阅读:汽车制造商传递的"省油"文化**
>
> 沃尔沃、奔驰和丰田三家汽车制造商的制造技术不相上下,但营销文化各不相同。沃尔沃的营销文化是安全第一、豪华第二、省油第三;奔驰的营销文化是豪华第一、安全第二、省油第三;而丰田的营销文化是省油第一、安全第二、豪华第三。它们不同的营销文化确立了它们不同的追求和不同的资源优化配置排序,形成了它们企业的不同个性和产品不同的核心竞争力。它们产品的垄断力和卖点来自营销文化个性,而不是技术优势,因为,它们各自的技术优势和产品个性是追求营销文化个性的结果而不是原因。三家车厂的卖点不是汽车,而是文化个性:安全、豪华和省油。追求安全个性的是沃尔沃的顾客;追求豪华个性的是奔驰的顾客;追求省油个性的是丰田的顾客。没有营销文化,就没有产品定位,就没有品牌,就没有目标顾客!

（二）体验营销策略

何谓体验营销？《哈佛商业评论》的观点是基于企业角色考虑的，体验营销即企业以服务为舞台，以商品为道具，围绕消费者创造出值得回忆的活动。或者，可以将体验营销界定为企业通过采用观摩、聆听、尝试、试用等方式，使消费者亲身体验企业的产品或服务，认知产品与服务的性能、品质，进而促使消费者喜好并购买的企业产品或服务的一种营销方式。我们也可以通过对体验营销与传统营销的比较，进一步来揭开解体验营销的神秘之处（表4-6）。

表4-6　体验营销与传统营销的对比

对比角度	传 统 营 销	体 验 营 销
传递的信息	着力于产品功能上的特性与利益	着力于顾客的体验过程
对客户的理解	视客户消费为理性决策	视客户消费为理性决策和情感决策
关注内容	关注于产品细分及其在竞争环境中的定位	关注于社会经济背景下消费体验的价值

传统营销就其本质而言是一种强调"产品的功能、特色与益处"的营销方式，往往倾向于定义产品类别和竞争类型，把一种产品与同类产品相比较，由此找到针对消费者而言的产品的特点，寻求能给消费者带来的益处。而体验营销正如伯德·施密特在他所写的《体验式营销》一书中指出的那样，站在消费者的感官、情感、思考、行动、关联五个方面，重新定义、设计营销的思考方式，并将这些不同的体验形式称之为战略体验模块，以此来形成体验营销的构架。

（三）情感营销策略

美国的巴里·费格（Feig）教授首次把情感全面引入营销理论中，并命名为"情感营销"。他认为："形象与情感是营销世界的力量源泉，了解顾客的需要，满足顾客的要求，以此来建立一个战略性的产品模型，就是你的情感原形。"情感营销活动从消费者的感受出发，细心体察与呵护消费者的情感，并以良好的沟通作为双方合作的基础，大家在感情上融洽了，彼此就能得到更多的理解和帮助。企业则变身成了美好情感的缔造者。

（四）绿色营销策略

绿色营销是指企业在绿色消费的驱动下，以绿色消费为出发点，从保护环境、充分利用资源的角度出发，在满足消费者绿色需求的前提下，实现营销目标的全过程。绿色营销包括企业生产过程绿色化、企业促销绿色化、企业形象绿色化等内容。绿色营销的核心是提倡绿色消费意识,进行以绿色产品为主要标志的市场开拓,营造绿色消费的群体意识,创造绿色消费的宏观环境,促销绿色产品,培育绿色文化。绿色营销策略与传统营销策略的比较详见表4-7。

表 4-7　绿色营销与传统营销的区别

比较的视角	绿色营销	传统营销
营销观念的区别	以社会的可持续发展为导向 更注重社会效益 更注重企业的社会责任和社会道德	以市场为导向 以满足消费者需求为营销宗旨
经营目标的区别	在注重企业利益的同时更强调社会效益和企业长远利益	以企业利润最大化为经营目标
经营手段	研发绿色产品	常规经营手段

五、营销活动方案的执行

当确定了营销策略后,便要围绕着策略定位执行营销要素组合计划。营销组合要素是指企业开展营销活动所应用的各种可控要素的组合。一个企业可以运用的营销要素有许多,如产品、质量、包装、价格、服务、广告、促销和渠道等。麦卡锡与科特勒都分别在各自著作中确认了以4Ps为核心的营销组合方法。营销的4Ps组合要素,即产品、价格、渠道和促销。

（一）产品

产品是指企业提供给目标市场的实物和服务组合。服务组合考虑的是提供服务的范围、服务质量和服务水准,同时,还应注意的事项有品牌、保证以及售后服务等。

（二）价格

价格是指客户为获得产品所必须支付的金额,考虑的因素包括价格水平、折扣、折让和佣金、付款方式和信用。

（三）渠道

渠道是指企业为使产品送到目标客户手中所进行的各种活动。渠道提供服务者的所在地以及其地缘的可达性在营销组合上都是重要因素,地缘的可达性不仅是指实物上的,还包括传导和接触的其他方式,如选择产品信息发布的平台包括网络、电视广告、报刊、平面广告等。

（四）促销

促销是指企业为宣传其产品优点和说服目标客户购买所进行的各种活动。有广告、人员推销、销售折扣和现金折扣或其他宣传形式，如公关等都是重要的促销手段。

上述方面的具体内容可以参见表 4-8。

表 4-8　服务业的营销组合要素（4ps）

营销组合要素	营销组合要素内容
产品	① 领域 ② 质量 ③ 水准 ④ 品牌名称 ⑤ 服务项目 ⑥ 保证 ⑦ 售后服务
价格	① 水准 ② 折扣 ③ 付款条件 ④ 顾客认知价值 ⑤ 质量/定价 ⑥ 差异化
渠道（地点）	① 所在地 ② 可及性 ③ 分销渠道 ④ 分销领域
促销	① 广告 ② 人员推销 ③ 销售促进 ④ 宣传 ⑤ 公关

六、企业营销活动的评估

企业营销活动的评估内容需重点关注以下几点：营销活动策略的评估、营销活动执行的评估、营销活动成本的评估和整体营销活动效果评估。

（一）营销活动策略的评估

活动策略的制定最终需要落实到产品/服务、价格和分销渠道这几方面，因此，相关评估者可从以上三大方面入手收集、分析相关信息，从而对营销活动的策略有较全面的衡量。而关于产品/服务、价格和分销渠道这几方面的评估具体项目，可参照表 4-9 中的具体内容。

表 4-9 企业营销活动策划评估的具体内容

评估项目	评估内容
产品或服务	企业的产品或服务在市场上的定位如何？ 相对于竞争者，其差异性表现在哪些方面？ 企业产品或服务的组合策略是什么？ 每种产品处在生命周期的哪一阶段？ 哪些产品应该淘汰？ 哪些产品应该增加投资？ 企业是否很好地组织收集和筛选新产品的创意？ 企业在投资新产品之前是否进行过市场调研和商业分析？ 新产品推向市场前是否做过市场试销？ 企业的品牌战略是什么？
价格	客户如何看待企业产品的价格？ 是否物有所值？ 企业在制定价格时需要考虑哪些因素？ 企业对价格弹性和竞争者的价格及定价策略了解多少？ 价格制定的程序是怎样的？ 为了销售目的，如何对价格进行修正？ 如何应对竞争者发动的价格战？
分销渠道	企业的分销渠道设计是否合理？ 分销渠道是否顺畅？ 市场的覆盖面和服务是否足够？ 是否能形成有效的市场销售网络？ 企业如何对中间商进行有效控制和管理？ 企业对渠道的政策是什么？ 是否要对经销商进行培训，以便更好地配合公司的销售？ 企业是否考虑调整或改变分销渠道？

（二）营销活动执行管理的评估

营销活动执行管理的评估标准应包括营销组织的设立、部门间的合作效率、营销信息系统的构件、营销管理系统和销售人员等几项衡量指标。具体评估内容则可以参见表 4-10 中的相关内容。

表 4-10 营销活动执行管理的评估具体内容

评估项目	评估内容
营销组织的设立	营销活动是否按功能、产品、客户、区域,或者分销渠道进行组织? 对于影响客户满意度的公司活动,营销主管人员是否具有足够的权力和责任?
部门间的关系和沟通	营销部门和其他部门之间是否存在需要注意的问题? 是否保持了良好的沟通和合作关系?
营销信息系统	公司是否有建立市场营销信息系统? 是否有有关客户、潜在客户、中间商、竞争者、供应商以及市场发展变化方面的真实的、足够的和及时的信息? 公司的决策者是否要求进行充分的市场调研? 他们是否使用了这些结果? 公司方面是否运用了最好的方法进行市场和销售预测?
营销管理系统	营销计划是经过周密的构思和策划? 是否有效可行性? 销售预测是否正确地加以实施? 销售定额是否建立在合理且适当的基础之上? 营销活动的控制程序是否足以保证年度各项目标的实现? 公司是否定期分析产品、市场、销售区域和分销渠道的赢利情况? 营销成本是否定期加以检查?
销售人员	销售队伍的规模是否足以完成公司的销售目标? 销售队伍是否按诸如区域、市场、产品等原则组织? 是否有足够的销售经理指导现场的销售人员? 销售报酬和结构是否提供足够的激励和动力? 销售队伍是否表现出高度的信念和能力? 制定销售份额和评价业绩的程序是否公平合理? 与竞争者相比,公司的销售队伍如何?

(三)营销活动的财务评估

通常,在对营销活动进行财务资源的投入评估时,主要从以下方面进行,即营销活动的费用成本效益评估和营销活动的赢利率评估。成本效益分析主要指,分析哪些营销活动的花费过多,并以此分析为基础,找到一些降低成本的措施;而赢利率分析则是指,对企业不同产品、市场、区域和分销渠道的赢利率分别进行分析,从而对企业是否要进入、扩大、缩小或者放弃某些细分市场做出决策,同时,对企业的短期和长期的利润结果加以预测。

(四)活动营销效果总体评估

从活动营销效果评估常见的内容来看,其关注的目标包括投资收益率目标、市场占有率目标、利润率目标、成本降低率目标、销售增长率目标、存货周转目标、销售回款率目标、服务水平目标、管理发展目标、社会责任目标等。

在营销活动结束后,企业就需要对此次营销活动的效果进行评估。一般来说,若在营销活动结束后的 3～6 个月内,其营销的业务增长率在 6％以上,则认为该次营销活动是成功的;若相关业务的增长率在 3％～5％之间,则认为该次营销活动效果一般;若相关业务的增长率低于 3％,则可大体判定该次营销活动还有待改进。对于企业营销活动总体绩效评估数据的收集和评估内容,可以参见表 4-11。

表 4-11　企业营销活动总体效果评估范围及内容

评估范围		实　例
对实际采取的营销活动的评估	媒体覆盖 评估通过宣传获得的报道的范围和种类	媒体的范围和数量; 报道时间的长短和版面的大小; 提及的次数; 发表或广播的种类; 发表或广播的位置。
	传播内容 报道的内容分析	报道反映分发给媒体的新闻稿件的精确程度; 积极报道的数量; 反面报道的数量; 报道的影响; 内容分析软件的使用。
	形象定向 营销宣传质量的评估	评估宣传在传播必要信息和生成积极印象方面的适用性。
	受众范围 评估受众所及的范围	整体受众所及范围; 目标受众所及范围。
	受众行动 对事件的反应 对营销活动机构的效率所做接触的评估	对非预期事件的反应速度; 与媒体的人际接触数量,接触者在媒体中的地位; 游说接触的数量和"质量"。
对受众接受的评估	调查认知程度和相关态度 调查认知程度和相关态度	跟踪研究活动举办前、活动进行中和活动结束后,受众的认知水平和态度转变水平。
对受众行为的评估	与行为转变相关的评估 与行为转变相关的评估	参与度; 销售情况。

第三节　创新营销活动的策划指引

本节将介绍三种创新营销理念指引下的企业营销活动策划:文化营销活动、体验营销活动、情感营销活动,并针对各营销活动的特点提出策划要点。

一、企业文化营销活动策划指引

企业文化营销策划主要包括两个方面的含义：一是企业在制定市场营销战略时，借助或适应不同特色的环境文化，综合运用文化因素实施营销战略，开展营销活动；二是企业应充分利用营销战略全面构筑企业文化，制定出具有文化特色的市场营销组合。

（一）文化营销的功能

1. 文化营销使企业的产品或服务实现差异化

波特在其经典著作《竞争战略》中提出了三种基本战略，其中一种就是差异化（differentiation）战略，其含义指，"将企业提供的产品或服务标歧立异，形成一些在全产业范围中具有独特性的东西。"差异化的实现可以为企业带来一些显而易见的竞争优势，如提高消费者的满足感，进而增强顾客忠诚度，并且通过此举企业可以尽可能避免与竞争对手正面交锋。

2. 文化营销为企业构筑核心能力提供新的途径

企业的价值观在文化营销中处于中心地位，它深深植根于企业的土壤中，是企业经过长期积累沉淀而成的，竞争企业难以模仿。在这个意义上，价值观体系是企业真正的核心能力所在。

3. 文化营销能使企业兼有社会文化符号的象征

文化营销主要运作模式是企业借助社会或自身的文化来实现企业产品及形象营销的目的。这要求企业将企业文化、市场文化、消费者文化联系起来，通过寻觅这三个利益相关者之间的平衡点制定出满足各方需求的营销活动方案。企业在这一过程中将同时兼有社会文化符号之功能。一方面，社会认同的主流价值观、道德规范必然指导着企业的商业行为和发展策略；另一方面，企业的营销活动成为传递消费者社会文化诉求的载体，进而有机会华丽转变为该社会文化符号的象征。同时，文化营销帮助企业消除企业与消费者之间的文化冲突，达成价值共识，令消费者长期认同企业的产品。

（二）文化营销活动的营销组合策划

策划组织者在进行文化营销策划时，可以从输出文化营销的载体入手。主要的文化营销载体可被归纳为：文化营销产品策划、文化营销定价策划、文化营销地点（分销渠道）策划和文化营销促销策划等。

1. 文化营销产品策划

产品文化营销是企业对产品的包装、命名、品牌、造型等均需增加文化品位、文化气息与氛围，从而建立起产品与文化需求的联系。

2．文化营销定价策划

在定价方面的文化营销策划认为，顾客购买的是整体消费利益，产品的定价应以顾客获得的总价值与让渡价值为基准，与产品能给予顾客的文化需求满足相协调。例如，有六百余年历史的水井街酒坊是迄今为止发现的中国白酒的最早源头，水井坊品牌被称为中国白酒业的"活文物"，它包括川酒文化、窖址文化和原产地域文化三个内容。四川水井坊股份有限公司分析了大量的调研材料，最后发现应定位于高档白酒的消费群体，他们具备大部分相同的消费特征：中年男子、收入丰厚、社会地位较高、有炫耀心理。水井坊酒上市之初定价就比茅台、五粮液等高档白酒高出 30%～50%，而水井坊系列的市场表现也迅速令业内人士刮目相看。

3．文化营销渠道策划

渠道文化营销是指通过对产品进行文化植入，赋予渠道的企业文化个性和精神内涵，增加顾客对产品的独有感知价值。在分销渠道策划方面，必须做好消费者行为的研究。例如，消费者的文化层次、趣味爱好、理解能力、思维定式等都对文化营销策略的制定起着重要作用。同时，还要加强对目标市场文化的研究。如企业在进入国内或国际市场时，必须了解当地的风土人情、价值观念、宗教信仰等方面的文化因素，做到有的放矢，以免因为文化差异，影响产品分销渠道的建立。

4．文化营销促销策划

企业应充分利用广告、公共关系、销售促进或推销等促销与沟通手段向目标顾客传播企业及产品的文化信息。促销与沟通手段要与企业及产品的文化定位相协调，力争在企业与顾客之间建立相互理解、信任与忠诚的情感模式，最终以打动顾客。"喝孔府家酒，做天下文章"，既蕴含了"李白斗酒诗百篇"的豪情，落脚点又符合当代人追求事业成功的心态，给孔府家酒注入了浓浓的文化气息和文化价值。促销的另外一个目标是通过赋予商品文化内涵，创造"产品—文化需求"的联系，唤醒顾客的心理需求。

（三）文化营销活动的策划指引

企业文化营销可以分为两种类型：顺应型文化营销和自创型文化营销。

1．顺应型文化营销活动策划指引

（1）活动策划目的

顺应型的文化营销活动策划目标一般为：铸就社会文化象征性的企业品牌。

（2）活动策划策略

在开展相应的营销活动时，企业通常需要借助或适应不同特色的社会环境文化，推进文化营销活动，从而使该企业品牌成为社会某一文化市场的代名词。顺应型文化营销策划方式的代表性案例为美国的文化符号品牌——可口可乐。这种方式的出发点在于能准

确定位消费者的价值取向,即企业通过缜密的市场调研甄别出消费者的价值取向,再加以培养,形成企业自身的核心价值观念,然后通过企业的产品与企业的服务等媒介与顾客取得共鸣与共振。

案例:谭木匠的顺应型文化营销活动策划

谭木匠抓住顾客的潜在需求,以独特的文化品位和高品质的木梳塑造品牌形象,创造出了一个巨大的市场"蓝海"。

谭木匠依靠传统木梳行业的底蕴,提炼出"我善治木"、"好木沉香"的理念,把中国古典文化和人文情感注入到了产品中。具有古典气息的谭木匠品牌、古朴的购物环境、造型精致独特的小梳、精心设计的包装袋……这些无不散发着谭木匠的传统文化气息。谭木匠把木梳的效用重心由顺发功能转向文化和情感,将小木梳的艺术性、工艺性、观赏性、收藏性与实用性相结合,使小木梳从日常用品提升为寄托情感的艺术品。对于谭木匠的核心消费群体——女性顾客,谭木匠将传统文化与流行时尚相结合,让谭木匠的小梳子、小镜子、小布袋子,成为"小资"女性的标志和最爱,给予她们文化认同和情感满足。

产品是品牌的载体,也是消费者认识品牌的窗口。谭木匠对产品的开发、价格定位以及品质要求都匠心独具,体现了其品牌的文化内涵。

从产品开发来看。谭木匠梳子系列按立意划分有:翠竹、牡丹组成的"花开富贵,竹报平安"系列、"凤求凰"系列以及"鹊桥仙"系列等,既体现传统民族特色,又彰显品牌文化底蕴。

从产品价格的定位来看。产品价格与产品形象一样,也能体现品牌的品位。谭木匠的定价策略是优质高价。地摊或商店里的普通梳子多是几元钱一把,而谭木匠的梳子最便宜的是 18 元一把,黄杨木梳子是 38 元一把,最贵的梳子超过 200 元一把。谭木匠的高价位与其专卖店的销售方式、地理位置和店面布置相协调,既体现出谭木匠卓尔不凡的品位,又使其获得了很高的利润空间。

从产品的品质来看。谭木匠将传统工艺同现代抛光、插齿技术结合起来,每一把木梳都是经过三十六道手工工序精心打磨而成。谭木匠产品用料考究,大多取材于上等的黄杨木、桃木、枣木,通过草染、生染等手工工艺精心打磨,再经蒸、烘、高温加压等特殊工艺处理而成。比如草木染工艺,采用严格的中药配方,先把这些中药进行压汁,然后把梳子放在里面浸染,这样就制成了谭木匠颇具名气的一款梳子"草木染"。

谭木匠通过上述文化营销策略和策划,让一把小木梳传递出浓郁的传统文化底蕴,也造就了一个营销神话。

(3) 活动策划实施步骤

① 依据社会文化区隔及选定市场。换言之,市场区隔识别的不是消费者的特性,而是盛行于社会的文化象征的特性。

② 根据所选的文化市场拟定企业营销的文化身份。此阶段策划的具体步骤包括三个部分。

首先,对社会文化市场的处理,即透过怎样的故事情节、人物、场景展现该企业在该文化市场中扮演的角色以及潜在的作用。

其次,传递企业源于百姓阶层的具有真实性的故事。文化营销是从普通人的生活世界寻找素材,但又不能让消费者觉得企业只是在利用文化风潮,因此,企业必须展现它对于选中的文化市场的忠诚度以及文化素养。

最后,文化素养应反映在品牌是否将该文化市场的潜在文化意义和语言用词巧妙地融入营销的信息中;忠诚度则反映在企业是否以"弱水三千,只取一瓢"的态度维护该文化市场的精神。而这个方案需要用图像、影片、文字的形式塑造出一种特别的、吸引人的风格。

③ 善用企业拥有的文化权威来再创品牌价值。文化权威指的是企业在社会上被公认为某一文化价值的代言人,其拥有该文化市场发声的绝对权威性。对作为文化符号的企业而言,它的资产不是产品自身,而是社会的集体现象以及社会所赋予它的文化权威。这种权威令企业的文化形象能够在不同的年代,顺应潮流的变化,以新的讯息策略吸引消费者,巩固延续它的社会地位。

案例：可乐与微笑——可口可乐的文化营销

可口可乐在 20 世纪打出过一则知名的广告,片名为"Mean Joe Greene",这则广告情节讲述了匹兹堡钢人职业足球队的黑人防守队员 Joe Greene 和一个 12 岁白人小男孩 Tommy Okon 的故事。在这名运动员刚结束了一场比赛来到休息室后,小男孩将可口可乐递给他,之后就转身而去了。不过,Joe Greene 喝完可乐后顺手将自己的运动衫当作礼物要送给小男孩,小男孩十分惊喜的感谢他,这一瞬间两人都笑了,而广告最后便出现了可口可乐的广告语："Have a Coke and a smile."这则广告的受欢迎程度远远超出了任何人的预期,可口可乐随后印发了上千件复制的运动衫。

从案例中的社会文化现象与矛盾来看,该文化事件活动的策划灵感来源于 20 世纪 60 年代末。当时,美国社会种族间的矛盾持续升级。种族矛盾是当时美国政府、社会大众认为最棘手的主流社会问题。

可口可乐利用场景叙事的方式打造出了一个乌托邦的时刻,一个体型威武的黑人运动员,一个天真的白人小男孩。

在这则广告中,人们感受到的是不同种族之间和谐共处的美好而真实的场景。可口可乐希望通过宣传这样美好的时刻来令人们暂时淡忘当下棘手的社会问题,进而满足人们内心的社会愿望。这正体现了文化营销策划活动策划的精髓,它不在于独辟蹊径的信息传播途径或者传销渠道,而在于如何在关注人们的社会诉求、社会矛盾、文化冲突时,替人们创造一个他们心中所希望的社会景象。

回顾上述事件的策划,它符合了事件的形成步骤:经过精心的组织、策划和管理,具有特定的主题(种族矛盾),并能在短时间内吸引大众的眼球(因人物的高辨识外形特征以及他们之间力量的悬殊对比),给大众留下深刻的印象(这则事件的成功甚至影响了世界各地拍摄商业广告片的观点,巴西、阿根廷和泰国都模仿创作了类似的营销方式)。

可口可乐似乎只是一种甜味的软性饮料,在产品功能上与其他碳酸饮料也并无太大的差别。它之所以能够成为全球知名品牌,是因为它与美国文化有紧密的联系。可口可乐的每一次营销活动无不体现着美国文化,这使得可口可乐企业成为美国文化的象征,使顾客购买和饮用可口可乐时常会有一种享受美国文化的感觉。

企业在选择文化营销时,要充分考虑到文化营销方式载体(即企业的形象或是产品的品牌形象)的符号象征含义,尝试把企业的形象融于文化符号之中,让企业的品牌成为文化符号的载体或扮演者。打造品牌即是演绎该符号的象征意义,也就是让企业品牌最终成为具有文化符号价值的品牌的过程。然而,在实际情况中,文化营销往往会使企业陷入长远规划的谜团之中,这是因为企业自身的文化很难随着社会当下的文化诉求而随意更改。此时,企业便可考虑如何利用文化营销的第二种策划角度(创造性引导文化营销)来达到创造无形的市场影响力。

2. 引导型文化营销活动策划指引

案例:"宝马"的生活方式

在 2002 年 6 月 6 日的北京国际汽车展览会上,宝马公司展出了他们专为中国"新贵们"量身定制的宝马"新 7 系""个性极品"系列等数十款豪华轿车。在个性极品系列中,每一部个性极品车的内饰选材和色彩都是完全不同的,充分满足了中国消费者"专属、独尊"的个性要求。宝马新 7 系融豪华气派和卓越动感于一身,更让人感觉高贵不凡。"用宝马的产品来征服中国人的心"是宝马公司的口号,但真正征服中国消费者的不是它的车,而是宝马刻意打造的"宝马生活方式"。"宝马生活方式专卖店"随即在北京应运而生。宝马公司中国区总裁席曼毫不掩饰他们的目的:让顾客通过购买宝马的产品来显示他们的成功,把宝马品牌和消费者本身的成功很好地融合在一起,让使用宝马产品成为客户的一种生活方式。

(资料来源:任锡源、王爱国、潘东芬,2006)

(1) 活动策划目标

作为引导型的文化营销活动策划,其主要的目标在于:缔造并传递企业自身的文化价值观体系。

（2）活动策划策略

企业在满足社会经济发展的需求和寻求新的利润增长点的驱动下，提出自身的核心价值观念，并将其物化到具体的产品、服务以及品牌形象和企业形象当中。企业将之作为诱发因素，来影响或引导消费者的价值取向，创造出消费者的新需求，发掘新市场。企业自身的文化因素需渗透到市场营销组合中，充分利用营销战略全面构筑并推广企业文化。这种文化营销方式要求企业能够在营销活动中将企业文化与市场文化联系起来，并通过这种联系来满足各方面的要求。

（3）活动策划的步骤

① 发掘企业自身的文化内涵与独特的文化权威。

通过文化营销的三个构成层次来传递企业自身的文化与价值观念，分别为：产品文化层、品牌文化层和企业文化层。在大型企业活动中，包括未来企业规模拓展都应追求以体现企业文化理念为主导策划思想的营销活动；以顾客为本，诚信经营和服务，不断为顾客创造价值，从而促进顾客对整个企业包括其产品的认同。

以与现代人们生活息息相关的交通工具——汽车为例，汽车文化以汽车为载体并与文化结合，影响着人们的思想观念和行为。在汽车的设计、生产和使用中，从汽车外表到内部装饰、从风格到品质都深深地打上了文化的烙印。不同文化背景下生产出来的汽车都带着自己独特的文化内涵。例如，人们耳熟能详的汽车品牌——奔驰、宝马，它们代表着德国人一丝不苟、追求每一个螺钉都完美的认真性格，以及德国人对品质、对性能永无止境的执著追求。而汽车企业在售卖汽车这一产品时，将他们所秉承的价值观念通过文化营销的方式灌输给消费者，从而让消费者心中开始向往体验这样的产品，因为他们认可这样的产品文化。

② 营造文化氛围，寻找企业与目标市场文化需求的共鸣点。

整个品牌团队应沉浸在消费者的生活世界，在结合自身历史文化优势的同时，利用传统文化或现代文化，形成一种企业文化氛围。然后，有效利用多方通路帮助企业，将其推崇的文化观念在最大范围内覆盖消费者。从而令消费者在潜移默化中认可这一文化价值，并在他们的生活中加以追求，最终促成其消费行为的发生，进而形成一种消费习惯，一种消费传统。

此处，我们通过阅读全聚德的文化营销活动策划案例来分析引导型文化营销模式的具体策划原则与步骤。

案例分析：全聚德引导型文化营销案例

有形的文化营销活动

全聚德于135周年时，举办的"第一亿只全聚德烤鸭出炉仪式"；前门大街改造时，前门全聚德烤鸭店停业举行的"百年火种保留仪式"等，均引起了社会和媒体的广泛关注。

百年全聚德具有深厚的历史文化底蕴。全聚德在和平门店,腾出整整一层楼的面积,建立了自己的展览馆,向来宾展示全聚德的百年历程。此外,全聚德还将散落在档案馆中的史料挖掘出来,出版了一系列介绍全聚德的图书,如《全聚德故事》《全聚德史话》《全聚德与名人》等,还借鉴了肯德基、麦当劳从娃娃抓起的营销策略,针对儿童推出了介绍全聚德历史故事的小人书。

无形的文化营销活动

2004年春天,全聚德以其历史故事为背景拍摄了电视剧《天下第一楼》,投资500万元。在节目播出的两个月里,人们越来越无法抗拒记忆中烤鸭的美味诱惑,纷纷跑到全聚德。一时间,全聚德几乎店店排队,北京全聚德各店铺的销售增加了62%,客流量上升58%,7天卖出了1 000万元,相当于多过了一个"黄金周"。

与其他的许多百年老店一样,全聚德对消费者的价值,更多是文化价值的附加,如何突出独有的文化资源,是老店的魅力所在,也是其生存的根本。全聚德越来越不像是一个餐饮符号,而更像是作为一种文化体验的文化消费。

二、企业的体验营销活动策划指引

案例:SECRET CINEMA——梦幻般的神秘电影与表演

Secret Cinema 是一个每逢双月开展一次的荧屏盛事,它的内容结合了表演、设计、戏剧和电影。参加者都要根据表演秀的主题穿戴合适的服装,而表演地点则设在秘密的地点。此外,参加者都不知道电影的内容,直到电影放映的那一刻才知道是什么电影。这种舞台剧和电影相融合的手法十分吸引人,正在看电影的观众,看着看着,突然就像迈入了另一个世界,在那里你可以和那些活生生的演员进行互动,而这些演员本来似乎只存在于遥远的电影世界里,这种感觉十分奇妙。《卫报》新闻和媒体部的消费者赞助和活动经理温妮莎·史密斯(Vanessa Smith)说:"这不只是关于现实逃避主义;而是想象力、激情和参与电影进行情节互动的机会。"

(一)体验营销活动的特点

体验活动一方面是企业向市场销售"体验"这一非实体性产品的策略方式;另一方面也是顾客消费"体验"这一特殊产品的平台。体验活动是体验营销的体现方式,为顾客创造体验、传递体验和满足顾客体验需求是体验活动最为核心的内容。体验活动具有如下特点。

1. 体验活动具有极高的个性化。

在体验活动中,由于个体间存在巨大的差异性,要吸引个体参与并达到互动,必须关注顾客的体验需要,在营销活动设计中必须体现较强的个性化。企业体验营销活动就是要通过与顾客沟通，发掘顾客内心的渴望，从满足顾客体验的角度去审视自己的产品和服务。

2．体验感知的延续性。

在体验活动中，强调顾客所能感受到的一种难忘的、身临其境的体验，这是一种被感知的效果。消费者所获得的感受并不会因一次体验的完成而马上消失，具有一定的延续性，如消费者对体验的各种回忆等；有时消费者事后甚至会对这种体验重新评价，产生新的感受。

3．体验营销具有高参与互动性。

体验活动必须要有消费者的参与，进而在消费者和企业之间发生一种互动行为。消费者在体验参与中扮演主要角色。体验的产生是顾客与体验提供物之间互动的结果。体验营销就是要通过顾客的融入式参与，引起消费者"情感共鸣"，使其获得独特的个人体验。与传统营销相比，体验营销中顾客的参与更加突显了顾客角色的主动性，即将顾客由传统营销中营销活动的"观众"变成了体验营销中尽情表演的"演员"。

4．体验营销具有主题性。

体验营销要先设定一个精练的主题，这是体验营销通往成功之路的第一步，也是关键的一步。体验营销从一个主题出发设计出若干个主题道具，如主题博物馆、主题公园、主题游乐区域等，或以主题为导向设计一场活动。

5．体验营销具有情景性。

企业的营销人员不应孤立地去思考一个产品（质量、包装、功能等），而要通过各种手段和途径（娱乐、店面、人员等）来创造一种综合的效应以强化消费体验。

小案例：宜家的体验式营销

宜家强烈鼓励消费者在卖场进行全面的亲身体验。宜家所实施的现场体验方式，其实是通过对人们的感官刺激，改变人们行为过程的方式。因为，在人们日常的购物行为中，很多消费者都会被现场的感性信息所吸引，所以现场的体验就会影响到人们的购物决策。一种不同寻常的体验场景，是影响人们购物决策的核心要点。

这可以体现在宜家商场都建在城市的郊区，在商场内还有一些附属设施，如咖啡店、快餐店和儿童的活动空间。如果你累了，你可以在优雅舒适的宜家餐厅，点一份正宗的欧式甜点，或者一杯咖啡，甚至只是小憩一会儿，没有人会打扰你。

（二）体验营销活动的类型

从顾客角度看，根据顾客的体验形式可以分为感官体验、情感体验、思考体验、行动体验和关联体验等几种形式。营销人员可以根据各种顾客体验的特点,以及所提供的产品或服务的特点来塑造不同类型的体验营销。

1. 感官营销

感官体验以感官为诉求对象,通过感官刺激打动消费者。感官营销目标是创造知觉体验的感觉,它经由视觉、听觉、触觉、味觉与嗅觉来完成,可以用来实现企业及其产品在市场上的差别化,诱发消费者兴趣并增加产品的附加价值。

案例:感官营销范例

理查特公司制作的巧克力被英国版《时尚》杂志称为"世界上最漂亮的巧克力"。理查特公司的定位,首先是一家设计公司,其次才是巧克力公司。理查特巧克力装在玻璃盒子中,陈列于一个明亮精致的销售店里。巧克力盒子精致高雅,盒子衬里分割成格,巧克力犹如艺术品一般,形状漂亮多样,搭配以彩饰装饰,简直就是视觉的盛宴。理查特公司可以根据顾客的要求制造特别的巧克力徽章。为了更好地储存巧克力,理查特公司特地销售附有温度与湿度表的薄板巧克力储藏柜。

希尔顿连锁酒店的一个做法是在浴室内放置一只造型极可爱的小鸭子,客人大多爱不释手,并带回家给家人作纪念,于是,这个不在市面销售的赠品便成了顾客特别喜爱希尔顿酒店的动力(当然希尔顿酒店其他设施、服务等方面也是一流的),这样便造成了很好的口碑。这就是"体验营销"的应用(视觉和触觉上)。另外,在超级市场中购物经常会闻到超市现场生产的烘焙面包的香味,这也是一种感官营销方式(嗅觉)。

2. 情感营销

情感营销的诉求对象是顾客内在的感情与情绪。情感营销就是要触动消费者的内心情感,为消费者创造喜好的体验,从而使其对该品牌由略有好感到产生强烈的偏爱。如百事可乐的所有营销活动都在于创造一个年轻、快乐的激情场面,由此吸引了大批忠诚的年轻顾客,不能不说是运用情感体验营销的成功典范。一句"孔府家酒,让人想家",引起在外游子对父母、对家乡的无限思念之情,煽动了多少游子的想家情怀,在实现了一种情感上的体验的同时,自然也促进了产品的旺销。

3. 思考营销

思考营销诉求的是智力,以创意的方式引起顾客的惊奇、兴趣,对问题集中或分散的思考,为顾客创造认知和解决问题的体验。

4. 行动营销

行动营销旨在设计和创造与身体、较长期的行为模式及生活形态相关的顾客体验,也包括与他人互动所发生的体验。行动体验营销通过增加他们的身体体验,指出做事的替代方法、替代的生活形态与互动,丰富顾客的生活。而顾客生活形态的改变是被激发或自发的,也有可能是由偶像角色引起的(如影、视、歌星或著名运动员等)。

案例：行动营销范例

耐克公司每年销售逾 1.6 亿双鞋,在美国,几乎每销售两双鞋中就有一双是耐克的。该公司成功的主要原因之一,是有出色的"Just Do it!"的广告。广告经常展现运动中的著名篮球运动员迈克尔·乔丹,升华身体运动的体验,是行动体验营销的经典。

小巨人姚明的崛起,成为国内众多青少年的偶像。百事可乐投巨资邀其为企业的形象代言人,进一步诉求百事可乐是青年人的可乐的主题。

5．关联营销

关联营销是超越个人感情、认知与行动,将个人与理想中的自我、他人或是某种文化产生关联。它展现给顾客可产生关联的对象,彰显消费的社会文化含义,提示顾客通过消费某种产品或服务增强自己的社会识别或身份,与某个特定人群建立紧密的归属关系。例如,某瑞士名表有一张小小附卡,上面告知：请在 400 年后来店里调整闰年。其寓意是在说明该瑞士名表的寿命之长、品质之精,即使拿它当作"传家之宝"也不为过。

(三)企业体验营销活动的策划指引

企业体验营销活动的策划内容及流程可以如图 4-3 所示。

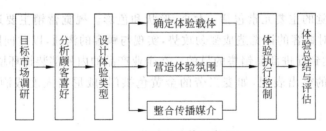

图 4-3 体验活动策划步骤

1．目标市场调研

目标市场调研又分为内部调研和外部调研。外部调研需要调查了解市场的机会和威胁;了解目标顾客的体验需求,包括他们的生活方式、社会特性、价值观、情感世界以及他们对颜色、图案、口味、音乐等偏好,这些都是设计体验的基础要素。内部调研是基于外部资料收集后的分析,比较企业自身的资源(优势与劣势)为下一步选择有效的营销策略作准备。

2．分析顾客期望并设计体验类型

在此阶段,企业要根据市场调查的结果并结合企业的实际情况,分析顾客的喜好,提炼出企业所从事体验营销的主题。企业的所有体验活动都必须围绕这一主题展开。在体验主题的设计过程中应该注意以下几点。

(1) 主题必须带给顾客不同于日常现实的感受,从生活、学习、工作、娱乐等各方面创造出不同于日常生活中的状况。

(2) 有关地点的主题应该通过影响人们对空间、时间和事物的体验,彻底改变人们对现实的感觉。

(3) 活动应该把空间、时间和事物集中于相互协调的现实中,成为一个整体。

(4) 企业应通过多点式的布局深化体验营销的主题。

(5) 主题的特性必须与企业的性质相同,只有主题完全与商业特征相吻合,企业才会成功,事物才会越少呈现出虚假和抵触。

(6) 设计要素和体验事件的风格必须协调统一,这样主题才能牢牢吸引顾客。

3．设计体验类型

此处以感官体验活动策划作范例,来探讨体验的设计。感官设计的目标就是要创造知觉体验的感觉,它是通过与顾客的五种官感(视觉、听觉、触觉、味觉和嗅觉)建立联系而实现的,其中味觉与嗅觉对顾客的感官刺激几乎是同时发生的。

(1) 视觉

引起视觉感觉的主要元素包括:大小、形状和色彩。视觉营销主要通过商品的陈列和形象化展示,对顾客的视觉造成强劲攻势,实现与顾客的沟通,以此向顾客传达商品信息和品牌文化,达到促进商品销售的目的。在企业产品的内外部装饰环境中,很多企业都在尝试视觉方面的突出表现,如麦当劳的金黄色拱门,威尼斯人度假酒店,奥运场馆鸟巢等。

(2) 听觉

不同类型的声音能够使顾客产生轻松或刺激的情绪,从而影响人们的购物行为。活动场所需要能营造悠闲氛围的背景音乐及音响系统。因此,企业在举办活动时需慎选音乐,使其能符合企业(产品/品牌)的形象,并能与活动主题较好的契合,令顾客在不知不觉中产生能微妙的转换成愉悦心情的联想。

(3) 触觉

触觉是皮肤感觉的一种,是轻微的机械刺激使皮肤浅层感受兴奋的感觉。例如,顾客在与家具有最亲密的接触时才会产生触觉,木材纹理的亲切,美式家具的厚实都给人安全可靠的感觉,触摸让顾客体验到美式家具的可靠与温暖。可以说,触觉是在消费者体验过程中决定最后成交与否的最关键的环节。

（4）嗅觉/味觉

当气味分子接触到鼻腔黏膜上的嗅觉感受器时，会引发神经冲动，这些神经冲动继而将嗅觉信息传递到位于大脑边缘系统的嗅球。许多与嗅觉相关的研究文献表明，香气可作为一种情景刺激，其引发的嗅觉记忆比视觉记忆更持久。例如，在散发着茉莉花香的房间内记忆一串文字，那么将来在充满茉莉花香的环境中会更容易回想起这串文字，因为气味活化了相关文字的语意性记忆。活动策划人员通过在会场内设置特殊的香味对顾客的生理和心理产生营销，进而影响人们对企业产品（品牌）的喜好判断和购买行为。企业在活动策划时，需要思考如何选定合适的味道，并将此气味的感觉植入消费者的脑海中，然后以特定气味吸引消费者的关注、记忆、认同，从而最终形成消费。

例如，卡夫食品在《人物》杂志刊登了一整页广告，广告呈现了一个草莓奶酪蛋糕的图片，经过摩擦后，照片会散发出这种甜品的香甜味道。再如，英国高档衬衫零售商托马斯·彼克研制出一种个性化气味，他在纽约、旧金山、波士顿和圣弗朗西斯科新开的商店中放置传味器，当顾客经过时，传味器就会散发一种新鲜的、经过清洗的棉花味道，这种味觉享受让人迅速有了价值联想。劳斯莱斯汽车公司则让读者在杂志的广告页上闻到该车车座的高级皮革香味。类似的还有，新加坡嘉华影院安装了散发香味的电子装置，影片《查理和巧克力工厂》放映时，放映厅内弥漫着浓郁的巧克力香气。其结果是多数观众选择到嘉华影院来观看这部电影，可见味道对人的影响甚大。同样，可口可乐、雀巢、雅诗兰黛、宝洁等众多国际品牌成功的背后，也都有著名的气味研究机构的帮助。

4. 实施体验

（1）确定体验载体，营造体验氛围，整合传播媒介

这一阶段对企业而言是体验实施阶段，即实施企业所制定的营销策略，对顾客而言是体验的产生阶段。根据体验活动的持续性，企业应把握机会，思考如何加强顾客的体验。因为，体验会随着时间的流逝而削弱或隐藏于大脑的深处，企业可以用纪念品、照片、广告等达到这一目的。照片和其他纪念物能唤醒人们对生命意义的美好回忆，使顾客的体验永远鲜活。

（2）实施感官体验的营销组合

体验营销 4P 组合策略基于企业的角度，体验营销 4P 组合策略内容如下。

在体验产品策划方面，企业针对不同顾客的不同体验，开发出相对应的体验产品。提高产品和服务的体验化程度，吸引消费者参与互动是体验营销成功的关键。

从体验价格策划来看。在体验营销模式下，产品价格主要以心理需求为导向，依据能够满足客户精神需求的程度而确定。因此，企业必须加强与客户之间的交流，使其认识、体会到产品的物有所值。最成功的定价是客户把价格作为回忆体验价值的一种手段。

从体验促销的策划来看。体验促销是将图像、文本等符号化的东西与位置等元素相结合，使其展现出来的日常生活叙事具有动态感，且具有很高的仿真性。如体验促销的位

置决定了叙事背景、语境和内容,使体验促销所描述的现实可以是"超真实的",这样体验促销就以较大的弹性构筑了一个"体验的现实",对于想象和冲动非常奏效。企业凭借"体验的现实"能够调动客户的购买欲望,挖掘其消费潜意识,进而提高客户的体验价值。

从体验地点的策划来看。如何让客户在消费过程中身临其境,并且使具有不同文化背景的消费者从各自的视角都能够得到体验的感触,这是体验营销运作的关键所在。

5. 体验评估

在活动进行中,细致的观察、对比各环节的执行情况与策划的预期效果的完成度。通过总结,企业可以发现以往工作中的不足,然后在以后的工作中予以补足;可以发现以往工作中的成功经验,找到更好的方法创造新的体验,从而提升顾客的体验,更好地满足顾客的需求。

三、企业的情感营销活动策略

(一)情感营销的"动情模式"解读

企业与顾客之间的互动,不仅是交易纽带,而且也是情感纽带。研究发现,消费者情感依恋对消费者与品牌和企业的关系具有积极的影响作用,如情感依恋会影响消费者信任和承诺的形成,会对消费者的品牌忠诚产生作用。

通过理解消费者在消费过程中对产品品牌产生依恋的缘由,来策划情感依恋的定制活动细节,能够达到建立和深化企业与消费者情感关联的目的。理论层面来看,Park、Macinns 和 Prester 提出了满足自我(体验性消费)、实现自我(功能性消费)和丰富自我(象征性消费)是形成消费者情感依恋的关键,认为消费者达到满足自我、实现自我和丰富自我的层面能够使品牌和消费者的自我相关联,从而自发地唤起对品牌的情感依恋(如图 4-4 所示)。而消费者之所以会使用产品来定义自我,建立一种归属感,并提醒他们认识自我,进而支持和增强自我概念,是因为当个体遇到和依恋有关的事件时,会从记忆中提取过去的依恋经验,通过认知性反应和情感性反应产生交互作用,最后对个体的社会互动行为产生影响。

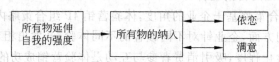

图 4-4   顾客对产品的自我、依恋和满意模型

(资料来源:Sivadas,Venkatesh,1995)

在市场竞争激烈的今日,情感关系的建立才是顾客关系管理的长久之道,很多企业都尝试与顾客建立类似家人和朋友这样紧密的关系纽带。企业的一系列活动可以从情感角度,刻意为搭建企业品牌与消费者之间的情感纽带而设计,将活动作为营造情感氛围和加深情感依恋的有利渠道。那么如何通过活动令消费者加强对企业产品/品牌的情感联系呢?

(二)情感营销活动的策划要点

情感营销作为创新的营销理念需借助传统经典的营销组合来实施,根据对情感营销"动情模式"的解读,策划组织者在策划情感活动时,可根据营销组合的差异化来表现。

1.产品策划要点

(1)产品名称、产品设计、产品包装

在产品方面,可以采取的策略包括:突出产品独特的情感吸引力,可以通过赋予产品感情色彩浓厚的名称、设计能够凝集消费者感情的包装等方式来进行,从而增加产品吸引感官、引起消费者注意力的优势。在产品研制与开发过程中更加注重功能的情感化;采用情感化包装,现代企业产品包装在设计上应体现情感元素,如为照顾年老眼花的顾客群体使用放大字号的药品说明书等。

(2)品牌故事、产品包装

通过强调品牌故事、产品包装赋予产品一定的象征意义,包括消费时的心情、美感、氛围、气派和情调等,增加产品的心理附加值。

2.价格策划要点

情感营销将定价视为反映消费者的社会心理价值。在购买过程中,消费者经常运用联想,把产品价格的高低同个人意愿、个性心理等联系起来。

3.渠道策划要点

情感营销在这方面与传统营销相同,即包括:市场划分、覆盖面、分销渠道、存货、中间商类型、位置、仓储与物流等具体因素的决策安排。

4.促销策划要点

(1)广告

可考虑进行体验式情感广告宣传,通过赋予广告一定的情感诉求,引起消费者的情感共鸣。

(2)人员推销

进行拉式情感促销策略,设计精练的促销主题,唤起消费者的情感记忆和经历,让消费者融入情感体验中。营销人员在服务过程中应体现出热情、理解和关怀,倡导服务以消费者为导向,切实了解消费者需求并设法加以满足;在推荐购买时,强调关注消费者的行为体验层次,让消费者在产品功能和享受方面都有美好的情感体验。

（3）营业推广

开展柔性化的销售策略，强化顾客参与，强调沟通与分享，以激发潜在顾客的情绪和感觉。在硬件设施基础上的情感环境服务，则强调通过营造温馨、人性化的环境带给消费者愉悦的购物心情。

基于情感这一中间因素对消费者与企业成长的深远影响，笔者将就如何构建企业与消费者之间的情感依恋为活动策划目标来尝试提出具体的策划方案。

因一切皆以"情"为出发点，所以在策划具体活动时应先确定此次活动的"情"的主题：是亲情、友情、爱情、爱国之情，还是其他某一侧重的或综合的情谊。

案例：简短却感人的亲情广告

一天傍晚，一对老夫妇正在进餐。这时，电话的铃声响起，老太太去另一间房接电话。回到餐桌后，老先生问他："是谁来的电话？"老太太回答："是女儿打来的。"老先生又问："有什么事吗？"老太太说："没有。"老先生惊讶地问："没事？几十里地打来电话？"老太太呜咽道："她说她爱我们！"两位老人相对无言，激动不已。这时，旁白道出："用电话传递你的爱吧！"这是美国电话电报公司（AT&T）一则经典的亲情广告。

以上是美国电话电报公司的一则市场营销广告，赤裸裸的打着亲情牌。在这过于忙碌、过于追求物质生活的时代，它所要传达的是：一通电话，几十秒的时间便能让你所爱的人感受到这份浓浓的情谊。一通电话勾起人们内心柔软的亲情，对家的思念。这让该公司的产品不再只是21世纪的冰冷的高科技产物，而让它瞬间多了一份人情味。广告告诉用户们请用电话来传递爱，科技的发展不应只被用于追求信息的高速、高效，它同样也能用作人与人之间情感的润滑剂、增味剂。整个广告给人的感觉就是一个很安宁、很和谐的生活场景，却带给人们澎湃的关于爱的思潮，这有助于消费者对该公司的产品或服务赋予别样的情感认知，进而有利于消费者形成对其品牌的依恋的情感。

情感营销案例：线下活动之黑妹牙膏母亲节的情感活动

此次活动主题为，唇齿相依的亲情——（孩子）给母亲一个美好的祝愿。本案以"母亲节——我告诉母亲一个心愿"为线索，以"心愿贺卡"作为纽带来连接儿女与母亲的亲情，并以此活动为契机在一些媒介上做公益广告宣传，开展"母亲节最佳祝福语"评选，同时，开展关于"两代人的感情交流、沟通"的讨论，以增进母亲和孩子的感情，从而达到增强消费者对"黑妹"的认同感和亲和感的目的。感性打动的突破口为抓住购买牙膏的主要消费群体：家庭妇女，用感性的宣传打动她们。

案例之所以选择在母亲节推广，部分原因在于市场部门经过相关调研发现消费者对黑妹牙膏的使用缺乏忠诚度，其主要原因是消费者对产品缺乏一定的感性认识与情感依恋。因为购买牙膏的主要消费群体为家庭妇女(这一群体正是较感性的群体),所以,企业尝试以情感活动并借助母亲节的绝妙时机建立消费者与黑妹品牌的情感依恋纽带的成功率必然较高。

在母亲和孩子两者的关系里,孩子几乎成了母亲生活的中心;反过来,孩子却很少去表达对母亲的爱意。所以,在母亲节期间,若能引导孩子去表达对母亲的爱,将会打动大部分母亲的心。

(三)情感活动实施步骤

1.充分掌握消费者的隐形情感需求

情感营销活动的策划活动需要在透察顾客心理需要的前提下,配合情感的活动来满足顾客的需求,即满足消费者产生情感依恋的第一步(满足自我)。围绕消费者的情感概念,将人性化的思维和理念以独特的语言方式提供给消费者,帮助消费者表达他们的心理情感,即实现了情感依恋的第二步(实现自我)。通过此次活动的情感体验,在日后,当消费者遇到和该情感有关的事件时,会从记忆中提取此次情感活动的经验,丰富了情感生活和抒发情感需求的渠道,即实现了情感依恋的第三步(丰富自我)。最终,公司借助情感活动使目标顾客群体对该公司的产品或品牌产生依恋变的有可能实现。

2.情感化传播诉求

通过情感化需求快速让消费者接受产品的信息,在接收信息的过程中,能否拨动消费者的心弦是决定是否购买该产品的关键。

3.提供情感化的服务

情感化的服务是指在产品销售过程中营销人员运用情感因素营销产品的过程。此处强调终端营销人员要强化情感的投入,力求在营销过程中对顾客做到晓之以理、动之以情,并且持之以恒。

小贴士:情感活动策划时机的选择

第一类是重要节庆日,可作为情感活动策划的年度常规时机。例如,每年的重要节日(传统的,西方的)分别对应适合怎样的情感营销活动。

第二类是特殊日子。例如,2012 年 12 月 21 日,末日营销时机;10 月 10 日,婚庆营销时机等。

本 章小结

本章通过一般企业营销活动的常见策划流程,重点介绍了创新营销策略指引下的营销活动策划。并详细对企业文化营销活动策划、企业体验营销活动策划和企业情感营销活动策划的步骤和要点作了总结,以供相关策划人员参考。

在企业营销活动策划中,常见问题包括:企业营销活动缺乏公众的参与度、未能高效整合社会资源、未能有效结合企业形象等。

营销活动成功策划的要点包括:营销活动应巧借东风、把握推广空间、强化活动针对性,注重顾客感知价值、出奇制胜。

策划组织者需要熟悉企业市场营销活动的基本策划流程以及流程中的具体事项。策划的内容和流程包括:了解活动策划目的、进行市场调研、制订活动预算、制订营销策略和安排营销组合要素等。

用于市场营销活动策划的费用主要包括下述几项:市场调研费、信息搜集费、宣传投入费、活动投入费用。

现在较受人们关注的营销策略包括:文化营销、体验营销、情感营销、绿色营销等。

文化营销使企业的产品或服务实现差异化、为企业构筑核心能力提供新的途径、能使企业拥有商业身份的同时兼有社会文化符号的象征。

企业文化营销可以分为两种类型:顺应型文化营销和自创型文化营销。

企业文化营销活动的策划实施步骤为:①选定社会文化市场;②根据所选的文化市场拟定企业营销的文化身份;③善用企业拥有的文化权威来再创品牌价值。

体验营销活动的特点包括:个性化、延续性、高参与互动性、主题性、情景性。

从顾客角度看,体验形式可以分为感官体验、情感体验、思考体验、行动体验和关联体验等几种形式。

情感活动实施步骤包括:充分掌握消费者的隐形情感需求、情感化传播诉求、提供情感化的服务等。

复 习及思考

1. 什么是市场营销活动策划?
2. 市场营销活动策划包括哪些内容?
3. 文化产品策略的策划要注意哪些问题?
4. 情感营销活动的实施要注意哪些方面?
5. 尝试分析体验营销与传统营销的区别。

引／申案例

某汽车企业新车型上市活动①

某越野车传奇游侠登场——新越野车上市体验

上市发布体验

在上市发布体验中,场地的选择、现场的布置以及新车亮相的方式是非常重要的三个因素。就像360度营销一样,我们要让参加上市会的宾客在可能接触品牌的每一个点上都进行体验,用所有的体验点将宾客层层包围。在北京,汽车厂商选择了中国最专业的汽车测试场地——金港汽车公园。在广州,非洲风格、充满野性的B酒店成了最理想的上市地点。在昆明,风光无限的博览园成了最佳的上市衬托。

为了在现场营造出别具一格的越野感受,从草坪的铺设到墨绿色帆布质地、纯木结构的桌椅和遮阳伞,再到无处不在的醒目夺人的汽车标志,无不体现了该车的品牌风格。

汽车厂商在现场设计了不同的车辆展台。有粗犷的圆木展台,有豪放的鹅卵石展台,还有惬意的沙滩展台。同时,根据每个展台的风格,布置了加深来宾印象的饰品——沙滩椅、吊床、高尔夫球局、越野帐篷等。

在最关键的新车亮相环节中,令人意想不到的英雄主题的京剧表演带给宾客强烈的震撼。身着华丽戏服的京剧演员在激昂的音乐声中,将覆盖在车身上的车布挑落,新车正式展现在宾客的面前。

新车试驾体验

在来宾充分感受到了新款越野车的非凡视觉冲击之后,紧接着的体验环节就是试乘和试驾。在北京,金港汽车公园为我们提供了良好的试乘试驾场地,一条标准的F3赛道令宾客充分体验到新车的公路性能;同时,专业的4×4越野赛道,又可以让宾客尽情地体验越野的豪迈。而两者的结合可以让宾客通过体验更好地了解产品。在广州,为了让宾客们更好地通过试乘和试驾体验产品,则是将一段环境优美的林荫道路进行了封闭,最大化地模拟出专业赛道的感觉;同时,还在酒店的一个停车场内人工搭建了一个越野场地,设置了4项越野障碍。

新车的直邮

在新款越野车上市会的外围,还有一支不可忽视的体验力量,那就是为了新车上市而进行的直邮营销。与前两个方面一样,体验营销也被应用其中。汽车厂商为新车的上市,特别设计了一套直邮包装。包装从封套开始就充满了体验意味,车辙的痕迹成为主背景,同时,有供收藏的精美明信片和轮胎形状的互动光盘。

问题:请依据体验营销的策划要点,对上述案例的策划方案进行点评。

---

① 资料来源:奥美整合行销传播集团

第五章

企业公关活动策划

在现代社会,企业所开展的各项活动中,公关活动扮演着十分重要的角色。成功的公关活动策划能持续提高企业的品牌知名度、认知度、美誉度,提升企业的品牌形象,改变社会公众对企业的看法。本章主要向读者介绍企业公关活动策划的基本概念、内涵以及意义。并在此基础上,对企业公关活动策划的主要功能、主要类型进行介绍。此外,还重点阐述了进行公关活动策划时应遵循的一般原则和成功策划公关活动应遵循的基本程序。

学习要点

(1) 基本概念

公共关系——现代社会组织为自身与公众之间相互了解、相互合作而进行的传播活动、采取的沟通手段以及所遵循的行为规范。

公关活动策划——指企业公关部门,在科学调查以及准确把握问题的基础上,确立企业的公关目标,遵循活动策划的一般原则与程序,运用科学的方法,充分发挥想象力和创造精神,确定公共关系活动的主题和战略,并制定出最佳活动方案的过程。

公关活动策划原则——指从公关活动策划的具体实践中总结出来的,并经过科学检验的,符合实际情况的,可用于指导未来公关活动策划实践的一些基本准则。

危机事件公关——危机管理中的关键环节,主要指当企业遇到信任、形象危机或者工作失误时,通过一系列的公关活动来获得社会公众的谅解,进而挽回影响的工作。

(2) 学习目标

通过本章的阅读和学习,读者应能够:

① 了解企业公关活动策划的内涵;

② 了解企业公关活动策划的主要意义;

③ 掌握企业公关活动策划的四大功能;

④ 了解企业公关活动策划的基本类型;

⑤了解进行企业公关活动策应遵循的一般原则；

⑥了解企业公关活动策划的基本流程；

⑦掌握常见的企业公关活动策划评估的方法；

⑧掌握常见企业公关活动的策划要点。

引入案例

"三鹿奶粉事件"中的公关策略

三鹿集团作为一个大型乳制品生产企业，有必要也有义务对消费者的身体健康负责。这是其必须具备的社会责任，也是其进行公关的基础，如果没有广大消费者的信任，那么公关工作将根本无法进行。但是，三鹿集团在接到有关婴儿食用其奶粉后出现不良反应的报告后，却置之不理，依旧照常进行生产，不仅未对事件进行调查，而且还采用隐瞒策略。直到此事惊动新西兰总理，由其向北京方面反映，才引起重视，遭到曝光。而在事件曝光之后，危机公关部门对三鹿集团提出了三种危机公关策略：首先，安抚消费者，1～2年内不让它们开口；在奥运会举办的特殊时期内，三鹿集团尽一切可能安抚本次事件的所有消费者，满足他们的一切条件，力争使本次事件的当事人在1～2年内不再提及此事件。然后，与"百度"合作，拿到新闻话语权。"百度作为搜索引擎，是所有网站的集结地，也是大部分消费者获取搜索信息的主要阵地，对三鹿来说将是公关环节的重量级媒体。与百度建立良好合作关系，防止将来负面新闻爆发时失控，同时，可以掌握新闻公关的主动性。"而在签订框架协议后，小网站的恶意报道均可被删除，如遇到国家权威机构通报或发生重大影响的负面新闻时，三鹿集团可在上层协调政府部门公关，共同配合将负面影响大事化小，小事化了。最后，以攻为守、搜集行业竞品的负面资料，以备不时之需。建议转移媒体和消费者的视线，将本次事件称为行业标准问题，并非单纯三鹿奶粉的质量问题。

案例点评：很显然，这套公关方案是极不负责任的，也是失败的，它不但没有使三鹿集团脱离舆论的旋涡中心，而且还加快了其破产倒闭的步伐。三鹿集团的公关没有为企业赢得任何声誉，反而，更加暴露了其社会责任的缺乏。

第一节 企业公关活动策划的内涵与意义

一、企业公关活动策划的内涵

（一）公共关系之内涵

公共关系从其产生和发展来看，经历了一个不断演变的过程。早在古希腊时期，就已经出现了早期的公共关系思想。如著名学者亚里士多德在其著作《修辞学》里面就特别强调了修辞是政治家、艺术家和社会公众沟通相互关系的重要手段和工具,是寻求相互了解与信任的艺术。他还提出在交往沟通中要用情感的呼唤来获取公众的了解与信任,从情感入手去增强宣讲和劝服艺术的感召力与真切可靠性。因此,许多西方的公共关系学者将《修辞学》作为最早讨论公共关系理论的著作。而以中国为代表的东方公共关系思想和活动方面的早期萌芽出现的更早。在中国的商代,部落的首领就已经认识到民意和利用民意的重要性。在经济活动上,中国也非常重视运用各种传播手段和沟通技巧来宣传自己,提升声誉和形象。如张骞出使西域,开辟了东西方文化交流的新纪元,可以被视为中国古代一次规模宏大而富有成效的公关活动。又如,郑和七下西洋,历时二十八年,途经三十多个国家,他率领的船队,每到一个国家都与当地人进行易货贸易,从而加强了与亚非国家在经济文化上的联系。然而,早期的上述行为并非现代意义上的公共关系活动,因为,其在动机上存在自发性和盲目性,并且应用的范围相对集中于政治和经济领域。

现代公共关系作为一种思想和理论,发端于19世纪末到20世纪初的美国,产生的标志是公共关系职业的出现。艾维·李是现代公共关系的创始人;而为公共关系奠定理论基础,并形成全面科学理论的则是著名的美国公共关系专家——爱德华·博内斯(Edward Bernays)。

对于公共关系概念及内涵的理解,可以从广义和狭义两个方面来看。广义的公共关系是指社会组织与公众之间相互联系,相互作用的状态和过程。这种状态和过程既是盲目、静态的,又是自觉、动态的。当社会组织和公众之间的相互作用处于自觉、动态的时候,公共关系就表现为他们之间的传播活动。而狭义的公共关系则是出现在商品经济成为社会的主要形式时,社会组织自觉的制定政策及程序来获得公众的谅解和接纳。按照美国公共关系协会的定义,公共关系是一个人或一个组织为获取大众的信任与好感,而调整其政策与服务方针的一种经常不断的工作。简而言之,公共关系就是个人或社会组织进行形象竞争的建设性工作。因此,可以将公共关系界定为:现代社会组织为自身与公众之间相互了解、相互合作而进行的传播活动、采取的沟通手段以及所遵循的行为规范。可见,对于公共关系而言,有三个基本的构成要素:社会组织、传播、公众。

从公共关系的基本特征来看,其主要表现为以下几方面。

(1) 以公众作为关注焦点。公共关系是社会组织与内、外部公众之间的关系,因此,公众是公共关系的客体和对象。所以,在企业的公共关系活动中,应该将企业内部和外部的公众均作为关注的对象。

(2) 以提升形象和美誉度为目标。社会组织在公共关系方面,所希望达到的目标是能够建立与公众之间较为协调的关系,并最终在公众心目中形成较为正面和积极的形象及口碑。因此,社会组织不应单纯的考虑直接的产出或经济效益,更应关注的是长期的无形利益和品牌资产的提升。

(3) 以组织与公众互惠共赢为基础。公共关系是以利益关系和业务关系等为基础的关系,在优化公共关系的过程中,必须注意的一个基本原则是组织和公众之间应该形成互惠互利的关系,即组织的公共关系行为必须要考虑到公众的利益和价值诉求,只有这样,社会组织提升形象的目标才能实现。

(4) 以持续提升公共关系为方式。社会组织在公共关系方面的工作与努力应该立足于长远,不能寄希望于通过短期的努力来改变或形成较为正面的公众认知与形象。因此,作为社会组织,应该在公共关系方面建立战略化的眼光和思维,通过持续不断的努力来实现公共关系的优化。

(5) 以真诚沟通作为基本准则。在公共关系工作中,一个最为基本的准则就是真诚与沟通。真诚即坦诚相待,对于应该披露的信息,开诚布公;对于出现的问题则勇于承认和承担。只有对社会公众表现出来足够的诚意,才能搭建正常沟通的平台。这一点在社会组织处于危机事件中,显得尤为关键。

(二)企业公共关系策划

公共关系同资金、设备、人才一起被称为现代企业的四大支柱。改革开放以来,中国的市场经济得到了快速发展,中国的很多企业和各地政府也越来越重视策划。企业由一开始的"酒香不怕巷子深"到重视宣传、重视策划、重视公关。从赛事赞助到公益活动,全国各类公关活动层出不穷,并催生了不少中国名牌,为繁荣中国市场经济和打造中国品牌作出了很大的贡献。

企业公关活动的一般环节包括:调查、策划、传播和评估。其中,策划是最为关键的环节。那么,究竟什么是企业公关活动策划呢? 企业公关活动策划是公关策划概念在企业活动领域中的延伸。具体而言,企业公关活动策划是指企业公关部门,在科学调查以及准确把握问题的基础上,确立企业的公关目标;遵循活动策划的一般原则与程序,运用科学的方法,充分发挥想象力和创造精神,确定公共关系活动的主题和战略,并制定出最佳活动方案的过程。在这个过程中,创意是最关键的要素。企业公关活动策划的概念包含六大基本要素:策划人员、策划依据(信息和知识)、策划方法(手段)、策划对象(公众)、策划方案、策划效果测量与评估。

具体而言,企业公关策划主要包含如下几层含义。

(1) 企业公关活动策划应以调查研究为基础。

企业公关活动策划是建立在企业公共关系调查的基础之上的,必须以公共关系调查所得来的各种信息作为基础。调查研究是确立公关目标和策划公关方案的重要依据,只有对企业的公众和面临的内外部环境进行深入地调查分析,才能发现问题。倘若没有对现有公共关系状态的了解,公关策划就等于无米之炊。即使有策划,也只能是闭门造车、不切实际。

（2）企业公关活动策划是科学与艺术的结合。

企业公关活动策划是一项需要高知识、高智慧、富于创造性与艺术性的脑力活动。活动策划人员既需要运用创新科学的方法与艺术，又需要结合自身的知识、经验与能力，进行艰苦复杂的创造性思维活动，才能完成策划任务。同时，企业公关活动策划也是一项复杂的系统工程，不是依靠某个人的力量所能完成的，需要收集多方面的信息和众多人员的参与，还涉及各种因素的整合。因此，它既是一门科学，也是一种艺术。

（3）企业公关活动策划以设计方案为核心。

设计方案是企业公关活动策划的重要内涵；是落实公关目标的重要手段；是将公关目标与社会公众联系起来的重要枢纽。在企业的整个公关活动策划过程中，核心内容是设计方案。

（4）企业公关活动策划为企业总体目标服务。

大型的公关活动往往需要耗费大量的人力、物力和财力资源。没有目标而耗巨资举办活动是不可取的；而目标模糊，把错误目的当成目标，则会造成企业资源的巨大浪费。一般而言，公关活动策划应当服从于企业的总体目标，在遵循总体目标的基础上，设立具体的分目标。

二、企业公关活动策划的意义

公关活动策划在企业的公关策划中处于核心地位，并发挥着承上启下的作用。因此，做好公关活动策划对于加强企业的公关工作、切实提高工作水平，具有十分重要的现实意义。

（一）公关活动策划是信息时代发展的客观要求

随着人类社会进入信息时代，人们身不由己地被各种各样的信息笼罩和包围。高度信息化的社会里，各种信息既有相互依存、相互联系的一面，也有相互干扰、相互排斥的一面。企业若要客观地、全面地了解公众的需求与态度，就需要学会正确地处理各种信息，并进行详细地、周密地的公关策划。

（二）公关活动策划是塑造企业形象的重要法宝

据日本专家研究，企业经营力量会逐步由依靠生产力，即生产和提供物美价廉的商品，逐步转变为依靠"生产力＋销售力"，并最终变为依靠"生产力＋销售力＋形象力"来构建企业竞争力。

随着市场经济的高度发展，商品的质量、技术、性能和价格之间的差距越来越小，消费者在选择商品时，更多地会考虑到该企业是否具有良好的形象。企业之间的竞争已经由最初的产品竞争、营销竞争，升级演化为形象竞争和品牌竞争。而公关活动策划是组织形象的"设计师",它不仅能为各项公关活动的开展提供切实可行的运作计划;更为重要的是,通过对公关活动的策划,可以将企业的形象问题提升到战略的高度上来,从而使企业在新一轮的形象竞争中立于不败之地。

(三)卓有成效的公关活动策划可以帮助企业提高市场竞争力

公关活动策划蕴含着许多出奇制胜的妙计,是公关人员集体智慧的结晶。它可以根据企业内外环境和社会公众的变化,拟定企业公关活动战略,使企业形象管理工作与企业整体工作形成紧密有效的配合,提高公关工作的有效性。同时,高水平的公关策划方案,还可以帮助企业抓住机遇、渡过难关,是企业参与竞争、决胜竞争的重要法宝。

三、企业公关活动策划的功能

(一)信息搜集功能

在现代社会中,信息已经成为企业的一种重要的战略资源。信息搜集是公关活动策划的最基本的功能之一。在日常生活中,企业和社会公众之间存在着大量的信息沟通与交换。企业只有通过策划一些大型的公关活动,来搜集、整理、分析、评估重要信息,才能对企业所处的社会环境保持高度的敏感性,进而全面地了解对自己真正具有重要意义的公众,以便随时调整自己的战略和行为,并保持与社会环境的统一和协调。

从公关活动策划的角度,需要搜集的信息资源主要包括两个方面的具体内容:①公关活动策划中的形象信息。即公众对于本企业的产品、品牌、政策、人员等方面的总体印象、基本看法(态度),其作用主要是了解企业在公众心目中的形象,这种形象信息又通过两个方面体现出来,即产品形象和企业形象。②公众环境信息。公关活动包括目标公众的变动和社会整体环境变动两个方面。企业面对的公众不是一成不变的,目标公众的性质、形式、数量、范围都处在不停地调整和变化之中。公众环境的变化会导致企业公关策划工作目标、方针、政策和手段的变化。公关活动策划的信息搜集功能,可以帮助企业了解社会各方面的动态,分析各种动态对企业可能造成的不同影响,以帮助企业有效利用有利因素,而规避不利影响因素。

(二)宣传与推广

宣传推广既是公关活动策划的基本目的,也是公关活动策划的重要功能。所谓宣传推广功能是指通过各种媒介,将企业的相关信息及时、准确、有效地传播出去,以增强公众对企业的了解,扩大企业的知名度,并获取公众的信任与好感。具体而言,公关活动策划要完成如下几项宣传推广任务:①告知观众,形成舆论,即向观众说明和解释企业的相关政策和行为,争取获得公众的了解与支持;②强化宣传,扩大影响力,即综合运用多种媒介宣传和推广产品及企业形象，以加深公众对企业的理解，进而扩大影响力；③舆论引导，形象塑造，即通过各种手段，引导公众对企业的正面的、积极的舆论，并通过舆论反馈的信息，调整企业行为，塑造并保持企业的良好形象。

（三）协调与沟通

协调是指通过协商、调节、沟通等方法来理顺企业与内外部公众之间的关系。协调具有平衡性、妥协性和缓冲性等特点；其常用的方法有协商对话、反馈调节和传播沟通等。沟通则是指通过企业与公众之间互通信息，交流感情来实现相互理解与合作。沟通由三种不可缺少的要素构成，即信息传递者、信息内容和信息接受者。沟通具有双向性、情感性和灵活性等特点；其最主要的途径有上行沟通、下行沟通和平行沟通。沟通一般可以分为两种形式：正式沟通和非正式沟通。策划并举办公关活动本身就是企业与社会之间形成协调与沟通的一种有效机制，它可以帮助企业有效地减少摩擦、缓解冲突，为企业的生存与发展创造良好的内外部环境。

（四）咨询与决策

通过策划公关活动，可以为企业的运营决策提供一定的咨询、建议和参考。公关活动策划还可以帮助决策者思考各种复杂的社会因素，平衡各类复杂的社会关系。与其他活动不同的是，公关活动具有更强的针对性，是针对特定的问题而进行的公关；是从社会公众、企业形象以及传播沟通的角度为企业咨询与决策提供帮助。除此之外，公关活动策划，可以帮助企业理顺与协调部门利益与整体利益、近期目标与长远目标、自身利益与公众利益、经济效益与社会效益之间的关系，有助于实现企业公关决策的科学化、民主化和艺术化。通过策划公关活动，对企业员工展开公关培训，还有助于增强企业员工的责任感，将员工的意见、建议纳入企业的公关活动决策之中，可以发挥他们的主观能动性。

四、企业公关活动策划的基本类型

（1）按照公关活动策划的承担者，可以分为内部自行策划和外部委托策划。这里主要是以公关活动的策划者是否为企业雇员为标准。如果企业专门聘请了专业的顾问公司为其提供公关活动策划，则属于外部委托策划；如果公关活动策划方案是由企业内部的公关部门自行制定，则属于自行策划的范畴。

（2）按公关活动策划的层次分，可以分为组织形象战略策划、组织公关系计划策划和组织公共关系活动策划。组织形象战略策划属于战略策划的范畴，侧重于组织公共关系及形象的战略目标定位、战略实施路径等内容。组织公关系计划策划则是着眼于中期的公共关系策略，可以将其视为某段时间内的组织公共关系工作安排。组织公共关系活动策划则属于较为微观层面的活动策划，它具备项目策划和管理的相关特征，着眼于某个特定的组织公共关系活动。

（3）按公关活动策划的主体分，可把公关活动策划分为企业公关活动策划、政府公关活动策划、军队公关活动策划、事业部门公关活动策划和社团公关活动策划等类型。

（4）按组织形象创新程度分类，可分为全新组织形象开发策划、原有组织形象更新策划和组织形象危机中的公关活动策划三个类型。

（5）按公关活动策划关注的时间范围分类，可分为长期、中期和近期策划。

（6）按公关活动策划中参与者的规模，可以划分为大型、中型和小型策划等。

（7）按照公关活动的实践过程，可以划分为全过程策划和单环节策划等。

（8）按照公关活动的推广媒介，可以分为传统媒介下的公共关系策划和网络环境下的公共关系策划等。网络公共关系是公共关系服务模式中唯一有可能实现量化、复制化和预期化的创新服务手段。广义的网络公关是指网络化组织以电信网络、有线电视网络以及计算机网络为传播媒介，来实现营造和维护组织形象等公关目标的行为。狭义的网络公关是指组织以互联网为传播媒介，来实现公关目标的行为。

（9）按照公关活动关注的对象不同，可以分为内部公关和外部公关。内部公关是组织为实现其既定战略目标，基于与组织内部公众的各种利益关系而形成的一种客观社会关系，是社会组织开展一切活动的基础。对于企业而言，内部公关的对象主要为企业员工与企业的股东。企业与其外部的所有群体的公共关系则被视为外部公关。

企业公关策划的分类方法多种多样，策划者应全面地掌握公关策划的各种类型，以便根据企业的需要和客观实际情况，选择相应的公关策划形式，有针对性地进行公关策划，不断提高公关策划水平。

第二节　企业公共关系的公众维度

一、企业公共关系中的公众及其诉求

任何企业都有其面对的特定公众类型，因此，企业活动公关活动不是像广告那样通过传播媒介把各种信息都传播给大众，而需要针对不同公众展开。因此，进行公关活动策划，首先要明确企业将面对的公众有哪些类型？不同类型公众与企业的关系会对企业发展产生何种影响？不同类型公众的价值诉求为何等。

（一）按照公众的属性分类

按照一般学者对于企业公共关系中的公众属性分类，可以将其分为以下七类。

1. 企业员工

企业员工指企业的构成人员，包括一线操作人员、营业员、技术人员、行政后勤、管理人员等。企业员工是内部公共关系中的重要对象,同时,也是企业对外实施公共关系策略时的重要支撑。一般情况下,企业员工是企业与外界及顾客接触的主要力量,企业应该注重对员工的公共关系管理,从而,增强其对企业的认同感、忠诚度及自身的幸福感。

从企业员工的诉求来看,员工对于就业环境及待遇有特定的诉求,即包括就业安全和适当的工作条件、合理的工资和福利、和谐的人际关系等。同时,员工也希望获得自我增值和发展的机会,如各种培训和晋升机会。企业员工还会希望充分了解企业的内部情况,参与管理以及表达对企业管理意见的机会。此外,员工对于获得一定的社会地位、人格尊重和心理满足也有较高的要求。

2. 企业股东

股东是企业的投资人,依法享有一定的权利和义务。股东与企业的利益休戚相关,良好的股东关系能够为企业赢得更为稳定的发展环境和更好的发展机会,同时,也有利于企业形成较为正面的市场形象。

对于企业股东而言,其利益诉求主要表现为:希望自己的利益被充分的尊重和实现,如参与利润分配。同时,股东对于自身的权力及其受尊重的程度也较为关心。因此,优先试用企业的新产品、检查企业账目、增股报价、资产清理、参与股份表决和董事会的选举,以及了解企业的经营动态等,也是企业股东较为关注的内容。

3. 企业顾客

企业顾客是选择及购买企业产品或服务的群体。企业与顾客间的关系类型属于相互依赖,即企业为顾客提供产品或服务,顾客则为企业提供信赖和支持。因此,企业与顾客之间的关系是涉及企业持续发展和不断进步的重要关系。

从企业顾客的角度来看,其价值诉求主要侧重于自身的利益保护领域。例如,对服务及产品质量的保证:产品质量保证及适当的保用期、公平合理的价格。又如,对产品及服务的后续服务的保证,如优良的售后服务、能够获取解释各种疑难或投诉的渠道、获取必要的产品技术资料、必要的消费教育和指导等。

4. 竞争者与协作者

企业的竞争者是指与企业所从事的业务领域相同及相似的企业,两者在业务领域上存在竞争关系。由于企业与其竞争者均属于同一个行业,因此,企业与其竞争者的关系会直接关系到整个行业的发展和内部秩序。而企业的协作者则主要指为企业提供各种生产要素及服务的配套协作企业或组织,它们是企业生产过程中不可缺少的支持力量。

从利益诉求上来看,企业的竞争者的价值诉求更多的侧重于发展环境方面,如希望能够确立一个社会或本行业竞争活动的准则、能够拥有平等的竞争机会和条件、在竞争的同时实现相互协作等。而企业的协作者则更多的希望实现自身的利益,以及风险分担等。如希望企业能够遵守合同、在必要时提供技术信息和援助、为其提供各种优惠和方便、共同承担风险等。

5. 社区

社区主要指企业所在地的居民及其他组织。社区为企业的发展提供必要的资源和设施,如企业的人力资源在很大程度上依赖于所在地的社区。此外,企业还需要与所在社区共享大量的基础设施。因此,企业与社区建立和谐的公共关系,有利于企业的稳定和持续发展。

对于社区而言,社区内的居民和组织更为关注的是,企业向当地社会提供生产性的与健康的就业机会、能够保护社区环境和秩序、正规招聘、公平竞争、扶助地方小企业的发展等。

6. 政府

政府是任何企业都必须认真面对的重要外部公众。任何组织和企业都无法超越政府的管理,其包括了各级政府及政府中不同的职能部门。与政府之间保持良好的公共关系,将有助于企业获得较为理想的发展政策环境、法律保障、行政支持。

从政府的角度考虑,其价值诉求主要着眼于管辖范围内区域经济发展及社会的进步。因此,政府期望企业能够保证向其提供各项税收;能够遵守各项法律和政策;能够承担法律义务、公平竞争;能够保证安全。同时,还希望企业能够关心和支持地方政府、支持文化慈善事业、帮助地方公益活动等。

7. 新闻媒介

新闻媒介是指专门掌握和运用大众传播媒介的社会机构和组织,如报社、杂志社、电台、电视台、网站等。新闻媒介既是企业公共关系的对象,也是企业公共关系的传播者。与新闻媒介建立良好的公共关系有助于新闻媒介加深对企业的认知,并形成相互理解和信任的关系。

从新闻媒介的价值诉求来看,其主要包括:企业能够公平提供消息来源、尊重新闻界的职业尊严、有机会参加企业的重要庆典等社交活动、保证记者采访的独家新闻不被泄露,以及提供采访的各种方便条件等。

尽可能列出本企业的各类公关对象以及他们的价值诉求,有助于企业更好的实现公共关系活动策划。上述公众类型及其价值诉求可以归纳如表 5-1 所示:

表 5-1　企业公共关系公众类型及其价值诉求

企业的公众对象	公众对象的价值诉求
企业员工	就业安全和适当的工作条件;合理的工资和福利;培训和晋升机会;了解企业的内部情况;社会地位、人格尊重和心理满足;有效的领导;和谐的人际关系;参与表达的机会。

续表

企业的公众对象	公众对象的价值诉求
企业股东	参与利润分配;参与股份表决和董事会的选举;了解公司的经营动态;优先试用新产品;有权转让股票;有权检查公司账目、增股报价、资产清理;有合同所确定的各种附加权利等。
企业顾客	产品质量保证及适当的保用期;公平合理的价格及优良的售后服务;获取解释各种疑难或投诉的渠道;提供完善的售后服务;获取必要的产品技术资料;增进消费者信任的各项服务;必要的消费教育和指导等。
企业竞争者	有社会或本行业确立竞争活动准则;平等的竞争机会和条件;竞争中的相互协作;竞争中的现代企业家风度等。
企业协作者	遵守合同;平等互利;提供技术信息和援助;为协作提供各种优惠和方便;共同承担风险等。
所在社区	向当地社会提供生产性的、健康的就业机会;保护社区环境和秩序;正规招聘、公平竞争;以财力、人力、技术扶助地方小企业的发展等。
政府	保证各项税收;遵守各项法律、政策;承担法律义务、公平竞争;保证安全;关心和支持地方政府;支持文化慈善事业;帮助地方公益活动。
新闻媒介	公平提供消息来源;尊重新闻界的职业尊严;有机会参加公司重要庆典等社交活动;保证记者采访的独家新闻不被泄露,提供采访的方便条件等。

(二)按照公众的态度和意向分类

如果按照企业面对公众的态度和意向,可以将公众分为顺意公众、逆意公众和边缘公众三类。

顺意公众主要指对于企业的制度、行为和产品及服务等表示赞成及支持态度的公众。该部分公众在较大程度上与企业保持一致,对于企业的公共关系有较为正面的作用。

逆意公众则是指对企业的行为、产品或服务持有否定意向或态度的公众。如与公众或组织的价值取向有冲突,或因为沟通方面的原因导致公众对企业的行为产生误解。该部分公众对于企业而言,是发展中的主要障碍和瓶颈因素。企业应透过公关活动来扭转该部分群体的态度,或缓解观念上的冲突。

案例:肯德基对鸡太"残忍"

几千只鸡挤在狭小的笼子里,它们不断地互相践踏、痛苦挣扎。因为空间过小,许多鸡还必须上下交叠站立,这使它们骨折、残废,发出如呻吟般的"咯咯"声。这悲惨的一幕幕,是美国一家动物保护协会在肯德基饲养场偷拍下来的。几年来,世界各地的许多动物保护机构一直与肯德基不人道的饲养和屠杀作斗争,但肯德基的负责人对此却并不理会。

美国善待动物协会(又名善待动物组织——PETA)成立于 1980 年,是美国最有影响的动物保护组织,也是全世界最大的动物权利组织。PETA 的很多成员都是娱乐圈巨星,如披头士主唱保罗·麦卡尼、性感女星彭美拉·安德逊等。这些名人经常出现在公共场所呼吁人们善待动物。自肯德基不人道杀鸡曝光后,PETA 就一直对其进行公开谴责。

"这些可怜的鸡喉咙被割破以后,还要被扔到滚烫的水里。为了防止它们挣扎时啄伤屠宰人员,饲养员在鸡很小的时候就把它们的喙剪断。整个过程实在是太可怕了。"一些 PETA 成员认为,肯德基的这些行为过于残忍,应该采取更人性化的宰杀方式。对于肯德基而言,美国善待动物协会就属于逆意公众。

边缘公众则是其对于企业的行为、产品及服务没有表现出明显的态度和偏向的公众群体。企业需要通过公共关系活动争取这部分公众群体成为顺意公众。

(三)按与企业关系的重要性分类

企业还可以按照公众对于企业的影响程度,将其分为首要公众和次要公众。

首要公众是关系到企业生死存亡的公众群体。企业应该对该类群体加以高度的关注,并投入较多的资源加以维护。

次要公众则是指虽然该群体对于企业发展有影响,但其影响的程度并不显著的公众群体。对于该类群体,企业可以在公关资源的投放方面,将其置于相对次要的位置。

二、企业公共关系的维护策略

在市场经济发展历史上,企业与社会公众的关系从来没有像今天这样联系得如此紧密,对企业的经营发展显得如此重要。一方面,企业自身的一举一动都会牵动着社会公众的利益神经;另一方面,社会公众对企业的各种要求也时常扯动着企业的生命神经。因此,企业应该注重对不同公众公共关系的维护。

(一)员工关系的维护

让员工满意,是塑造企业形象、提高竞争力的起点和前提。一个公司的重要使命,是培养与员工之间的良好关系,在公司中创造一种家庭式的情感,即管理人员和所有员工同甘苦、共命运的情感。松下幸之助发现,用制度管理人,人的潜能只能被激发出来 20%;用感情管理人,人的潜能就能被激发出来 80%。

员工关系的建立在于培养员工的归属感和凝聚力,创造和谐的工作环境,提高工作效率。具体说来,可以建立领导和下属畅通的联系渠道,对员工进行能力培训和潜力开发,为员工提供学习和交流的机会以及组织各种联谊和福利活动。同时,企业应尊重员工的个人价值,搞好信息的双向交流,重视员工的管理参与等。

案例：海尔员工作为企业主人的创新热情①

海尔平均每个工作日开发 1.2 个新产品，每天申报 2.3 项专利，居国内企业之首。工人蔡永利一年就提出了 15 条合理化建议，有 90% 以上被采用。他说，没有人逼我这么做，作为企业的主人，我觉得有责任这样做。有人向他讨诀窍，他回答道："哪有什么诀窍，我不过是热爱我的工作，一留心周围的事，点子就出来了。"据粗略统计，海尔的冰箱、冷柜、空调三个版块每年产生的较大革新发明成果均有十几项，若加上员工小改小革约有几十项。员工革新发明已在企业的生产、技术等方面发挥出越来越明显的作用，员工发明蔚然成风，更加激发了员工的创造力。

为了激励员工不断创新，张瑞敏提议专门设立了"海尔奖"、"海尔希望奖"，重奖有发明创造的人才。近年开发的新型分离式 250L 冰箱，上下箱体一直用螺丝连接，既不便于消费者拆卸，又易损坏箱体。刚刚大学毕业来到海尔的马国军，仅用两天时间便设计出改革方案，年节省费用 30 万元。为此，他获得了海尔银奖，他所设计的定位垫块，被命名为"马国军垫块"。

用普通员工的名字命名发明，在海尔已是制度。云燕镜子、晓玲扳手、启明焊枪、秀凤冲头、素萍支架、天佑圆锯、孟川三通阀……让人们实实在在地体会到了蕴藏在普通员工身上的巨大热情和能量。同时，也让人们认识到，海尔员工的创造层出不穷绝不是偶然现象，它是海尔人把不断创新的价值观溶进了血液，潜意识里的能动性和责任感被充分激发的必然结果。

（二）消费者关系的维护

让顾客满意，是塑造企业形象，使企业在竞争中生存和发展的重要基础。加强与消费者沟通，是企业公关活动的重点。企业除向消费者提供优质产品和完善服务之外，还应加强与消费者之间的相互了解、对消费者进行消费指导、妥善处理消费者投诉等。如伊利公司开展"全员公关"，让质量意识、服务意识、形象意识深入到每一个员工头脑，并内化为指导行动的理念。此外，伊利公司董事长在上海世博会开幕当天还通过各种媒体高调宣布启动"世博标准工程"，全面升级伊利的精确管理体系，提升伊利的产品品质，给每一位消费者提供更优质的服务。

案例：格兰仕通过消费者教育维护消费者关系

1995 年，格兰仕投资数万元，以合办栏目的方式，在全国几百家新闻媒体上开辟微波炉知识窗、微波炉菜谱 500 例专栏，系统介绍微波炉的好处、菜谱以及选购、使用方法等，

---

① 张义敏. 铸造百年海尔. 中国证券报, 2001-01-09.

指导消费者使用微波炉。

这种做法在新闻界产生连锁反应,有关微波炉的文章铺天盖地而来。

1996年年底,在北京、上海、广州、南京、杭州等全国十余座大城市举行了"首届微波炉烹饪大赛",大赛引起了全国各地微波炉消费者的极大兴趣。同时,组织国内专家编写微波炉系列丛书,免费赠送100多万册;精心制作数百万张微波炉知识光碟免费送出,使微波炉概念得以迅速普及。

在这场教育消费者的过程中,格兰仕几乎成为了中国消费者心目中微波炉的代名词。

在很多城市居民都接受微波炉的概念后,1996年后的三年里,格兰仕连续发动三次大降价。2000年,格兰仕的市场占有率上升到76%,更为重要的是,它的产销规模也由1995年的20万台,上升到2000年的1 000万台。

对于很多新兴市场来说,教育消费者都是一件必须但又很困难的事,很多企业的通常选择都是铺天盖地的广告,但这需要耗费大量的资金。而一个新企业,最缺少的就是资金,有太多的先行者就是倒在市场培育成熟前,因为前期的大规模投入,往往就已经让它们弹尽粮绝。

在许多家电企业以巨资轰炸中国各大报纸电视台等媒体时,很难见到格兰仕的大制作广告,有的媒体甚至认为格兰仕是一个"非常小气"的企业。但如果不是这样,格兰仕恐怕早已倒下。

(三)新闻媒介关系维护

企业开展新闻媒体公关的目的在于充分利用新闻传播,有效、迅速地形成对企业有利的舆论环境,为塑造企业形象服务。从公共关系理论来看,只有了解新闻传播活动的特点、规律以及新闻媒体的工作方式,正确对待新闻媒体对自身信息的传播,企业才能处理好与新闻媒体的关系,成功塑造品牌。在这一过程中,企业应注意以下几方面:熟悉、了解新闻媒体;支持、配合新闻媒体;理解、尊重新闻媒体;同等对待新闻媒体;宽容新闻媒体。

在主动支持和配合新闻媒体工作方面,可以考虑主动出击,让记者找到感觉!如定期给记者发送公司网讯是一种比较好的方法,需要注意的是,网讯的内容应是可控和可传播的。在传统行业中,科龙公司的网讯就获得许多记者的赞誉,他们说,在中国家电行业,只有科龙是这样操作的。因此,许多记者给科龙登的新闻,很多都是出自科龙网讯上的消息。通过定期发送网讯的方式,与记者建立一种常规的沟通机制,这可以让记者感受到,在日常生活中,有一个人和公司经常惦记着他们,而他们也通过这种方式,逐渐了解企业,并开始关注企业的发展,以至于对企业有着某种好感!

（四）同业关系的维护

良好的同业关系，不仅可以使企业拥有宽松的生存环境与丰富的业内资源，而且可以在行业内部建立良好的信誉和口碑。企业之间的良性竞争，也可以促进品牌的自我完善与发展。从公共关系角度来看，尊重对手、善待对手，在竞争中合作、在合作中竞争，既是社会化大生产的要求，也是企业塑造良好形象的客观需要。将对手视为冤家对头，采取欺诈、诋毁等手段达到损人利己的目的，有悖于商业道德。同行间恶性竞争，结果只能是自毁声誉、两败俱伤。

案例：腾讯与 360 的世纪大战

腾讯与 360 的大战被称为是中国互联网业界的一场"世纪大战"，不仅在于当事双方是互联网业内举足轻重的企业，更是因为这场大战波及范围之广，受关注程度之高，都足以在中国互联网历史上留下深刻印记。

腾讯与 360 之间的这场交锋原本是以"保护用户隐私"为旗帜，但随着事态的发展，双方出招也越来越急迫和毒辣，到最后不得不将用户利益彻底抛弃，走向产品互不兼容的死局。像这样最终走向产品不兼容局面的互联网争端在全球范围内都是没有先例的。

腾讯和 360 的对决并非普通商战，而是发生在用户的电脑上。几亿网民不仅要承受无所选择的后果，还被迫成为两方的人质，成为它们冲锋与厮杀的武器。其中以腾讯尤甚，粗暴地将撒手锏建立在用户无法离开腾讯的前提之下，任意驱赶用户、断绝用户后路、逼迫民众站队，大有顺腾讯者生、逆腾讯者死之势。这种肆意把用户当作"炮灰"的战法，让两方没有任何正义可言。

腾讯对付 360 的作法不仅给用户带来不便，还暗示了互联网特有的不稳定来源。大公司无所顾忌地发动忽略用户存在的攻击行为，很容易就逾越了不作恶的底线，变得没有底线可守。口口声声"为用户创造价值"变成"为利益劫持用户"，互联网垄断商不惜将垄断发挥到极致，利用用户积蓄势力，却又随意背叛了他们。《金融时报》就指出，事实上这是一场"最不尊重用户的战争"，在这场战争中的任何措辞都是为了掩盖对自身势力范围的强化。

即便硝烟散尽，中国数以亿计的相关用户在这场以用户利益为口号的拉锯战中，一度沦为企业竞相挟持绑架的人质，所受到的权益损害和精神困扰，却难以在短时期内得到修复。

（五）社区关系的维护

为了处理好社区关系，企业应注意尽量满足社区对企业的正常合理要求；同时，不能损害社区公众的利益。此外，应该借助各种渠道和方式将企业经营服务宗旨、发展目标，以及对社区的良好愿望等传播给社区公众。在条件允许时,为弱势群体和贫困地区提供社会援助、保护环境、社区服务、赞助教育和文体活动等多种形式的帮助,这都有助于优化企业与社区间的公共关系。如近年来,美国企业界正在接受的价值观就是:回报社区,成为合格的公民。换言之,美国企业对于企业经营的目的正在达成一种共识,即一个企业成功与否,不仅既要看它在市场上是否盈利,同时,也要看它在获利后是否将盈利的一部分回报社区,以利于人类社会的发展和进步。

另外,认真倾听来自民间群众性团体的呼声(如绿色组织、环保组织等)也是企业开展公共关系活动所不能忽视的一个问题。

案例:注重回馈社区的百事可乐总部[①]

位于纽约上州威彻斯特县珀切斯的美国百事可乐公司,也在回馈社区方面做的较好。1969年百事可乐公司要在珀切斯建新的总部,公司总裁兼首席执行官唐纳德·凯德尔(DonaldM. Kendall)考虑到,新的总部必须是一个能为当地社区居民提供文化、娱乐的场所,为此,他用高薪聘请了世界一流的建筑设计师和艺术家鲁赛·佩奇(Russell Page),将公司总部设计成一个占地168英亩、拥有世界著名艺术家创作的45个雕塑的"大公园"。"公园"建成后,对附近所有社区的居民和所有游客免费开放,内设野餐区,方便附近社区居民休闲、娱乐。维持"公园"环境卫生的工作人员都由附近社区的居民担任,这为当地社区提供了就业机会。现在,百事可乐总部已成为纽约南近郊的一处著名文化景点。

(六)政府关系维护

政府关系需要借助政治公关来实现。政治公关包括利用政治事件进行的公关活动以及与各级政府之间开展的公关活动。因此,企业必须首先要熟悉政府所制定的各项政策法规;其次,熟悉政府的机构层次、工作范围和办事程序;再次,利用好企业与政府间的双向关系,即企业接受政府的监控,政府为企业提供良好的服务;最后,企业还应该善于协调国家与企业之间的关系,在国家利益与企业利益之间保持平衡。在实际操作中,企业可以通过以下方式实现政府公关:①通过定期汇报、寄送企业内刊、新闻报道、座谈会等形式实现与政府的主动沟通;②通过主动为政府分担社会责任建立互信基础;③通过参加公益活动,将政府利益纳入企业运营之中,实现利益共赢。

案例:微软的政府公关之路

微软公司与发改委(当时的国家发展计划委员会)2002年签署的《关于加强软件产业合作的谅解备忘录》(后被称为"62亿备忘录")是迄今为止,中国软件领域最大的对外合

---

① 谢芳. 美国大企业如何回报社区[J]. 社区,2005,(1):60-61.

作项目。该项目使微软改善了和中国政府部门的关系，成了当时在中国市场经营的跨国公司中最令人羡慕的对象。2006 年 4 月 18 日，中国国家主席胡锦涛访美时，还打破惯例，参加了时任微软董事会主席比尔·盖茨家的晚宴。

此后，微软一方面与发改委继续进行第二期的战略合作项目；另一方面，从 2010 年 8 月开始，微软在中国开始第一阶段"城市拓展"计划，微软与入选城市政府及合作伙伴建立更深入合作关系，兑现助力城市经济发展的许诺。

微软大中华区董事长、首席执行官梁念坚认为，"中国有潜力的地方城市在通信网络基础设施、政府门户网站、企事业信息互换、数字媒体等各个方面发展迅速，利于微软发挥在软件、服务和解决方案领域的专长"。

而微软大中华区公共事业部总经理曾良则表示，"目前，微软与当时中国政府进行合作的背景不同，寻求双赢是主要目标"。这意味着，过去微软与国家政府部门之间"指导与被指导"的关系正在发生变化。

前任微软大中华区的总裁陈永曾毫不避讳地表示，"在发改委的指导下我们能够走得很好"。

三、企业公共关系管理的误区

企业在公共关系活动策划和管理方面，常见的误区主要有以下方面。

1. 未能正确认识公关活动的对象

有的企业在开展公关活动中，公关对象过于单一。如主要选择政府和消费者，而对媒体、社区居民、合作伙伴、竞争对手等其他社会公众缺乏关注，致使公关活动手忙脚乱、顾此失彼，"头痛医头、脚痛医脚"，公关效果大打折扣。

2. 管理者缺乏公共关系的意识

有的企业管理者没有意识到良好的公共关系对经营发展的重要作用，认为公关活动可有可无，或公关工作只是专职公关部门或专职公关人员的事情。领导不重视，员工不参与。

3. 开展公关活动时重外不重内

常见的误区，如挑选公关人员只注重外表形象，而忽视内在素质。或者，公关活动的关注对象对外不对内，忽略企业内部员工也需要真心关怀和呵护。

4. 公关活动形式策划创新不足

如企业的公关形式过于呆板、缺乏特色，难以引起企业内、外公众的广泛关注与持久兴趣。在企业公关手段中，"物质公关"居多，"精神公关"、"人性公关"较少。特别是在网络时代下，企业在公关活动的形式上亟待创新。

5. 企业公关活动开展缺乏规划

不少企业存在着一种投机心理,在公关活动中急功近利,期待能够通过几次大型的公关事件来达到引起社会公众关注,提升企业形象的目的。在这种心理作用下,企业只注重热闹的场面,而忽略了公关活动内涵的延续性和战术性。

6. 公关活动注重表面忽略文化

企业在公关活动策划过程中,不仅要注重活动本身的策划,还应该更重视内在的企业文化构建。企业文化,是一个组织由其价值观、信念、仪式、符号、处事方式等组成的特有的文化形象,是企业长期生产、经营、建设、发展过程中所形成的管理思想、管理方式、管理理论、群体意识以及与之相适应的思维方式和行为规范的总和。企业文化作为企业公共关系的基础和氛围,在进行公关活动策划前,企业管理者还需要对企业文化的构建加以反思。

第三节　企业公关活动策划的原则与流程

一、企业公关活动策划的原则

公关活动策划的原则是指从公关活动策划的具体实践中总结出来的、经过科学检验的、符合实际情况的,可用于指导未来公关活动策划实践的基本准则。它是企业公关活动得以成功策划及实施的重要保证;是企业公关活动策划的总方向。

(一) 客观性原则

客观性原则要求公关活动策划必须以客观事实为基础,根据事实进行策划并传播真实信息。传播真实信息有两层含义:一方面,要求客观真实地收集公关信息,依据事实进行策划;另一方面,要求如实向公众传播真实的公关信息。只有传播真实信息,企业才能获得公众的信任与合作,使公关活动顺利实施并实现预期目标。企业只有遵循客观性原则,才能有助于树立良好的企业形象。特别是在危机发生时,只有公开事情的真相,企业才能获得公众的谅解与合作。

 拓展阅读:百胜集团致广大消费者的公开信

尊敬的广大消费者:

大家好!

近期,中国百胜鸡肉原料供应的一系列事件给大家带来了困扰和影响。事件发生后,我们迅速配合各级政府监管部门的调查,同时也展开了自查与检讨。现在看来,无论是企业自检流程可操作性欠佳、公司内部沟通不到位、供应商调整速度不够迅速、检测结果没有主动通报政府、个别员工的不妥言论，还是不够快速透明的外部沟通，都有不足之处，令人遗憾，我谨代表中国百胜向大家诚挚道歉。

百胜旗下肯德基自 1987 年进入中国以来，一直致力倡导"立足中国、融入生活"的总策略，全心全意为消费者打造符合现代生活需求的餐饮品牌。百胜深知餐饮企业的第一要务是食品安全。吸取此次事件的教训，我们向广大消费者郑重承诺：

1. 坚持 2005 年以来的企业自检行动。继续在政府的监管措施之外，增加供应商对百胜供货的检测要求。同时，改进对供应商抽样复检的方式，提前在供应商出货前完成，避免问题产品进入百胜物流体系；

2. 加强与政府主管部门的沟通，主动及时通报企业自检发现的问题，供政府监督管理；

3. 提高供应商对食品安全管控能力的要求，严格审核现有供应商的资质，加快供应商队伍的优胜劣汰进程；

4. 扶植鸡肉供应商采用先进养殖方法和管理模式。

我也郑重向大家承诺，从我做起，并要求百胜员工始终以谦虚的态度，聆听各方声音，尽一切可能付出最大的努力，面对问题，严肃整改，提高管理品质，以实际行动赢回大家对我们的信任。

再次送上我及百胜真诚的歉意，衷心感谢广大消费者的支持与谅解。百胜重申为消费者把好食品安全关的决心，让大家在肯德基吃上放心鸡肉。

小贴士：企业在进行危机公关时，要以客观性原则为基础，在第一时间传递真实信息，以争取公众的谅解。

（二）真实性原则

真实性原则主要有两个方面的含义：一方面是信息的真实性，即公关活动策划应当与目标公众、社会环境和企业自身状况相符合，根据这些实际情况来进行公关策划；另一方面是指公关活动策划方案应当符合客观实际，具有操作性。另外，只有采取真实、客观和全面的态度，策划人员才能对信息作出合乎实际情况的分析与判断，从而制定出能够真正打动目标公众心灵的策划方案。如果不能如实地传递信息，企业的公关活动就无法实现增进与公众的相互了解、提升企业形象的重要目的。

（三）系统性原则

举办公关活动本身就是一个系统性工程，因此，在策划阶段就应当以系统的观点和方法来指导各项工作。系统性原则要求公关活动策划必须要与整个企业的目标一致，并服务于组织目标的实现。

（四）创新性原则

公关活动要产生良好效果，必须要能够吸引公众眼球，给公众留下深刻而美好的印象。如何给公众留下深刻而美好的印象？这就要求公关活动策划人员能够打破传统、突破常规、别出心裁，避免一味模仿别人的作法，才能在竞争中取胜。创新性原则在公关活动策划中的主要可以表现为：一方面是传播方式及其组合的创新性；另一方面是思维方法、操作方式及策划方法的创新性等。

（五）综合性原则

该原则强调要以较少的公关费用，获取最佳的公关效果，实现企业的公关目标，从而提高企业的形象效益、经济效益和社会效益等。企业公关活动的效益，一方面既要考虑近期的、局部的、经济效益，又要顾及长远的、整体的、社会的效益，要对公关活动的效益作整体、系统的考虑、协调、兼顾；另一方面，要考虑投入与效益的比例。将企业公关的活动所取得的成效与人力、物力、财力和时间等投入进行比较，成效大而投入少则效益高；反之，则效益低。

（六）弹性原则

公关活动策划是一个动态的过程，其中涉及很多的不可控因素，只有把握弹性原则，才能留有余地。所谓弹性原则是指企业公关活动策划要随着目标公众、社会环境和企业自身状况的发展变化灵敏地作出相应的变化，及时调整公关目标和修正公关策划方案，使公关策划与形势的发展变化相适应。由于目标公众的多变性，所以策划方案也必须随其变化而变化，这样才能使公关活动策划方案符合变化了的客观形势。

（七）针对性原则

任何活动的举办，只有具有针对性，才能达成目标、取得效果。公关活动的针对性尤其重要。公关活动策划的针对性主要体现如下几个方面：①针对影响企业生存和发展的主体及相互关系的问题及症结；②针对公关工作中现存的问题；③针对具体的公众，及公众的具体需求与心理；④针对并采用公众乐于接受的传播形式。

二、企业公关活动策划的一般流程

尽管企业的公关策划活动需要艺术性、科学性和创新性才能吸引眼球并获得成功，但任何的公关活动策划都遵循一个基本的工作程序。该程序共分为3个阶段、8个步骤。

（一）准备阶段

1．搜集信息

搜集信息是企业进行公关活动策划的重要基础。没有必要的信息，公关活动策划就无从谈起；而信息不足，则会使策划活动工作举步维艰，即便是勉强制定出策划方案也将带有非常浓厚的主观色彩，缺乏可行性，这都会造成企业资源的浪费，并带来负面效应。搜集信息应注重考虑以下几个方面的要素：信息是否真实、是否准确、是否全面、是否充分。信息搜集的方式既包括平时的积累与整理，也包括在具体的公关活动任务确定之后，进行的专项信息的调查、搜集与整理工作。

2．现状分析

公关活动的现状分析主要是指对企业所处的关系状态进行全面诊断，从而为公关活动目标和方案的确立提供必要的依据。这种分析主要包括以下几个方面的内容：①在企业的生存发展中，遇到哪些困难、障碍和问题？其中，哪些是由于主体与公众的关系造成的？②企业当前与公众的关系究竟处于何种状态？③在目前的这种关系状态中，有哪些对企业的发展具有重要影响的现实公众、潜在公众、直接公众和间接公众？④影响企业同这些公众相互关系的主要历史原因和现实原因是什么？⑤与公众的关系状态有多大程度改变的可能性？⑥从企业的长远发展考虑，与哪些公众的关系是需要进一步巩固和调整的，其突破点是什么？除此之外，策划人员还需要将企业面临的社会经济背景与之结合起来进行深入分析。

3．配备人员

不管策划何种活动，人员配备都是十分重要的环节，科学、合理、协调、高效是配备公关活动策划人员的最基本要求。合理配备公关活动策划人员，主要应该从3个方面着手：①科学配备专业人才。在公关活动的策划过程中，需要运用到多学科的知识，这就对专业人才提出了较高的要求。一般而言，一次大型公关活动策划中，应该既要有懂管理学、经济学、市场营销学、社会学、心理学、伦理学、新闻传播学、广告学等方面理论知识的人才，又要有懂新闻编辑、美术制作、材料撰写等实践能力的人才。②优化人才类型组合。公关活动策划是一个系统性工程。有公关专家认为，公关活动中应该配备四种类型的人才：领导型、专家型、技术型和事务型。其中，领导型人才是指在策划中担任组织、协调、管理工作的人才；专家型人才是指在学识能力方面有所专长，可以就某一方面的理论和事件提出权威性意见的人；而技术型人才则指在某方面既有一定理论修养，又有很强操作技能的人。③重视人才道德品行。公关活动策划人员除了需要具备必要的才能之外，最基本的是素养，要有事业心、责任感和集体主义精神，既要能发挥自己的创造力、展示个性，也要能尊重他人的个性和创造精神。

（二）策划阶段

1. 制定目标

制定目标即确定企业公关活动所要达到的目的和需要实现的效果。通俗地讲，就是要明确公关活动要"做什么""做到什么地步"的问题。公关活动策划的目标是整个公关活动的核心，它明确了整个公关活动策划与运作的方向；是企业内部协调的重要依据；还可以激发策划人员的斗志，提高工作效率。一般而言，公关目标可以划分为 4 种：长期目标、短期目标、一般目标和特殊目标。公关目标的选择正确与否，直接关系到企业公关活动策划的成败。在对公关活动目标进行策划时，应当遵循如下几个原则：①公关目标应当与企业的整体目标保持一致；②应当兼顾企业和公众双方的利益；③公关目标应当尽可能的具体化；④公关目标应当分出轻重缓急顺序。

2. 制定方案

（1）主题设计

公关活动的主题是对公关活动内容的高度概括；是公关活动的灵魂；对整个公关活动起着十分重要的指导作用。恰当的活动主题设计，能使公关活动引起公众的关注和记忆，甚至使公众从主题上就对企业产生一定的亲切感和好感。因此，反复揣摩、推敲、提炼主题，对于公关活动策划者来说，十分必要。

公共关系活动主题的表现方式多种多样，它可以是一个口号，也可以是一句陈述或一段表白。比如 1999 年年底，IBM 公司推出 PC300G 作为 IBM 商用台式机跨越 2000 年的主打产品之一，他们将活动的主题确定为"跨越自我，跨越 2000"。这个主题一语中的，充分体现了公关活动的主题，具有强烈的感召力。公共关系活动的主题看似非常简单，但设计起来却并非易事。在设计主题时，策划人员应注重把握主题的实效性、稳定性和新颖性。

（2）传播模式选择

从传播类型来看，常见的传播类型包括自我传播、人际传播、群体传播、组织传播和大众传播。自我传播是在个人受到外界信息的激发后，在头脑中进行信息处理的活动，如自我意识。人际传播是发生在人与人之间的传播行为，是较为常见和广泛的传播模式。群体传播则是少数人直接面对多数人的传播，如演讲、展览等。组织传播主要为组织与其内部成员、或组织与其所处的环境之间进行的传播。大众传播则是指通过专业的大众传媒对大范围内的公众进行的信息传播。

公共关系活动策划中，需要充分研究公共关系的任务和目标，并据此制定完善的公共关系信息传播的模式系统。

（3）传播媒介选择

在公共关系传媒方面，主要有符号媒介、实物媒介和大众传播媒介。

符号媒介包括语言和其他符号两种类型。符号媒介是现代社会公关活动中最为常用的媒介,如企业提供的有关企业发展近况的新闻稿,或演讲等。

实物媒介是为特定目标而制作,能充当信息传递的载体,如产品、象征物、模型、公关礼品等。实物媒介作用的范围可能没有符号媒体广,但是,由于其具有有形性和效用性,其效果更为牢固。

大众传播媒介是专业负责向社会传播信息的组织及其产品,如报社、电台、电视台、出版社、网络等。大众媒介具有传播速度快,空间跨度大,以及影响范围广等特点。

因此,企业在进行公关活动策划时,需要综合考虑公共关系的对象、目标、内容以及经济预算情况来选择适当的传播模式和传播媒介。

3. 编制预算

编制预算是公关活动的一项基本管理职能,通过确定预算可以保证公关活动的顺利进行。同时,预算也是评估公关活动效果的依据。预算编制主要包括 3 方面的内容。

(1) 人员预算

即对实现公关目标所需的人力资源进行预测和预算。再好的公关活动策划,最终都是靠人去实施和完成的。因此,在策划时,就应在对各个工作量测算和评估的基础上,对将来的实施人员作出考虑和安排,并做好人员的挑选、培训和分工工作。

(2) 经费预算

预算经费是对公关活动所需资金的匡算、安排和控制。公关活动的运作离不开资金的投入。经费预算一般采用项目清算综合法,即按照公关活动策划方案,列出完成活动所需的所有支出项目的清单,核定各个支出项目的预算,并进行汇总,便可以得出该项公共关系活动的预算。对于企业来说,公共关系费用是一种投资,需要遵循最基本的投资原则,因此,进行科学的预算具有极其重要的意义。

拓展阅读:公关活动的费用项目

一般来说,举办一项公关活动需要支出的费用项目主要有:

① 劳务报酬(人力支出):参与公关活动的所有需要支付的人员工资;

② 宣传费用:邮寄各种宣传印刷品及公关广告的费用;

③ 器材费用:通信工具、摄影器械、电脑、复印机等的购置费、租金或折旧费等;

④ 实际活动费用:场地租用、印发请柬、会议通知、制作纪念品的费用,以及调查研究所需费用、差旅费等;

⑤ 交际接待费:如招待、饮食、住宿、交通工具及其他所需的费用;

⑥ 赞助费:赞助社会文化、教育、体育文化和福利事业等的支出;

⑦ 行政办公费和资料费：办公用品费用、电话通讯费、房租、订阅各种报纸杂志的费用；

⑧ 应急费：这是为保持预算弹性而增设的费用项目，一般按照预算总额的10%计，以防突发事件。

以上项目费用只是一个概况的参考，组织应根据自己的实际条件和公关活动的具体目标来进行经费预算。

公关活动经费预算是一项非常琐碎而复杂的工作，本着勤俭节约、精打细算的原则，费用预算清单应保证每项目标都是必要的、可检测的。在制作经费预算时，最好同时制定经费开支的办法和超支规定，以便在公关活动的实施中及时核对、控制开支并考察公关活动的绩效。

（3）时间预算

时间预算就是制定一个时间流程表，为公关活动制定明确的日程安排。

4. 策划书写作

企业公关活动的策划书在结构上，与一般的策划书大体相同，主要包括以下内容：

① 封面：包括标题、保密等级、策划人、日期等；

② 序言：对内容及主要特点和贡献的简要概括；

③ 目录；

④ 宗旨：阐明公关活动的主要目的及意义；

⑤ 主要的策划内容；

⑥ 预算；

⑦ 活动进度表：对公关活动的时间进度安排，最好使用甘特图等形式加以表现；

⑧ 人员职务分配表：将活动后期执行的任务与个人对接，并初步构建活动的组织架构，如执行人、检查人、监督人等；

⑨ 活动需要的物品及场地；

⑩ 策划的附件：可根据需要附上较为重要的策划依据或文件。

5. 申报及审批

公关活动的策划方案最终需要得到企业管理决策者的审核和批准。对于规模较大或具有较大影响力的活动，还需要向政府的相关主管部门进行申报和审批。只有通过了审批的策划书才能最终付诸实施。

（三）实施阶段

公关活动策划方案一旦确定，公关活动就伴随着展开了。公关活动在实施的过程中是动态的,一方面是因为公关活动策划方案无论制定得多么周密、具体,也难免与实际情况存在一定的差异;另一方面,随着时间的推移,环境的不断变化,实施过程中也难免会出一些新的问题,面临一些新的情况,因此,有必要在实施的过程,不断地修订、调整原有的方案和程序。如果不考虑实施过程中出现的实际情况,而盲目地执行策划方案,不仅不能很好的完成既定的目标,反而有可能会给企业带来不必要的麻烦。另外,还要注重实施过程中创意的发挥,富有创意的策划方案只是成功举办一次公关活动的一部分,更重要则在于如何将策划方案富有创意地进行实施。

(四)效果评估阶段

1. 评估的内容

公关活动效果评估是公关活动策划流程的最后一个步骤,也是必不可少的一个环节。它是与既定目标的一个对比,不但有助于为下一阶段的公关活动策划提供必要的经验,还有助于激发公关活动策划人员的主观能动性。对公关活动效果的评估也是一项极为复杂的工作,通常有两种衡量方法:一种是定性的评估,主要针对那些难以用数字而只能用事实来衡量的内容;另一种是定量的评估,这部分内容是可以用数字来进行衡量,如举办展览过程中来观看的人次或人数等。

一般而言,公关效果评估的内容至少应包含如下几个方面:

① 既定目标是否达到,将实际达到目标与原定计划进行比较,找出差距表现在哪些方面,原因何在,需要采取何种措施进行补救;

② 计算举办本次公关活动所花费的人力、物力、财力与计划的预算是否相符;

③ 撰写公关活动成果分析评估报告,并将该报告反馈给相关人员。

2. 评估的方法

可以采取的评估方法包括以下几种。

(1)专家意见法

即采取德尔菲法对受访专家进行调查。可以选取一些拟评估的项目,并给出评价标准,例如,此次公关活动后,人们对于企业形象的认知:好转、略有好转、没有变化、稍恶化、更为恶化等。通过对专家就上述问题进行多次调查,最终获得一致性的意见。

(2)组织活动记录法

在实施公关活动前后,由相关工作人员对于一些较为重要的指标进行持续记录,并通过比较相关指标来评估活动的效果。如参与活动的人数、宣传材料被人们关注的次数等。

(3)实验法

对参与公关活动和没有参与公关活动的两类群体,在某个设定的场景下进行态度或行为的对比试验。例如,为了测试某企业形象推广电视广告活动的效果,就可以分别找两组公众:一组看过该电视广告片(实验组);另一组未看过该广告(控制组)。然后测试这两组群体对于该企业的认知情况,通过比较两组群体对企业形象的认知差异来进行公关活动绩效评估。

（4）民意测验

即事先针对公关活动的目标设计出若干相关指标或问题,然后,采取随机抽样的方式选择公众代表,并对其就这些关键指标或问题进行调查。通过比较分析受访者的回答情况来判断公关活动的成效。

（5）传播审计

主要用于测量通过大众传媒发布信息活动的效果。常用的指标包括。

① 沟通有效率：沟通的有效数与沟通信息总数之比。

$$沟通有效率=\frac{（沟通信息总数-无效数）}{沟通信息总数}\times100\%$$

② 公共信息传播速度：单位时间内传播的信息量,或传播一定量信息所需要的时间。

$$公共信息传播速度=\frac{传播信息量}{传播的时间}$$

③ 视听率：测定大众传播媒介传播的公共关系信息被接收的效率,即实际视听人数与调查总人数的比例。

$$视听率=\frac{实际视听人数}{调查总人数}\times100\%$$

④ 知名率：即明确了解和掌握了公共关系信息的人数与被调查总人数的比例。

$$知名率=\frac{掌握公关信息的人数}{调查总人数}\times100\%$$

采用传播审计时,较为常见的做法是,借助专业的电话调查（CATI）公司,通过对住宅电话进行随机抽样的方式进行调查和评估。如果有特定的目标群体,也可以考虑借助网络平台进行调查。

三、常见企业公关活动策划要点

（一）社会责任形象塑造公关

社会责任是公共关系的伦理基础,社会责任导向与现代公共关系的发展几乎是同步的。按照国际惯例的理解,企业的社会责任,大体有这样几部分的内容：企业对投资者或股东的社会责任；企业对消费者的社会责任；企业对政府的社会责任；企业对员工的社会责任；企业在公共设施使用中所承担的社会责任；企业对资源、环境和社会可持续发展的社会责任；企业对社区发展、社会慈善事业和其他公益性事业的社会责任。

策划通过承担社会责任来塑造形象的公关活动时,企业首先必须保证公关活动起码不对社会产生负面影响；并且应优先选择当地社会重点关注的领域，当然也是企业力所能及的领域进行公关。

例如，澳门从事博彩业工作的员工普遍非常关注本地员工的晋升问题，特别是不少本地博彩从业人员担心职业发展的上升空间不足。为此，在 2012 年，澳门十六浦度假村酒店管理有限公司与澳门城市大学国际旅游与管理学院和继续教育学院开始实施"博苗助学暨人才发展计划"。在该计划中，十六浦度假村酒店管理有限公司将在四年内投入巨资，为优秀的本地学生提供全额学费资助和企业轮岗实习机会，着力于培养澳门年青一代的管理层。此举体现了企业的创新思维和强烈的社会责任感，堪称澳门旅游业界与学界合作共赢、共谋发展的典范。参与该计划的学员能在获取学位的同时，积累丰富的实务经验；而企业则能够获得具有较高素质、情感忠诚，又熟悉企业运作和市场环境的人才，并同时赢得了社会和政府的认可。

其次，承担社会责任，能够使企业容易在价值取向上实现组织自身利益与公众利益的一致。因此，企业应该关注社会的利益，并尽可能在第一时间做出反应。例如，2008 年汶川地震之后，网络出版企业就在短时间内捐款 1.077 亿元人民币。再如，为了表现企业对学生安全问题的关注，康佳电子有限公司为北京的小学生们送去新式的安全小黄帽，康佳北京经营部范经理表示："消费者买不买'康佳'的产品并不重要，重要的是让人们都知道'康佳'是个什么样的企业。"

最后，也是最为重要的一点，即作为企业而言，应该将社会责任的意识融入日常的经营管理中。如重视环境保护；重视社区利益；制定产品召回制度；在因企业产品或服务对消费者造成损失时，主动安抚赔偿消费者、道歉、自责、亡羊补牢等。企业只有将社会责任意识融入日常管理，才能真正有效的树立企业正面形象。

（二）危机事件公关活动策划

危机事件公关是危机管理中的关键环节，主要指当企业遇到信任、形象危机或者工作失误时，通过一系列的公关活动来获得社会公众的谅解，进而挽回影响的工作。前些年，中美天津史克制药有限公司与南京冠生园有限公司都曾面临严重的危机事件：国家药监局关于停止使用含有 PPA 的康泰克感冒药和媒体曝光使用陈馅做月饼。中美史克真诚表态，收回旧康泰克，新药迅速上市；结果是政府主管部门满意，老百姓放心，市场份额大增，新药上市仅一个月在广东就销售 40 万盒。而南京冠生园却倒闭了，追究深层次的原因，是这家公司的管理者、决策层不懂公关，至少是公关意识淡薄、缺乏公关眼光。

对于危机事件中的企业，应该如何做好危机公关活动策划呢？从海内外学者的研究成果来看，1998 年，John Buenett 提出了危机管理模型；Robert heath 提出了危机管理的壳层结构模型；Marta 提出了危机公关模型。上述研究表明，战略管理、危机管理机构、危机信息沟通都是影响危机管理的重要因素；其中，与危机公关紧密联系的就是危机信息沟通。一般认为,在危机公关活动策划中,应该把握以下基本原则:及时性、主动性、公众利益至上、诚意性和真实性。

(1) 对于危机公关而言,企业应该具有敏锐的知觉,并主动出击。从危机公关的角度来看,解决危机最关键的时间是在事件发生的 24～48 小时之内,这个时间大家对危机事件最关注,如果没有渠道去了解正确的信息的话,那么各种消息就会铺天盖地,整个事件则有可能失控。2009 年 1 月开始,丰田汽车公司先后宣布在全球范围召回超过800 万辆汽车,超过 2009 年丰田全球 698 万辆的销售量,成为汽车工业史上最大规模的召回事件。在此次危机事件中,丰田公司从 2007 年 9 月开始实施部分产品召回,然而直到 2008 年 1月 29 日美国国会宣布对丰田汽车的召回展开调查,丰田总裁丰田章男才首次对召回事件发表致歉声明。由此可见,丰田公司在危机公关的敏锐性和主动性方面较为缺乏。

反观 2011 年的双汇瘦肉精事件,相关方面则反应相对较为迅速。双汇企业领导人和公关负责人在危机发生的 24 小时内发出第一封公开声明来"致歉",达到了安慰媒体和民意的作用,是及时的。在第三天,即 2011 年 3 月 17 日,再次发表声明,处理了相关责任人,从而使舆论向正面方向演进。

(2) 所谓主动性,一方面是指企业应主动出击,对出现的危机进行分析,同时,还应主动与媒体联络;另一方面,是指企业应构建危机预警机制与方案。此外,在与新闻媒体进行互动时,主动性还体现在对待媒体的态度上。

> ### 拓展阅读:三大品牌面对危机的不同表现
>
> 每家企业处在社会中,都可能会发生一些突发性事件,会面临不同程度的危机。众所周知雀巢、肯德基以及亨氏三大品牌在过去的时间里都不同程度地走在新闻热点的前沿。而三大品牌在新闻公关行动上,表现亦不同。危机处理行动中,雀巢"无为"、肯德基"积极"、亨氏"先消极后积极"。
>
> 雀巢:无为被动
>
> 岌岌可危之时,雀巢依旧没有任何动作,没有与媒体联系说明事件的发展态势,即使在《经济半小时》这样的全国性媒体面前,也是一味回避沉默,甚至做出几次中断央视采访的极不礼貌的事情。这样就给媒体和消费者留下很多想象猜测的空间,因为,回避是新闻公关的大忌。
>
> 随着时间推移,雀巢危机由原先的浙江地区扩展到全国范围内,涉及范围更广,危机更加深化,全国媒体似乎统一口径,一片反对批判声像潮水般,指向沉默的雀巢。
>
> 肯德基:积极主动
>
> 在肯德基发表新奥尔良烤翅和新奥尔良烤鸡腿堡调料中含有苏丹红成分声明后,

第二天报道此事的媒体、报道内容的数量和级别都比亨氏好，媒体对肯德基的自报家丑的动作，褒多贬少。

据不完全统计，在广州地区，南方都市报、广州日报都在头版头条，大篇幅刊登了有利于肯德基的相关报道，这两份报纸还在各自的社论中对肯德基作了进一步的分析和评论。

而在其他地区，各主流媒体都在对肯德基的主动和诚信表示肯定。新华网、新浪网、人民网、搜狐等几大权威网站也在进行大量的跟踪报道，"肯德基自查出'苏丹红1号'"、"愿承担法律责任"、"肯德基道歉"、"肯德基将赔偿"等几百条标题醒目的报道，成为了肯德基危机公关的一股强大的力量。

当危机渐逝后，肯德基进行了新一轮的新闻公关活动，如召开新闻发布会证明食品的安全性，进行促销活动，推出新产品，做广告，重新树立大品牌形象。

亨氏：先消极后积极

在发现"美味源"含"苏丹红"后，亨氏公司不能再保持其"真诚"的态度，再称产品安全，此刻，其意识到危机的发生势在必行，此刻要做的就是对危机进行控制。

于是，亨氏开始主动出击，主动坦承错误，并把媒体的注意力转移到其供应商身上，尽最大努力来弥补错误，如积极配合工商部门的检测、主动对消费者承诺退货等，主动联系媒体汇报最新情况、举行新闻发布会等。

亨氏在事发地广州举行新闻发布会，亨氏中国区的总裁齐松在新闻发布会上表态会积极配合政府，并采取一系列措施降低事件产生的影响，以此来降低信誉危机。

同时，从3月6日到8日，亨氏也在各大媒体上展开了强大的公关攻势，据不完全统计，新华网、《北京青年报》、新浪、搜狐、《广州日报》、《南方都市报》、《洛阳日报》等网络、报纸媒体纷纷以"退款"、"回收产品"等醒目标题进行报道，一时间，有关亨氏"回收产品、退款"的报道聚焦了所有关注者的眼球，亨氏的负面影响有所下降。

而在这个过程中，亨氏主动、快速的发布重要信息，使媒体第一时间了解了事件发展的情况，在报道内容上转移关注焦点，避免了遭受媒体攻击。

小贴士：企业在面对危机时，一方面，需要遵循公关活动客观、实事求是的基本原则，方能赢得顾客的信任与谅解；另一方面，我们可以看出成功的新闻公关，有助于弱化危机和风险，还有可能使之转变成契机和商机。从肯德基的新闻公关活动可以看到，在危机渐远时，肯德基成功地把危机变成契机，推出其新产品等。

（3）在危机公关活动策划中，企业应牢牢把握公众利益至上的原则。

在企业应对危机事件的公关活动策划中，一个重要的主题就是以公众利益的保护为出发点，其中包括了对利益损失者的补偿，以及对可能存在的问题产品的处理和对未来产品质量的保证等。2004 年端午节,江西最大的肉食品加工企业煌上煌集团遭遇食品安全问题危机,有南昌、丰城等地 200 多人因为食用了煌上煌的卤菜出现呕吐、腹泻等中毒症状。面对危机,煌上煌集团老总通过媒体向消费者道歉;向消费者郑重承诺对中毒事件负责,给中毒者给予相关赔偿,并且公布了联系电话。与此同时,煌上煌公开回收和销毁了所有问题产品。事后,该企业还聘请百名质量安全监督员,使企业的生产更加公开和透明,以消除消费者的疑虑,增强消费者的信心。企业对于公众利益的重视,将有助于缓解媒体和公众对企业的敌视,利于企业未来的形象恢复和发展。

（4）企业的危机公关活动还应体现出企业的诚意性和真实性。一般而言,企业的态度以及在危机公关中,代表公司公开表态的人员职位的高低,通常意味着事件主角对此事的重视程度。因此,在发生危机事件后,企业应该在最短的时间内,通过高层管理者向公众或媒体致歉,并在引起问题的原因查明之前,承担相应的责任。如丰田召回事件上,丰田的总裁并没有在第一时间发表道歉声明;而煌上煌集团的总经理则是通过媒体第一时间向消费者道歉。此外,企业在危机公关活动中,应该向消费者提供真实的信息,否则容易引发更加严重的危机。

进入网络时代,企业的危机公关活动策划更面临着两大挑战:一方面是企业需要面对更为复杂的信息环境;另一方面是企业要面对利益相关者的觉醒与联合。

对于网络传播效果,曾有学者借助公式来表示其几何级数的放大功能:

$$E = (I \cdot P)^n$$

其中的 E 指 Energy：网络传播的威力和效果;

I 为 Idea：网络传播的创意;

P 为 Place：网络传播的渠道。

在网络化的环境中,企业的公关活动还应注意以下几点:

① 制定面向快捷化的网络媒体预案;

② 及时通过互联网、内部网、电话和传真等形式具体、准确的向公众告知危机信息和企业的应对措施;

③ 各渠道传播的信息口径应统一,使用清晰、不产生歧义的语言,避免出现猜忌和流言;

④ 还需要借助权威公关,缓解即时性压力,如政府、权威检测机构、网络意见领袖等。

（三）社会赞助公关活动策划

企业通过社会赞助活动可以获得较高的关注度,对于提升企业知名度和维系企业与消费者的关系具有正面的作用。在中国的企业中,内蒙古伊利实业集团股份有限公司在社会赞助方面做得较为突出。2005 年 11 月 16 日,伊利集团正式成为北京 2008 年奥运会的赞助商和乳制品唯一合作伙伴,成为中国有史以来第一个赞助奥运会的中国食品品牌,品牌形象得到了巨大的提升。根据奥运传播效果统计显示:在最受消费者认可的奥运会赞助品牌调查中,伊利位居第三,仅排在可口可乐和联想之后。之后,在奥运营销中斩获颇丰的伊利集团,又将营销的战场转移到了世博会。2009 年 5 月 25 日,上海世博局正式宣布,伊利公司成为中国 2010 年上海世界博览会唯一乳制品高级赞助商。

如何才能让企业的赞助公关活动获得成功呢?笔者通过对国内外相关研究成果进行分析和总结,可以得到以下结论。

(1) 在企业进行赞助公关活动策划时,首先应该注意赞助动机的定位与表现。

一般赞助活动的动机可以体现为两个方面:利己动机和利他动机。利己动机主要表现为借助赞助的机会,宣传企业及其产品服务等;利他动机则表现为侧重于宣传和强化被赞助活动及组织的精神等。

万翠琳在对联想公司与恒源祥公司赞助北京奥运进行了实证研究后,发现消费者感知的赞助利他动机对赞助品牌忠诚没有直接的正向影响,但是,对消费者态度却有显著的正向影响。国内外的学者们普遍认为,消费者感知到赞助商进行赞助的利己动机越强,越容易使得消费者对赞助商产生厌恶、不愉快等不良情感,从而对赞助商形成负面态度。因此,消费者感知到的赞助企业利己动机越强,与赞助企业之间的共鸣程度也就越低。企业的赞助公关活动应该注重引导和提升消费者对赞助商及其赞助行为的利他动机感知,最大限度地减少利己动机感知,从而提升消费者对赞助商的积极正向态度,最终提高消费者对赞助品牌的忠诚度。

(2) 接受赞助的活动质量对公关效果有影响。

接受赞助的活动质量,即消费者对接受赞助的活动的质量感知。Gareth Smith 的研究成果表明,在体育赛事的赞助行为中,质量因素是影响企业赞助效果的主要因素。殷剑巍通过研究进一步指出,当消费者认为赛事与企业或品牌形象发生冲突时,消费者有可能因为对赛事的喜爱而对企业或品牌改变看法。可见,赞助对象的品质及吸引力会对企业赞助公关的效果产生一定的影响。

(3) 企业应该选择与自身发展相契合的组织或活动进行赞助。

公司在进行赞助对象选择时,通常会将赞助对象与公司的战略性契合维度作为选择的基础,这种观念在有关的学术研究中也存在普遍性。在实际研究中,学者们也将契合度称为匹配度、相似度、关联性、一致性等概念,并将其作为研究赞助成效的一个重要结果影响变量。契合度一般包括功能相似度与形象相似度。

(4) 赞助不仅应该投入金钱和物资,还应平衡赞助的深度和广度。

国外学者 Meenaghan 提出了赞助商赛事介入度的概念,即消费者识别他们在赛事中的参与和联系;并通过焦点小组讨论发现,赛事参与度的增加可以激发消费者群体对赞助商积极的情感倾向。然而,消费者对赞助商赞助广度的感知并非越高越好。有学者经过研究认为,赞助商进行大量的赞助会造成可信度的降低,并由此导致消费者和社会对赞助的消极反应。

本 章小结

公共关系从其产生和发展来看，经历了一个不断演变的过程。许多西方的公共关系学者将《修辞学》作为最早讨论公共关系理论的著作。而以中国为代表的，东方公共关系思想和活动方面的早期萌芽出现的更早。在中国的商代，部落首领就已经认识到民意和利用民意的重要性。

以公众作为关注焦点、以提升形象和美誉度为目标、以组织公众互惠共赢为基础，以持续提升公共关系为方式、以真诚沟通作为基本准则是公共关系的基本特征。

企业公关活动的一般环节包括：调查、策划、传播和评估。其中，策划是最为关键的环节。企业公关活动策划时应以调查研究为基础，以设计方案为核心，并为企业总体目标服务。

企业公关活动具备信息搜集、宣传与推广、协调与沟通、咨询与决策等功能，其可以依据不同目的和不同的划分标准，划分出不同的类型。

对于企业公共关系中的公众属性分类，可以将其分为以下 7 类：企业员工、企业股东、企业顾客、竞争者与协作者、社区、政府、新闻媒介。如果按照企业面对公众的态度和意向，可以将公众分为顺意公众、逆意公众和边缘公众 3 类。为此，企业应该注重对不同公众公共关系的维护。

开展通过承担社会责任来塑造形象的公关活动时，企业必须保证公关活动起码不对社会产生负面影响，并且应优先选择当地社会所重点关注的领域，当然也是企业力所能及的领域进行公关。同时，企业应该将社会责任的意识融入日常的经营管理之中。

在危机公关活动策划中，应该把握以下基本原则：及时性、主动性、公众利益至上、诚意性、真实性。

进入网络时代，企业的危机公关活动策划更面临着两大挑战：一方面是企业需要面对更为复杂的信息环境；另一方面是企业要面对利益相关者的觉醒与联合。因此，企业需要及时通过互联网、内部网、电话和传真等形式向公众告知危机信息和应对措施；各渠道传播的信息口径应统一，避免产生歧义；需要借助权威公关，缓解即时性压力，如政府、权威检测机构、网络意见领袖等。

在企业进行赞助公关活动策划时，首先应该注意赞助动机的定位与表现；其次，接受赞助的活动质量即消费者对接受赞助的活动的质量感知对公关效果有影响；再次，企业应该选择与自身发展相契合的组织或活动进行赞助；最后，赞助不仅应该投入金钱和物资，还应平衡赞助的深度和广度。

复习及思考

1. 请思考企业进行公关活动策划的主要意义有哪些？
2. 请谈谈你对公关活动策划真实性原则的理解。
3. 试结合实例谈谈企业公关活动策划的宣传推广功能。

案例分析

请阅读下列案例，并思考后面提出的问题：

加多宝 2012"好声音"①

随着《中国好声音》的持续爆红，作为独家冠名的加多宝集团理所当然地成为了大赢家。同时，伴随 2012 年广告投放、渠道、供应链等一系列的成功运作，加多宝作为"老茶新秀"，不仅最大限度完成了由经典红罐凉茶到加多宝凉茶的品牌转换，也实实在在地完成了销量的提升，续写着凉茶营销经典案例。

当"正宗好凉茶，正宗好声音"成为人们耳熟能详的口号，当加多宝被《中国好声音》主持人华少以超高的频次在节目中"呼来喊去"的时候，我们知道，加多宝此役的目的已经达到，之前陷于品牌纷争旋涡的它几乎赚足了眼球。

显然，加多宝的冠名并不仅仅是"加个名字"那样简单：除了主持人频繁重复的"绕口令广告"之外，现场大屏幕上、舞台地面上、评委座位旁边、选手入场的大门上……加多宝的标识和产品几乎铺天盖地，无所不在，甚至连评委、现场工作人员的调侃也离不开加多宝。与此同时，全国几万个加多宝终端的海报配合、几千个产品路演配合，挑起"PK"华少语速"中国好舌头"的网络热潮……加多宝也在利用自己的终端、利用互联网，"反作用"于这个话题，继续加热《中国好声音》与加多宝的热度。

"你可以拿走我的机器，摧毁我的工厂，只要留下我的员工，我就可以东山再起！"IBM创始人 Thomas Watson 曾经说过。宝洁公司的前董事长 Dupree 也说：如果你拿走我的资金、厂房及品牌，留下我们的人，十年内我们将重建一切！

2012 年，这也是加多宝希望证明的事情。

问题：

（1）请结合上述案例说明加多宝的成功体现了公关活动策划的哪些功能。

（2）结合加多宝的案例，谈谈成功的公关活动策划对企业而言有哪些重要作用与意义。

---

① 刘晓云，康迪. 加多宝 2012"好声音"[J]. 成功营销，2012(11)：44-47.

第 六 章

企业会议活动策划

引　言

　　会议是企业日常运作中策划及举办频率最高的活动,但在现实中,如果组织或策划不当,则效率往往不高。本章将介绍不同分类标准下的会议类型,提供会议的一般策划流程及其注意事项;并就常见会议活动类型的策划提供指引,针对性的提出会议的策划要点。本章将会议活动涉及的内容划分为四小节:会议活动的策划基本原理;会议活动的流程与要点;会议活动的重要环节拓展;常见会议活动的指引。

学习要点

　　(1) 基本概念

　　会议——是集合三人以上相与议事且遵循一定的议程的集会。

　　会议日程——是对会议每天活动的具体安排,也可以看作是会议的时间表。

　　会议议程——应严格按照具体的程序和规定的时间逐项进行。它是对会议顺序的总体安排,主要涉及会议讨论的具体事项,以及会议需要解决的问题。

　　会议纪要——适用于记载和传达会议情况和议定事项。

　　例会——是指按照一定的时间间隔或一定的循环周期固定召开的会议,也称定期会议。

　　(2) 学习目标

　　通过本章的阅读和学习,读者应能够:

　　① 了解企业会议活动类型;

　　② 了解企业会议活动策划流程;

　　③ 掌握成功企业会议活动的策划要点;

　　④ 了解常见企业会议活动类型策划指引。

10 项步骤举办绿色会议——费尔蒙酒店和度假村集团为环保献策[①]

由费尔蒙集团加拿大地区酒店在 1990 年首创的绿色伙伴项目如今已传播至美国和全球其他地区。这项综合性的创举旨在将酒店经营对环境的影响降到最低限度,关注主要环境问题,如废弃物管理、资源保护、栖息地保护、员工和住店宾客教育以及社区项目等。许多费尔蒙酒店都可提供全套绿色生态会议的策划服务,提供非一次性产品服务、生态探险活动、主题会议休息以及特色的可持续美食菜单。

如今,在费尔蒙集团下属酒店和度假村中举行的会议是完全绿色的,不会伤害地球的奥秘就在于"简单"二字。从费尔蒙集团设计的生态会议贴士列表、工具和信息资源开始,加入绿色环保其实很容易。

1. 健康地球——开始就建立起企业的绿色目标。发现并认识对组织或会议所在地而言最重要的环保事宜。做一个列表并听取其他意见,签订合同时将环保条例放在重要的地位。

2. 记住 5 个减少(r-reduce)和重复使用(reuse)——处理废弃物最好的方法就是压根不要产生垃圾。要求会议举办地点的管理人员提供方便、标识清晰的垃圾筒和垃圾篮,供放置如纸张、铝罐以及其他所有可以被回收的物品。

3. 使用网络——创建一个关于会议事务的网站,减少纸张使用和邮寄的费用,提供电子注册、电子确认和在线酒店预订,通过电子邮件进行沟通。

4. 绿色空间——在大型会议中,指定某个区域放置多余或未用完的办公用具、杂志以及其他纸品。这些可以被捐赠给某所学校或社区中心。

5. 环保经济的礼品——考虑送给与会来宾用可重复利用、可回收材料制成的礼品,如有机棉的购物袋、可回收树脂的旅行箱标签套等。

6. 另辟蹊径——从小事做起。例如,休息时的茶点要最简单的包装,选用非一次性的杯子和纸巾(饮料杯一般是会议中出产量最大的垃圾)。

7. 地方风味——要求餐会安排使用当地的、时令的食材,选用当地的酒和瓶装水。

8. 接近自然——无论是 15 分钟的自由休息,或是到附近的公园进行户外活动,都应鼓励与会人员接近自然。例如,加拿大费尔蒙路易斯湖城堡酒店会定期推出户外活动计划。

9. 节约能源——确保电器开关、电灯、空调在不使用时都保持关闭;提供公共交通信息。

---

① 10 项步骤举办绿色会议——费尔蒙酒店和度假村集团为环保献策[J]. 饭店现代化,2009,8.

10. 人的力量——多宣传和鼓励其他人参与。

评价：绿色、低碳、环保是近年来的热门话题与主流趋势，费尔蒙酒店在经营活动过程中使用"绿色会议"的概念，不仅可以降低企业成本，也有助于树立良好的企业形象。

第一节 会议活动策划的基本原理

会议是集合三人以上相与议事且遵循一定的议程的一种集会。会议策划就是为了使会议取得预期的目标而进行构思、设计，拟定出合理可行的方案的过程。本章所指的会议活动是指企业、商业机构等有组织、有目的地召集人员为研究问题、交流思想、沟通信息、表达观点、贯彻指示、分析对策而部署工作的活动。

一、会议活动的类型

策划者可以根据会议的目的、会议的组织者、会议的规模、会议与会者和会议的形式等标准，划分不同的会议类型。表 6-1 向读者展示了常见的会议类型划分标准及其相应的分类结果。

表 6-1 会议活动类型及其分类标准

分类标准	会议名称	说明
会议的目的	决策性会议	企业内部研究战略发展问题以及经营管理中决策重大事项的会议。这种会议一般在领导集团内部举行，如部门经理例会、公司董事会等。
	纪念性会议	指为纪念重要历史人物、重大事件或节日而召开的会议，如纪念企业成立 10 周年大会。
	讨论沟通会议	此类内容的会议通常被冠以座谈会或例会的名号，就沟通的有效性和多向性来看，座谈会具有突出的功能。有时讨论沟通型的会议也可被用作为决策会议的先期环节。
	动员性会议	号召人们为了某个目标而共同努力的会议，如部门的年度目标会议、企业的销售目标会议等。
	研讨性会议	指围绕自然科学和社会科学的理论发展以及社会政治、经济、生活中出现的各种问题进行研究讨论的会议，如各种专题的学术报告会、各专业（行业）年会等。
会议的组织者	企业类会议	企业类会议通常以管理、协调和技术等为主题，具体可分为经理例会、部门员工例会、销售会议、经销商会议、技术会议、新产品发布会议以及股东会议和董事会会议等。
	协会类会议	协会会议可以进一步按照协会的性质和特征划分为：行业协会、专业和科学协会、教育协会和技术协会会议等。

分类标准	会议名称	说　明
会议的技术工具	传统会议	包括现场会(即在事件发生现场召开的会议,现场会有助于说明会议主题、强化会议效果)、座谈会、茶话会、全体会议、平行会议、分组会议(圆桌会议、小组讨论会)等。
	新型会议	如电视会议、电话会议、网络会议等。
会议的规模	大型会议	出席人数在300~500人之间或以上,常见的大型会议有如下几种:销售类会议(产品推介会、产品发布会等)、论坛会议等。
	小型会议	出席人数少则几人,多则几十人,但不超过100人,如企业内部召开的日常工作会议。
会议的周期	定期会议	经常性会议,如董事会议、各部门的例会、年会等。
	不定期会议	临时性会议,根据事件发展需要而召开。
会议的与会者	企业内部会议	如企业例会、企业年会、企业部门会议、股东大会等。
	企业外部会议	如产品发布会、新闻招待会、行业会议等。
	纵向关系会议	即由上级组织,召集下级组织参加的会议,主办者同与会者之间具有上下级的关系。
	横向关系会议	一种为在会议期间,与会者之间具有相同的身份和平等的权利的会议,如董事会会议、双边或多边的会议及会谈等。另一种属于会议主办者同与会者之间身份不同也无相互隶属关系的会议,如新闻发布会、记者招待会等。

二、影响会议效率的原因

　　会议策划不当会浪费时间。为了引起人们对会议效率问题的重视,部分企业甚至在对会议室的使用管理上,采取按小时计费的方式进行出租,以希望减少不必要的会议,并提升会议的效率。

　　美国一项对高级管理人员的调查表明,人们不喜欢开会的原因有以下几种:跑题(约有83%的受访者认同此项),准备不足(约77%的受访者认同),低效率(有74%的受访者认同),缺乏倾听(有68%的受访者认同),会议所用时间太长(有60%的受访者认同),缺乏参与(有51%的受访者认同)。另外一些被人们提及的影响会议绩效提升的因素包括:与会者没有时间为会议作充分准备;必要人物不能出席;会议没有时间对问题展开讨论等。笔者根据相关研究成果,针对会议活动的不同阶段,列举了常见的低效会议的病症供策划人员参考,详见表6-2。

　　笔者将上述常见会议"低效病症"总结为三种状况,并针对各自的情况提出解决方法。

表 6-2　导致会议效率较低现象的原因

会议阶段	常见的"低效"病症
会议筹备阶段	① 欠缺目标，或目标不明确。 ② 无明确议题，在未明确会议的议题、会议需要解决的问题或沟通的重点时便急促的举办会议活动，往往导致成本的浪费（包括时间与精力）。 ③ 会议举行时间不当；开会通知时间不当（太早通知开会或太晚通知开会）。 ④ 开会通知内容不周详；会议地点选择不当。 ⑤ 会议场地设备欠佳。 ⑥ 与会者无准备而来；未明确会议终结时间或每一方案讨论时间分配不当；会议不能准时开始；会议太多致使与会者一听说要开会就会感到厌烦。 ⑦ 会议方案堆积过多。 ⑧ 只重形式，不论成效，与会人员的名单出错，参加会议的代表，通常对会议名单的关注度比较高，名单稍有差错，就会造成不良影响。
会议进行阶段	① 从事交易活动；外界干扰；操纵会议；控制舆论。 ② 与会者发言离题；让没有必要留在会场的人员留在会场；犹豫不决；准备不周，仅交代矛盾。 ③ 资料不充足却贸然决策；少数人垄断会议；与会者与主席争论；视听器材发生故障；与会者欠缺热心；会议超出预定时间；主席未能总结会议成果。 ④ 会议类型不明；会而不议，或议而不决。
会议结束后的总结和评估阶段	欠缺会议记录，未能及时发放会议纪要；不能对决议事进行追踪；不能对会议成败得失进行检讨；不能及时解散已实现任务的临时性委员会或工作小组；与会者对会议感到不满。

（一）会议筹备和策划阶段效率低下的原因

1. 缺乏合理时间安排

针对会议筹备和策划阶段因为缺乏合理时间安排而导致的效率低下，可以采取以下应对策略。

（1）选择恰当的会议日期

所有与会者将每周工作时间表交给会议安排人，以便其找出最适宜所有参会人员的开会时间。

（2）控制会议召开的时长

超过 1 小时的会议应有书面通知、议程表及相关资料；并且，会议召开应做到准时开始，准时结束。

（3）妥当安排会后的工作任务

会议总结与纪要应及时整理并发放给与会人员。建议在会议结束后的 2～3 天之内，确保所有与会者都拿到会议记录。

小贴士：科学选择召开会议的时间

会议召开的时间还应该考虑到与会者在特定时段的行为和心理特征，只有这样，安排的会议及工作才能保质保量的完成。下面是总结出的不同时段的会议安排建议。

工作时间	行为和心理特征	召开会议	可考虑的会议类型
上午：8:00～9:00	在这个时候，员工的心绪尚且混乱，还需要一段时间才能进入工作状态。从人的生理和心理角度来看，召开会议是不现实的。	不建议	无
上午：9:00～10:00	员工已经开始进入工作状态。在这个时间段最适合进行一对一的会谈，同样，也是进行业务会谈的最佳时机。	建议	例会（周例会、月例会、晨会等）
上午：10:00～12:00 下午：1:00～3:00	最适合调动员工集思广益。大家利用头脑风暴，不断想出新点子、新方法。	建议	座谈会、部门会议、常规会议等
下午：3:00～5:00	这个时段，员工开始进入一天当中的倦怠期，若此时举行会议往往会事倍功半。	不建议	无

2. 缺乏充足的准备工作

应对因缺乏充足的准备工作而导致的会议效率低下，可以采取以下两个策略。

（1）认真审核会议资料

如果材料内容较多，要指定专人进行统览，防止内容脱节或互相矛盾，通过对会议内容的整体化统筹来达到提升会议效率的目的。

（2）重视会后跟踪工作

一个规范的会议流程必须包含会前的准备工作与会后的跟踪工作。会前的准备工作与会后的跟踪工作具体包括：写、发备忘录，制定跟踪计划，以及安排下次做汇报的人选等。而会议结束后的跟踪工作是最容易被忽视的，但它却是保证会议成长的关键。会议是否有效，必然需要由会议后部署的具体措施来实现，若无法及时总结会议的阶段性成果，甚至无会议记录或备忘录，则其实际效率必定不高。

3. 缺乏合理的分工

解决缺乏合理分工导致的会议效率低下问题，可以采取以下两种策略。

（1）明确会议议程与议题

明确会务分工是落实会务工作的关键。一些大型会议的会务分工，应制成表格，便于查阅和督促，遇到问题能及时找到相应的人员。同时，还需提前通知与会人员就会议议题准备发言内容。

（2）明确告知各与会人员对会议决议能否达成承担直接责任

通过责任的划分来促使每个与会人员充分认知到自己所承担的责任，从而为其积极认真参与会议构建出良好的机制，这样才能够有效避免"事不关己，高高挂起"的消极参会态度。

（二）会议现场执行和管理阶段效率低下的原因

1. 与会者陷入缄默

在会议举办过程中，与会者不能积极的表达自己的观点和意见。具体表现形式包括：与会者甚少参与；无交换信息的积极性，不愿意提出自己的建议，造成会议应有的集思广益的功效无法体现；与会者不正视问题等。

面对此类问题，建议可考虑如下应对策略。

（1）明确找出思路障碍

会议组织者可以先询问与会者发生了什么事情，提醒与会者会议议程进行到了何处以及具体的目标是什么，帮助其清除相关的思路障碍；判断与会者陷入僵局是因为缺乏足够的信息，还是未能准确说明此次会议要完成的任务；询问与会者是否准备好，可否继续会议议程，或是否存在还没有提出来的观点或问题；建议休会片刻，然后再回到正在讨论的议题上，或是把它移至本次会议日程的后一阶段或另一会议上。

（2）给予充分的时间与空间表达观点

在与会者保持缄默的过程中，有可能是他们在思考，或是对某些问题的表述不甚清楚；也可能是与会者需要更多的讨论以达成意见。因此，可以采取以下方式促进会议的继续。

让与会者安静一会；了解发生了什么事情以及与会者的思想动态；询问与会者是否想让会议组对某些事项予以澄清；询问是否有不清楚的观点或问题，或是存在某种疑惑；在给与会者建议之前等一等，不要过快打破沉默；确保会议组织者的行为举止不会引起问题；将成员分成较小规模的小组，以鼓励更多与会者的参与等。

（3）建立发言机制，给与会者一定的压力

在上述方法都无法奏效时，会议组织者还可以考虑设计一个强制性的发言机制，以此来要求每个与会者必须参与其中，并表达自己的观点和意见。例如，指定一人负责记录；每人依次、每次贡献一个想法；跳过暂时没有想法的成员；对贡献的想法不加评判；允许重复；当获得足够量的想法时停止。

2. 与会者意见难以统一

这种状况的具体表现形式为：与会者积极参与讨论，发表各自观点，但难以达成统一的决策共识。此时，可以采取如下策略。

（1）避免重复讨论同一话题

会议组织者可以把会议中提及的想法记录在活页板或白板上，并让与会者知道你理解他们的想法。当某个人开始重复已经列出的想法时，组织者及时指出，并提问：我们是不是已经讨论过这一点了？还有需要补充的吗？

（2）采取特定的评价方式来优选决策

在会议中获得所需的意见和建议后，与会者可以设定一个对意见和建议进行优选的评价标准。参与会议的成员以设计的优选标准为基础，给会议中提及的想法进行排序，累加各成员的排序结果，算出每个想法的得分。排除得分最低的一个或几个想法，对剩余想法继续用上述方法排序，最后剩下的想法即是最后决定。

（3）维持平和的会议环境，避免冲突

会议组织者应对任何争吵予以制止；让成员知道有激情是好的，但不能控制自己情绪的人则应在会外解决他们的问题；重申已达成一致的行为规则；应注重想法或意见的实质内容，而不是发言者的个人风格或其在组织中的地位；鼓励成员保持其观点的主动性和建设性，并努力全面的看待所争议的问题；避免成员过于快速的对各种观点予以评价。例如，当成员因对彼此的建议有争议而变得情绪激动时，会议组织者应及时安抚双方情绪，控制会议进程运用试探性的问题帮助成员摆脱困境，并挖掘潜在问题。

3. 会议资源使用效率低下，浪费现象普遍

阅读：会议浪费的资源

记者来到北京国宾宾馆中心会议室，恰逢这里刚开完一个大型会议，桌上放着许多一次性塑料公文袋、圆珠笔，留下的稿纸只写了两三行，不少矿泉水只喝了几口，服务员正麻利地将这些废弃物扔进黑色的垃圾袋。

据会议中心一位工作人员透露，每开一次会，以200人的标准为例，请柬的开支就达4000元；文件材料每人20页，一场会议就要用4000张纸，约200元；还要准备200支铅笔、200个纸杯，以及远多于200瓶的矿泉水……这样算来，一场200人的会议，仅一次性用品的花费就超过5000元，以全国一天50万人开会计算，一年就要消耗45.6亿元。

对于会议资源更为有效的使用，则应普及绿色策划理念。

（三）会议总结和评估阶段效率低下的原因

1. 未能及时总结和评估

应对此类问题，可以采取的措施包括：

（1）明确参与评估人员

在会议举办过程中，需要在与会者、陪同人员和会议服务人员等群体中，指定部分人员进行会议评估工作，具体可参考本章第四节相关内容。

（2）把握最佳评估时机

根据会议类型的不同，评估的最佳时机亦有所差别，大部分会议均可以选择在会议结束后进行总结和评估的工作；但大型会议，因其自身的特性却需要评估人员在会议的不同阶段及时收取评估信息才会比较全面。

2. 未能及时发放会议纪要

会议纪要是一种公务文书，其撰写与制作属于应用写作和公文处理的范畴，必须遵循应用写作的一般规律，严格按照公文制发处理程序办事；其具有纪实性、概括性和条理性等特点。因为会议纪要与会议记录是两种不同的文件类型，所以，为了提升会议之后的执行效率，一般会议的组织者会在会后发放会议纪要。因此，会议组织者在会议过程中需要注意：明晰记录内容；设定会议纪要发放的时间限制。

第二节 会议活动的策划流程与要点

为了辅助策划人员能够尽快进入角色，笔者建议以回答 5W1H 的传统问题的方式来进入策划的角色，即原因（why），内容（what），地点（where）、时间（when）、人员（who）和方法/表现形式（how）六个方面。表 6-3 展示了 5W1H 的思维操作模式。

表 6-3 会议策划过程中的 5W1H 操作模式

5W1H	现 状	为什么	能否改善	该如何改善
内容（what）	会议内容为何？	为什么要选择该内容作为此次会议内容？	是否必要？是否能增添其他内容？	应该是怎样的目的？
原因（why）	会议活动的目的为何？	为什么要实现这样的目的？	有无其他目的？	如何选择/调整会议内容？
地点（where）	在哪里开会？	为什么要选择在这里开会？	是否可以考虑在别处召开？	应该选在哪里开会？
时间（when）	何时开会？	为什么要选择这个时间开会？	能否选择在其他时间召开？	应该选择什么时间开会？
人员（who）	有哪些与会人员？	为什么要邀请这些人员来参会？	是否应邀请其他人员来参会？	应该由谁来参与，又由谁来确定最终的与会人选？
方法/表现形式（how）	采用怎样的会议形式？	为什么要采用这样的形式？	有无其他会议形式？	应该如何运作？

　　企业可以考虑将全部或部分会议活动委托给专业的会议组织公司策划组织,也可以由企业自行策划组织。

一、委托专业会议组织公司的会议活动策划的基本流程

　　企业若将会议活动委托给专业会议组织公司策划办理,那么企业需要参与及配合的工作内容与合作流程如图 6-1 所示。

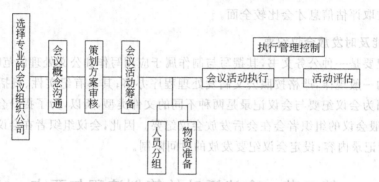

图 6-1　委托专业会议组织公司策划会议的工作流程图

　　尽管是委托给专业人员策划执行,但为了保证活动圆满完成并收获预期成效,企业仍需要主动参与某些环节的协调和主导工作。

　　在委托专业公司承办会议活动时,企业应该承担的职责如表 6-4 所示。

表 6-4　会议策划过程中企业的职责

策划阶段	企业参与人员	企业需准备工作	洽谈重点
初步接触	联络人	企业会议目标与内容,以及相关的资料。	充分表达会议活动的目的、选址及场地设备的要求; 就活动预算进行讨论与评估。
初次策划会议	联络人、活动策划、执行统筹、活动部负责人	项目背景与需求; 是否值得继续跟进; 活动概念和形式。	撰写初步策划案; 上报策划总监与分管副总。
谈判后协调会议	联络人、活动策划、执行统筹、活动部负责人、制作统筹、设计师、信息专员、媒介负责人	企业建议; 策划案大体框架; 形式和内容设计; 项目基本成本; 宣传炒作重点。	撰写策划执行方案初稿(含策划方案、宣传方案、预算方案); 方案由设计师进行精包装。

续表

策划阶段	企业参与人员	企业需准备工作	洽谈重点
细节洽谈（反复多次）	主要联络人、策划公司的相关负责人	明确企业需要配合提供的材料与资源（人力、物力）；活动策划方案的拟定（包括活动主题、形式，是否有会后活动项目、晚宴，是否需要提供住宿、交通、餐饮服务等）；活动执行的流程审核（会场设备确认、与会人员名单确认、媒体邀请名单确认、预算确认）。	讨论策划案，确保策划公司明确企业对此次会议活动的具体要求以及注意事项；明确活动具体事项的可行性，以及备选方案。
细节谈判后协调会议	联络人、活动策划、执行统筹、活动部负责人、制作统筹、设计师、信息专员、媒介负责人、部门总监	企业意见；内容、执行细节确定；现场效果图；宣传方案确定；物料方案；预算方案（成本/报价）。	策划执行方案定稿（包括活动内容、执行流程、人员分工、宣传计划及预算）；拟定合作协议；确定外包工作并开始联络（演艺、制作、场地等）；确定执行工作组。
订项汇报	主要联络人、活动策划、执行统筹、活动部负责人	修改后的活动方案（执行方案、宣传方案、详细预算事项）；企业方面需准备会议所需的议程资料；开场人员、主要讲述人员和答疑人员沟通了解流程安排。	项目汇报；合同条款认定。
合同签订后协调会议	执行工作组成员	项目分解及完成时间图表（甘特图）；安排各项工作。	项目正式立项；落实各项资源、外包工作；执行管控。
会议活动执行	活动负责人、执行工作组成员、VIP接待员、现场控制人员、财务管理人员	时间安排表和节点控制，活动进行的时间是不可更改的，时间管理必须根据活动进行的时间来倒推；活动现场负责人，团队的人员配置和管理，甚至包括现场志愿者的管理。	

续表

策划阶段	企业参与人员	企业需准备工作	洽谈重点
总结阶段	财务人员、执行人员、联络人、活动负责人	财务结算（尾款催收、演员劳务结算、制作尾款结算、项目费用结算）资料收集、归档（合同、方案策划、执行台本），宣传（网络、电视、报媒、杂志等）资料收集、现场照片、录像，物料设计稿、照片；工作总结（对内、对外等总结报告，参与人员评估与奖惩）。	

　　企业通常会考虑将涉及食宿、交通、灯光、音响、舞台、服装、道具、特技、录制等工作外包给专业的策划公司来进行有效的管理。在确定了具体工作事项后，若是大型会议活动，则企业需要在接待（会议活动现场执行阶段）时提供支持，此时，可考虑成立不同的工作小组（管理组、公关组、VIP 接待组等）配合策划公司的活动执行。现提供会议承办合同范本供参考。

案例：会议合同范本

主办方：

住　　址：

联系人：

电　　话：

承办方：　　　　　　（旅行社或代理公司）

住　　址：

联系人：

电　　话

　　根据《中华人民共和国合同法》及其他有关法律、法规的规定，双方在平等、自愿、公平、诚实信用的基础上达成协议如下：

一、会议概况

　　1. 会议名称：_____

　　2. 会议地点：_____

　　3. 会议时间：_____

4. 会议联系人：_____ 联系方式：_____

5. 会议参加总人数：_____人

其中：主办单位工作人员_____人，承办单位工作人员_____人，与会代表_____人，特邀嘉宾_____人。

二、房间安排

入住日期	退房日期	房间类型	预留房数	保证房数	每日房价(RMB)
		豪华客房			
		标准客房			
客房要求	1. 2. 3. （可根据实际情况约定）				

三、会议日程安排

日　期	时间	人数	地点	摆台形式	租金
会议要求	1. 2. 3. （可根据实际情况约定）				

四、用餐安排

日期	时间	地点	预留桌数	保证桌数	用餐形式	标准
特殊要求						

列明菜品等名单作为附件

五、会议准备：

1. 主办单位负责事项：_____

2. 承办单位负责事项：＿＿＿＿＿＿＿＿＿＿＿＿＿＿＿＿＿＿＿＿＿＿＿＿＿＿＿＿＿

＿＿＿

（上述两项根据实际情况约定）

3. 会场预定：A. 主会场　 B. 开会场地　 C. 洽谈室　 D. 展示场　 E. 来宾休息室

4. 制作来宾名册（或会刊）：＿＿＿＿＿＿＿

5. 分发纪念品：＿＿＿＿＿＿＿

6. 接送交通工具：特邀嘉宾＿＿＿＿＿＿　与会代表＿＿＿＿＿＿＿

7. 花饰方面：A. 花篮□　 B. 花环□　 C. 桌上装饰□　 D. 馈赠花式□　 E. 典礼台花饰□　 F. 其他□

8. 园景制作：A. 西式□　 B. 中式□　 C. 租借□

9. 标语、标式牌类：A. 欢迎标语□　 B. 大门标语□　 C. 方向指示□　 D. 专用停车场标式□

10. 拍照摄影：＿＿＿＿＿＿＿

11. 座位排序：＿＿＿＿＿＿＿

12. 胸牌、名牌方面：＿＿＿＿＿＿＿

13. 会后代表考察旅游日程安排：

日期	详细日程（景区景点）	酒店	餐饮	接待车辆	导游要求	其他

（可根据实际情况约定）

14. 演出节目安排：＿＿＿＿＿＿＿

（可根据实际情况约定）

15. 会场方面：会场布置、典礼台、讲台、讲师、制作人、幻灯机、银幕灯光设计、笔记用品、资料的披露、样品、试用品方面、展示品、麦克风、音响作业、同步翻译、茶歇等。

（可根据实际情况约定作为附件）

16. 其他：茶水点心招待、接受记者采访人员、联络有关官方机构、装置临时电话（传真、电脑、打印设备、上网等）、给水、排水的设备、电器安装、空调设备、桌椅、照明设备、印象设备、同步摄影、游艺节目、司仪劳务人员服装等。

（可根据实际情况约定作为附件）

17. 其他约定。

六、财务条款

1. 定金：_____元，大写：人民币_____（不超过合同金额20％）。

2. 活动期间由主办方支付的费用总额为_____元，大写人民币_____该费用包括：_____。

3. 支付方式：合同签订后支付定金_____元；_____后支付_____元；_____时第三次支付_____元。

4. 承办方在主办方支付费用前必须开具合法等额的发票。

七、责任条款

1. 主办方所提供的证件及相关资料必须真实有效，主办方须积极配合承办方的接送安排和食宿指导。

2. 承办方务必保证主办方所需房间数目、要求和餐饮标准以及服务质量，如承办方违反合同约定，承担合同金额20％的违约金，并赔偿主办方全部损失。

3. 主办方未按时支付服务费用，每延迟一天，承担应付款金额1‰违约金。

4. 承办方应按照相关法律规定，保证主办方入住酒店、就餐、开会及承办方接送站过程中的主办方人员人身和财产安全。如发生问题承办方必须及时处理，因承办方的责任或未尽告知、提示义务，承办方承担合同金额_____％的违约金并承担赔偿或连带责任。

5. 如因承办方原因导致主办方不能按时入住，承办方须积极采取措施补救；在主办方规定的时间内仍不能保证主办方活动开展，主办方可解除合同，承办方须向主办方双倍返还所收定金并赔偿主办方所有损失。

6. 非因承办方原因，导致主办方与他人发生纠纷，承办方须积极出面协调，帮助主办方解决。

7. 其他约定：

八、其他条款

1. 贵重物品请自行妥善保管。

2. 责任解除：各方将对直接或间接偶然引起的由于战争、政府变化、罢工、暴动、恐怖活动及任何非人力不可抗拒因素下造成的不能履行的任务不负责任。

3. 本合同的任何一方当事人在没有得到对方当事人书面同意的情况下，不得向任何第三者转让本合同或依据本合同产生的权利义务。在没有得到对方同意的情况下转让本合同或转让依据本合同产生的权利义务的行为无效。

4. 基于友好合作精神，本合同未涉及之条款，双方同意协商解决。

5. 其他未尽事宜双方另行协商解决如果协商不能解决任何一方均有权向合同签订地提起诉讼解决。

6. 本协议一式四份，双方各执二份，具有同等法律效力。本协议自双方法定代表人或授权代表签字并盖双方公司印章之日起生效。

　　7. 其他约定：

主办方：＿＿＿＿＿＿＿　　　　　承办方：＿＿＿＿＿＿＿

授权代表（签字）：＿＿＿＿＿　　授权代表（签字）：＿＿＿＿＿

签约日期：＿＿＿＿＿＿　　　　　签约日期：＿＿＿＿＿＿

签约地点：＿＿＿＿＿＿

小贴士：如何正确挑选会议策划公司

　　优秀的会议策划公司需符合以下 5 点标准。

　　1. 经验丰富、口碑卓越

　　应挑选经验丰富、信誉卓越的会议服务公司，凭借他们对商务服务的丰富经验和过往的服务业绩，定能使会议活动的圆满结束。

　　2. 质量保证

　　应认真审阅会议服务公司的"报价表"和"确认书与协议书"，弄清楚所提供服务的全部内容和标准，是否符合您的需要。谨防不清不楚或遭受欺骗。

　　3. 较强的工作网络

　　应挑选那些在访问国和地区有分公司或办事处或强大网络的会议服务公司。

　　4. 服务项目多样化

　　应挑选既能接待商务旅行，又能安排商务活动；如果既能提供商务邀请，又能协助签证办理则更完美；既能帮助购买国际机票，又能协助出境通关的会议服务公司。

　　5. 权益保障

　　应挑选正规的会议服务公司。如果是国外的会议服务公司，最好是在国内有正式注册的分公司或办事处，以防止产生纠纷后责任不清的状况。

二、企业自行策划会议活动的基本流程

　　除上述外包策划模式，企业也可以自行策划会议活动，其具体的策划流程如图 6-2 所示。只有明确了每一流程的工作内容与注意事项，才能更好的实现会议活动的策划。

　　在图 6-2 中，实线框表示会议活动策划阶段的流程，而虚线框表示活动执行阶段与活动总结评估阶段的工作内容。

（一）明确会议的目的

　　会议的目的是会议组织者的期望，常见的会议目的包括：通过会议制定决策；举办会

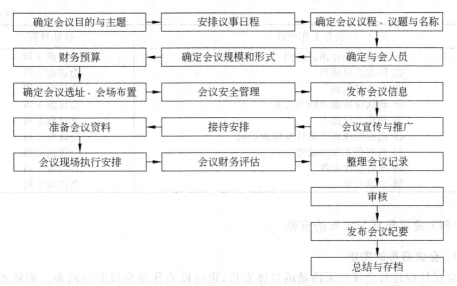

图 6-2　企业自行策划会议活动的流程图

议作为纪念某事件的形式；希望宣布并布置工作；为了沟通交流或达成协议；研究讨论某一策略、计划的方针等。

(二) 确立会议的主题

要成功地举办会议，必须有一个合理的中心思想和主要内容，只有紧扣主题，才能有更多的人愿意参加会议。会议的主题要与会议的目的相联系，不仅需要吸引与会者的注意力，而且也是体现会议核心议题的手段。

高效会议的策划要点包括：会议主题需鲜明，避免多重主题。

(三) 明确会议活动的时间安排

从活动整体角度来看，时间的安排应包括活动各流程的计划完成时间，会议活动的日期选择，会议时间长短的控制等。策划人员可参考表 6-5 中的时间安排。

表 6-5　会议策划的时间安排计划表

会务工作项目	行动日程
① 确定会议的风格和形式	会议前 3 周
② 调查需要的信息种类	会议前 3 周
③ 确认参加人数	会议前 3 周
④ 确认会议地点	会议前 3 周
⑤ 记录会议地点的备选场地	会议前 3 周

续表

会务工作项目	行动日程
⑥ 确定会场并预订房间	会议前 3 周
⑦ 印发会议通知	会议前 3 周
⑧ 准备日程表	会议前 3 周
⑨ 确认应该通知的与会者	会议前 3 周
⑩ 预定会议标志	会议前 2 周
⑪ 向宾馆或酒店确认预定的房间	会议前 2 周
⑫ 向与会者发出通知	会议前 2 周
⑬ 准备会议文件	会议前 1 周
⑭ 会场布景	会议前 1 周

（四）会议日程与议程的安排

1. 会议日程的安排

会议日程是对会议每天活动的具体安排，也可以看作是会议的时间表。策划者应该具体列出每天每个时间段会议的详细内容，以控制会议的进程。会议日程不仅包括会议的主题活动，还包括会议的各项辅助活动，如聚餐、游览、参观、娱乐等。凡是一天以上的会议都要制定会议日程表。日程表一般在会议之前发放到与会代表手中，让他们可以根据会议日程的安排进行准备。

范例：某论坛活动日程安排

时　间		活 动 名 称	地　点
9 月 15 日 （周一）	8:00～21:00	全天报到	某国际大酒店
	18:30～20:30	演讲人及境外嘉宾招待宴会（省级领导出席）	某国际大酒店
9 月 16 日 （周二）	9:00～10:00	会议开幕式	某省展览馆
	10:30～12:30	主题论坛 1. 省级领导主持 2. 省级领导主旨演讲	某国际大酒店国宾厅
	12:30～14:00	自助酒会	某国际大酒店
	14:00～18:30	主题论坛 1. 省级领导主持 2. 省级领导主旨演讲	某国际大酒店国宾厅
	18:30～20:00	自助酒会	某国际大酒店
	20:30～22:30	文艺晚会	文化广场

续表

时　间		活动名称	地　点
9月17日（周三）	9:00～11:30	政、金、企对话会（省级领导出席并作主旨演讲）	某国际大酒店国际厅
	12:00～14:00	自助酒会	某国际大酒店
	14:30～17:00	考察企业并座谈	企业
	18:00～20:00	宴会（省级领导出席）	某国际大酒店

在制定会议日程时，首先要划定会议的框架结构，如全体会议、平行会议及相关活动的数量和时间；其次，要考虑每个全体会议或研讨会的具体日程安排。需要考虑的因素主要包括：

① 会议时间和场地安排；
② 会议的时段分配；
③ 会议形式与议题；
④ 演讲人；
⑤ 活动安排。

2. 会议议程的策划

会议议程应严格按照具体的程序和规定的时间逐项进行；它是对会议顺序的总体安排，主要涉及会议讨论的具体事项，以及会议需要解决的问题。会议议程不仅能够规范会议内容，而且能够约束会议沟通次序与沟通节奏，起着固定会议次序的作用。

会议议程的基本结构为：会议议程标题＋会议议程题注＋会议议程正文。

另外，在计划会议议程时应注意以下事项，以避免影响会议效率。

① 议程应提前分发，使与会者有备而来；
② 与会者可在会前及会议开始时合理提议增减议题；
③ 重要议题应留有充分时间；
④ 常规议题先讨论（时间简短）；
⑤ 重要议题之间应穿插一些简单议题；
⑥ 一次会议不要安排太多重要议题；
⑦ 会前合理划分每个议题的讨论时间。

范例：××药业股份有限公司第一次临时股东大会会议议程

××股份有限公司
2009 年第一次临时股东大会会议议程

时间：2009 年月 1 月 12 日（星期一）　　上午 9：00

地点：公司科技十二楼会议室

主持人：董事长×××先生

一、宣读参加大会的股东（包括股东代理人）人数及持有和代表的股份数

二、宣布会议开幕

三、进入会议议程

（一）宣布议案

议案一：审议《关于修改〈公司章程〉的议案》

议案二：审议《关于修改〈股东大会议事规则〉的议案》

（二）股东发言

（三）宣布本次股东大会投票表决办法

（四）与会股东（股东代理人）对上述议案进行表决

（五）监事上票，股东代表监票，工作人员计票

（六）主持人宣读表决结果

（七）律师宣读法律意见书

（八）宣读会议决议

（九）与会董事签署会议决议及会议记录

四、宣布会议闭幕，散会

（五）明确会议的议题

会议议题是围绕会议主题而设立的问题，是会议主题的具体化。围绕着会议的议题，要达到哪些会议目的、实现哪些会议目标，是会议策划者必须清楚和明确的。

会议议题策划的要点包括：

① 会议议题要服从会议目标；

② 处理好主题与议题的关系；

③ 实现高效性的议题；

④ 议题表述要准确；

⑤ 议题要符合会议权限。

拟订会议议题时，有两种较为常用的方式：一种是管理层直接设定；另一种是通过收集各部门意见，汇总后得出。如果采取第二种拟定方式，则需要通过收集议题申请表的方式来整合，如表6-6所示。将该议题申请表分发给企业有关部门，并要求于指定日期前提交议题申请表。表6-7是某公司会议议题申报表的实例。

表 6-6 ×××公司会议议题申请表

议 题				
申报日期	××年××月××日			
部 门			汇报时间(分钟)	
汇报人		职务		
议题摘要				
处理建议				
分管领导意见				

表 6-7 ×××公司会议议题申报表

议 题	ABC公司服装新品生产概况报告			
申报日期	××年××月××日			
部 门	生产部		汇报时间(分钟)	20
汇报人	张××	职务	生产部经理	
议题摘要	新产品生产工艺 新产品的特色 我国对儿童服装生产的相关政策 国内儿童服装生产情况介绍 儿童服装在中国的未来发展趋势预测			
处理建议				
分管领导意见	同意生产部议题申请,请办公室办理。 部门经理负责人 ××年×月×日			

(六)确立会议的名称

会议的名称一般由以下几大要素组合而成:

- 会议主办机构的名称
- 会议的议题(或内容)
- 会议的时间或范围
- 会议的类型

例如"某某电子有限公司 2011 年新春产品发布会",其中,"某某电子有限公司是会议的主办机构","产品发布"是会议的内容,"2011 年新春"表明会议议题内容的时间和范围,"发布会"则表明会议的性质或类型。

又如,"某某企业 2010 年全公司员工代表大会",其中,"某某企业"是会议的主办机构,"2010 年"是会议内容所针对的时间,"员工代表"则圈定了参加会议的人员范围,"代表大会"则表明了会议的类型。

(七)确定参加会议的对象

设定参与会议的代表人选,需要考虑以下因素:

1. 在企业中担任职位。
2. 在此次会议中的身份如"出席"和"列席""旁听"区分。
3. 所任职位与会议议题的相关性。
4. 在此会议中发挥的作用,如与会者是否具有代表性。

(八)确定会议活动的规模

会议的规模由会议持续的时间、会议场馆的面积、会议活动涉及的人员和物资的数量来决定。持续的时间越长、场馆面积越大、涉及的人员和物资越多,规模就越模大。

(九)会议活动形式的选取

根据会议的目的、规模、持续的时间,以及其他相关细节来确定会议形式。常见的会议形式如表 6-8 所示。

表 6-8　会议形式的分类

会议形式	名　　称	特　　点
传统会议形式	报告会	这是较为传统的一人讲、大家听模式,适用于严肃会议,如各类法定会议、全体会议等。
	研讨会	研讨会具有较强的科研性质。与会者通常都已经或正在研究一个项目、实验一个产品或制造某件东西,大家就进同的专业兴趣进行交流探讨。它适用于专业性较强的会议人群。
	座谈会	座谈会是每位发言人轮流就中心议题发表自己的见解,发言者之间可以交流,与听众之间也可以交流,是一种较为灵活、便于互动的会议。它适用于上下级或部门间的沟通交流。
	现场会	现场办公,现场处理。它适用于高层领导下基层或对突发事件的处理。
	联谊会	联谊会的特点为互动互补,多部门、多人群联合召开,形式活泼,一般机关、企事业合作单位常用这种模式。召开联谊会的单位或人群通常有互补性,如城乡联谊、军民联谊等。

续表

会议形式	名　称	特　点
传统会议形式	庆典会	庆典会是指庆祝性或商务性活动,适用于特殊时间(如节日等)或具有商务、公关目的的会议。
	讲座会	讲座式会议常由一位或几位专家进行个别讲演,讲座的规模可大可小;观众在讲座后可以提问,有时也可以不安排观众提问。
	论坛式(沙龙)会议	论坛式也可以称为沙龙,模式较为灵活,通常由有共同兴趣爱好的人聚集在一起进行;可以有许多的听众参与,并可由专门小组成员与听众就问题的各方面交流意见和看法。
新型会议形式	远程会议	远程会议主要是利用电话、卫星、视频等现代化科技手段,使与会者即使在相隔一定距离,不能同处一室的情况下,也能够彼此聆听、彼此面对交谈。
	网络会议	通过在网络上以举行会议的通信方式,传递与会代表的声音和视频,也可以传递文件、图表、会议室状况等各种图像信息,使参加网络会议的代表有一种"身临其境"的现场感。
	玻璃鱼缸式会议	独特的讨论会式的会议类型,其形式通常是:6～8名与会者在台上或房间里围成一个中心圈,中心圈内留一个空座;其他更多的与会者作为观众围坐在周围,只能旁听不能发言;由那些坐在中心圈的人发言和相互交流;观众如果想表达自己的观点或看法,必须走到中心圈,坐到那个空座上才能说话,发言完毕后回到原座。
	休闲式会议	与会者只需要放松情绪,亲近自然,在宽松自在的情形下讨论问题、研究工作。许多高端客户访谈会都乐于采用这种会议模式,同时,也能收到比较好的会议结果。
	一对一洽谈	有时为了使与会人员能够进行深入交流,还可以安排一对一洽谈。
	分组洽谈	此种方式是在现场摆上桌椅,按企业或行业的名称或者不同会议议题分成若干组;同时,在桌上摆上相应的桌卡,由会议代表视情况参与洽谈,也可称之为分组洽谈或圆桌洽谈。

确定会议形式的有关因素包括:

① 会议议题。即以何种方式更有利于议题的表述,例如,演讲式或互动交流式。

② 形式互动性。即以何种方式能够更好地吸引参会人员的关注和积极参与。

③ 演讲人员的数量,每节会议拟邀请的演讲人数目。

④ 演讲时间,每个演讲人拟安排演讲的时间长度及回答问题的时间。

⑤ 参会人员特性,如是否有一定的业务基础,更适合于安排何种会议形式,例如参加会议的人员参与讨论并上台陈述自己的看法。

⑥ 会议预算,根据现有经费概算,可以预定的会场数量、面积与时间等。

⑦ 会场情况,可以使用的会议场地数量、面积与时间。要考虑会场的摆台的方式:

剧场式还是课桌式,不同摆台方式能够容纳的实际数量。另外还要考虑餐饮等问题,场地还需要用来举办午宴或晚宴的话,就要考虑会议与宴会活动的场地转换与衔接等。

小贴士:不宜采用视频会议和网络会议的形式

重要的审议性会议不采用网络会议形式。其主要原因如下:网络会议这种形式虽然简便,但审议性会议需要大量的辩论,而且审议性会议对于违反规则的人需要处罚,而网络会议目前无法做到这些。其理由如下:其一,如果参加辩论的人很多,容易造成网络拥挤,再加上技术因素会出现掉线、声音不清楚等混乱事情的发生;其二,网络会议没有有效地阻止违反规则的人继续发言的技术手段;其三,网络会议不能够做到大多数会议要求的"有效沟通";其四,网络会议不能够让会议参与者清楚的知道自己的话是否被人听到或者认真听到了;其五,审议性会议讨论的问题往往是比较重要的问题,有些问题需要主动议人或起草委员会签名认可,而这些网络会议都无法做到。

此外,需要参与者积极发表意见的会议不适宜采取网络及视频会议的形式。因为在网络会议及视频会议中,往往较为缺乏参与发言的激励机制,因此,一般网络会议则只有积极分子才会参加发言,对于大多数人来说都会选择闭口不言。如果某会议需要集思广益,则网络及视频会议可能达不到预期效果。

(十)确立会议活动的财务预算

会议经费的主要来源包括:与会者交费、参展商交费、联合主办单位交费、广告商与赞助商的捐助、公司资金划拨、出版与会议内容相关的出版物的收入、提供旅游等附加服务的收入。会议经费主要的支出包括:文件资料费、邮电通信费、会议设备和用品费、会议场所租用费、会议办公费、会议宣传费、食宿补贴费、交通费以及不可预见的临时性开支等。

1. 交通费用(约占总费用的 10%)

会议活动的交通费用可以进一步细分为:

(1)出发地至会务地的交通费用,包括航班、铁路、公路、客轮,以及目的地车站、机场、码头至住宿地的交通。

(2)会议期间交通费用,主要是会务地交通费用,包括住宿地至会场的交通、会场到餐饮地点的交通、会场到商务交际场地的交通、商务考察交通以及其他与会人员可能使用的预定交通。

(3)欢送交通及返程交通,包括航班、铁路、公路、客轮及住宿地至机场、车站、港口交通费用。

2. 会议室/厅费用（约占总费用的 40%）

通常而言，场地的租赁已经包含某些常用设施，譬如激光指示笔、音响系统、桌椅、主席台、白板或者黑板、油性笔、粉笔等，但一些非常规设施并不涵盖在内——比如投影设备、临时性的装饰物、展架等，需要加装非主席台发言线路时也可能需要另外的预算。

3. 会议设施租赁费用（约占总费用的 20%）

此部分费用主要是租赁一些特殊设备，如投影仪、笔记本电脑、移动式同声翻译系统、会场展示系统、多媒体系统、摄录设备等，租赁时通常需要支付一定的使用保证金，租赁费用中包括设备的技术支持与维护费用。

4. 会场布置费用（约占总费用的 10%）

如果不是特殊要求，通常而言此部分费用包含在会场租赁费用中。如果有特殊要求，可以与专业的会议服务商协商。

5. 其他支持费用（约占总费用的 20%）

通常包括广告及印刷、礼仪、秘书服务、运输与仓储、娱乐保健、媒介、公共关系、纪念品、模特与礼仪服务、临时道具、传真及其他通信、快递服务、临时保健、翻译与向导、临时商务用车、汇兑等。

另有会议活动需提供与会人员的餐饮和住宿服务的，对于这些单项服务支持，主办方应尽可能细化各项要求，并单独签订服务协议。一旦确立了固定以及必要的活动支出项目，相关工作人员便可向企业相关部门提交审核并申请预支的经费。

（十一）确定会议活动的选址

决定会议选址的有关因素主要包括：

1. 会议规模

会议与会者的人数，会议举办期的持续时间长短，会议议题的数目。

2. 成本预算

成本将被作为对推荐的会议地点进行总体经济评估的考虑因素之一。

3. 会议主题

现代会议地点的选择更重要的是考虑这一地点能否突出会议的主题、提高会议的效果并有利于实现会议的目标。具体而言可以采取以下几种办法：

（1）选择在创造经验和发生事故的现场举行会议，通过现场观摩和查看，使与会者产生深刻的印象，从而强化示范或警示的作用，如"安全生产现场会"等。

（2）在工作现场召开办公会议或协调性会议，当场解决工作中的问题，以提高会议及工作的效率。

（3）选择与会议主题密切相关的历史性地点，使会议更具有教育意义和纪念意义。

4. 周边交通

若会议的举办地不在企业内部，那么在选址上还需要考虑会场周边的交通条件是否便捷、便利。会场与机场之间的距离应该在合理范围内，且拥有便利实惠的公共交通条件（包括但不限于火车、公共汽车、穿梭巴士、出租车或地铁）。会议期间，会议地点的天气如何，会议地点的各个酒店和会场之间的距离如何，能否就近安排社会活动。这些问题都需要在选择会议地点时加以考虑。

5. 酒店住宿

若会议活动需要为与会人员提供住宿服务，那么在选择会议活动地址时需考虑住宿的相关设施，酒店的可达性，酒店内部的商务设施配备等因素。若选择酒店的会议厅作为会议活动的选址，那便可参考《会议杂志》亚太版读者中就影响选择会议饭店或其他会议设施的要素进行调查的结果作为选择饭店的依据。此项调查的结果如表6-9所示。

这一调查结果不仅可作为会议组织者在选择会议饭店和会议设施时的依据，而且对于商务酒店改进硬件设施，改善服务质量，占领会展市场也有很大的参考价值。

表 6-9　企业会议策划者选择饭店作为会场时考虑的重要因素

认为非常重要的考虑因素	企业/公司会议策划者认同度
食品服务质量	77%
会议厅的数量、大小和质量	58%
会议的支持服务和设备	54%
办理进店和离店的手续效率	51%
指定一人负责处理各项会议事务	43%
饭店员工有无接待会议活动的经验	39%
饭店的娱乐设施，如高尔夫球场、游泳池和网球场	27%
其他交通工具的便利性	25%
邻近机场	24%
可提供展示场地	21%
接近购物中心、餐馆和娱乐场所	18%
特殊会议服务、如预登记、特殊设备等	17%
套房的数量、大小和质量	17%
设施新旧程度	11%

6. 会议场地要求

在会议场地要求方面,通常根据不同类型的会议活动来设定相关的标准,常见的如,会议场地能够提供的不同功能、容纳人数的会议厅的数目、各会议厅能供此次会议所用的日期与时间等。

在公共区域及设施方面,考虑较多的因素包括:

- 是否有足够多的电梯供与会者使用?
- 会议地点是否设有欢迎与会者的标志?
- 会议地点是否为行动不便者提供了方便?
- 走廊和公共区域是否干净整洁?
- 是否有足够多的公共卫生间?这些地方是否干净而且设施齐备?
- 是否有专门的衣帽存放处,而且有专人管理?
- 会议地点的工作人员是否具有安全意识?
- 是否每个房间都设置了烟雾警报器和洒水装置?
- 会议地点是否安装了可用的火灾警报系统?
- 酒店是否公开了撤退程序?
- 是否每一个门的出口都做了明显的标记?
- 会议地点是否在合适的地方配备了保险箱?
- 会议地点是否有常驻医生?
- 会议地点是否有一支保安队伍?
- 会议地点距离最近的急救中心有多远?
- 会议地点的工作人员是否接受过应急训练?
- 其他:会议地点是否提供到其他地方参观的来往交通工具?会议地点是否正在进行建设或改造?会议地点是否有内部通信工具?

企业可以通过各种方法寻找合适的会议场所,或干脆将其委托给专业组织,如旅行社,此外不少会议活动举办地的旅游局或会展局都能够提供有关会议场地方面的协助。

小贴士:会议场所的查询来源

通常情况下会议场所寻找的资料来源包括名录和宣传册、网站、CD. ROM 和 DVD、贸易展示会、贸易出版物和专业代理机构。

国际名录包括:《会议地点——世界会议和奖励旅游设施指南》,由 Haymarket 商业出版社出版;《世界会展中心名录》,由 CAT 出版社出版;《官方会议设施指南》,由 Reed 旅游集团出版;《商务会议地点推荐指南》以及《酒店推荐指南》系列,刊登有世界上 1200 家私有和独立的酒店,由 Johnsens 出版。

从客户(即会议策划者)的角度来看,由会议地点或会议局组成的贸易协会在标准上和高质量服务上保险系数更大。另外,国家旅游局、商务部、宾馆酒店协会往往会编制介绍各种会议场所的名录和宣传册。会议场所的编制形式一般是宣传册,会议的组织者可以收藏这些信息的最新版本,供定期召开会议时查找会议。

网站和 CD-ROM/DVD。目前,网站和 CD-ROM/DVD 已经取代传统的软件形式。其中两个处于领先地位的因特网会议地点查找和咨询系统是:www.venuedirectory.com 和 www.Plansoft.com.这些网站都允许人们联机进入其系统检索会议信息,并在几秒钟内给出会议场所的细节。

(十二)会议应急管理策划

作为会议组织方应充分考虑可能发生的意外情况,进行会议安全策划,做好应对各种突发事件的人力、物力等方面的准备。应成立会议应急管理小组,专门负责会议期间各种安全隐患的预防预测和紧急处理。

会议应急小组的职责应包含:

(1)负责组织编制会议突发事件总体应急预案和审核各职能小组的专项应急预案;

(2)负责协调和督促检查各职能小组的应急管理工作;

(3)及时掌握会议的突发事件及其动态,办理会务组各职能小组上报的紧急重要事项,保证各职能小组的联络畅通;

(4)协调指挥会议突发事件的预防预警、人员培训、应急处置、调查评估、应急保障和援等工作;

(5)积极与新闻媒体沟通,开通信息渠道,做到不隐瞒、不漏报,但在实事求是的基础上也要注意做好与论报道的正确引导工作,利用新闻发言人制度,统一口径。

三、会议活动的执行与管理

(一)确定会议组织框架

会议活动策划中,必要的职位设置包括:

① 活动策划者,一般设置为:主管、副主管;

② 活动执行者,包括:执行主管、执行副主管;

③ 综合协调人员,负责协调会议活动与企业内部其他部门之间的工作及合作安排;

④ 会务负责人,若将活动外包给企业外部的专业策划公司,那么其将代表企业与专业策划公司沟通并监督其工作;若为企业内部策划,则其将负责包括场地布置、接待等工作;

⑤ 财务人员,提供财务预算与最后阶段的财务评估;

⑥ 资料收集人员,负责会议资料的提前准备、整理会议中的内容与决议,将会议纪要及时反馈回与会人员处并做好纪录备份工作。

如果涉及的工作人员人数较多,也可通过分组的方式,明确工作人员的任务安排。常见的按照组别进行的组织架构和职责划分如下例所示。

案例:会议前期筹备工作方案与现场实施工作方案关联表

组　别	前期筹备工作方案	实施情况	现场实施工作方案	相 关 组
管理组	组委会	已确定		
	组织机构	已确定	现场指挥及联络	礼宾组、新闻组、服务组、安保组
	会议日程及活动	已确定	会议和活动现场管理	服务组、新闻组、礼宾组、安保组
	会议报备案	已完成		
	贵宾、嘉宾邀请	已完成	现场接待及管理	礼宾组、安保组、服务组
	发言人邀请	已完成	接待及管理	礼宾组、服务组、安保组
	会议宣传册	已完成		
	会刊及其资料夹	已完成	补充新资料及现场发放	服务组、推广组、新闻组
服务组	场地设计及布置	完成预订及设计	实施场地布置	推广组、管理组、新闻组
	设备租赁及保障	签订租赁合同	现场设备安装及技术保障	管理组、推广组、新闻组、安保组
	餐饮服务	完成预定	现场餐饮服务	管理组、礼宾组、新闻组
	会议资料	完成会刊印刷	运送资料到现场、新资料印刷	管理组、新闻组、推广组
	会议用品	准备完毕	现场发放及临时采购	推广组、新闻组
	酒店预定	已预定	现场管理与协调	管理组、推广组、接待组
	……	……	……	……

组　别	前期筹备工作方案	实施情况	现场实施工作方案	相　关　组
推广组	组织会议代表	已完成		
	会议代表注册	大部分完成	现场临时注册及咨询	管理组、服务组、新闻组、安保组、财务组
	赞助商招募	已完成	赞助商现场接待及服务	服务组、新闻组、接待组、管理组、推广组和礼宾组
	……	……	……	……
接待组	会议人员接待	已预订车辆	接送会议人员	管理组、推广组
财务组	会议预算	已完成	微调	各组
	财务管理	随时进行	支付相关费用	各组
			收取注册费	推广组
……	……	……	……	……

（二）发布会议通知

通常情况下，会议通知的发放包括三个程序：信息发布、回执处理、确认通知。

（1）信息发布

会议通知的方式各种各样，其主要方式有：口头通知、电话（传真）通知、书面通知、电子邮件等。

口头通知。这种方式最突出的优点是快捷、省事，适合于参加人员少的小型会议。

电话（传真）通知。大多数会议都采取这种方式通知。以电话（传真）为媒介传递信息，快捷、准确、到位，一般情况下，成本也不高。当然，以这种方式传达通知时，会务人员必须作通知情况书面记载。

书面通知。书面通知是一种传统的方式，适合大型会议。如由于书面通知在传递过程中需要一定的时间，所以要提前准备，如果在预定的时间里对方没有收到，还需要及时采取补救措施。

电子邮件。它是信息时代的产物，综合了上述三种方式的优势——快捷、准确、低成本，而且内容清楚，一目了然。目前，通过电子邮件传达会议通知的情况越来越多。

（2）会议通知发放流程

由于通知书是向所有可能参加会议的人士一轮一轮地发放，久而久之，逐渐形成了"轮"的概念。

筹备一个会议要发几轮通知呢？如果是国际组织的大型国际会议，筹备时间长达六年至八年，一般可发四轮至五轮公告。目前我国多数会议仅发放两轮通知，在电子商务广泛使用的一些专业，例如计算机和自动化专业，一般仅仅只发一轮通知。

第一轮通知

如果有三轮以上的通知，第一轮通知可以做得比较简单，主要告知大家关于要举行会议的基本信息，让相关领域的利益相关者或专家学者都能知道有这样一个会议将要召开，达到宣传此次会议的目的。它至少应包括以下内容：

- 会议的目的、主题与议题；
- 会议的日期；
- 会议的地点；
- 会议联系途径，如会议秘书处通信地址、电话、传真、E-mail 等。

第二轮通知

应包括以下内容：

- 大会主席的邀请信；
- 会议组织机构；
- 会议主题；
- 会议初步日程；
- 初步旅游线路；
- 会议秘书处联系方法：联系人姓名、通信地址、邮编、电话、传真；电子信箱和网址等；
- 重要日期；
- 反馈表。

第三轮通知

主要内容有：

- 特邀报告人的身份和报告题目；
- 会议的详细活动日程；
- 会议信息；
- 会议注册；
- 酒店预订；
- 同行人员活动；
- 会前和会后的旅游或考察；
- 付款方式；
- 取消参会时的退款政策；
- 会议举办地的一般信息：包括举办城市的介绍、护照和签证信息、保险、货币、交通等；
- 会议秘书处联系方法；
- 会议举办地地图；
- 会议注册表

（3）回执处理。

回执信息可以通过多种渠道传递，如传真，信函，电子邮件，网页在线填写回执和电话等。需要指出的是，如果会议和条件允许，应该在回执中考虑到与会者的特殊要求，譬如家属、随行人员、保健要求、交通代理、饮食习惯、住宿要求等。

（4）确认通知

接收到回执单后需要经过统计、确认回执有效（通常以会务费用是否缴纳为标志），再由主办单位发出确认。同时发出的信息还包括会议的确切地点，时间，议程，签到程序和注意事项等。

（三）会场布局

较为常见的会议场地布局包括以下类型：

1．U形布局

可以通过桌子来改变人员容量，所有的与会者都可以看到发言人，但是不方便看到其他与会者。详见图6-3。

2．正方形/矩形布局

实际上是一个封闭的U形布局，可以使会场容纳更多与会者，要求发言人和与会者坐在一起，需要发言人有较高的演讲技巧，并与对面与会者有更多的倾向性交流。详见图6-4。

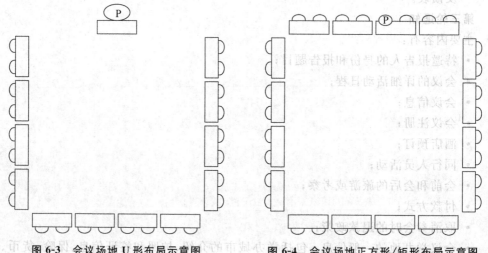

图6-3　会议场地U形布局示意图　　　图6-4　会议场地正方形/矩形布局示意图

3．T 形布局

该模式为最适合小组讨论的布局。详见图 6-5。

4．E 形布局

该布局模式是 T 形布局的延伸，可容纳更多的与会者，局限在于与会者不能方便地看到其他同伴，详见图 6-6。

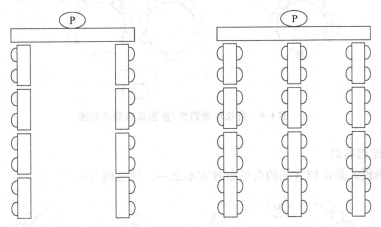

图 6-5　会议场地 T 型布局示意图　　图 6-6　会议场地 E 形布局示意图

5．教室形布局

最常见的会场布置方式之一，需要参考纸质印刷材料时才比较适用，不利于交流。详见图 6-7。

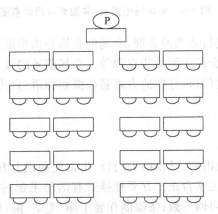

图 6-7　会议场地教室形布局示意图

6. 圆桌/多圆桌布局

比较常见的会场布置方案之一，一般与会者的身份比较平等。详见图6-8。

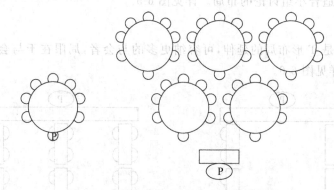

图6-8　会议场地圆桌/多圆桌布局示意图

7. 讨论组布局

该布局模式是比较常见的会场布置方案之一。详见图6-9。

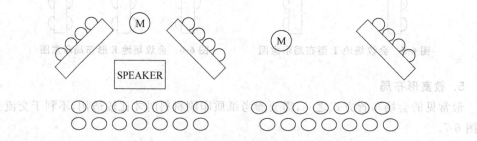

图6-9　会议场地圆桌/多圆桌布局示意图

在确定布局后需要进行适当的装饰，会场的装饰是指根据会议的内容，选择适当的背景色调或摆放、悬挂突出会议主题的装点物等。会场前景的装饰除了主席台的装饰之外，还包括会场四周和会场的门口，这些地方可悬挂横幅标语、宣传画、广告、彩色气球等。

（四）会场室外布置

1. 条幅的悬挂

条幅内容要适合活动内容；活动的大门口、出口处的正上方、入口处的对面、主席台的正上方都可以悬挂条幅（主席台正上方要悬挂带有活动主题的条幅）；如果会场多种悬挂条幅，内容、色彩、字体要协调一致；条幅制作要干净、整洁、醒目。

2. 海报的张贴

海报张贴的时间：海报张贴时间必须在活动的三天之前完成。

海报的印制标准：一般以 2 开纸大小为标准；与一般墙壁对比反差大的颜色为首选材料,如红色等(当地人忌讳的颜色不用,不醒目、效果不突出的颜色不用);海报字体要规范,语言要通俗;海报内容不要提及产品销售;聚集地必须张贴;海报还应突出活动中有专家介绍等。

(五) 会议常见的设施布置

会场内设备在这里主要包括召开会议所必须的设备,如照明设备、音响设备、通风空调设备、桌椅用具、卫生设施及安全设备如消防设备等。在选择会场时,首先,应察看这些设备是否齐备,性能是否良好。其次,根据会议内容的具体要求需要添加一些特殊设备时,应考虑到会场内原有设备是否适用。例如,在用电量大的情况下,是否会超出电源负荷。如果召开的是展示会,要考虑在场内能否设置展台等。

以下提供会议活动常见设施及工具作参考：

- 屏幕
- 投影仪(胶片投影仪及多媒体投影仪)
- 录像机
- DVD
- 音响
- 话筒(有线、无线、立式、座式及纽扣麦克风)
- 镭射笔
- 幻灯机
- 彩电
- 横幅
- 指示牌
- 告示牌
- 桌卡
- 主席台
- 讲台
- 舞台
- 夹纸板
- 大白板
- 签到台
- 名片钵
- 马克笔
- 铅笔

- 信签
- 会议桌椅
- 插线板
- 鲜花,盆景
- 背景板
- 隔板
- 灯光照明
- 同声翻译系统

(六) 会议接待内容和程序

在会议召开前,策划者需要收集与会人员的相关资料以便制定接待方案。与会者的资料包括:基本情况(国别、地区、所代表的企业、人数、姓名、性别、年龄、身份、职务、民族、宗教信仰、生活习俗、健康状况等);与会目的、意图和背景;抵离时间和交通工具(要准确掌握与会者抵达和返离的具体时间和交通工具,以便安排人员和车辆到机场、码头、车站迎接和送别)。

在会议正式开始之前、在召开会议的场所,向前来参加会议的上级管理者、特邀嘉宾和会议来宾提供现场服务,如在贵宾室、会客室、休息室所提供的迎接、引导、介绍情况、存放衣物、茶水和用车等。

对于会期较长的会议活动,接待工作应包括从接站(火车、汽车、航班)开始到会议结束之前这段时间内,会议组织者向与会人员所提供的各项服务。如接站、报到、办理各种手续、安排食宿、熟悉公用设施和购物服务等。

(1) 住宿接待设施之安排

在接待大型会议活动时,接待人员除了上述的方案制定外,还需要格外注意以下事项。

大中型会议由于与会人员较多,会期相对较长,一般需租用宾馆、饭店、会议等住宿设施。

如果由与会者自己支付住宿费,就需提供几家价格、条件不等的饭店、宾馆或者是同一家宾馆不同标准的客房供其选择。

具体安排住宿时,要根据与会人员的职务、年龄、健康状况、性别和房间条件综合考虑,统筹安排。

可预先在会议回执上将不同规格的住宿条件标明,请与会者自己选择预订。

对与会者有可能提前入住或延迟退房,而承办方在接待上有困难的,要事先在相关会议通知上注明。

（2）签到工作安排

会议签到的目的,是为了统计到会人数,同时也能够有效地保证会议的安全。为了随时掌握报到人数,要认真做好签到工作。秘书人员在会议召开前应准备好签到所需的用品。目前,签到常用的方式主要有两种:簿式签到和卡片式签到。

簿式签到是指与会人员到会时,在签到簿上签上自己的姓名、单位、职务等内容,以表示到会。簿式签到方式简便易行,但容易在会场门口形成拥挤现象。因此,比较适合于小型会议或纪典性会议。

卡片式签到又可以分为两种。一种是将预先印制好的卡片(相当于入场券)提前发给与会者,入场时,交出一张即可。另一种是磁卡签到,即与会者进入会场时,手持事先领取的磁卡,送进电子签到机里,签到机便即时将其姓名、号码等内容输入电脑,与会者入场完毕,签到情况便立即在电脑屏幕上显示出来。卡片式签到方式适用于较大型会议。

案例:某会议接待流程表

会议接待流程表

工作顺序	内　　容	责 任 部 门
第一步:准备工作	了解客人基本情况(姓名、性别、单位、职务/职称、民族、所乘车次或航班、到达时间、联系电话等)	接待组
	拟定接待方案(包括确定接待规格与标准、拟定用车、食宿、接待人员等)	会务管理组
	报审方案(经会务组审核后,报与会议主办方最高主管领导审批后,落实接待方案等)	会务管理组
	下单(与后勤组落实用车、就餐、住宿等事宜;与宣传组落实欢迎词或电子屏幕的欢迎字幕,制作及摆放路牌、路标,照相录像以及联系新闻媒体等事宜;与文秘组落实欢迎词、祝酒词等接待文稿的撰写等)	会务管理组 后勤组 宣传组 文秘组
	预告(预告参与接待的领导及有关人员,做好开会或陪同就餐等准备工作)	会务管理组
	根据事先与参会人员沟通的情况,为有需要的参会人员预订返程机票或车票	后勤组
第二步:接待参会人员	接机或接站(制作好接站牌,到机场或火车站迎接参会人员,并将接机或接站动态及时告知有关领导)	接待组
	报道并注册(将参会人员接到会议指定地点,引导参会人员报道及注册)	接待组 报到组 财务组
	安排食宿(包括会议期间的日常餐饮与宴会)	后勤组

四、会议活动的总结与评估

策划组织者可以从该阶段的财务成本评估中了解会议活动的收支是否平衡；也可根据会议纪要来作为议题的反馈，并为日后的工作做指导。这一阶段主要包含以下内容：会议纪要的发送、会务工作总结、会议成效的评估等。

（一）会议纪要

会议纪要适用于记载和传达会议情况和议定事项。会议纪要是在会议记录和其他会议材料的基础上加工整理出来的，反映会议的基本情况、会议成果、会议议定事项，可以用于向上级机关汇报会议情况，也应向与会代表、有关单位和下属机关分发。

会议纪要由标题和正文组成。在结构格式方面，不用写主送单位和落款，成文时间多写在标题下方，也可写在文章最后。会议纪要应当标明基础信息，包括会议名称、时间、地点、主持人、出席和列席人员名单，本会议纪要的制文（拟稿）人、审核人、批准（签发）人，本会议纪要的发文日期、发送范围等。主体部分为会议内容，包括会议议程、参会人员发言、讲话要点。

（1）标题

由会议名称和纪要组成，如"市长办公室会议纪要""抓住机遇——大中华区市场销售总监发展战略研讨会纪要"等。

（2）正文

正文部分包括开头、主体等部分。

开头：会议纪要正文的开头部分需概括介绍会议情况，包括召开会议的意义，开会的时间、地点、名称、主持人、出席人及会议的主要议题等。

主体：正文主体是会议纪要的核心部分，主要说明会议讨论的具体问题，会议形成的意见或决定。这部分内容较为繁杂，注意归纳，总结。根据会议的性质、规模、议题等不同，正文主体大致可以有条文式、综述式，以及发言记录式等几种写法。

条文式，又称分类归纳式。把会议的主要内容分成几个问题，然后加上标号或小标题，分项来写，这种写法适用于大中型会议，或议题较多的会议。

综述式。就是把讨论研究的主要问题、与会人员的认识、议定的有关事项，进行整体阐述和说明。这种写法适用于小型会议，讨论的问题比较集中单一。

发言记录式。按照在会上发言的顺序，把每个发言人的主要观点和意见择要写出来。这种写法的好处是能如实地反映会议进程和各种观点，多用于座谈会和高层领导会议。采用发言记录式写法要写发言人的姓名，有时还要注明职务与任职部门。

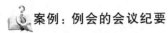
案例：例会的会议纪要

会议时间：2011年×月×日

会议内容：
1. 对本周工作进行汇报总结和下周工作计划进行汇报
2. 对以后运维工作实施方案进行汇报
3. 对目前运维工作出现的问题进行讨论并提出意见建议

发言提要：
1. 每周五例会对本周工作进行总结，和下周工作计划进行汇报
2. 尽快对石林景区各设备进行巡检
3. 准备服务器备机、备用sos电话、备用ups、备用光端机
4. 各技术文档要按时提交
5. 各机柜放置樟脑丸
6. 每周五进行每周例会
7. 制作桌面维护方案
8. 人员迟到的行为进行整改
9. 把工具包更换成工具箱
10. 对被树枝遮挡摄像头进行向上汇报，让绿化部门配合修剪

备注：
此文档一式两份，至相关部门统一打印保存并存档，并且双方签字确认。
某管理局信息中心收件人签字：　　　　　　某公司发件人签字：

（二）会务工作总结

会议总结的目的是分析会议组织过程中的经验和教训，对一些工作出色的组织和个人进行表彰。会议总结内容主要有以下6个方面，并应制成会议总结供日后工作参考（详见范例所示）。

① 会议的召开是否有必要，所提出的各项议案是否解决；
② 会议的准备工作是否充分，设备物品是否齐全，配套设施是否周到；
③ 会议议程是否科学合理；
④ 会议组织工作是否完善，有无明显疏漏或失误；
⑤ 会议人数是否控制严格，有无超出预期规模；
⑥ 会议决议是否得到有效贯彻实施。

案例：会议总结范本

会议总结报告

1. 本次会务工作要点

（1）会务组成人员名单；

（2）会务工作安排；

（3）本次会务主要抓的几项工作；

（4）本次会务关键要素（要针对本次会议的特点进行分析和安排）；

（5）本次会务与其他会务工作的不同之处；

（6）本人负责部分的工作总结。

2. 会务满意度调查情况

即会务组织满意度调查反馈情况，对各要素得分进行统计，评价最好与最差的问题集中点等。

3. 问题分析

参考会务满意度调查结果分析整个会议过程，归纳出本次会议存在的问题，以及从此次会议中得到的教训及相关改进意见等。

4. 经验总结

（1）本次会务工作的成功之处；

（2）可以推广或可供他人借鉴的地方。

除此之外，还要对会议筹备期间的组织、营销宣传、论文征集、资金筹措、资金管理等各项工作进行总结；对会议现场注册、现场接待、现场协调、会议专业活动情况、会议附设展览活动（如果有的话）、会议社会活动情况、会议餐饮活动情况等工作进行总结；对会议结束后的收尾工作、会议评估工作、财务结算工作等进行总结。

（三）会议评估

一次会议活动的结束并不意味着会议组织管理工作的结束，会议的评估总结也是会务管理的重要环节。通过会议的评估来明确会议的成功和不足之处，总结会议的经验与教训，以提高会议组织者对会议的管理水平。会议活动组织者可以从会议参与人员（与会者、陪同人员和会议服务人员）处来获取评估的资讯。

1. 会议评估资讯的来源

所有参与会议的人员，包括会议代表（参展商）、陪同人员和会议服务人员都是会议评估信息的直接来源，并且也是会议评估的主角。

（1）会议代表

会议代表（包括会议演讲者）参加了会议的主要过程，从会议的宣传促销、报到注册、住宿餐饮，到会议的演讲讨论、参观访问……他们都亲身经历过，所以，他们应该参与到对会议附设展览的评估中。

（2）陪同人员

陪同人员参加了会议的一些（如宴会等）社交活动，参加了会议组织的参观、访问、旅游等社会活动。这些活动也是会议产品的组成部分,他们对这些活动组织工作的好坏有直接的感受,应该请他们对这些活动作出评估。

(3) 会议服务人员

会议活动的服务人员是执行会议活动的人员,对会议进行中的所有事件都是最直接的目击者,他们的感受及对会议的建议值得策划者重视。要求每个会议工作人员对自己在会议整个过程中所做的工作作出述职报告。这种方法可以从一个侧面了解会议的情况,对会议进行评估。

2. 会议评估的内容

会议评估是对会议从筹备到会议总结全过程的评估,以下我们分三个阶段探讨会议效果的评估因素,如表 6-10 所示。

表 6-10 不同会议阶段的对应评估内容

会议阶段	评估内容
会前效果评估	(1) 会议目标是否明确; (2) 会议议题的数量是否得当(太多或太少); (3) 会议议程是否合理、完备; (4) 每一项议题的时间分配是否准确、合理; (5) 与会者人选、与会者人数是否得当; (6) 会议时间、地点是否得当; (7) 会场指引标志是否明确; (8) 开会的通知时间是否得当; (9) 开会通知的内容是否周详; (10) 会议场地选择是否得当; (11) 会议设备是否完备; (12) 与会者是否做了充分准备。
会中效果评估	(1) 会议接待工作如何; (2) 会议是否准时开始; (3) 会议人员是否准时到会; (4) 是否有会议秘书在做记录; (5) 会场自然环境如何,是否存在外界干扰; (6) 会场人文环境如何,与会者之间是否有交头接耳的现象; (7) 主持人是否紧扣议题进行主持(是否离题); (8) 会议是否由少数人垄断; (9) 与会者发言及讨论是否紧扣议题(是否离题); (10) 与会者是否能表明真正的感受或意见; (11) 与会者之间是否有争论不休的现象; (12) 视听设备是否正常(是否发生故障); (13) 与会者是否热心于会议; (14) 会场气氛是否热烈;

续表

会 议 阶 段	评 估 内 容
会中效果评估	（15）会议决策是否正确（是否符合实际、是否有偏颇之处）； （16）会议议程是否按预定时间完成（会议是否按预定时间结束）； （17）主持人是否总结会议的成果； （18）会议的欢迎宴会、欢送宴会是否得当； （19）参观、访问、游览活动安排的合适性、安全性如何。
会后效果评估	（1）会议记录是否整理好； （2）是否印发会议纪要和会议简报； （3）会议决议是否落实； （4）是否对与会者的满意程度进行调查； （5）对会议的成败得失是否进行总结。

3. 会议评估的时机

对一个事件评估的最佳时机应该是在该事件刚刚结束的时候。对于小型的会议，会议工作全部结束时就可以进行会议评估。但对于大型的会议来说，一次会议不仅有大会，还有多个分组会议，有会议附设展览和各种参观、访问、游览等活动，所以，大型会议的评估可以分阶段、分活动进行。可以在会议进行到一定阶段，如大会结束或某个分会、活动结束后立即对刚刚过去的事件进行评估。

本／章小结

本章通过一般会议活动的常见策划流程分别就委托专业策划公司策划时企业需配合的工作以及企业自行策划会议活动时需面对的具体事项做了介绍。

会议通常能够根据会议的目的、会议的组织者、会议的规模、会议与会者和会议的活动形式等标准，划分为不同的类型。但其主要功能仍然为促进信息交流、统一认识，协调行动、协助科学制定决策等。如果会议策划不当，则会引起低效、浪费时间的弊端。

会议筹备和策划阶段效率低下的原因包括：缺乏合理时间安排、缺乏充足的准备工作、缺乏合理的分工。会议现场执行和管理阶段效率低下的原因包括：与会者陷入缄默、与会者意见难以统一、会议资源使用效率低下及浪费现象普遍。会议总结和评估阶段效率低下的原因包括：未能及时总结和评估、未能及时发放会议纪要等。

企业自行策划会议活动的基本流程和委托专业的会展公司协助策划会议略有不同。本章主要介绍了不同操作模式下的会议活动策划流程，并就会议时间安排、会议参加对象的设定、会议名称设计、会议活动形式的选择、会议活动预算、会议选址、会议活动安全策划、会议通知、会议活动中的接待、会场布置、会议纪要的撰写等策划中的重点环节进行了详细说明。

复习及思考

1. 常见的会议活动的目的有哪些？

2. 请简要说明出现会议活动低效的原因。

3. 请根据以下情景，两人一组讨论写出会议主题及目的。

(1) 公司新制定的假期薪金制度急需各部门主管知晓。

(2) 部门新晋员工工作士气忽高忽低问题急需解决。

(3) 基于今年本部门的销售业绩确定明年的销售目标。

引申案例

安利公司的欧洲钻石会议

安利是一家具有 53 年历史的保健、美容及家居用品企业，总部位于密歇根州大急流城。安利公司并不是将自己的众多产品放在商店或者商场进行销售，而是通过广泛的独立商业主向公众直接销售。像安利这样的直销公司明白，独立商业主与公司的成功业绩密不可分，因此，激励和奖励政策也成为公司的一种文化。安利公司于 4 月 19 日至 24 日在纽约举行了今年的奖励年会，主要针对欧洲、俄罗斯和非洲南部地区的顶级独立经销商。这次年会活动取名为欧洲钻石会议，活动的目的地、酒店、会议事宜、奖品等各个方面都过精心策划，足以打动来自 16 个国家的营销精英们，并激发他们取得更大的成就。

Postins 的团队与纽约当地 AlliedPRA 合作，为安利钻石营销协会组织了一场金苹果体验会。这次活动的中心设在举世闻名、历史悠久的 Waldorf Astoria 酒店。这家酒店有足够的能力负责这一团体六天活动的食宿，能够为 11 个等级的钻石会员提供多个档次的房间，同时，还包括 40 位顶级翡翠级会员和二级经销商，以及其他参与此次活动人员三天的食宿。安利公司的旗帜耀眼地展示在酒店列克星敦大街入口的突出位置。抵达当日，粉笔画艺术家们在酒店前街的路旁绘出了巨幅欢迎画。为期六天的欧洲钻石年会混合了会议和其他活动，其中一天为全天商务会议。年会活动以设在崇敬号上的欢迎酒会开场，以霍恩布洛尔漂流为背景，从曼哈顿地势较低的巴特里公园起航。在这座神话般的岛屿上，伴着纽约警察署管鼓队的奏乐，这些参会人员受到了热烈欢迎。活动内容还包括中央公园游、大都会艺术博物馆参观、观看百老汇表演、到遍地美食的肉类加工区用餐。最后，伴着 20 世纪 70 年代的乡村音乐，一场精妙绝伦的颁奖晚宴在奇普里亚尼 42 街举行。此次活动的参与者们使用包括乌克兰语、土耳其语等在内的 9 种语言，因此，作为活动的项目策划方,最大的挑战是消除语言障碍,安利公司员工将需要翻译的资料都打印出来,交由 AlliedPRA 的工作人员进行翻译。PRA 还尝试在活动中尽可能的运用表意符号来代替语言文字进行指示,向导们以及旅游车都用旗帜来引导与会者们正常进行活动。在去轮渡的旅游车上,埃利斯岛的无声黑白视频都被派上了用场。此次年会获得了参与者的良好反馈,一位来自德国的参与者说,他曾来过纽约不下 40 次,但从没在此享受到过这般美妙的体验。

请思考:该会议活动策划的亮点和成功之处在哪里?

第七章

企业奖励旅游活动策划

引　言

近几年,在丰富多彩的员工激励方法中,奖励旅游正悄然兴起。它是企业为了奖励在生产和经营中为企业作出重大贡献的员工和销售商,而出资特意安排的旅游活动,以勉励其更加积极地开展工作。现金是一种纯粹的物质奖励,而奖励旅游,因为融合了团队建设和企业文化等方面的内容,所以能给参与者带来更多精神层面的东西,如荣誉感、自豪感、归宿感等,有助于企业提高竞争力并实现持续成长。本章将帮助读者了解如何策划高效的奖励旅游。

学习要点

（1）核心概念

奖励旅游——企业以奖励的目的,为提升参加者增加绩效意愿而举办的旅行活动。透过专业策划企业或机构与企业客户的深度沟通、了解其需求后,运用专业智能,针对客户需求量身定做出专属的旅游产品。

全方位服务的奖励旅游公司——指提供的服务能涵盖奖励旅游的全方位,既包括前期的策划与设计,又包括后期的组织与管理等。

完成型奖励旅游公司——是与全方位服务的奖励旅游公司相对的企业类型,其中,完成型的含义主要指在奖励旅游的实施阶段,为企业用户提供目的地的各类旅游服务。

（2）学习目标

通过本章的阅读和学习,读者应能够:

① 了解奖励旅游活动的内涵和本质;

② 了解奖励旅游活动的类型划分;

③ 了解奖励旅游活动策划流程;

④ 掌握策划奖励旅游活动的核心框架与流程。

　　某企业的一个赴澳大利亚的奖励旅游行程,包括在澳洲最古老的酿酒区参观,沿途参与者会看到一大片葡萄田,嗅到浓浓的酒香;前往热带雨林参观,乘坐水陆两用车深入雨林深处,这里有上百万株树龄超过200年的热带树木,穿梭在雨林之间,细听万类自然之声,陶醉在叶浓树深,鸟语花香的桃源仙境之中。然后,在热带雨林村庄里,与澳洲土著同娱同乐,试试他们的回力标,聆听他们最质朴的歌声,观赏他们最原始的舞蹈。在回程前一天的晚上,安排豪华游轮晚宴并由工作人员秘密邀请了优秀员工的家人来到澳洲,让他们参加这次特殊的奖励旅游。据参与者回忆,这个特别设计的环节令受到奖励的员工倍感骄傲。

　　案例点评：奖励旅游除了要让员工有较为愉悦的旅行体验外,还应该注重其在情感、技能或团队意识上的提升。此案例中,企业秘密邀请了员工家属加入此次奖励旅游,实际上是对员工家属长期以来支持员工奉献企业的一种回馈。

第一节　奖励旅游活动策划的基本原理

一、奖励旅游活动策划的定义

　　不同的学者、专业协会对奖励旅游的概念都有自己的解读,相关界定也基本上可分为两层含义:第一层是将奖励旅游作为一种现代化的管理手段;第二层则是将奖励旅游作为一种特殊的旅游活动项目。根据对奖励旅游概念的解读,本书将企业奖励旅游活动策划做如下界定:企业以奖励的目的,为提升参加者工作积极性而举办的旅行活动。透过专业策划企业或机构与企业客户的深度沟通、了解其需求后,运用旅游业者专业智能,针对客户需求,量身定做专属的旅游产品。该类型旅游产品的内容可包括旅游以及会议、参访、展览等行为。参与该类活动的群体规模可少至1～2人,多到成千上万人,不一而论。被奖励的对象可为企业员工及员工的家属、企业经销商等。

二、奖励旅游的特点

　　奖励旅游是一种特殊的会展旅游形式,与传统的旅游形式相比,有其自身的特点。

(一)具有鲜明的企业文化特征

　　企业组织奖励旅游的目的是弘扬企业文化、树立企业形象、宣扬企业理念、提高企业经营业绩,因此,旅游活动的安排要与公司的企业文化相适应,要将企业文化有机地融入旅游活动之中。

（二）旅游活动的影响时间较长

奖励旅游本身的特殊性决定了其对参与者的影响时效：包括在旅游准备前的期待、奖励旅游途中的体验感官，以及旅游结束回程后对整段旅程，通过相片、纪念品、或与好友之间交流而产生的回忆。

（三）休闲活动与工作相结合

在奖励旅游的日程中，根据企业组织活动的意图与宗旨，可以安排如颁奖仪式、主题晚宴、先进事迹报告、企业发展战略研讨、工作计划讨论等会议活动，做到会、奖结合。

（四）独特性强

考虑到奖励旅游的目的性，常规的观光与购物旅游已无法满足奖励旅游组织者的需求，他们往往要求通过不同经历的体验和心灵的触动，使参与者在旅游过程中每一天的体验更充实、更完美。其中，每个与众不同的细节都应成为令参与者一生难忘、值得回味的经历。

（五）高端的体验性

奖励旅游策划同样也不同于一般企业会议的策划。他们寻找的是高档的住宿和服务，需要目的地气候宜人，观光、休闲娱乐设施齐全，并且有大量可供选择的餐馆和饭店。

此外，奖励旅游与一般旅游在许多方面也有较为显著的不同，笔者通过整理比较得到如表 7-1 所示的奖励旅游与一般旅游、福利旅游的区别。

表 7-1　奖励旅游与一般旅游、福利旅游的区别

旅游要素	奖 励 旅 游	一 般 旅 游	福 利 旅 游
旅游动机	多重目标。根据活动策划的目的而各有侧重：激励、奖励员工；提高企业知名度；提高经销商的忠诚度等。	休闲娱乐、逃离现实压力、学习新知识、寻求自我等。	保证员工的稳定性。
旅游策划	时间较长（一般需提前 1 年）		
旅游活动内容	通常是特别定制的路线与活动内容，因此，特色鲜明、重复性低、充满惊喜。	规模化、标准化；相对比奖励旅游的活动内容和行程而言，为节约成本，传统旅游通常是千篇一律、无新意的。	休闲、观光为主，具有同质性、大众化的特点。

续表

旅游要素	奖励旅游	一般旅游	福利旅游
旅游产品级别	高端	普通 忽略需求的个性化	普通 忽略需求的个性化
旅游形式	多样化 ① 团体旅游：团队出游为企业培养团队精神、加强员工培训和推销新产品等方面提供了良好的时机； ② 个体旅游：一对一的服务； ③ 家庭式旅游。	模式化 注：团体旅游，团体的人数从 10 人至上百人不等。	模式化 注：福利旅游奉行公平优先原则，对所有员工都使用。
活动参与者的特点	消费能力高	消费水平相对较低	对价格比较敏感
目的地选择	无统一准则，需根据活动的参与者的需求和特点而定。但大多数情况下，策划人员都比较偏向于选择综合接待能力较强的目的地。	较固定，资源相对较丰富，旅游发展相对较成熟。	对目的地各基础设施要求低，要求各项费用的性价比高。
出游时间	无明显季节性	有明显季节性	通常固定在大型节假日，或根据企业性质而定。
旅游收益	高 注：一个豪华奖励旅游团的消费，通常是一个普通旅游团的 5 倍。	普通	较低
旅行费用	由雇主或机构承担，而并非旅游者。	由旅游者承担。	由雇主或机构承担，有时也需要旅游者承担部分费用。

三、奖励旅游的功能与作用

　　奖励旅游是多功能的旅游产品，从激励对象看，由于奖励旅游的特殊性，对参与者无疑是一种殊荣，而对未能参加的人而言是一种向上的动力。同时，其对企业的长远发展也大有益处。奖励旅游所具备的相关激励功能可以通过如图 7-1 所示的机制加以解释。

　　上图表明了在激励过程中，涉及的核心要素，除了将传统奖励机制中的奖励价值、努力程度、工作绩效、努力后获得奖励的可能性等因素表现出来外，该模型还有两个较为突出的特点。其一是将内在奖酬与外在奖酬进行了分离。所谓内在奖酬，更多的是从员工内心及情感方面提供的奖励；而外在奖酬则是从物质、形式等方面为员工提供的奖励。该模型强化了奖励的形式，应该包括内在和外在两个方面，不能仅仅依靠物质酬劳来感谢企

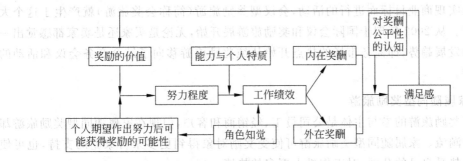

图 7-1　波特和劳勒综合奖励理论模型(the porter-lawler model)

业的员工,还应注重情感方面的激励。其二,该模型在传统的报酬与满足感之间引进了"公平的报酬"这个中间变量,揭开了员工在获得奖酬后仍然感到不满足的原因。由此可见,对于企业员工而言,通过奖励获得的满足感,除了与奖励的形式与价值有关外,还应该保证奖励的公平性。

此激励模型同时也给予奖励旅游策划者重要的启示:奖励旅游的作用能否如愿实现,关键在于行程安排及相关活动策划,能否真正发挥其激励的功效,而这也正是衡量奖励旅游活动绩效的关键。策划者要透彻理解激励的核心原理,并掌握激励的有效途径,才能真正发挥奖励旅游在企业管理过程中的积极作用。

四、奖励旅游的类型

从不同角度来看,奖励旅游可被分为许多不同的种类:如从旅行的期限长短分,可以分为长期性奖励旅游和短期性奖励旅游;从目的地来分,可以分为国外奖励旅游和国内奖励旅游;从奖励旅游的目的上分,可以分为慰劳型、团队建设型、培训型、商务型;从活动模式上分,可以分为传统型和参与型;从内容上分,可以分为体验型、会议型和家属随同型等。

(一)按照活动内容分类

按照奖励旅游的活动内容,可以将其分为以下类型。

1.体验型奖励旅游

旅游者对体验旅游的升温,使得旅游公司也在探索将奖励旅游搞得更加多姿多彩,并且富有一定特色,这就为其旅游项目的拓展提供了一定的选择空间。目前,体验型奖励旅游已经在欧洲旅游市场上推行,并引起强烈反响;在亚洲,一些少数发达国家和地区也已在积极尝试之中。

2.会议型奖励旅游

在世界经济一体化的今天,人们的商务活动日益频繁,某包括会议、展览、培训等一系列企业为实现商业目标而进行的活动,会议型奖励旅游(简称会奖旅游)就产生于这个大环境之下。从 2002 年瑞士国际会议和奖励旅游展开始,无论是买家还是卖家都感觉出一种强劲的发展趋势,即商务市场的热点开始从纯奖励旅游移向了结合商务会议和活动的奖励旅游。

3. 家属随同型奖励旅游

尽管奖励旅游的参与主体是公司员工、经销商和客户,但现在家属随同型奖励旅游却成为一种潮流。家属随同型奖励旅游可使受奖励对象得到更多来自家庭的支持,也可使他们更加热爱自己的公司,对工作投入更多的热情。

(二) 按照活动模式分类

1. 传统奖励旅游

传统型奖励旅游是指从 20 世纪 60 年代奖励旅游发展之初至 20 世纪 90 年代中期企业惯用的奖励旅游模式。这类旅游有一整套程式化和有组织的活动项目,如在旅游中安排颁奖典礼、主题晚宴或晚会,赠送赋予象征意义的礼物,企业首脑出面作陪,请名人参加奖励旅游团的某项活动等。

2. 参与奖励旅游

越来越多的奖励旅游者要求在他们的旅游日程中加入一些参与性的活动,而不再仅仅满足于一个"有特色的 party(派对)"。例如,参加旅游目的地当地的传统节日、民族文化活动和品尝风味餐,安排参与性强和富于竞争性、趣味性的体育、娱乐项目,甚至要求加入一些冒险性活动,如徒步、登山、划艇、漂流和乘氢气球旅游等。参与型奖励旅游使奖励旅游者通过与社会和自然界的接触,感受人与社会、人与自然的和谐,有助于唤起他们的责任感。

五、奖励旅游策划的相关机构

国内外从事奖励旅游相关业务的主要企业类型包括以下五种。

(一) 全方位服务的奖励旅游公司

全方位服务主要指该类奖励旅游服务机构所提供的服务能涵盖奖励旅游的全方位,既包括前期的策划与设计,又包括后期的组织与管理等。这类奖励旅游公司是专业的旅游批发商,同其他旅游批发商不同的是,它直接服务于企业客户,主要经营量身订制的全包服务,包括交通、住宿、餐饮、特殊服务、主题聚会和多目的的长途旅游。国际上较大规模和较有影响力的该类企业一般隶属于奖励旅游行业协会 SITE(奖励旅游主管协会)。

（二）完成型奖励旅游公司

完成型奖励旅游公司是与全方位服务的奖励旅游公司相对的企业类型，其中，完成型的含义主要指在奖励旅游的实施阶段，为企业用户提供目的地的各类旅游服务。可见，该类企业一般不涉及奖励旅游的前期策划，而主要侧重于单纯安排旅游行程。

（三）设有奖励旅游部的旅行社或目的地管理公司

通过前两种类型的奖励旅游公司的划分可见，奖励旅游如果从其组织过程来看，主要分为策划和实施两个阶段。由于实施阶段主要涉及旅游目的地的各类设施和服务，因此，旅行社和目的地管理公司相对更加具有竞争优势。在不少旅行社中，为了应对奖励旅游在全球范围内的逐步升温，特别设立了奖励旅游部，其在实际上会承担相关的奖励旅游组织和接待的工作。

（四）航空公司会奖部

由于越来越多的公司将旅游作为一种激励工具，因此，许多航空公司把奖励旅游作为一项重要业务来抓，并设立专门的奖励旅游部门。

（五）目的地管理公司

人们通常都是向旅游公司进行咨询并希望从他们那里获得帮助，而忽视了国际上常用的目的地管理公司网络这一联盟性的组织及其所能给予的帮助。

六、奖励旅游活动的策划

（一）奖励旅游活动的策划内容

奖励旅游内容广泛，既包括观光、娱乐、休闲等消遣性活动，又包括与公司业务有关的各种商务性活动，尤其是特意安排的活动内容，如企业会议、公司展览、员工培训、主题晚会、颁奖典礼等，因此，奖励旅游成为一种综合性的会展活动，充分体现了旅游与会展的交融性。

（二）奖励旅游活动的策划模式

奖励旅游活动根据活动策划者性质的不同可以分为两类模式。一类为委托企业外部专业奖励旅游机构策划（如旅行社、目的地管理公司、全方位服务的奖励旅游公司等）；另一类为企业内部部门自行策划（如企业旅游策划部、企业奖励旅游策划部、企业人力资源部等）。在分别介绍两种不同运作模式的策划流程前，我们应大致了解一下它们各自的优势与劣势，以供奖励旅游需求方参考，详见表 7-2。

表 7-2　奖励旅游不同运作模式的比较

运作模式	模式特点
委托企业外部专业奖励旅游机构策划	策划方案具有借鉴性。旅行社或专业策划公司通常会建立案例数据库，对案例进行分析、分类、存档。无论是成功经验，还是失败教训，都加以充分研究，以增长经验值，从而促使其专业策划能力得到提升。 专业性强。专业的策划公司通常有一整套市场调查方法与工具，为提出针对性的方案奠定了基础。 预算方案性价比较高。与供应商较成熟的合作经验，能更好的调节和控制活动费用，从而能给与委托企业更准确的预算审核建议。 专业的人员资源配合。专业策划公司是多部门的机构，不同机构有不同的职能。根据任务的具体情况，决定相应的执行人员及工作分配，以便分工协作、职责明确的进行准备，有助于顺利高效的完成策划工作。
企业内部自行策划	应变能力高。奖励旅游进行过程当中，常有一些无法预知的意外发生，打乱规划的行程是在所难免的，这就要求临时对行程做出修改，以保证任务能圆满完成。由于企业内部能用较直接的联系方式掌握上级的指示，在确定应变计划和风险管理执行中能节省时间，因此，能较小程度的影响奖励旅游参与者的体验满意度。 方案的适用性高。企业内部策划部门因与企业日常运作的高密度接触，能够在第一时间（计划制定前）明确企业策划活动的目的，并且能直接参与到参与者选拔制度的制定与执行计划中，因此，设计的活动方案能最大程度的针对参与者的需求，也能更好的实现活动的目的。 预算的灵活性高。尽管不能依靠每年多次大型活动的运作与较多优秀的服务供应达成较经济的合作费用，但由于企业内部计划与执行的特殊方式，使得预算能够较灵活的被分配到具体的不同的活动项目中。

　　根据奖励旅游活动的特点以及企业自身资源的可配合的程度，企业可以考虑将全部或部分活动委托专业的策划机构去操办，或是由企业自行策划。

第二节　外包型奖励旅游活动策划的流程

　　在策划奖励旅游活动时，如果希望委托专业的奖励旅游策划公司提供策划方案，那么整个计划的操作流程将大致如图 7-2 所示。其中，虚线部分需要企业方面负责参与、或提供相关资讯。

一、挑选专业的奖励旅游活动策划公司

　　企业决定将活动委托给外部的专业策划公司筹备时，可根据以下几点来衡量策划公司的能力。

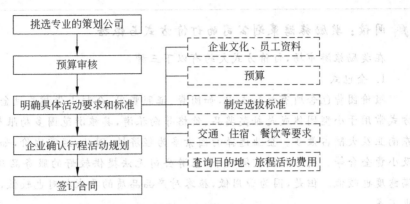

图 7-2　外包型奖励旅游活动策划操作流程

① 该策划公司有较高的服务品质；

② 该策划公司对奖励旅游需要有一定的认识（专业知识）；

③ 该策划公司对奖励旅游的策划有一定的经验（提供成功的案例供参考，以及客户的评价）；

④ 该策划公司的信誉与财务状况良好；

⑤ 该策划公司提供的保险额度及是否有海外急救助项目；

⑥ 该策划公司提供的产品价格与品质是否成正比；

⑦ 与该策划公司交易的条件与方便性；

⑧ 该策划公司在旅游专业杂志上相关报道；

⑨ 该策划公司在有线与无线电视上的报道；

⑩ 该策划公司能帮助企业制定选拔参加奖励旅游活动员工的评定标准；

⑪ 该策划公司提供的策划案例具备一定的激励效用；

⑫ 旅游活动事件安排是否适当与方便性；

⑬ 该策划公司提供的策划案例能提出创意主题，以便使计划的影响力最大化和尽可能的持久；

⑭ 该策划公司能提供应急方案。

　　企业在选定合适的策划公司后，也可比较活动涉及的产品的其他供应商，联络所选目的地的国家旅游局及本地办事处，查询其可提供的服务类型，并对住宿、交通所需费用进行调查。

二、审核预算

　　企业需要将预先设定的费用预算告知专业的奖励旅游策划公司，再由策划公司参考策划的内容列出详细的费用清单供企业审核。

阅读：奖励旅游策划公司的订价方式与依据

在奖励旅游市场，订价方式大约有以下三种。

1. 全包式

报价团费包含所有旅行支出，如团费、证照费用、全程小费相关税金与保险等。此方式常用于小型团体或是抽奖奖品、价格导向旅游，其旅游范围多局限与亚洲地区，以东南亚及大陆占最多。企业选择的因素多为经济性，因此，经常比价，如无额外旅游以及小费全含等。因为利润空间狭小，旅游公司无法提供较好的服务品质，所以旅客的满意度也较低。但是，因为费用低，旅客对产品品质的要求相对也较低，所以客户抱怨也不多。

2. 选项式

一般用于大型奖励旅游团体或是国民旅游，因为人数多，且服务内容复杂，故将各项服务以表列清，并显示单位售价，让企业可以自己决定选用需要的服务内容，届时依照项目与售价乘以旅客人数便可计算出实际费用。

3. 混合式

一般常见于外商公司的大型海外奖励旅游团体，为了配合企业财务政策要求，旅游公司在与企业谈妥服务费计算模式后，将可提供的服务以底价用列表方式报价，服务费采用每位旅客收取定额服务费或是团体总支出额的定额百分比模式计算。结账时，旅游公司须提供原始支出凭证给企业申报用，或是同意企业在一定时期内要求旅游公司提供原始支出凭证与账目，以接受企业的稽核单位核查。

专业奖励旅游公司需要向企业用户提供一份奖励旅游活动报价表。奖励旅游活动报价表是合约的重要组成部分，特别需要强调的是报价表一定要列出每一项支出的明细，如机票、酒店住宿、会场、用餐、导游等都要分门别类地写明具体的数额及详细说明。

案例：某奖励旅游活动报价单

单位：元（新台币）

项　目	金　额	说　明
住宿	6 720 000	大亿丽致酒店 4 000×420 人×4 晚＝6 720 000
餐费	1 302 000	合菜餐费＝1 302 000
晚宴	1 156 000	晚宴布置费用＋餐店费用＝ 906 000
		主持人＋表演人员＝250 000
		奖品＝59 000（台南市政府＋新光三越赞助）

续表

项　目	金　额	说　明
		优人神鼓(交通部观光局赞助)
交通费	6 780 000	机票(来回) 15 000×400 人＝6 000 000
		游览车 10 000×10 辆×5 天＝500 000
		高速动车(软座) 700×400 人＝280 000
其他费用	1 588 000	门票 300×400 人＝120 000
		保险＋税金＋导游＋小费＝1 330 000
		虱目鱼丸体验活动 30×400 人＝12 000
		SIM 卡 300×400 人＝120 000
		创意伴手礼 36 000(台南市政府＋交通部观光局赞助)
总计	17 546 000	
人均团费	43 865	

三、具体活动策划

(一)企业需要提供的资料

在采取外包模式进行奖励旅游活动策划和组织时,企业应该注重了解如何配合专业策划公司进行活动策划。例如,企业需要给策划公司提供基本的资料,供相关策划人员制定行程及具体安排。

一般认为,委托企业需要向专业奖励旅游公司提供的基本资料包括:

① 客户奖励旅游的实际目的;

② 企业特征与背景,特别是企业文化特征;

③ 企业和奖励旅游参加者对活动行程及内容的特殊要求;

④ 依据绩效标准确定的奖励旅游活动的团体人数;

⑤ 对于奖励旅游预算的分配。

(二)奖励旅游计划书的内容

专业奖励旅游公司应依其专业技能为企业提供奖励旅游策划的建议,并提出包括执行计划与预算表在内的奖励旅游计划书。

奖励旅游计划书一般应该明确表示奖励旅游过程中的服务标准,其主要内容包括。

(1)旅游目的地:奖励旅游的目的地,如是一地,还是多地。

（2）参加奖励旅游的人数及人员构成，如年龄、性别、职员或客户、一般职员或公司领导等。

（3）住宿标准：一般需要明确，旅游酒店的名称、等级、位置、设施、地址与电话等。可以根据企业的要求，搜集目的地酒店资料，向企业推荐 3 家左右的酒店，并简单介绍酒店的客房、会场以及相关的娱乐设施等方面的信息，让企业对即将入住的酒店有一个大体的了解，并通过介绍从中选择出最满意的酒店。

（4）餐膳标准：如旅行中拟安排的餐厅名称、用餐标准、菜单、地址、预计用餐日期与时间。

（5）交通工具：航空班机、轮船、火车、游览车、缆车与其他交通工具；需要明确运营商、款型、舱等、时刻表、搭乘时间、车龄、驾驶员经验等。一般客户会给出一个大体的标准让奖励旅游策划企业来推荐相关服务。

（6）活动安排：一般包括旅游行程表、停留时间与观光地背景资讯。策划书中应对设计的旅游线路及旅游景点进行简单的介绍，穿插相应的图片，让客户公司对将要参观的旅游目的地景点和景区有一个直观的感受。

（7）保险：主要说明为旅行团的参与者提供的险种，如履约责任险或旅游平安险（此两种保险是不同的）、意外医疗险、交通工具保险等；

（8）护照与税金：需要说明有关签证、护照、机场税、燃料税等费用是否已包含在团费内；是否具有特别国家或地区签证办理方面的优势。对于出境奖励旅游活动项目而言，签证的办理是一个重要的组成部分。

（9）导览与相关服务费：需要明确是否派有合法执业证书的导游与国际领队随行，以提供导览服务与起居照顾；相关的服务费和消费是否已包含在团费内？

（10）明确具体需要举行什么类型的活动，如大型会议、小型会议、团队建设活动、大型晚宴、游览等。

（11）特殊服务：如主题宴会和鸡尾酒会，饮料消费模式（如酒精饮料或开放吧台式服务），内容与节目流程，场地租赁与布置，声光音效器材租赁与编排，小礼物建议，当地媒体采访与报道，举办慈善活动，休息站惊喜活动安排，办公室与通信中心装置，额外旅游及其费用等。

案例：微软大中华区 2010 年员工奖励旅游活动与年度大会策划案

活动名称：微软大中华区 2010 年员工大会

举办时间：2010 年 7 月 7 日—9 日

举办地点：中国杭州

活动内容：游览活动与员工年度会议结合（举办场地：浙江省人民大会堂）

2010 年 7 月，微软大中华区 2010 年员工奖励旅游活动在杭州举行。这是微软公司首次在中国大陆举行大中华区员工活动大会。微软大中华区 CEO 梁念坚称,微软选择在杭州召开员工大会。

风风火火的大会开场

信诺传播为本次微软大中华区员工大会提供会议安排、住宿、晚宴等方面的服务。7 月 6 日晚上,信诺传播的工作人员和微软的工作人员一起在现场进行会议的最后准备工作,他们对现场的音响设备和灯光反复进行调试,同时,对 7 月 7 日当天的会议流程进行彩排。

大会的开场是一个非常重要的环节,在微软的文化里,这是所有高管要出节目娱乐员工的地方。这个环节,最初有 4 套方案。大会开场最后选用的是"击鼓舞狮"这套方案。事实也证明,这个开场是极为成功的,在场的员工疯狂鼓掌、尖叫、吹喇叭、敲桌子,现场就是一场狂欢。

草地上的大 party

7 日晚,是一个 party,1 000 多人一起吃、一起玩。在西子宾馆的大草地上,露天,自助餐,自己的节目,很 high。所有人都就很期待这个 disco party,因为,大会期间大家都穿统一发的 T 恤,但晚会的时候,就可以穿很 sexy 的礼服,一起跳舞狂欢。

为微软效力 6 年的张先生特别喜欢的一个节目,是由微软的各位高管一起完成的。他们组了一个乐队,键盘、贝司、吉他、主唱,一应俱全,唱的都是经典的英文老歌,听起来很专业,很有乐队的范儿。晚会对各个节目进行评选,优秀节目还将代表微软中国去参加微软全球的年会。

资料来源:杭州会议与奖励旅游官网,笔者有调整,2010

(三)奖励旅游活动策划的注意事项

如果企业选择委托专业奖励旅游策划公司提供整体方案并配合执行方案,那么需要注意以下事项。

1. 注意与策划公司的充分沟通

策划公司在接受奖励旅游项目委托之时,难以或者怠于对企业特性与背景、管理理念及其实施奖励旅游的实质目的进行深入了解与领会,这样就容易造成旅行社提供的奖励旅游产品的功能与企业的预期需求不符,从而使企业或者奖励旅游消费者对奖励旅游产品的不满。因此,旅行社在难以获得详实企业信息的情况下,需要更多的与企业有关部门进行沟通,这样才能最大限度地满足企业的需求。

2. 避免用团队化的操作方式

由于奖励旅游还处于发展的初级阶段,因此,许多策划公司为了操作上的方便,会按照模式化的团队旅游操作方式来套用奖励旅游,其效果未必理想。因为奖励旅游不但是一种旅游方式,更是一种管理手段,而管理思想具有艺术性,这就要求管理者要具体情况具体分析,因事、因时、因地制宜。实际上,目前不少专业奖励旅游策划公司在设计奖励旅游产品时,往往忽略了奖励旅游产品设计独一无二的最高指导原则。

3.旅行社设计奖励旅游产品缺乏变通

奖励旅游活动与其他旅游产品不同,不仅从活动策划实施到企业深层次目标的实现,都是一个长期的过程,而且作为一种正强化的奖励措施,企业一旦采取奖励旅游作为奖励方式,年年都需要有相应的活动,才能保持奖励效果。而实践证明,正强化的奖励措施如果采取变化的、不固定的形式将更有利于组织目标的实现。

四、企业确认行程活动规划

企业一般会因其自身的特殊情况,对奖励旅游行程提出特殊要求,这就需要组织奖励旅游的策划公司注意企业的特殊要求以及注重本次组团的特殊之处,如特殊饮食、主题晚会或惊喜派对等。策划公司须事先与企业充分沟通,而不是给企业提供千篇一律的产品策划方案。

五、付款条件及要求

策划公司需要告知客户具体的操作流程、必要的投诉和监督机制以及处理投诉的具体解决方案;说明可以结算的币种、可以接受的结算方式和具体的团费结算期限。

六、签订合同

签订合同时,双方需要注意的问题:合同中的责任和权利应对等;职责分明;有关费用的条款应该完备(如应有条款对于提前支付以及环境变化时的应对处理加以说明和限定)等。

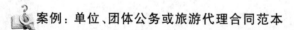 案例:单位、团体公务或旅游代理合同范本

合同编号:

单位、团体公务或奖励旅游代理合同

甲方:

地址:

电话:

传真:

乙方(组团社):

旅行社业务经营许可证编号:

经营范围：入境旅游业务、出境旅游业务、国内旅游业务

地址：

电话：

传真：

乙方系具有经营出国旅游业务资质的旅行社，能够为甲方单位人员或乙方所组织人员（下称"团员"）提供差旅、考察、会议、展览服务、奖励旅游等公务活动。

如甲方系国家行政机关单位或合法注册的事业单位或社会团体，委托甲方为其差旅、考察、会议、展览等公务活动，代办交通、住宿、餐饮、会务等事务。

如甲方系合法注册、存续经营的企业，委托甲方为其差旅、考察、会议、展览、奖励旅游等活动，代办交通、住宿、餐饮、会务、旅游安排等事务。

以上两类均简称公务活动

甲方单位性质为：

本合同性质为：1. 差旅、考察、会议、展览服务代理合同；2. 奖励旅游合同。

据此，根据中华人民共和国有关法律法规的规定，本着平等互利、诚信合作的原则，双方经友好协商，就乙方向甲方提供公务活动服务事宜达成合同如下：

一、单独组团

甲方委托乙方代办公务活动，乙方同意为甲方团员公务活动单独组团。

二、行程安排及服务内容

1. 公务活动的行程时间为　　年　月　日至　　年　月　日。

2. 乙方为公务活动提供如下服务：

（1）代订酒店、代付酒店费用；

（2）代订公务活动需要的交通、场地、餐饮、广告、通讯等相关费用。

3. 具体的公务活动行程安排及代办服务内容详见行程。

三、服务费用

（一）乙方提供代办服务收取的服务费用

1. 交通费（含附加税费）；

2. 公务活动住宿费用；

3. 公务活动餐饮费用；

4. 公务活动租用的会议场地费用；

5. 公务活动考察项目支付费用；

6. 团员公务活动意外伤害保险费；

7. 甲方需要乙方代为支付的相关公务活动费用；

8. 乙方提供代办服务费。

（二）服务费由甲方在公务活动结束后全额支付，同时乙方按照规定提供等额的发票

费用构成：

第一部分：

第二部分：

总费用：　　元

四、不可抗力和意外事件

不可抗力：是指不能预见、不能避免并不能克服的客观情况，包括因自然原因和社会原因引起的事件，如自然灾害、战争、罢工、重大传染性疫情、政府行为等。

意外事件：是指因当时人故意或过失以外的偶然因素而发生的影响公务活动或旅游行程的事故，如列车、航班晚点或取消、恶劣天气变化、交通堵塞、重大礼宾活动等。

对于出现不可抗力和意外事件所造成的公务活动及意外事件取消或延误，双方都不承担违约责任。对于已经出现的损失，根据公平合理、互谅互让的原则双方协商解决。

五、法律适用和争议解决

1. 本合同适用中国法律并按其进行解释。

2. 因本合同产生的任何争议，应由双方友好协商解决。不能协商解决的，任何一方有权向中国国际经济贸易仲裁委员会申请仲裁并适用其仲裁规则。仲裁在北京进行。仲裁裁决是终局的，对双方均具有约束力。

六、其他条款

1. 本合同下的附件构成本合同不可分割的一部分，并与本合同具有同等法律效力。

2. 本合同构成双方之间就公务活动或旅游服务事宜的完整协议，将取代此前双方达成的任何书面或口头协议。

3. 双方应对因本合同而知悉的对方各种信息予以严格保密，该等保密义务不受合同履行期的限制，在本合同终止后继续有效。

4. 每一方均应全面履行其在本合同项下的义务，否则应向另一方承担违约责任。

5. 本合同自双方法定代表人或授权代表签字并加盖双方公章后生效。

甲方单位签字（盖章）：　　　　　　　　组团社签字（盖章）：

甲方代表签字：　　　　　　　　　　　　乙方代表签字：

联系电话：　　　　　　　　　　　　　　联系电话：

签约地点：

签约日期：　　　年　　月　　日

第三节　企业自行策划奖励旅游活动的流程及指引

如果企业采取自行策划的方式组织奖励旅游活动,则其具体的策划流程如图7-3所示。

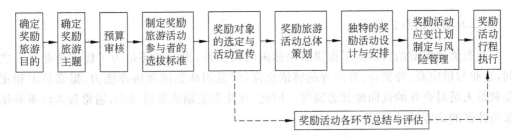

图7-3　企业自行进行奖励旅游策划的操作流程

一、确定奖励旅游活动目的

在策划筹备阶段,企业需要做出奖励旅游的决策,并提出大致的实施要求,确定奖励旅游的活动目的。那么如何来确定活动的目的呢? 奖励旅游活动是单纯当作奖励的一个选项? 还是要在旅游中,拨出时间让参加者分享成功经验,并加强其专业知识与管理技能? 还是安排参访总公司、分公司、生产线、上下游厂商,让参加者得以实地了解产品内容,并将企业文化更深度的植入心中? 或是借由这次旅游让所有参加者知晓组织营运愿景并宣告下次促销计划。通常会被纳入考虑范畴的目标有如下几类。

(一)慰劳鼓励员工及其家属

作为一种纯粹的奖励,奖励旅游的目的主要是慰劳和感谢对公司业绩成长有功的人员,疏解其紧张的工作压力,旅游活动安排以高档次的休闲、娱乐等消遣性活动为主。

案例:企业的奖励旅游活动策划片段

某企业在设计奖励旅游的交通工具时,为了达到预期的效果,特地租了一架飞机,无论是飞机座椅还是靠枕上,都有这家企业的标识;在目的地机场,悬挂有该企业的旗帜和横幅,还有专门的迎宾人员负责接待。

"只要客户提出要求,我们可以安排各种项目。比如,到澳大利亚的奖励旅游团,我们可以安排帆船竞赛,夜晚可以欣赏悉尼港夜景,甚至租下邮轮举办晚宴。"倪晖(中旅国际会议展览有限公司常务副总裁)表示。个性体验和专业服务是奖励旅游的特色之一。

阿斯利康中国制药有限公司的1 200人在新加坡进行奖励旅游的时候,在晚宴现场,当团员们觥筹交错之际，台上卖力演出助兴的是阿杜。

花旗银行在新加坡开奖励年会的时候，为了给有突出贡献的销售人员一个惊喜，工作人员秘密邀请了销售人员的家人来到新加坡，让他们参加这次特殊的奖励游。据当事人回忆，当主持人邀请坐在台下的员工家属走上台与自己的亲人同享荣誉的一刻，员工与亲人抱成一团，泣不成声。这个特别设计的环节令受到奖励的员工倍感骄傲。

（二）增进团队的建设

此类奖励旅游的目的除了提供放松休闲的机会外，更多的还是为了促进企业员工之间，企业与供应商、经销商、客户等的感情交流，增强团队氛围和协作能力，提高员工和相关利益人员对企业的认同度和忠诚度。因此，在此类奖励旅游活动中，通常较为注重安排参与性强的集体活动项目。

 案例：A企业拓展训练营的总体策划

一、活动目的

员工拓展培训活动通常都希望通过组织活动，能够更有利于培养员工之间的有效沟通、相互坦诚与信任、对企业的忠诚、感恩与欣赏。

二、活动目标

① 突破自我设限培训方案，开发潜能，主动创新；

② 提升有效领导能力；

③ 提升工作满意度及成就感；

④ 更新生命的方向感；

⑤ 在自我尊重、开阔心胸和生命力方面有所获得；

⑥ 强化人际关系满意度、接受度和愉悦度；

⑦ 建立员工负责任、积极、主动、乐观的主人翁心态；

⑧ 建立员工的忠诚度及与企业共赢的伙伴关系，与企业共同持续成长和发展；

⑨ 促进团队相互协作；

⑩ 发挥团队的核心竞争力；

⑪ 创造卓越的企业成就。

三、活动项目内容

项目一：团队建设旗人旗事

项目介绍：反映出团队的智慧，更能折射出团队文化建设，增强学员的归宿感及凝聚力。挑选属于自己的队长，创建属于自己的队名、队歌、队形。

培训目标：提到企业文化，似乎就觉得高深莫测，然而，它每时每刻都从企业员工外表形象和行为举止中流露出来。

项目二：急速时限

项目介绍：在离起点大约 30 米远处，有一个圈，里面散布着若干张写有数字的纸牌，按照数字顺序依次拍打完圈内所有数字后全体返回起点。

培训目标：

① 体现团队凝聚力；

② 突破发展瓶颈。

活动执行表

参训单位	A 企业	
参训地点	A 企业拓展训练营	
参训人数	120 人	
带团教练	×××	×××
分组人数	60 人（1～4 组）	60 人（5～8 组）
08:00	出发前往训练地	
09:00～10:30	融冰、热身、分组	
10:30～12:30	时速极限	智运圆桶
12:3～13:30	午餐	
13:30～14:30	珠行万里	时速极限
14:30～15:30	智运圆桶	珠行万里
15:00～16:30	胜利墙、总结	
16:30～17:00	体验高空拓展训练项目（断桥、单杠、攀岩）	
17:00	返程	

高空体验项目

项目一：攀岩

项目介绍：以个人为挑战对象，通过攀岩的岩壁，向不可能说再见。

培训目标：

① 有助于激发员工向自我挑战的精神；

② 有助于磨炼个人的意志力；

③ 有助于培养沉着冷静的性格。

四、拓展培训的费用

本次培训费用为 210 元/人，费用包括以下部分：

① 课程设计费用；

② 培训导师全程培训费用；

③ 场地、器材、设施设备的使用费用；

④ 学员饮用水费用；

⑤ 场地责任险；

⑥ 午餐；

⑦ 往返交通；

⑧ 培训光碟一张（活动照片）。

拓展训练服务预订单

客户公司名称			
联系人		客户抵达时间	
销售员		联系电话	
跟进教官		预计消费	

备注：各项消费明细如下；按实际人数实际消费收取费用。

拓展训练营

培训日期	培训时间	培训类型	培训人数	培训费用	服装费用	合计

实到人数：　　　　　　　　　　实收费用：/人

餐厅

日　　期	时　　间	预定人数	菜单款式	费　　用

实到人数：　　　　　　　　　　实收费用：

住宿

入住日期	退房日期	房间类型	数　　量	价　　格

实到人数：　　　　　　　　　　实收费用：

财务结算情况：活动费用在进入训练营时一次性结清。

备注：

经营质管部：

财务部：

总经理室：

（三）为不同群体提供培训

企业还会将员工培训与奖励旅游的过程相结合，在旅行的过程中，为员工、经销商、客户等提供某些方面的培训，其中，最常见的为销售培训。将旅游活动与培训结合，达到寓教于乐，可以更好的提升培训效果。

小贴士：奖励旅游活动的目的

公司购买使用奖励旅游的目的包括：

① 提高总销售量，增加市场分享率；

② 增强士气，鼓舞干劲，提高雇员的生产效率和工作效益；

③ 销售新产品；

④ 介绍新产品；

⑤ 销售滞销产品；

⑥ 抵消竞争性的促销；

⑦ 支持淡季销售；

⑧ 帮助销售培训；

⑨ 取得更多商店陈列品，支持客户促销；

⑩ 减少事故发生率；

⑪ 改进出勤率。

由于不同企业购买奖励旅游的目的是不同的，因此，策划者应遵循企业的目的来进行策划，并在此基础上依企业的奖励目标来计量明确的人数，并协助企业进行内部宣传及配额的选定，以更好地树立正确的观念，提供更好的产品与服务。

二、选择活动目的地

目的地选择在奖励旅游产品设计中的地位至关重要，它影响奖励旅游主题的设计，决定了奖励旅游线路的设计。奖励旅游活动所选择的目的地必须令人兴奋，通常不需要什么宣传，就能受到大众的欢迎，例如中国香港、夏威夷、拉斯维加斯、伦敦和巴黎等。

影响目的地选择的因素包括活动目的、预算和成本、交通便利性、观光活动等。具体参见表 7-3。

表 7-3　影响目的地选择的因素

因素类别	说　　明
预算和成本	成本——交通和到达的费用支出如何 时间——旅行时间和距离如何，会造成多大的机会成本 花费——目的地的消费水平如何 价格——饮食、住宿、景点价格水平如何
交通便利性	距离——多久能够到达，会影响行程安排紧凑与否 方式——采用何种交通方式 障碍——出境游对签证、海关的旅行限制程度如何
旅游资源	丰富多彩的旅游吸引物： 能激起会议与奖励旅游者的热情和兴奋。如加勒比海岸、野生动物和自然景色、独特的风俗、盛大的节庆活动等
观光活动	自然和文化景观——建筑物、博物馆、纪念碑、景点、公园、历史遗迹等 异族情调——异族节日、歌舞、旅游纪念品、饮食等 社会风情——经济建设成就、城市面貌等
接待设施	会议、展览设施 休息娱乐设施（高尔夫球场、spa 等） 环境卫生条件
其他	娱乐——酒店、酒吧、剧院、夜总会 购物——购物中心、百货商厦、低价格等 气候——天气状况 消遣——有无节会或体育赛事活动 声誉——是否是旅游者向往的地方 业务机会——与目的地是否有业务联系 政治治安稳定与否 签证及出入境手续简便 旅游地点是否重复，或已去过很多次 当地物价水准

三、确定奖励旅游活动的主题

　　主题是活动的核心，主题应服务于活动所希望达到的目标。由于奖励旅游的旅游主体具有双重性，既包括被奖励的员工、经销商或代理商，也包括组织旅游的企业本身。因此，在策划选定主题以及展现主题时，需要进行双重的主题活动策划，以实现活动的目的。主题的设定也涉及活动内容的策划、旅游目的地的选择、具体的行程安排和其他特色的编排等，因为，活动的主题最终需要通过活动的内容与形式加以表现。以香港为目的地为例,有美食文化之旅、流行风尚之旅、安逸悠闲之旅、活力运动之旅等主题旅程可供策划者选择。倘若目的地景点较少,则可选择该地较具有代表性的特色的行程,或以目的地名称为主题。

企业在进行奖励旅游活动的主题设计之时,需要综合考虑以下因素。

1．企业的背景

企业背景信息一般包括企业的性质、主营业务、公众形象、员工结构、实施奖励旅游的原因等。例如,以年轻女性参与者居多的奖励旅游,就可以设计成时尚购物之旅;而以年轻男性参与者居多的则宜设计成活力运动之旅。

2．奖励旅游的实施时机

企业文化还有特定时间的针对性,因此,旅行社必须明确奖励旅游活动企业期望实现什么目标。例如,时间如果选择在某销售计划圆满实施之后,主题设计就应该考虑庆功的因素;而如果是选择在年终,就应该考虑表彰的因素。

3．奖励旅游的目的地

不同目的地的旅游风格不同,如果选择的是历史文化名城,如南京,就可以将主题定位为寻访秦淮旧影;而如果是风景名胜地,如黄山,就可以将主题定位为极品黄山之旅。

4．选择的奖励旅游形式

目前的奖励旅游形式较为多样,如商务会议旅游、纯粹的休闲观光、户外拓展、自驾游、自由行之类。例如,选择自驾车形式,就可以将主题设计成车在旅途,突出游客驾驶的感受,围绕旅途设计项目,如设计路障使游客体验征服的快感。

以言简意赅的语句作为奖励旅游活动的名称和口号,如"2012年超级明星之旅","企业主人之旅"等。此类标识可以用于团队队旗、横幅以及宣传资料的制作,有助于在旅游过程中,强化主题,营造热烈浓重的活动氛围。

四、确定奖励旅游活动的预算

良好的财务预算是成功筹办奖励旅游活动的基本要素之一。企业需要决定将多少比例的销售或利润增长用于奖励旅游计划。在确定了可用于奖励旅游的资金后,还需要将相关资金在不同的项目上进行分配。一般情况下,企业在奖励旅游策划项目中的主要预算及各自的分配比例如下。

1．奖励旅费(约占预算的70%～75%)

这部分费用应包含往返交通、所有的活动费用、当地交通、住宿、餐饮、晚会和其他社会活动及会议、礼物和日用品、促销材料,以及需要缴纳的各类税金等。

2. 沟通促销费（约占预算的 10%-20%）

这部分费用主要是用于制作向参加者介绍活动目的的资料费和相关邮寄费。

3. 管理费（约占预算的 5%-15%）

管理费用于评估、跟踪、记录参加者的反响，监督奖励旅游的实施情况。

4. 汇率

大型出境奖励旅游因为人数与执行细节多，至少需要提前一年便开始筹划。因为筹备时间较长，无法对远期的外汇汇率作准确的计算。因此，基于平等原则，企业与相关服务供应商在策划书或合约书的预算上应表明汇率计算基准，并制定汇率变动的容忍极限。倘若汇率变动幅度超过该极限值时，一方可以依照约定要求另一方追加预算或是退还差额。

五、制定奖励旅游参与者的选拔标准

在制定策划方案前，必须先行明确制定奖励办法。在制定办法时，除预算外，应考虑该奖励旅游的目的地是否对被奖励者具有吸引力。奖励旅游产品需要在正确的时间提供给适合的人群，才能较好的实现激励企业员工的目的。在选择接受奖励的员工时，通常需要设定一个目标，即达到或超越相关目标的群体，可以被选中参与相关奖励旅游。选拔标准的制定通常要满足以下特征：具有挑战性、可实现性、可衡量性、公正性、可量化性和普遍性等。

可见，设定的奖励旅游参与者的选拔标准应该既富有挑战性，同时，又要让员工和经销商能达到或超过。只有当选拔的标准透明、公正且可行时，员工才能将认同转化为行动，从而带来积极的影响。因此，这个目标要量化，还要有时间限制。例如，一个化妆品公司所设定的奖励旅游的参与标准为，截止到 12 月 31 日，卸妆液要增加 100 万元人民币的销售额。

通常，奖励旅游活动的策划者在制定选拔衡量标准的特性外，还需留意以下关键点，以帮助制定更为科学的选拔标准。

① 决定负责此次旅程的领导或执行人员，这些人可能也必须符合某些资格；

② 听取雇员的意见，如奖励旅游的策划小组可以包括各阶层员工，让大家一起进行筹备工作；

③ 企业应了解希望提升的是企业哪一方面的生产力；

④ 在征选的过程中必须保证透明度；

⑤ 参加者的资格是否能有效和公平的被评定；

⑥ 评定标准与企业环境的适应性和可行性；

⑦ 制定选拔评比执行日程表；

⑧ 在计划展开前,向目标群体说明有关规则和奖励详情;

⑨ 预先建立参加者的数据库,方便输入成绩;

⑩ 在宣布计划开始时,举办一些特别仪式;

⑪ 设立询问处或专职小组,用以迅速和正确地解答计划参加者和管理人员的疑问;

⑫ 在每月末或销售期或项目总结会过后尽快公布成绩;

⑬ 持续宣传奖励计划,并定时重提行程的特色和精彩环节等;

⑭ 定期检视,定期与不定期的进行成绩通报。例如,某员工已经率先取得奖励旅游的资格;某个工作小组的绩效仅差若干便可全组前往旅行等。维持资讯内部传播畅通,让其他人产生见贤思齐之心,从而收获奖励的效果。对落后于目标的参加者加以指导或训练,对成绩领先的参加者作出鼓励,以使他们继续努力;

⑮ 公布合格者及获奖者名单;

⑯ 活动策划前,确定所有行程安排及参加人数;

⑰ 在某些情况下,如无法如期进行奖励计划,公司有必要给雇员一个完善的交代。

六、制定奖励旅游活动的宣传计划

专业的内部沟通与宣传,对于奖励旅游活动的成功实施也十分必要。因此,企业需要做好奖励旅游活动前期的宣传。

(一)开展持续猛烈的宣传攻势

举办奖励旅游需要相对较长的时间进行规划,从企业年度的目标设定、绩效评估标准到奖励旅游地点的选定等,都需要仔细推敲和商定。在奖励旅游活动策划基本完成后,可举行隆重的形式(如召开动员大会)宣布奖励旅游计划,并鼓励企业全体成员积极投入到争取奖励旅游资格的活动中。

此外,企业还可制作大型海报张贴在显眼处作为宣传,并可举办小型的分享会,邀请往年入选的员工来分享奖励旅游的难忘体验;企业还可开办讲座渲染旅游产品的吸引力。例如,企业设定的下一个奖励旅游地点是法国,那么企业应该从现在开始,就通过电子邮件系统每个月对全体员工进行宣传,介绍法国在自然、人文等方面的有趣资讯。然后,定期或不定期的由策划人员给企业员工做简报,介绍如何品味法国美食,如何鉴赏文艺复兴建筑等,让员工在尚未成行前便能感受到法国的魅力。同时,产生扩散效果,让有兴趣的员工更努力地朝目标迈进,产生正面的循环效应。

(二)准确的时机选择

对于奖励旅游者而言,奖励旅游活动的持续期限不是指从旅游行程的开始到结束,而是从奖励旅游计划宣布时就开始,包括他们为争取参加奖励旅游所需要的达标时间。因此,对于参与奖励旅游资格的选拔时间需要有一个明确的限制,这一期限不宜过长,绝大多数在3~6个月,一般不超过1年。

(三) 以沟通的方式来宣传

奖励旅游策划者还要与奖励旅游对象保持经常性的沟通,随时把奖励旅游计划的最新进展告诉他们,并与之进行充分、热烈的商讨,从而赢得他们热情的支持与配合。

七、奖励旅游活动的行程策划指引

(一) 奖励旅游策划中的误区

在奖励旅游策划过程中,导致活动效果不尽如人意的原因可以被归为以下几类。

1. 策划者对奖励旅游的本质认识不足

策划者对奖励旅游的本质认识不足,把奖励旅游简单的看成是企业福利,把奖励旅游混同于一般旅游、福利旅游等,从而导致奖励旅游成为单纯的观光休闲之旅,缺乏必要的内容和质量。

2. 策划者对奖励旅游的作用认识不足

策划者对奖励旅游作用认识不足,将奖励旅游和现金奖励、物质奖励等常规奖励方式等同。而奖励旅游从本质上说,是一种企业管理方式,其不仅是对参与者进行奖励,更是提升企业文化,打造企业形象的工具。

3. 策划筹备的过程和环节不到位

奖励不够吸引人,选拔标准不够明确,活动宣传不够到位,是奖励旅游策划效果不尽如人意的重要原因。有的策划者对于奖励旅游的目的不明确,在制订选拔标准时不合理,甚至完全没有把奖励旅游与奖励员工、提高绩效相挂钩。有的策划者没有充分了解企业目标、特点,未能将企业文化融入奖励旅游活动。在活动内容的策划方面,没有特别针对参与者的需求设计出较为独特的体验活动。

(二) 提升奖励旅游策划质量的指引

策划者可根据以下几方面的策划指引来提升活动的效果。

1. 加大宣传力度,提高企业认识

企业在吸引外部客户及合作伙伴参与奖励旅游活动的时候,不仅可以通过各种媒体加大对奖励旅游的宣传力度,还可通过明星效应进行宣传。如邀请名人主持企业颁奖盛事、参与奖励旅游活动等,名人的介入可以帮助奖励旅游得到社会的广泛认知。而作为奖励旅游的举办地及策划方,则应通过向企业宣传奖励旅游的成功案例,来介绍奖励旅游对

企业发展的好处,帮助企业正确认识奖励旅游的本质与作用,区分奖励旅游与物质奖励、现金奖励、一般旅游、福利旅游等概念,提高企业参与奖励旅游的积极性。

2. 活动策划应该以参与者为导向

不同的参与者对奖励旅游也有不同的期望,即便是同一个企业、同一批旅游者在不同时期的需求也不完全一致。因此,作为创造性旅游活动的奖励旅游,其策划方案往往是一次性的,较难重复使用。为此,策划者通常可采用问卷调查、典型调查、实地观察、信息筛选等方法来了解员工对旅游活动类型、旅游时间、旅游活动内容、旅游目的地等的偏好。策划者可以根据调查结果对奖励旅游进行分类,根据受众的不同偏好,采取不同的策划模式以满足其需求。一般而言,奖励旅游策划者需要分析的信息主要包括有以下几类:旅游组织者的信息、旅游产品的供需信息、社会背景信息等。

策划者需要在事前,对相关的信息进行调研,并对所获数据和信息进行分析。较为常用的方法,如使用问卷调查的方式对相关人群进行调研。

案例:对奖励旅游参与者的调研

为了更好地了解组织奖励旅游的企业员工对于未来的旅游体验的诉求和期望,奖励旅游策划者组织了一次问卷调查,主要侧重于调查受访者对于旅游产品的相关偏好和期望。问卷中询问了期望旅行的天数、对于旅游体验的诉求,以及较为感兴趣的旅游吸引物类型。

最终通过描述性的统计分析,得到如下结果:

从调查结果可知,受访者较为认可的旅游停留天数约为 3~5 天,5~7 天也有 40.8% 的受访者选择,因此,可以将奖励旅游的行程时间设计为 5 天左右。如表 7-4 所示。

表 7-4 受访者的旅游停留天数偏好

期待的旅行停留天数	频 数	比 例
2 天	18	7.9%
3~5 天	99	43.4%
5~7 天	93	40.8%
7 天以上	18	7.9%

从受访者对旅游体验的关注重点来看,最为重要的仍然是旅游景点是否对参与者具有吸引力,其次才是食宿条件。为此,在进行奖励旅游策划时,对于资源的投放,应该优先考虑旅游景点之选择,其次才考虑食宿的品质和品牌。如表 7-5 所示。

表 7-5　受访者对旅游体验的关注重点

对旅游体验的关注重点	频　数	比　例
当地治安是否安全	36	17.1%
食宿条件的好坏	48	21.1%
景点有无吸引力	117	51.3%
过程中是否有娱乐项目	24	10.5%

通过对受访者的旅游吸引物类型偏好来看,在提供的系列选项中,选择人数最多的为自然风光类吸引物,其次为度假养生类。为此,在具体的旅游目的地选择时,可以重点将自然型的度假养生地作为首选。如表 7-6 所示。

表 7-6　受访者对旅游吸引物类型的偏好

较为偏向的吸引物类型	频　数	比　例
自然风光类	108	47.4%
文化古迹类	27	11.8%
红色旅游类	3	1.3%
度假养生类	54	23.7%
智能冒险类	30	13.2%
宗教类	0	0
G. 其他	6	2.6%

通过上述分析,奖励旅游策划小组对于此次将参与奖励旅游活动群体的诉求与偏好有了一定的了解,因此,在设计奖励旅游产品时,也有了明确的方向。

3. 策划时应关注企业管理的目标

奖励旅游产品的策划是企业文化、企业管理理念与旅游服务项目的综合体现。企业应该明确奖励旅游的目的,事先设定管理目标并进行目标管理;奖励旅游必须量身订制,在接待规格、食宿标准、游玩线路、主题活动、会场安排、宴会布置等方面尽量融入企业文化和经营理念,以协助企业实现举办奖励旅游的管理目标。

案例：IBM 公司策划的"金环庆典"

IBM 公司的"金环庆典"活动属于企业内部的公共关系活动,不但影响到企业内部的建设,而且对其外部形象的树立与传播也有很大作用,对企业公共关系的发展有着极其重要的现实意义。美国 IBM 公司每年都要举行一次规模隆重的庆功会,对那些在一年中做出过突出贡献的销售人员进行表彰。这种活动常选择在风光旖旎的地方,如百慕大或马霍卡岛等地进行。对 3% 的作出了突出贡献的人所进行的表彰,被称作"金环庆典"。

在活动中,IBM 公司的最高层管理人员始终在场,并主持盛大、庄重的颁奖酒宴;然后,放映由公司自己制作的表现那些作出了突出贡献的销售人员工作情况、家庭生活,乃至业余爱好的影片。在被邀请参加庆典的人中,不仅有股东代表、员工代表、社会名流,还有那些作出了突出贡献的销售人员的家属和亲友。整个庆典活动,自始至终会被录制成电视或电影片,然后被拿到 IBM 公司的每一个单位去放映。

IBM 公司每年一度的"金环庆典"活动,一方面是为了表彰有功人员;另一方面也是同企业职工联络感情,增进友情的一种手段。在这种庆典活动中,公司的主管同那些常年忙碌、难得一见的销售人员聚集在一起,彼此毫无拘束地谈天说地。

"金环庆典"活动增强了企业内部的凝聚力与向心力,显现了企业文化的氛围。通过庆典活动,让对企业有功的人员亲身感受到企业高层主管对他们工作、学习、家庭及个人发展的关心,感受到企业大家庭的温暖;使公司内部更多地联络感情,增进友情,协调企业内部的人际关系。

"金环庆典"活动促使员工家庭和睦、健康。为企业做出突出贡献的销售人员的家属、亲友也被企业邀请参加庆典活动,这会使这些受表彰者的家属更多地了解自己的亲人在工作中的表现,使其家属在以后的工作中更多地支持亲人们的工作,使之多一份理解与关爱,从而保证这些家庭的和谐气氛。

"金环庆典"活动可以使企业员工的积极性更高,使企业形象更好,使企业的社会效益和经济效益得到同步增长。

4. 策划设计应注重创意体验

奖励旅游的活动策划除了对服务设施和质量的要求非常高外,还要极具创造性,要能让参加活动的人们获得与众不同的经历和体验。因此,可以考虑从以下的几个方面着手突出创意设计。

（1）活动形式的创新

目前,奖励旅游正呈现出新的走势,即奖励旅游朝着与会议、拓展培训相结合的方向发展。公司需要利用雇员集聚的机会,在给予奖励的同时,还要进行培训与会议,而不仅局限于纯粹的旅游活动。

（2）活动内容的创新

针对不少人喜欢寻求刺激体验的特点,可设计一些富有挑战性的冒险活动,让他们真正感觉到与众不同。在享受和刺激之余,有的参与者希望能在旅行中做些有意义的事情,为此,可以考虑在活动中设计有意义的社会活动,如志愿者服务、捐助书籍和衣物等,让旅游活动的参与者感受到作为一个社会人的责任和义务。此外,还可采取提供意外惊喜的操作模式,即事前不告诉参与者活动的形式和内容,让其在完全不知情的情况下获得意外之惊喜。

案例:具有较强参与性的创意奖励旅游

怎样才算是与众不同?以下是目前国内外奖励旅游公司在计划奖励旅游活动时常用的几种创意和思路,对选择旅游公司和设计旅游方案会有很大的帮助。

出其不意型

出其不意型就是事前不要告诉客人会有哪些具体的活动,要让客人在完全不知情的情况下获得意外之喜。

一家国内的旅游咨询公司就很擅长这一招儿。一天晚上,当他们带着一个荷兰奖励团来到长城脚下,并突然宣布晚上将在那儿享用一顿晚宴时,那些荷兰客人霎时间非常兴奋,有的甚至都激动得哭了。他们事先并不知道还有这样一个新奇的安排,着实被感动了一把。

而在如今足底按摩非常流行的情况下,也有公司出其不意而又恰到好处地为国外客人们设计了这项服务。曾有公司给一批日本客人制造过这样的惊喜:在吃完全聚德烤鸭返回酒店的半路上,司机突然说车坏了,赶紧下来吧,需要推一推。而当客人们都下车后,他们被告知路边有一个地方可以去休息一下,于是他们就被带着去做了足底按摩。

极富挑战型

对于许多年轻人和喜欢寻求更多刺激体验的人来说,仅仅出其不意似乎还很难让他们真正感觉到与众不同。他们喜欢冒险,他们想要参与更富挑战性的活动。

为此,曾有国内公司为一个国外奖励团设计过一个探宝活动。活动要求参与者先到前台去找一个穿红色衣服的人,得到一张纸条,然后再按着纸条上的提示去找线索。纸条上面写的全是中文,参与者首先得把纸条上的意思弄明白,当上面写着“你的节目单在你房间内”时,他就要回房间找到节目单;拿到节目单后再到某某站去坐地铁,然后到另一个站下车,再找下一个地方。整个探宝活动持续了一整天,所有的路线都是用中文写的,这就需要参与者不断向四周的中国人请教,对于许多不懂中文和初次到中国来的外国客人来说,真是充满了挑战。

而在国外,一些极富创意的挑战性活动在设计上更是到了挖空心思的地步。比如,曾有一个奖励活动是:当客人们来到了一个村子时,背后突然钻出了一帮警察,说他们违法了,要把他们带到警局里面去。整个活动俨然就像一部自导自演的好莱坞大片,游客们在短暂的旅行中获得了一种前所未有的体验。

社会意义型

在注重享受和刺激之余,也有的人希望能在旅行中做些有意义的事情,能够去关心和帮助一些需要帮助的人。

Ingram Micro 就为自己的 125 位客户安排了一个类似的活动：到夏威夷岛上去帮助无家可归的人搭建住处。客人们对自己第一眼看到的情景非常吃惊，但很快他们就积极地按照活动的安排行动起来了。到上午 10 点多钟休息时，这个特殊的工作组已经漆好了 19 个住处；然后，他们开始美化，并为住处的 43 个儿童建了一个操场。Ingram Micro 的 125 位客户都来自计算机公司，当他们看到当地落后的计算机室时几乎要晕倒了，他们捐出了 6 套计算机系统以及双人床、小货车等许多其他物品。

活动中所有的参与者都很积极。他们都很要强，希望自己的房子漆得比别人的好；他们还主动为无家可归的人筹集了 4 万美元，把当天的活动推向了高潮。

（3）活动体验的创意

为了更好的为企业和参与者创造价值，奖励旅游策划者可尝试设计出高参与性的活动，让参与活动的员工、经销商能获得不同的体验和心灵的触动。能够使参与者获得深刻印象体验的操作方法，一方面是举办类似典礼、主题晚宴的企业活动；另一方面则是提供类似潜水、越野车驾驶、野外拓展等项目。具有较强参与性的活动，能够使奖励旅游的参与者获得较为强烈的内在激励，这种内在激励比获得金钱或物质奖品更具荣誉感和公认性。难忘的体验会持续不断的让每位参与者都希望再次参与，并增加其他员工对参与这种体验活动的渴望，从而激发员工的工作热情，增强对企业的忠诚度。

范例：惊喜的奖励旅游活动体验

在马来西亚沙巴州首府亚庇（KOTA KINABALU,SABAH,MALAYSIA）举办奖励旅游，其中有一天安排清早自旅馆出门前往东南亚第一高峰神山国家公园（MOUNT KOTA KINABALU, NATIONAL PARK）车行时间约需约 3 小时。由于车程较长，沿途也无特别具有特色的地点可以游览休息，因此，策划者把当地原住民部落的市集整个搬到了距离旅馆约 1.5 小时车程的路边空地上，实景重现当地节庆与市集的景观。旅客抵达后，非常高兴的和原住民们以物易物，交换当地的手工艺产品。为了满足参与者使用洗手间的需要，策划者也提供流动洗手间让旅客使用。由于参与奖励旅游的人数太多，相对旅客人数，洗手间的数量还是不够用，为了让旅客有充分的时间使用洗手间及充分放松，策划者还安排了捐赠书刊和民生必需品给当地育幼院的捐赠仪式。此举进一步强化了奖励旅游企业的"世界一家"的国际观，有助于提升企业形象和强化员工对企业的向心力。此举也引来了当地媒体对此次行程和企业进行专访，并以头版头条新闻的方式报道。

最后，笔者此处提供一份整合上述所有要点的高效策划要点核对表，供相关人员参考，详见表 7-7。

表 7-7 奖励旅游活动的高效策划要点

奖励旅游活动的高效策划要点	自我评定
• 确定对参与者而言最适当的奖励方式。 • 明确是否邀请他们的伴侣。 • 明确最能激励参与者的旅行方式。 • 统计参与者曾经到过哪些地方旅行。 • 统计参与者心中的热门地点有哪些。 • 奖励旅游计划须持续多久才能达到预期效果。 • 是选择封闭式计划——奖励名列前茅的少数人,还是选择开放式计划——奖励任何能达到既定目标的人? • 提醒管理层有关奖励旅游计划的目标和参与的人。 • 为整个计划制订预算,包括行政、推广和奖金等费用。 • 选定旅游目的地后,进行实地视察,掌握预定行程的全盘费用资料。 • 选定负责这次奖励旅游的各家供应商。 • 向合格者派发资料,方便他们作行前准备。 • 提供奖励行程之后自费逗留的旅游信息。	
• 整理所有参加者的数据库,把名单发往航空公司、酒店、地面工作服务公司和各供应商。 • 订出房间分配名单和确定可升级入住套房的人员等。 • 进行后期制作工作,包括印制有公司名称、标志的行李标贴、帽子、文化衫等。 • 列出所有地方名称的卡片、菜单、乘客名单,订出飞机、晚宴和颁奖礼的座位表。 • 把特别的餐饮要求发往酒店、航空公司及其他服务商。 • 与航空公司商量安排特定地点,办理团队登机手续。 • 向团员派发有关目的地的资料。 • 跟各供应商结账,向参加者收取费用、代支或行程后自留费用等。 • 订出流程日程表,分发给各供应商及参加者。 • 在出发当天,在团队集合之前先到达集合地点,并预留时间检查行程的每个细节。	

八、奖励旅游活动的具体设计

奖励旅游活动的具体设计内容如图 7-4 所示:

活动行程设计主要包括以下内容:线路/产品名称、奖励旅游活动形式、活动目的地、活动具体路线、交通方式和住宿餐饮娱乐安排等。

为体现奖励的特质,在经费允许的情况下,可以考虑使用相对豪华和高规格的交通工具,如豪华游轮、加长豪车、豪华巴士、直升飞机、包机服务等。在选择交通工具时,基本的原则是要选择快速、舒适及高效率的交通工具以减少途中时间。

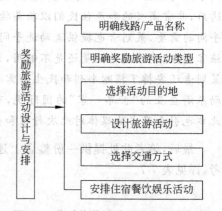

图 7-4 奖励旅游活动设计的具体内容

　　企业安排奖励旅游都会不惜重金,选择最好的旅行地点、就餐及酒店住宿。奖励旅游更注重品质,新颖和创意,对服务也要求尽善尽美。因此在住宿和餐饮服务的选择上,需要根据团队的人数、标准和要求来选择最合适的酒店。

1. 根据团队规模安排住宿及餐饮服务

　　对于小型的团队,在酒店选择上应更加突出位置的便捷,方便客人观光,购物及自由活动。

　　对于大型的奢华团队,考虑到人数较多,在酒店选择上既要满足客人对酒店奢华服务的需求,又要考虑到大型巴士的停车。如有些旅游地出于环境保护的考虑,不允许大型巴士任意停车,旅游巴士必须在指定的停车场停车及上下客人。此时,对于身份较为尊贵的客人,则需要有相应的变通和安排。

　　特大型会议奖励旅游团队所需酒店客房数量很大,一般都会在 800~1 000 间,而客房的档次也会涵盖高级豪华套房、高级豪华商务房、标准间等类型。为了避免大量参与者的交通奔波,一般都尽量考虑将参与者安排在主会场所在的酒店入住。如果不得不挑选离主会场不太远的其他酒店,则酒店品牌的档次也要尽量相当。在条件允许的情况下,亦可入住同一品牌/管理的多家酒店。如澳门目前已经成为亚太地区较为重要的奖励旅游目的地。近日某跨国制药集团在澳门举办年度员工会议,共有六千名与会者入住金沙酒店集团(Sands)旗下的四家酒店,共预定了九千个房间,同时,为期四天的会议活动则在澳门威尼斯人金光综艺馆及金沙城中心会议场地举行。

2. 根据活动的主题安排住宿及餐饮

　　为了给让客人留下更深刻的印象,在整个行程中,可以安排一两家比较有当地特色的精品酒店,使客人感受不同的异域风情。比如以自然古迹相关主题的行程也可考虑入住洞穴酒店(如图 7-5 所示)。而如以法国葡萄酒乡为主题的旅程,可以选择历史悠久的葡萄酒庄园(如图 7-6 所示)作为行程的住宿点。又如雨林摇滚主题的团队便可考虑选择入住树屋酒店。

图 7-5　洞穴酒店　　　　　　　　　　图 7-6　葡萄酒庄园

3．根据活动的预算安排住宿及餐饮服务

作为成熟、完善的商务会奖目的地，常规的旅游资源所能提供的竞争优势较为有限，硬件设施与服务质量和特色体验，已经成为商务会奖活动参与者关注的重要因素。一项针对奖励型年会组织者的调查结果显示，他们在对酒店的选择中都将总成本与服务质量排在了非常重要的位置，特别是目的地酒店、会场、基础设施等硬件的质量（陈松镇，2012）。组织者可根据预算情况选择豪华酒店、符合各项商务需求的商务酒店、设计新颖且符合休闲目的的度假村等住宿场所以满足不同层次的需求。

> **小贴士：赠送惊喜小礼物**
>
> 若在活动过程中希望举办晚会或其他形式的抽奖活动，策划者还可以提供特殊奖品。这不仅对其个人是一种激励，也会令他人有所期待。如表7-8所示的调查结果，显示了奖励旅游的参与者对于特色礼物期盼程度。

表 7-8　奖励礼物类别及受欢迎程度

奖励礼物类别	喜爱的比例（%）	奖励礼物类别	喜爱的比例（%）
成衣	61	运动器材	37
奖励、奖牌	60	珠宝	31
礼物券	59	行李箱	29
笔、文具	56	皮具	28
钟、表	51	电脑、软件	28
电子产品	41	相机	27
餐饮	39	户外活动	27

九、奖励旅游活动的风险管理

1．财务风险

奖励旅游在经济方面的风险主要是财务的风险，例如国际旅游业务的汇兑损失、违约等造成的企业的经济损失。汇兑损失与一般活动中的汇率风险一致。因为汇率变动受整个大经济环境的影响，所以，由于汇率变动所产生的损失是不可预测的。

为降低财务风险，企业需与相关设施服务单位在提前签妥的合约上，详细的表明能接受的最低汇率，或提供其他备选的支付款项之方案。

2．政治风险

政治方面的风险主要包括各国意识形态的不同所产生的风险以及签证过程中无法预

料的风险。签证是出境旅游活动的关键部分,签证的申请需要严格参照相关国家大使馆的要求,并提供相应材料,且签证的申请和审批不受个人因素控制。假如签证无法获得,则整个奖励旅游项目也就无法实施。为此,企业应在确定了目的地及大致行程所涉及的国家后,尽快协助参与者办理相关出国文件事项。有条件的可以联系大使馆的工作人员,请求其安排奖励旅游参与者预约集体办理签证。

3. 社会治安风险

社会治安状况以及旅游企业人员和参与旅游活动的旅游者的失误,都可能使人身及财产安全受到损失,这些不确定因素就构成了旅游企业经营奖励旅游活动过程中的人身及财产安全的风险。

此时,策划者需要通过全面的规划和实地考察尽可能地确保或将意外事故的可能性降到最低的程度,并为工作人员和旅游者购买保险,以在出现意外时尽可能降低损失。

4. 文化冲突风险

由于各个国家、地区间的风俗习惯和民族禁忌有所不同,所以在奖励旅游活动过程中,难免会由于旅游者对当地风俗的不了解,而导致与当地的民众之间产生矛盾和冲突。

在确定了目的地和参与人员后可提前开设相关的文化道德礼仪、民族禁忌讲座,为参与旅游的人士补充相关知识,并提前联系目的地较有经验的导游人员担任地陪工作,以及时调和可能出现的矛盾。

5. 气象条件风险

奖励旅游活动中策划的一系列户外表演活动或宴会等在很大的程度上依赖天气状况,比如雨林晚宴、漂流活动等都可能会因为暴雨而被迫中止。

一般来说,企业实施奖励旅游的时间不宜变动,因为一方面会影响原有的行程和活动安排;另一方面会使参与者产生失落感,影响奖励旅游效果。策划人员能做的就是在坚持主题的情况下,机动性的进行调整,如在室外气候条件不理想时,将原打算室外活动的部分,在征求游客意愿后,改为室内活动。

与一般的旅游行为一样,由于奖励旅游涉及较多的环节,因此,较容易受到外界因素的影响,也意味着奖励旅游的活动策划和组织具有一定的风险性。鉴于此特性,在设计奖励旅游的活动时,应该事先备妥应变计划。

应变计划是主计划的执行备案,效果自然不能与原定的计划相提并论,因此,应变计划完全取决于执行和策划人员的专业技能和经验。

十、奖励旅游活动的执行与管理

奖励旅游执行阶段的成果秘诀就是要注意周密、细致的旅游接待服务工作,搞好各方面的协调工作,如财务、人力资源、采购、供应等。策划人员应该在执行阶段对整个活动进行频繁且细致的检查、监督和控制。如尽可能在海关、机场等口岸区域开辟针对奖励旅游团队的特殊通道,组织好入境后的欢迎仪式;必要时甚至可以安排警车开路,快速、安全地组织交通;安排好用车、就餐、参观游览节目等。做好这一切需要许多相关部门的通力配合。企业可成立执行团队并明确分工,在确定了整体策划方案后,指定专人负责具体的工作事项。在整个旅游活动期间,策划团队也应派专业代理人员随团工作,负责指导当地的接待企业搞好服务,并充当接待企业与奖励旅游团的联络人。

> **小贴士:自行策划的执行阶段注意事项**
>
> ① 收集旅游目的地的风光照片,编辑存档,准备将来作推广活动时使用;
>
> ② 跟所有供应商见面,确认酒店安排,检查所有活动地点、食物、娱乐、视听设备等;
>
> ③ 如团队第二天要参加重要奖项的颁奖活动,要在前一夜让团员好好休息;
>
> ④ 团队到达目的地时,到机场迎接以确保一切顺利;
>
> ⑤ 第一天是最重要的一天,因为,团员通常都会感到疲劳,想尽快回酒店休息,所以,特别需要细心的照顾;
>
> ⑥ 摄影师应随时准备捕捉旅程的特别时刻;
>
> ⑦ 对主办单位的高级行政人员作任务提示,及时告知应特别注意的人、事、物等;
>
> ⑧ 每天对主要供应商作任务提示,确保旅程中每一个环节都能运作流畅。

十一、奖励旅游活动的总结与评估

由于奖励旅游实际上是企业的一种管理工具,是一种有目的的旅游行为,因此,奖励旅游的效果评估和总结对企业的管理者非常重要。在对奖励旅游活动进行总结和评估时,负责奖励旅游策划和组织的部门要采取有效的方法,并利用各种测评工具,对参与者的奖励旅游体验质量、奖励旅游对参与者的促进作用、奖励旅游策划中的成功经验和教训等,加以系统化的总结,并汇总成为一份专门的报告供企业的相关管理层阅览。

(一)评估主体的选择

具体来说,奖励旅游活动的评估需从三个方面获取反馈信息:奖励旅游的参与者、奖励旅游的组织者,以及此次未能参加奖励活动的员工。从评估的内容上看,应针对活动中的相关服务设施(服务活动供应商包括餐饮供应商、住宿供应商、交通供应商、辅助性服务供应商等)和整体活动行程的安排等进行评估。

(二)评估指标的设立

1. 针对活动的策划和执行人员的指标

对于活动策划和执行人员的评估指标主要侧重于奖励旅游之后,企业发展目标的实现程度。相关评估指标可以考虑：

① 获奖者对于企业的忠诚度是否得到提升？
② 奖励旅游后，相应人员负责的市场份额是否有提升？
③ 奖励旅游后，企业产品的销售量增长情况？
④ 受邀参与奖励旅游活动的人士，出席率如何？
⑤ 行程安排的合理性
⑥ 公司形象是否得到较好宣传
⑦ 对参与者的激励作用之强弱
⑧ 充分体现企业发展理念和企业文化

2. 针对活动未参与者的评估指标

通过对未能参加此次奖励旅游的员工、经销商或代理商的意见收集可以帮助策划者了解活动的选拔标准制定的适用性与可行性、活动安排吸引程度、活动宣传的效果以及此类奖励形式的收效。

案例：针对未参与奖励旅游人士的问卷

• 您的职位是？

一般职员□ 中层管理者□ 基层管理者□ 高层管理者□ 其他□

• 就您在现在公司所了解或参与的奖励旅游目的地是？

国内游（省外、大陆）□ 港澳台游□ 出国游□

• 活动所选目的地是否对您具有吸引力

是□ 否□

• 活动的行程安排是否达到您对奖励旅游的认识标准？

是□ 否□

• 公司奖励旅游的对象选拔标准制定是否合理？

是□ 否□

• 对于选拔标准的建议：

_____

_____

_____

• 若各种奖励任选，您更愿意接受哪一种奖励方式？

奖金□ 股份或分红□ 礼品□ 一次非比寻常的旅游机会□ 其他□

• 就您所对奖励旅游活动的认识，以下哪些描述更适合您的感受？

常年连续进行的奖励旅游令人期待，对于刺激业绩的成长能够良性地循环□

增加了和同事们的感情和凝聚力,使工作时更协调和默契☐

只是一次普通的旅游和平常的旅游没有什么区别☐

是一种特殊的荣誉,在旅游途中融合了团队建设 ☐

和树立了企业形象,弘扬了公司文化☐

- 对此次活动的其他相关建议

_____

_____

3. 针对活动参与者的意见收集

通常对于参与者的意见反馈,主要涉及奖励旅游的行程安排、活动吸引力、服务设施和质量、体验之创新性和独特性等方面,通常都会选用问卷的形式来进行调查。

案例:奖励旅游参与者的反馈意见调查表

尊敬的宾客:

您参加此次活动已多日,这几天的旅程您已领略到 ABC 的风光和诱人的风土人情。为了确保您的利益,同时也为了确保此次活动的质量和未来活动的改进,麻烦您填写此反馈意见表。对于您的要求和建议我们会迅速给予答复,对于您的投诉,我们会以最快速度调查并给予您满意的处理。

编号:_____

(请您在认可处打√)

游览活动	1. 游览活动的安排 很好( )好( )一般( )差( ) 2. 此行最喜欢的景点 很好( )好( )一般( )差( )
司机服务	1. 司机的驾驶水平 很好( )好( )一般( )差( ) 2. 服务态度 很好( )好( )一般( )差( ) 3. 车辆状况 很好( )好( )一般( )差( )

续表

导游服务	1. 讲解水平 很好（　）好（　）一般（　）差（　） 2. 服务态度 很好（　）好（　）一般（　）差（　） 3. 处理问题能力 很好（　）好（　）一般（　）差（　） （六）普通话/英语标准程度 很好（　）好（　）一般（　）差（　）
宾馆餐厅	1. 下榻宾馆与计划标准 相符（　）不相符（　） 2. 餐馆菜品哪家最好？哪家最差？ 3. 餐饮的总体质量 很好（　）好（　）一般（　）差（　）
旅游目的地	社会政治稳定,治安良好　　　　　　　　　是□　　　　　否□ 城市知名度高　　　　　　　　　　　　　是□　　　　　否□ 目的地行程安排与活动主题契合度高　　　是□　　　　　否□
活动满意要素	旅游行程安排□　旅游目的地选择□　旅游酒店住宿服务质量□ 体现个人荣誉,激发工作热情□　旅游过程中组织培训活动□ 提高团队凝聚力,强化企业文化□　其他□
总体评价	若今后在奖励的设置上是希望继续奖励旅游的活动方式还是其他的奖励形式(假期,现金奖励,奖品,礼券,公司股票等)?

要求建议：

客人签名：_____

本章小结

　　奖励旅游是一种特殊的会展旅游形式,与传统的旅游形式相比,有其自身的特点：具有鲜明的企业文化特征、旅游活动的影响时间较长、休闲活动与工作相结合、独特性强、高端的体验性等。由于奖励旅游的特殊性,对参与者无疑是一种殊荣,而对未能参与者而言是一种向上的动力。同时,其对企业的长远发展也大有益处。

　　国内外从事奖励旅游相关业务的主要企业类型包括以下五种：全方位服务的奖励旅游公司、完成型奖励旅游公司、设有奖励旅游部的旅行社或目的地管理公司、航空公司会奖部、目的地管理公司。

在采取完全外包的奖励旅游活动策划过程中,应挑选专业的奖励旅游活动策划公司并注重配合的工作事项,如相关选拔标准的制定,交通、住宿餐饮购物和活动的安排,以及应变方案的筹备等。

本章还分析了企业自行策划奖励旅游活动时,收效不佳的原因及应对策略。在行程活动的设计部分,需要根据不同的活动目标来设计活动形式,突破传统的行程安排套路;并且,高效的奖励旅游活动需要活动目标、主题和形式之间的高度配合。

如果企业管理层决定采用奖励旅游作为激励绩效并表彰优秀员工和经销商的方式,那么企业需要确定活动的目的和预算,再根据企业的自身因素全面衡量,考虑是委托专业的策划服务公司还是自行策划。

复 习及思考

1. 如何来理解奖励旅游?企业通过奖励旅游希望获得什么?

2. 在设计奖励旅游时应注意什么?为什么?

3. 奖励旅游与传统旅游的区别是什么?

4. 奖励旅游的主要操作流程是什么?

5. 奖励旅游策划体验。

假设你是主办团队奖励旅游的专业旅行社。某汽车经销商请你为其50名最优秀的销售人员主办一次激动人心、别具特色的团队旅游。他们想要进行3天集中的强化活动,其中,包括团队建设训练和社交活动;目的地不能在经销商所在国家内,并且对销售人员来说必须是一个特殊的地方;整个团队旅游包括所有交通在内的预算为10万英镑。

你的任务是:

① 先考察3个潜在目的地,选择其中的一个向客户推荐,并说明选择的理由;

② 为参加者选择住宿地;

③ 设计为期3天、内容新颖的活动,其中,包括团队建设和社交活动;

④ 策划3天的餐饮安排,以特殊配餐与高质量的饮食为重点;

⑤ 策划去目的地以及在赴目的地的途中的旅游行,在预算范围内选择质量上乘的航班;

⑥ 制定预算,保证所提供的一整套活动方案在10万镑(15万美元或15万欧元)的预算范围之内,其中,包括为你所提供的服务费所支付1万英镑(1.5美/1.5欧元)的服务费。

为获得成功,你必须:

① 选择参加者认为刺激、不同寻常的目的地;

② 选择参加者认为有特色的住宿地;

③ 制定别具一格的计划安排,令参加者感受到多样性与刺激性;

④ 让参加者有机会享受到别出心裁、不同寻常、质量上乘的饮食;

⑤ 策划的旅行安排不仅要方便参加者,而且要尽可能高级、高质;

⑥ 制订预算不能超出客户的整体预算,即要够支付主办者的费用,还要让参加者有一次丰富多彩、令人难忘的经历。

请以策划报告的形式提交你的上述策划工作结果。

引 申案例

信息化管理系统在奖励旅游中的应用

奖励旅游一般组团规模都在千人以上,有时甚至达到万人,要如何管理好如此数量庞大团员的衣食住行,是令旅游承办者最为头痛的难题,正是这个原因,很多中小规模的旅行社都因自身能力、资源有限,对奖励旅游项目望而却步,不敢轻易接洽。2012年初,A旅游公司针对奖励旅游行业现状,特别派出专员到北京、上海、成都、香港、新加坡等地考察,向国内外旅游业的龙头企业请教经验。回来之后,公司内部将搜集到的资讯经多次的整理、分析和总结,由技术团队研发出一套专门为奖励旅游服务的信息化管理系统。2012年4月,系统正式上线,开始为客户提供全方位的信息化服务,第一批服务的客户是大陆一个300人的赴台湾地区旅游的旅行团,他们来自各地,首先在广州集结,然后统一由广州出发到台湾。A公司的管理系统为客户带来了全新的体验,新型的设备、科学的流程设计都得到客户赞赏。第一次尝试的成功,给了A公司莫大的动力和鼓舞,公司不断地对系统和流程进行改进,现在已经将服务向前延伸至出团前的报名,向后延伸至回程的行李追踪,实现将信息化管理贯穿整个旅游行程,大大减少了旅行社的工作压力,降低了人力成本。同时,利用二维码、NFC等载体配合云计算服务器、无线数据终端等先进设备,将旅游的各个环节紧密联系起来,如人员签到、酒店房间分配、餐饮坐席分配、车辆分配、会议考勤等。

智慧旅游的发展是近年来旅游业发展的新趋势,如何利用互联网、物联网、云计算等新科技手段增强旅游企业的核心竞争力是非常值得关注的前沿问题之一。A公司利用信息化管理系统进行奖励旅游业务的开展,无疑是一次成功的尝试。

请思考:

1. 信息管理在哪些方面能够提升奖励旅游的效率?

2. 信息管理可否为奖励旅游策划带来更多的创新契机?

第 八 章

企业展览系列活动策划

引　言

展览未动,策划先行。展览是企业对外进行形象宣传和推广的重要途径和窗口。通过参加展览和举办展览,企业能够用其他宣传媒介1/4的成本达到相同的效果。因此,企业在参与展览活动时,需要认真策划。优秀的展览策划既体现出企业对行业宏观形势的运筹与把握,也是企业创意与构思的展示。展览活动的举办是一项复杂的系统工程,只有具备良好的策划方案,才能办出选题新颖、主题鲜明、结构清晰、效果良好的展览。本章将针对企业展览系列活动策划中的重点环节进行详细介绍。

学习要点

(1) 基本概念

系列——相互关联的成组、成套的事物或者现象。

展览——展览是一种市场活动,是在一特定时间,众多厂商聚集于一特定场地陈列产品,以推销其最新产品或服务。

办展频率——指既定时间内(通常为一年)的办展次数,是一年举办几次还是几年举办一次,或者是不定期举行。

办展时间——指计划在什么时候举办展览,举办多长时间。

展会规模——指一个展会的面积、参展企业数量、展会参观人数等。

展会进度计划——指在时间上对展会的招展、招商、宣传推广和展位划分等工作进行的统筹安排。

参展目标——指企业为达到总体经营目标根据内外部环境和自身需要,通过参加展览会达到预期经营或销售目标的过程。

企业参展效益——指参展企业参加某次展会活动所获得的总产出与总投入之比。

(2) 学习目标

通过本章的阅读和学习,读者应能够:

(1) 掌握展览的概念及分类;

（2）了解展会发展的十大趋势；

（3）了解企业策划展览系列活动的意义；

（4）掌握企业办展策划的基本流程；

（5）了解企业办展的注意事项和基本步骤；

（6）掌握企业参展评估的主要内容和应遵循的基本原则。

引入案例

福州迎春家用车赏车会的成功之道

2004年12月18日至19日，福州迎春家用车公园赏车会在福州温泉公园举行，两天之内吸引了福州数万名车迷，现场直接销售汽车60余辆。

这一届车展，如果就参展商数量而言规模并不大，但就效果来说，不亚于福州的任何一次车展。此次参展车型基本上是家用车，有一汽大众，一汽丰田、北京现代、广州本田、斯柯达、东风标志、东风日产、东风悦达起亚、上海通用、上海华普、吉利汽车等品牌的主力车型参展。在目前的汽车消费中，家用车消费占据了汽车市场70％以上的绝对份额，并且这个比例还在上升。因此，本届车展是针对家用车消费者，针对家用车厂商举行的专业展，在福州乃至福建都是首次。

此次赏车会的口号是"让有品位的人赏识有品位的车"，主办方在环境、情节、专业上费了一番功夫。福泉公园位于福州市最繁华的商贸区，环境优美、交通便利。其欧式的风格与时尚的家用车展相得益彰，车与环境的完美结合，实现了参展商的良好愿望。此次家用车展还注重培育汽车文化，举办了大型少儿汽车绘画展，200多位小朋友在现场以"家有爱车"为主题，描绘了对汽车的美好印象和有车生活的向往。"开心宝贝"专业儿童摄影为每位参与绘画的小朋友拍照，并提供奖品，小朋友的笑声成为展会的一道诱人风景。

车展两天，参展车商收获很大。某汽车销售有限公司叶经理告诉记者："这是我们首次参加在温泉公园举办的车展，虽然没有进行什么促销活动，但销售效果明显。从人流量、现场环境和气氛来看，这次车展很成功。"而销售量不大的车商也认为通过这次参展，宣传了品牌形象，提高了品牌知名度，让更多的消费者了解自己的产品性能价格比。

案例点评：福州迎春家用车赏车会之所以能够获得成功，在于主办单位对目标市场的定位十分准确，并且选择了一系列与之相配的营销策略。

第一节　企业展览系列活动策划概述

所谓系列，指的是相互关联的成组成套的事物或者现象。这里所指的展览系列活动强调的是企业举办的一连串的相互关联的办展和参展活动，旨在发挥集群优势和整体效应,以更好地实现企业的经济效益、社会效益和环境效益。展览活动只有系列化、规模化、特色化,才能更好地提升企业的知名度和影响力。

一、企业展览概述

企业展览既包括由企业自己出资主办的展览活动,也包括企业参与的展览活动。

(一)展览的界定

对于展览的界定,不同学者有不同看法。美国博物馆学者 Burcaw 对展览的定义是:展览(exhibition),有别于阵列(display)、展示(exhibit),它是具有艺术、历史、科学与技术的对象所构成的集合装置,借此来引导观众在展示单元间移动,创造意义或产生美感,它伴随有展示说明或图标,来诊释内容或引导观众的注意。

Verhaar 和 Meeter 则认为展览是为了与大众沟通而举办(对象),它有欲传达的讯息、概念或情感(目的),使用与人类及生活环境有关的生存证据(展品),以虚拟或具体的方式传达(手法)。

以上是两种比较有代表性的观点。目前,学术界使用较多且广泛被人们接受的是国际展览联盟 UFI(the Global Association of the Exhibition Industry)对展览的定义。该组织认为:展览是一种市场活动,是在一特定时间,众多厂商聚集于一特定场地陈列产品,以推销其最新产品或服务。

(二)展览的分类

根据不同的划分依据,可以将展览划分为不同类型。

1. 依据展览活动的性质,可以将展览活动划分为:贸易性展览和消费性展览。贸易性质的展览(trade shows),也称贸易展,是制造业、商业等行业举办的展览,展览的主要目的是交流信息、洽谈贸易,主要对工商界人士开放。消费性展览(consumer shows),也称消费展,又称公众展(public show),指供公众入场参观的展览,展览的主要目的通常为非商业目的,如教育展、文化展、美术展、电影展等。

2. 按照展览活动的内容,可以将展览活动划分为:综合性展览和专业性展览。综合性展览指包括全行业或数个行业的展览会,也被称作横向型展览会,如工业展、轻工业展。专业性展览指由主办者组织若干参展商参与的,通过展示促进产品和服务的推广、信息和技术交流的社会活动,如汽车展、服装展等;同时,举办讨论会、报告会,用以介绍新产品、新技术等是专业展览会的突出特征之一。我们通常也将具有贸易和消费两种性质的展览称作综合性展览。

3. 依据展览活动的规模,可以将展览活动划分为:国际、国家、地方、公司展。这里的规模指的是参展商和参观者所代表的区域规模,而不是指展览场地的规模。不同规模的展览有不同的特色和优势,我国对于国际展览的概念是指在中国举办(承办)的且国际参展单位(商)参展面积达到该展出面积 20％以上的展览。UFI 也认为,国外厂商租用场地面积超过展览总面积的 20％,或国外参展厂商数超过总参展厂商数的 20％,或外国观众超过参展观众 4％的都属于国际展览。

4. 依据展览活动的时间,可以分为定期和不定期、长期和短期。定期的有一年四次、两次、一次,两年一次等,不定期展则视需要而定;长期可以是三个月、半年、甚至常设,短期展一般不超过一个月。在发达国家,专业展览会一般是三天。在英国,一年一次的展览会占展览会总数的 3/4。展览会日期受财务预算、订货以及节假日的影响,有旺季和淡季。根据英国展览业协会的调查,3～6 月及 9～10 月是举办展览会的旺季;12～1 月及7～8 月为举办展览会的淡季。

5. 依据展览活动的场地,可以划分为室内和室外展、巡回展和流动展。室内场馆多用于展示常规展品的展览会,如纺织展、电子展等;室外场馆多用于展示超大,超重展品,如航空展、矿山设备展。在几个地方轮流举办的展览会被称作巡回展,比较特殊的是流动展,即利用飞机、轮船、火车、汽车作为展场的展览会。详见表 8-1。

表 8-1　展览的分类一览表

分类标准	主　要　类　型
性质	贸易性展览、消费性展览
内容	综合性展览、专业性展览
规模	国际、国家、地方、公司展
时间	定期和不定期、长期和短期
场地	室内和室外展、巡回展和流动展

二、展览的发展趋势

1. 系列化趋势

当今社会已经进入一个信息爆炸的时代,很多企业不再满足于通过单个展览来提高自身的影响力,而且单个展览会的影响力也十分有限,且不能持久。从宏观的角度讲,很多城市,也不是只依靠某个展览来开展营销活动,而是希望能够通过举办一系列的展览活动,来全面地、持续地提升城市知名度和影响力。企业更是如此,很多企业都在寻求一种能够持续不断地吸引公众眼球的能力。

拓展阅读：王老吉的"三部曲"

　　日前,为让更多人解思乡之苦,圆返乡之梦,王老吉爱心公益基金正式启动主题为"让爱吉时回家 2013 年春节回家'吉金'"微博活动。从 1 月 14 日至 2 月 5 日,通过赠送订票"吉金"、购票"吉金"和回家"吉金"三个系列活动,环环相扣分别帮助离家游子减轻电话订票的话费问题、购买车票的花销问题、经济困难的特殊人群的回家问题。

　　小贴士：王老吉的订票"吉金"、购票"吉金"、回家"吉金"系列活动,将中国人春节一票难求的问题与企业产品相挂钩,而将订票、购票、回家串联起来进行活动策划,正好体现了展览活动的系列化趋势。

2．规模化趋势

　　随着展览业的竞争日趋激烈,各举办机构已不再局限于吸引本国、本地区的参展商,而是把目标更多地投向国际市场、力争提高国际参与程度。为了竞争的需要,政府采取大力投入,在大型展览场馆的基础设施建设方面尤其明显,欧洲一些国家的政府投入了大量的资金用来建设展览场馆。例如慕尼黑展览中心,巴伐利亚州政府和慕尼黑市政府投入的建设资金占 99.8%,几乎是全额投入。此外,政府还会给予启动资金,鼓励展览中心贷款,并且采取贴息贷款方式。例如慕尼黑展览中心,用了 12 亿马克,政府投资了一半;另一半则是通过贷款,政府贴息 7 年。

3．信息化趋势

　　信息技术、网络技术等科学技术的快速发展也为全球展览经济的发展注入了新的活力。随着科学技术的迅猛发展,尤其是科技革命带来的大量新工艺、新材料的出现,会展设备现代化已经成为展览业发展的一个不争的事实。实际上,设备现代化也是展会标准现代化、展览内容国际化、展览形式多样化发展的共同要求。更为值得关注的是,大量信息技术的应用,向网络求发展空间,已经成为世界展览业发展的不可回避的趋势。

4．全球化趋势

　　展览的全球化趋势主要体现在三个方面：①展览品牌的全球化；②展览资本运作的全球化；③展览活动的全球化。对于欧美发达国家的品牌展览企业而言,欧美市场已经渐趋饱和,为了寻找新的机遇,谋求更大的发展,他们纷纷将目标瞄准海外,通过品牌移植将一些名牌展览放到其他国家举办。如 2002 年,慕尼黑国际展览集团成功地将电子元器件博览会(electronic)移植到上海举办,在未来的几年中,慕尼黑将把高档消费品、建筑材料、交通运输等博览会引入中国。德国的法兰克福展览有限公司也已把每年春秋两季在德国本土举办的国际消费品展览会(ambient)移植到海外,分别在中国、日本和俄罗斯举办了以 ambient 命名的展览会。这种跨国运作,既满足了国际市场的需求,同时,也分离了世界展览市场的份额；并且，通过资本运作来寻求低成本扩张，进入展览业相对落后的新兴国家的市场。例如，美国的卡尔顿通公司以12.6亿美元的高价购下拉丁美洲约40个大型贸易展览会和相关的刊物杂志；德国的汉诺威展览公司则直接收购了上海一个颇具名气的地面装饰展览会。

5. 集团化趋势

通过并购和联盟进入国际市场，已经成为全球各行各业的惯用方法，这对于国际化程度较高的展览业也不例外；它是伴随市场竞争而产生的一种企业经营战略。展览企业通过资本运作进行的并购与合作，可以利用国内与国际两种资源、开拓两个市场，从而获得资源的优化配置。目前，世界上许多展览业的大组织、大企业纷纷推行集团化，其最终目的是实现优势互补，提高自身实力，打造展览业内的超级航母，从而提升其国际竞争力。展览业的集团化不是企业和企业的简单相加，而是整个行业在资产、人才、管理等方面全方位的融合与质的提升。国际展览业的巨头们为了降低成本、减少风险以及维护高利润率，正在以兼并与合作的方式建立战略联盟，进行国际化运作。如世界上两家著名的展览公司"端德"和"克劳斯"联姻，共同开发通讯和计算机展览市场。欧美的展览业巨头也开始用资金来购买其他竞争对手的展览主题，如美国的克劳斯公司，用40亿美元购买了南美的品牌展会及其相关产业。

6. 多元化趋势

世界展览业在发展过程中还呈现出多元化的发展趋势，具体体现在：①展览产品的类型越来越趋向于多元化，已经从传统行业（汽车、建筑、电子、房地产、花卉等）拓展到很多新兴行业（计算机、通信、光纤等）；②活动内容的多元化，展览形式正在从传统的静态陈列转向融商务洽谈、展会参观、旅游观光、文化娱乐等项目于一体；③面临激烈的市场竞争，国内外的展览企业都在努力拓展经营项目，以实现经营领域的多元化，以分散经营风险，增强企业的综合竞争力。

7. 生态化趋势

任何企业要想获得持续、健康的发展，都必须寻求经济效益、社会效益和生态效益的统一。随着全球气候变暖和各种极端天气的出现，可持续发展已经成为人类社会永恒的话题。生态化将成为现代展览业发展的必然趋势。展览的生态化发展主要体现在以下四个方面：①场馆设计生态化，会展场馆从选址、建筑材料选择到内部功能分区，都将突出生态化的特色；②倡导绿色营销，展会主办企业在对外宣传以及招展时，将大打绿色牌，迎合参展商和大众的环保需求；③环保意识增强，除积极建设绿色场馆外，展会组织者和场馆管理人员将比以前更加注重节能降耗和三废处理，在布展用品的选择上也应做到优先使用易回收的材料；④环保主题展将受青睐，随着中国会展业的日益成熟，国内会展产品中必将涌现出大量与环保相关的专业会议或展览，并且这些展会具有极大的市场潜力。

8. 专业化趋势

"只有实现专业化才能突出个性,才能扩大规模,才能形成品牌"已成为国内外展览界的共识。在过去相当长一段时期,我国展览业追求的都是综合化,强调小而全,结果造成展会特色不鲜明、规模普遍较小、吸引力不强,也导致了我国国际知名展会的缺乏。专业化是中国会展业发展的必然趋势;也是展览业发展的必然趋势,具体表现在:①展会内容的专题化。展会必须有明确的主题定位,否则就吸引不了特定的参展商和观众,国内绝大多数展会主办者都意识到了这一点。②场馆功能的主导化。除了会议或展览需要有明确的定位外,场馆也应该有比较清晰的主导功能定位。在发达国家,一些国际性的品牌展会总是固定在某个或某几个场馆举行,这样既便于展览公司和场馆拥有者之间开展长期合作,又有利于培育会展品牌,我国展览企业应吸取其中的成功经验。③活动组织的专业化。随着我国会展业与国际会展市场的进一步接轨,必将在展览策划、整体促销、场馆布置、配套服务等方面走上一个新台阶,各类专业展览人才也会越来越多,组展过程将呈现出专业化、高水平的特点。

9. 创新化趋势

展览业的创新化趋势主要体现在四个主要方面,即经营观念创新、会展产品创新、运作模式创新和服务方式创新。①经营观念创新是指展览企业应在最大限度地满足参展商和观众需求的前提下,实现企业综合效益的最大化;②展览产品创新主要包括不断开发新展会和大力培育品牌展会;③运作模式创新即在组织方式或操作手段上进行变革,以适应新的市场形势,如推进展览企业上市、向海外移植品牌展览会、举办网上展览等;④服务方式创新则指按照以人为本的原则,并充分利用各种现代科技成果,为参展商和观众提供更超前、更便捷的配套服务。

10. 品牌化趋势

综观世界上所有会展业发达国家,几乎都拥有自己的品牌展会和会展名城。例如,在德国慕尼黑每年要举办 40 多个重要展览会,其中有一半以上是本行业的领导性展会,高档次的展览会为慕尼黑赢得了大批参展商,也增强了对旅游者的吸引力。品牌是会展业发展的灵魂。值得欣慰的是,国内已初步涌现出一批具有知名品牌的会展企业或展会,如北京国际会展中心、上海国际会议中心、大连星海国际会展中心、北京国际汽车展览会、深圳的中国国际高新技术成果交易会等,这些品牌企业或展会为我国其他城市发展会展业积累了宝贵的经验。然而,这些民族化的会展品牌与德国、意大利等国家的国际性会展公司或展览会相比,无论在品牌的知名度上,还是在品牌的无形价值或扩张程度上,均存在着巨大的差异。

三、企业展览系列活动策划的意义

企业无论是举办展会,还是参加展会,都具有十分重要的意义。企业通过举办展会可以增强企业的知名度,协调与当地政府的关系。而通过参加展会,一方面,企业之间可以相互交流,彼此取长补短,为各自产品的完善创造了很多条件;另一方面,通过展会倾听消费者的呼声和广大用户的意见及建议,对企业的发展壮大也起着至关重要的作用。

(一)全面展示产品

展示产品、促进交易是举办展览活动的重要作用之一。展览活动提供了一个买卖双方面对面直接沟通的平台,这个平台在同一时间、同一地点将某一行业中最重要的生产厂家和购买者集中到一起。因此,从某种程度上说,企业举办或者参加一个大型的展览会就相当于投放了一个立体的广告,获得了一个充分展示自己产品的机会,使客户充分增进对产品及服务的了解。

企业通过举办或参与展览系列活动,则可以更全面地向社会公众展示自己的产品和服务,巩固老客户,培植新客户。许多企业都是通过举办或参系列展览活动,向国内外客户试销新产品、推出新品牌,并且与世界各地的买家接触,寻求真正的客户,把握行业的发展趋势,从而最终达到推销产品、占领市场的目的。美国贸易展览局进行的一项调查显示:在制造业、通信业和批发业中,2/3 以上的企业经常参加各种展览会来推销自己的新产品;金融、旅游、保险等服务性行业虽然只能展示资料和图片,无法展示有形产品,但依然有 1/3 以上的公司把举办和参加展览活动视为其推介产品的主要手段。

(二)拓展营销范围

企业通过参与、主办展览系列活动,保证日日有营销、月月有展览,不仅可以拓展营销范围,还可以保证营销活动的连续性。与其他营销方式相比,展览营销有其独特的优势:一方面,展会活动提供了一个进行市场调查的绝好机会,既可以收集有关竞争者的信息,迅速、准确地了解国内外同行业的发展现状与趋势及新产品的发明等;又可以调查并了解新老顾客对产品的需求、价格等方面的信息,为企业制定下一步的发展战略提供依据。另一方面,如果企业正在考虑推出一款新产品或一种新服务,则可以借此机会向参观者进行实地调查,以了解是否与目标市场的需求特征相一致。此外,根据英联邦展览业联合会调查,与广告、人员推销等营销方式相比,展览活动的营销成本相对较低。通过展览活动提供的特定信息渠道和网络,企业可以在较短的时间内与目标客户进行直接的沟通,并获得即时反应。

(三)有效推介品牌

"随着信息的发展,有价值的不是信息,而是注意力。"这是著名的诺贝尔奖获得者赫伯特·西蒙在对当今经济发展趋势进行预测时提出的观点。该观点被信息技术行业和管理界形象地称为"注意力经济"(the economy of attention)。企业之间产品或服务的竞争正在演变为争夺眼球、争夺注意力的竞争。所谓注意力,从心理学上看,就是指人们关注一个主题、一个事件、一种行为和多种信息的持久程度。在当今这样一个信息高度过剩的社会,注意力的价值越来越受到人们的重视。而在经济领域,注意力又逐渐成为了一种重要的经济资源,各大参展商都积极借助参展机会,为了抓住观众眼球、推介自己的品牌形象而不惜标新立异,甚至哗众取宠,力求将自己最鲜亮的一面展现在公众面前。这些行为都是由于企业看到了展览活动所具有的品牌推介功能。

第二节 企业办展策划

办展策划是企业展览系列活动的重要内容之一。举办一次大型展会是一项系统工程,牵涉到方方面面,需要对企业所面临的内、外部诸多环境要素进行综合考量。展会成效的高低,直接体现着企业的组织水平。

一、企业办展环境分析

现代社会的任何企业或个人都无法离开周围的环境。企业是整个社会系统中的子系统之一,它的每一项经营活动都与其他系统或其他子系统紧密相连;因此,企业也必然受到政治、经济、文化等环境因素的影响。企业在计划举办一个展览活动时,我们通常要从政治法律、经济、社会和技术这四个方面来分析企业所面临的办展环境。

(一)政治法律环境分析

举办国或举办地的政治法律环境是影响企业办展的重要外部环境。政治环境主要包括政治制度与体制、政局、政府的态度等;法律环境主要包括政府制定的法律、法规。在分析政治法律环境因素时,首先要考虑的问题是举办国或者举办地的政治环境是否稳定;其次,需要考虑的是举办地的国家政策是否会改变法律,从而增强对企业的监管并收取更多的赋税;最后,需要弄清楚的是举办国或举办城市政府所有的市场道德标准和主要经济政策。稳定的政治环境和良好的法律政策是企业办展必需的外部环境条件之一。

(二)经济环境分析

所谓经济环境是指构成企业生存和发展的社会经济状况以及国家经济政策等。经济环境会影响到消费者的购买能力和支出模式,它主要包括消费者收入的变化、支出模式的变化等。社会经济状况主要包括经济要素的性质、水平、结构、变动趋势等方面的内容。对企业办展而言,需要考虑的最重要的经济因素主要包括:主办国或者主办城市的GDP、利率水平、财政货币政策、通货膨胀、失业率水平、居民可支配收入水平、汇率、能源供给成本、市场机制、市场需求等。

（三）社会环境分析

任何企业都处在一定的社会文化环境当中，企业在特定地区举办展览，也需要了解当地的社会文化。社会文化是某一特定人类社会在其长期历史发展过程中形成的；它主要由特定的价值观念、行为方式、伦理道德规范、审美观念、宗教信仰及风俗习惯等内容构成；它影响和制约着人们的消费观念、需求欲望及特点、购买行为和生活方式，从而对企业的展览活动产生直接影响。社会文化环境是影响企业举办展览活动的诸多因素当中最复杂、最深刻、最重要的因素之一。所谓社会文化环境是指企业所处的社会结构、社会风俗和习惯、信仰和价值观念、行为规范、生活方式、文化传统、人口规模与地理分布等因素的形成和变动。在策划展会时，企业需要考虑所选展会展览题材是否符合当地人的审美观念、消费观念以及风俗习惯等。了解展会举办地消费者的禁忌、习惯、避讳等是企业办展的重要前提。

（四）技术环境分析

技术环境是指一个国家和地区的技术水平、技术政策、新产品开发能力以及技术发展动向等。技术对企业办展的影响是多方面的，技术的进步会使得参展商和观众对企业的服务需求发生变化，从而对企业办展提出更高的要求。企业的科技环境指的是企业所处的社会环境中的科技要素及与该要素直接相关的各种社会现象的集合。企业办展需要考虑的技术因素主要有：①是否提供了一种全新的与参展商和观众进行沟通的渠道，如banner广告条、CRM软件等；②在展会中采用新技术是否能够降低服务成本，并提高展会质量；③为实现企业的办展目标需要增加哪些技术？

除此之外，企业举办展会还需要综合分析市场规模、市场竞争态势、经销商数量和分布状况、市场发展趋势、相关展会信息以及行业协会状况等因素。

二、企业办展策划基本流程

包括展会的名称、举办地点、办展机构的组成、展品范围、办展时间、办展频率、展会规模和展会定位等。

（一）办展主题选择

主题是企业展览活动策划的最基本的要素。对于选题内容，我们通常强调要富有创意、百花齐放、因地制宜，然而，展览选题，特别是展览系列活动的选题，在思想性、科学性和指导性等方面应该具有统一性，至少应该符合以下要求。

1. 符合企业性质，遵循企业目标。当今社会，企业层出不穷，产品五花八门。每家企业都有自己特定的产品基础和服务内容，因此，展览活动的选题应当适合企业自身的性质,在企业自身业务许可的范围内拓展延伸。只有这样,才能有助于为企业树立良好的社会公众形象,从而提升企业的社会知名度;同时,有助于发挥企业自身的业务优势,只有将自己生产的产品或者提供的服务与展览活动结合起来,才可以确保展览活动的质量。有些企业不顾自身的性质和办展条件,办一些与自己的主营业务不相干的展览活动,虽然热闹一时,但却并没有为企业带来效益。

2. 锁定受众群体,满足价值诉求。任一个展会活动,都有其特定的受众群体。展会活动的主题需与受众的情感、阅历和品位保持一致,才能相互沟通,才能使受众成为展会活动的宣传者。因此,选择展会主题一定要有良好的受众基础。

拓展阅读:意大利米兰首次离婚展

意大利于 2010 年 5 月,在米兰举办了该国历史上首次离婚展,专家们提供各种离婚建议,包括怎样打离婚诉讼官司,怎样为重获自由举办庆祝派对等。

展会现场有律师、房地产经纪人、离婚规划师、父亲血缘测试中心以及约会机构等。会上,并没有出现大规模的离婚,不过来的人都有自己的打算,如有的人过来就是了解一下离婚是怎么回事。

米兰是意大利总理贝卢斯科尼的老家,1985 年,他与首任妻子卡拉离婚;5 年后,他与演员拉里奥结婚,去年老贝性丑闻曝光后,他们就一直在闹离婚。

专家提供离婚策划

对于那些怀疑自己伴侣有婚外恋行为的已婚人士,离婚展提供了如何雇用私人侦探等信息;而对那些关系已经恶化的离婚人士,如其前妻或前夫在离婚后还一直跟踪自己,他们也可以在展会上找到相关的应对措施。

专家们还给刚离婚的人士出主意,以帮助他们接受新的单身生活的挑战,并告诉他们如何通过婚介机构找到一个新的对象,怎样开始一个新的生活,包括买个新的衣橱。即将离婚的人也可以利用这个机会咨询意大利首个离婚策划机构"再见宝贝"的专家。

对待离婚不再保守

主办方给本次展览取名为"翻开新的一页"。发起人佛朗哥称离婚展将会为离婚过程中会出现的各种状况提供认真、实用的建议。

展览馆内还设有离婚纪念礼物商店,供离异人士的家人、朋友为他们选购贴心礼物,以庆祝其新生活的开始。

据悉,传统而保守的天主教在意大利仍有很大的影响力,尽管他们强烈反对离婚,但意大利的离婚率在近几年却呈快速增长趋势。据意大利国家统计局数据显示,2007年,超过 13 万对夫妻分居或离婚,而 1971 年只有 3 万对。

拓展阅读：选择展览题材的方法

选择展览会题材主要有分列题材、拓展题材和创新题材等。

分列题材，就是将办展机构已有的展览会的展览题材进一步细分，分列出更小的题材，并将这些小题材办成独立的展览会的一种选择展览会题材的形式。分列题材的选择使得原有的展览会和依据细分题材所办的新展览会更加专业化。

拓展题材，就是将现有展览会所没有包含的，但与现有展览会的展览题材有密切关联的题材，或是将现有展览会展览大题材中暂时还未包含的某一细分题材列入现有展览会题材的一种方法。拓展题材是展览会扩大规模的一种常用的有效方法。

创新题材是通过对收集到的各种信息进行整理和分析，选定一个办展机构从来没有涉及的产业作为举办新展览会的展览题材。对于办展机构来说，创新题材是一个新的领域，具有一定的风险性，但新题材很多时候是市场的新兴产业，抢先一步，成功的可能性就比较大。

思考：意大利米兰离婚展是属于上述三种中的哪一种呢？

（二）展览名称的确定

一般而言，一个展览会的名称通常由基本部分、限定部分和行业标识三部分组成。

首先，我们经常将展会名称中用来表明展览会的性质和特征的部分称为基本部分，常用词有：展览会、博览会、展销会、交易会和"节"等。

其次，将用来说明展会举办的时间、地点的部分称为限定部分。展会举办时间的表示办法有三种：①用"届"来表示，如第三届大连国际服装节；②用"年"来表示；③用"季"来表示，如 2013 年第 113 届春季中国进出口商品交易会（简称广交会）、法兰克福春季消费品展览会、第十二届中国西部（重庆）国际农产品交易会等。在这三种表达方式中，以"届"来命名的表示方法最为常见，因为它能够体现展会活动的连续性。另外，展会举办的地点在展会的名称里也要有所体现，如第三届大连国际服装节中的"大连"。

最后，将用来表明展览题材和展品范围的部分称为行业标识。例如第三届大连国际服装节中的"服装"表明本展会是服装产业的展会。行业标识通常是一个产业的名称，或者是一个产业中的某一个产品大类。以"第十二届中国西部（重庆）国际农产品交易会"为例，其中"交易会"对展览会的基本性质和特征进行了界定，是基本部分；"中国西部（重庆）"和"第93届"则为展会名称的限定部分；行业标识是"农产品"。

（三）展览地点的选择

展览地点的选择包含两个方面的内容：一个是指展览会在什么地方举办，主要是要确定该展会在哪个国家、哪个省或者是哪个城市举办;另一个指展览会在哪个展馆举办,即要确定展览会的具体举办地点。在选择展览场馆时,应着重考虑以下因素:①展馆成本。②展馆形象,对于大型的国际展览主办机构而言,展馆成本尽管重要,但却不是最重要的一环;展馆形象对举办展览更为重要。形象差的展馆,其所节省的成本,根本无法补偿因参展商对展馆缺乏信心而少订展位甚至于不参与展览造成的损失。③判断展馆的性质是否合适举办展会。例如,举办机械展,应当选择一些地面有足够承重力的展馆,以方便大型机械进出与运输。④查看展馆是否提供相应的服务和设施,如:会议室、餐厅、银行、商务中心等,展览场地最好能提供电话、供水供气的地下槽位。现在的许多展览公司甚至要求有光纤设备,以方便上互联网。⑤展馆最好没有任何侵害参展商权益的规定。例如,一些展馆会禁止参展商携带任何食物及饮品进馆,导致参展商须在馆中付高价购买;有些展馆则会要求收取不合理的超时加班费或强迫参展商聘用展馆指定的承办商。

(四)办展时间的确定

办展时间指的是计划在什么时候举办展览,举办多长时间。办展时间包含三个方面的含义:①办展的具体日期;②展会的筹展和撤展日期;③展会对观众开放的日期。其中,对于展览究竟应该举办多长时间,业界没有一个统一的标准,要根据不同的展会具体而定。有些展会的展览时间可以很长;但对于绝大多数的专业贸易展来说,展期一般以5天左右为宜,其中包括开幕时间、展览时间(包括对专业观众展览时间和对普通观众展览时间)和撤展时间。值得注意的是,同旅游业一样,展会也有淡季和旺季之分,一般3~6月、9~11月是全球办展的高峰期,而其他月份由于各种因素的影响则属于办展淡季。因此,如果展会定于旺季举办,就要考虑办展城市的场馆是否处于空置状态。

(五)展品范围的界定

选择和界定展品范围是举办展览会的又一项至关重要的工作,展品范围要解决的是展出什么商品或服务的问题。展品范围应根据展会的类型来定,既可以包含一个或者几个产业,也可以是某个产业中的一个或几个产品类型,如:博览会和交易会的展品范围就较为广泛,每年广交会的展品就已经超过了10万种。

(六)办展频率的设定

办展频率是初次办展的企业需要考虑的重要因素之一,办展频率体现着企业该展览的一种长远规划。

办展频率是指展会是一年举办几次,还是几年举办一次,或者是不定期举行。从目前展览业的实际情况来看,以一年举办一次的展会居多,约占全部展会总数的80%;一年举办两次和两年举办一次的展会也不少；还有如世界博览会是5年举办一次；另一个非常重要的趋势是不定期举办的展会已经越来越少了。办展频率的设定，通常会受到如下因素的制约：一方面，会受到行业自身特点的制约；另一方面还会受到产品生命周期的影响。

（七）展会规模的确立

展会规模包括三个方面的含义：①展会的展览面积是多少；②参展单位的数量是多少；③参观展会的观众有多少。在策划举办一个展会时，对这三个方面都要作出预测和规划；同时，要充分考虑产业的特征。展会规模的大小还会受到与会观众数量和质量的限制。

三、办展计划的制定

（一）展会价格制定

展会价格跟其他产品价格相比，具有综合性、复杂性、波动性等特点。展会消费是一种非必需的消费活动，参展商在购买展会产品、企业在制定展会价格时，应综合考虑企业的内外部环境因素。内部因素主要包括企业的定价目标和自身条件；外部因素主要包括竞争对手价格、参展商和观众需求。企业展会价格的制定对参展商的参展决策有着重要影响，如果价格定得过高，则可能会吓退参展商；如果价格定得过低，则又会导致展会收入的减少，企业就可能亏损。因此，确定一个合理的展会价格，对企业的经济效益有着重大影响。

如何制定一个合理的价格？常用的定价方法有竞争对手导向定价法、生命周期定价法、目标导向定价法、价格弹性定价法、行业导向定价法、差别定价法等。

1. 竞争对手导向定价法

该方法以与企业所举办的展会具有竞争关系的同类展会的价格状况为参考基础，来制定本企业的展会价格。在这种定价法中，竞争是定价的依据，竞争对手的价格是定价的出发点。竞争对手导向定价法又可以被分为两种：一种是率先定价法，这是一种主动竞争的定价方法，主要针对具有一定实力或者具有竞争对手无法比拟的优势的企业。另一种是追随定价法，属于较为被动的定价方法，即企业可以追随市场领先者定价，抑或采用市场的一般价格水平来定价。此种定价方法主要适合于市场影响力较小，竞争力较弱的企业。

2. 生命周期定价法

同其他产品一样，会展活动也有其生命周期，也要经历投入期、成长期、成熟期和衰退期这样一个发展阶段。在展会的投入期，展会市场认知度比较低，企业参展不积极,这时主要采取保本策略吸引企业参加,定价不宜太高;在展会的成长期,随着展会规模的扩大,在行业内的知名度开始上升,企业参展的主动性增强,此时,要在提高展会质量的基础上实现展会的利润目标,定价可以适当提高;在展会的成熟期,展会在市场上的地位基本稳定,参展商数量和市场份额也比较稳定、饱和,展会的价格也基本固定;在展会的衰退期,展会吸引力减弱,参展企业开始减少,展会面临重新定位,此时展会价格开始向低调整。

3. 目标导向定价法

不同企业举办展会的目标各不相同。如果企业举办展会是以生存为主要目标,那么展会的保本价格就是企业的底线;如果企业举办展会是以提升知名度、扩大市场份额为主要目标,那么企业会以亏损为代价,将展会价格定得低于盈亏平衡价格。

4. 价格弹性定价法

展会价格弹性指的是展会价格每变动 1％时,展会展位销售量变动的大小同,其衡量的是展会目标市场对价格变动的敏感程度。如果弹性较大,展会价格的细微降价就会引起展位销售量的大增;如果弹性较小,展会价格的降低对展会展位的销售就不会产生什么影响。

5. 行业导向定价法

行业导向定价法以行业的平均利润率和市场发展状况作为基本依据。行业平均利润率的大小决定了该行业企业可能的盈利水平和支付能力。如果行业平均利润率较小,那么企业的盈利水平和支付能力可能也不高,这时,如果展会的价格定得过高,企业将无法承受;反之,则可以将价格定得高一点。

行业的市场发展状况也是制定展会价格时需要考虑的另一个重要因素,如果行业处于买方市场状态,企业要宣传自己,参展积极性就高,展位价格也可以定的高一些;如果出于卖方市场状态,这样的企业参展积极性就不高,展位价格就应定得低一些。

6. 差别定价法

在制定展会的价格时,一般遵循"位优价高,位劣价低"的原则,对于那些便于展示和观众流量大的展位,价格通常会定得高一些;而对于那些观众流量较小的展位,价格应定得低一些。

(二)展会初步预算

展会初步预算是对举办展会所需要的各种费用和举办展会预期获得的收入进行的初步预算。在策划举办展会时,要根据市场情况给展会确定一个合适的价格,这样对吸引目标参展商参加展会十分重要。

拓展阅读：2013年第三届中国（广州）国际瓦业交易会暨制瓦工业展

一、未满足政府扶持条件的参展价格如下。

标准展位	国内企业（RMB）	A区：9 800元/个	境外企业（USD）	2 200元/个
		B区：8 800元/个		2 000元/个
豪华标准展位	国内企业（RMB）	统一：13 800元/个	境外企业（USD）	2 600元/个
空地	国内企业（RMB）	1 000元/m²	境外企业（USD）	250/m²
标准展位说明	规格：3m×3m，含3面白色围板（高2.5m）、1张洽谈台、折椅2把、日光灯2盏、中英文楣板、垃圾篓、地毯、500W照明插座（选配）。豪华标准展位除以上配置外，对展位进行统一豪华装修，有效体现参展企业整体实力与形象。效果图备索。双开口的展位，另加收500元。			

二、满足政府三个扶持条件的参展价格如下。

填写参展补贴申请表回传，经组委会确认资格方可获得政府高达73%的参展补贴。政府补贴由组委会统一申请，参展企业只需支付补贴后价格。

空地展台36m²	单价1 000元/m²	非补贴价	36 000元	政府补贴价	9 800元
空地展台72m²	单价1 000元/m²	非补贴价	72 000元	政府补贴价	27 800元
备注	政府对每家满足扶持条件的企业进行补贴，补贴标准为36m²，若企业确实需要选择空地展台36m²以上的，经申请通过，增加的面积部分可按照500元/m²另外进行计费，如72m²的空地展台价格可为9800＋（36×500）＝27800元；空地展台不包括任何设施，参展商需自行设计、装修，由组委会代展览馆另外收取50元/m²的装修管理费。				
技术交流会（产品推广会）	国内企业（RMB）	6 000元/节（45分钟）	博览会期间万商云集，主办机构为参展企业举办有针对性的信息发布会和技术交流会，这将是向各专业人士及客户介绍先进技术设备或新产品信息发布的最佳方式，是考察产品及可行性的有效途径。组委会提供场地及扩音等设施，并负责邀请30～60名相关专业人士出席。申请截止日期：2012年12月31日。		

小贴士：上述案例将展会价格分成满足政府扶持条件和未满足政府扶持条件两大类，在每一类当中又按照不同分类依据，区分出不同价格，充分体现了展会价格的复杂性、综合性等特征。

（三）人员分工、招展招商和宣传推广计划

人员分工计划、招展计划、招商和宣传推广计划是展会的具体实施计划，这四个计划在具体实施时会互相影响。

（1）人员分工计划是对展会工作人员的工作进行统筹安排。

（2）招展计划主要是为招揽企业参展而制定的各种策略、措施和办法。招展工作是办展策划的一项极为重要的工作，是保证展览按期举行的重要前提。因此，有很多企业对招展工作进行了专门的时间管理，以确保招展效率。

🔍 招展阅读：分析 2004 年中国（古镇）国际灯饰博览会招展成功的三大因素

2004 年中国（古镇）国际灯饰博览会在广东中山古镇举行。根据筹备工作方案，展览面积 4 万平方米，共设展位 2 400 个。为了确保招展任务的如期、高质完成，在总结往届灯博会经验的基础上，筹委会梳理招展信息，充分挖掘展会资源，建立了参展商数据库，成立了精干的招展机构，广泛宣传，多轮驱动，取得了良好的效果。

1999 年和 2002 年两届灯博会的成功举办，为这届博览会积累了大量的客商及灯饰企业资料，筹委会在完善招展企业数据库的基础上，又采取了一系列的措施。

① 在镇内通过电视台、灯饰报、政府网站、灯饰在线网站等发布招展信息。

② 借镇领导赴美国考察之机，参加美国拉斯韦加斯灯展，在展会上介绍古镇灯博会的有关情况，邀请商家前来参展参观。

③ 通过电子邮件、邮寄、电话、传真等方式向国内外 5 000 多家灯饰及相关企业发送了邀请函。

④ 温州灯饰商会协商进行代理招展，邀请温州的客商前来参展。

⑤ 古镇组织了 12 家企业组团参加"2004 年中国轻工业产品博览会"，宣传古镇形象，并同时发布灯博会宣传广告，以达到借展招展的效果。

⑥ 5 月份在北京组委会召开了第一次新闻发布会，来自中央电视台、北京电视台、中央人民广播电台、新华社、中国照明电器网、新浪网、搜狐网等来自国内外近 60 家媒体对灯博会进行了相关报道。

⑦ 在招商方面，组委会高度重视，5 月份已经通过邮寄、电子邮件、传真等方式向海内外 10 万业内人士寄发了邀请函，并通过中国照明协会与西班牙协会联系，邀请协会成员前来参观；还与一些知名 B to B 网站合作利用他们的客户资源；此外，还在欧美的专业杂志上投放广告。

⑧ 6 月初，组委会在东莞召开了招商推介会，古镇领导亲自向与会企业介绍灯博会的情况，推介会取得了良好效果。

（3）招商计划主要是为招揽观众参观展会而制定的各种策略、措施和办法。

（4）宣传推广计划则是为建立展会品牌和树立展会形象，并同时为展会的招展和招商服务的。招展的宣传方式主要有发函、电话、广告、新闻发布会、网络推广、展览会、代理商等。

> **拓展阅读：**
>
> 以参展商获知"重庆第四届高新技术成果交易会"信息渠道情况为例，可见78.2％的参展商是通过直接邮寄获得相关信息；11％的参展商是通过报刊广告得知相关资讯；3.2％的参展商是通过内部刊物了解到展会信息；1.6％的参展商通过互联网获取信息；0.2％的参展商是通过电视获取信息；此外，还有6％的参展商是从其他途径获取展会资讯。
>
> **小贴士：**上述案例可以看出展览主办方的营销方式比较单一，主要是依靠发函；互联网的广泛传播效应没有发挥出来，电视、广告所占的比例也较小。

（四）展会进度计划、现场管理计划和相关活动计划

展会进度计划是在时间上对展会的招展、招商、宣传推广和展位划分等工作进行的统筹安排。它明确了在展会的筹办过程中，到什么阶段应该完成哪些工作，直到展会成功举办。展会进度计划安排得好，展会筹备的各项准备工作就能有条不紊地进行。

展会现场管理计划指的是展会开幕后，对展会现场进行有效管理的各种计划与安排，一般而言，它主要包括展会开幕计划、展会展场管理计划、观众登记计划和撤展计划等。现场管理计划对于举办展会起着至关重要的作用，现场计划安排得好，可以确保展会现场井然有序。

展会相关活动计划是对准备在展会期间同期举办的各种相关活动作出的计划安排。与展会同期举办的相关活动最常见的有技术交流会、研讨会和各种表演等，它们是展会的有益补充。

（五）办展手续的办理

展览主办机构应向当地的工商行政管理部门申请办理《商品展销会登记证》，具体应提交如下文件。

（1）证明主办单位（主、承办单位）具备法人资格的有效证件。

（2）举办展会的申请书，内容包括：商品展销会名称，起止日期、地点，参展商品类型，举办单位银行账号，举办单位会务责任人员名单，展览会筹备办公室地址、联系电话等。

（3）展会场地使用证明（租馆合同）。

（4）展会组织实施方案。

（5）其他需要提交的文件：

① 需要政府或有关部门批准的，应提交相应的批准文件。

② 联合办展的，应提交联合举办的协议书。

③ 异地办展的，应提交申请举办单位所在地工商行政管理机关出具的异地办展核转通知书。工商行政管理部门自接到之日起，十五日内，会作出准予登记或者不准予登记的决定。

第三节　企业参展策划

企业参加展览会并不只是简单地带几个人，拿着自己公司的展品去展馆展示，而是应该将整个参展过程看成是一个复杂的策划活动，并将参展策划包括在企业的年度工作计划中，进行统筹安排。一般而言，参展策划应包括：展出目标、展会选择、展出重点、相关活动、参展时间、人员安排、资金计划、筹备工作等内容。

一、参展背景分析

参展背景分析是企业对是否应参加某个展会以及花费多大成本参加该展会的一个全盘考虑。一般的参展背景分析既包括对内部环境的分析，也包括对外部环境的分析。在此处，我们主要就展览活动的外部环境进行分析。

（一）宏观环境

由于宏观环境分析在企业办展策划这一节中有详细阐述，且无论是办展还是参展都需要良好的政治、经济、社会、文化环境，因此，此处仅对宏观环境进行简单的阐述。

企业在参展之前，要考虑的一个重要的因素是当地的政局是否稳定，法律、法规是否健全，该展会是否有国家的资金补贴等。为了鼓励中小企业以展览会的形式走向世界，我国政府部门从 2001 年起就出台了相关的优惠政策，从不同程度上给企业补助会展资金。例如，2004 年杭州市政府规定：杭州市区以及桐庐、建德、淳安三地（市）企业，通过市外经贸局或市贸促会有组织出国参展，可享受市级财政的资金补助，补贴金额为展位费的 50%，最高不超过人民币 15 000 元。部分在境外举办的展览会能申请到国家和组办单位所在省市的资金补助，可以减轻企业"走出去"的负担，让企业享受到实惠。

（二）微观环境

1. 展览活动分析

每个行业每年在不同地区,甚至同一地区都会举办很多的展会活动。这些展会活动在内容、功能及规模上各不相同,企业究竟应该选择参加哪些展会,要结合企业的参展目标,并根据自身的市场策略来进行具体分析与选择。在对展览活动进行分析之前,首先要了解所在行业的基本动向,了解行业内的相关企业、协会和杂志都参加或者举办了哪些重要的展会,依此拟定可能参加的展览会的名单;然后,与举办相应展览会的经理进行洽谈,了解前几届展会的观众数量职业分布、地理分布和交易类别,了解往届参展商的数量、有哪些知名企业参展及其参展力度。最好能要求展会经理寄上一份详细的招展说明和往届展会的分析报告,以便能从中判断出各个展会的质量与特色,了解以往有哪些企业参加过该展会,比较这些企业参加该展会的频率及参展力度。除此之外,还可以去拜访一些曾经参加过这些展会的企业、协会以及杂志社,用以深入地了解组办机构的组织能力、展会观众的特征等。

2. 参展商构成分析

通过各种渠道,了解该展会以往参展商的构成并进行分类。例如,按照行业类别对参展商进行分类统计,可以帮助企业了解该展会的行业结构;按照国家/地区对参展商构成进行分类统计,可以帮助企业了解该展会的国际化程度,以做出是否参加该展会的决策。

拓展阅读:2010 年第八届中国国际门窗幕墙博览会参展商构成分析

在 2010 年,该展会共有来自中国、德国、意大利、韩国、日本、美国、比利时、芬兰、瑞士、新加坡等 18 个国家和地区的 361 家参展企业,数量较上届增加 10%。其中,参展商按展品分类数据如下。

展品类别	五金	密封材料	设备	门窗幕墙系统	型材	玻璃/光伏产品	刀具	纱窗	开窗器	遮阳	软件	其他
参展企业数	85	65	50	48	39	37	9	7	6	6	4	5
占比（%）	23.5	18.0	13.9	13.3	10.8	10.2	2.5	1.9	1.7	1.7	1.1	1.4

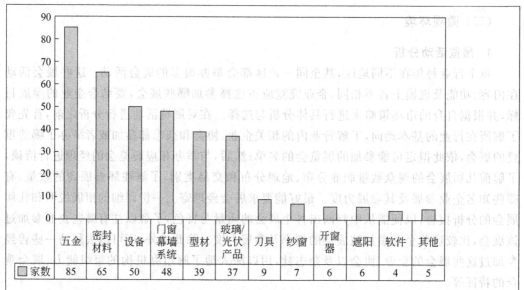

	五金	密封材料	设备	门窗幕墙系统	型材	玻璃/光伏产品	刀具	纱窗	开窗器	遮阳	软件	其他
家数	85	65	50	48	39	37	9	7	6	6	4	5

　　小贴士：以上统计中，几大增长最为明显的领域，分别是型材中的 U-PVC 型材、门窗幕墙系统以及设备领域中的木窗制造设备。通过上述统计分析，可以为下一届准备参加该展会的企业提供一定的参考。

3. 观众分析

　　对观众数量、质量构成的分析也是企业参展前应考虑的重要因素。观众数量和质量直接决定了展会的规模和成效。而严格的观众定义是进行精确统计的前提，在这一方面，展览王国德国已经有了一套相当成熟的做法。慕尼黑国际博览集团首席执行官胡明峰先生介绍说，购票入场或是在观众登记处登记了姓名和联系地址的人都被称为观众；记者、展商、馆内服务人员和没有登记的嘉宾不算在观众之列。对观众的分析可以帮助参展商锁定目标受众群体，进行有针对性的产品展示和展台设计。

　　📖**拓展阅读**：以第十届中国（狮岭）皮革皮具节为例看企业应当如何对参展背景进行分析

　　专业性：第十届中国（狮岭）皮革皮具节举办为期三天，除开幕式外，将以狮岭 25 平方公里的建成区为一个大的展示平台，其中以狮岭（国际）皮革皮具城、狮岭（全球）皮革五金龙头市场、广州狮岭·纳海皮具饰博园三大展区为主展区，充分展示狮岭皮革皮具行业的繁荣景象。

品牌性：第十届中国（狮岭）皮革皮具节将以隆重、简练、新颖、时尚的形式展示"品牌狮岭、魅力花都"。

权威性：中国轻工业联合会、中国皮革协会、中国塑料加工工业协会、广州市人民政府合力主办；花都区人民政府统筹承办；狮岭镇人民政府、成都中亚经济文化有限公司联手策划；圣地集团、红谷皮具冠名赞助；狮岭（国际）皮革皮具城、花都温州商会、广东省皮具行业协会、广州狮岭皮具创意精英协会倾力协办；法国皮革协会、欧中国际合作协会、意大利 ARS ARPEL 集团、广东省缝制设备商会、广州市花都区工商联狮岭分会、广东省湖南皮具皮革专业委员会、广州市花都区工商联赣商商会、广东省浙江台州商会鼎力支持，第十届中国（狮岭）皮革皮具节开幕式将实现全新突破，凸显"商业化、专业化、创新化"的特点，不断扩大中国（狮岭）皮革皮具节以及狮岭皮革皮具产业的影响力、号召力、凝聚力。这将是一次充分展示皮革皮具创新性发展成果、促进国内外皮革皮具行业广泛交流合作、通过政企强强联合共同提升中国皮具之都魅力的品牌盛会。

国际性：展区内将设有皮具成品、皮具创意设计作品、缝制机械设备等展会平台，吸引来自世界及全国各地的皮具品牌企业、缝制设备采购商、皮革原辅材料厂商等齐聚狮岭。中国（狮岭）皮革皮具节已成为对外展示花都狮岭整体形象的前沿阵地，成为宣传品牌、提升产业和促进经济腾飞的助推器，是花都狮岭走向世界、与世界对话的一张"金名片"。

二、参展目的分析

传统展览往往被看成是一个信息传递的场所，以宣传和展示的功能为主，而如今的展会则更多地被理解为进行产品或者服务销售、签约的场所。需要注意的是，展会不仅是发现市场前景、达成交易的平台，而且还是一个帮助企业实现多层次目标的有效载体。因此，对参展商参展目的的研究，也就成了学术界研究的一个重要课题。

国外的相关研究表明，参展商普遍重视销售目的（包含结识新客户、增加销售、获得新销售），而对提升企业形象、信息收集、技术引进等非销售目的方面不够重视；把非销售行为作为参展的次要目的，说明企业没有充分利用展览会这个平台。还有一些学者研究了类型各异的参展商目标设定的差异性，如 Herbig，Palumbo&O'Hara 认为制造商的参展目的主要是收集竞争者信息、推广与评估新产品、达成交易意向、建立新客户关系、招聘销售员和寻找代理商，而服务商的参展目的主要是完成公司的销售任务。

由此，我们可以看出，企业参展的目的无外乎四种类型：①扩大销售，这是企业最直接、最明确的参展目的；②品牌宣传，如今中国市场已进入品牌制胜的阶段，各个企业都在竭力打造自己的品牌，一个企业的产品知名度、美誉度如何，将影响到消费者的购买决策过程；③产品展示，产品展示既是展会的重要功能，也是展会的重要目的；④招商加盟，企业参加展会的另一个目的是通过展会寻找合作伙伴，扩大企业的影响力，提高其市场占有率。

由于明确参展目的是企业通过展会实现自身价值的关键，后续的工作都是围绕参展目的而展开，因此，在参展之前，企业有必要综合分析一下此次展会的目的。

三、参展安排

在对展会进行分析、明确参展目的并决定参加某个展览会之后，企业就进入了参展准备状态。筹备展览会需要考虑的问题有很多。比如，参展的资金投入问题，如何以最少的钱办最好的事，办成哪几件最好的事，参展的规模标准是多大等。为了能达到预期的效果，企业应该在展前做好如下准备工作。

（一）展前准备

展前准备主要包括参展方式选择、展品选择、展位选择、展示方式、人员配备、参展财务预算等环节。

1. 参展方式选择

企业应根据展会的特性选择适合自己的参展方式，以取得最佳的展览效果。参展方式大致可以分为两种，即集体参展和单独参展。集体参展适合一些没有较多参展经验、实力不太雄厚的企业，但在展出面积、时间、人员配备及展出风格方面将会受到限制。单独参展，指的是企业独自去参加展会，企业的自主权比较大，可以按照自己的风格来进行设计，但它需要企业具备一定的经济实力和参展经验。

2. 展位选择

有经济条件的企业可以选择有利的位置，如出口、入口、中厅、休息区、餐饮区、洗手间附近等人流量比较密集的地段，避免选择死角、长排中段、有墙柱障碍的展位。

3. 展品选择

展品是最能吸引观众并给观众留下深刻印象的因素。因此，企业如何选择能打动观众的展品显得尤其重要。一般而言，企业选择展品应遵循有三条原则：针对性、代表性和独特性，针对性是指展品要符合展出的目的、方针、性质和内容；代表性是指展品要能体现展出者的技术水平、生产能力及行业特点；独特性则是指展品要有自身的独特之处，以便和其他同类产品区分开来。

4. 展示方式选择

除了需要科学挑选用于展示的产品外，展示方式对于产品展示也起到很重要的作用。因为产品本身不能很好地说明企业的全部情况，所以还需要运用图表、资料、照片、模型、道具、模特或讲解员等实物、真人，并借助装饰、布景、照明、视听设备等手段，加以说明、强调和渲染，才能很好的发挥展示效果。展品如果是机械或仪器，则要考虑安排现场示范，甚至让参观者亲自动手；如果是食品饮料，要考虑让参观者现场品尝，并准备小包装免费派发；如果是服装或包饰，则应使用模特展示，或安排专场表演。这些做法都是为了引起参观者的兴趣，增加他们的购买欲望。

5. 展台设计

美观、创意是展台设计者要考虑的重要因素，但是，不容忽视的是展台设计的根本任务是要帮助企业达到展览目的。展台设计要能体现出企业的形象，吸引观众眼球。因此，企业在设计展台时，除了要考虑展台的视觉冲击力之外，还应注意以下几点：①展台的搭建应与所办展会的主题相匹配；②展台设计不可喧宾夺主，因为展会毕竟不是举办设计大赛，其最终目的是为了衬托产品；③展台设计不可过于标新立异，要与企业在公众心目中的形象基本一致；④不可忽略基本功能，设计展台时不要忽略展示、会谈、咨询、休息等展台的基本功能。除此之外，展台设计还要考虑到与展览会期间企业计划举办的其他活动配套。很多企业都将展会作为一个开展公关活动的重要场所，除了展览本身以外，他们还在展览会期间同时举行各种各样的研讨会、表演或招待会等活动，因为展览会期间观众量大而且集中，这些活动与展览同时举办，影响较大又能节约开支。这在另一方面对展台搭建提出了新的要求，同时，企业对参展的态度还取决于经济上是否划算。因此，在保证效果的同时，还要算好经济账，尽可能使用新型的、可重利用的展台材料，认真研究设计方案，减少不必要的开支。

6. 人员配备

人员配备是展览工作的第一要素，也是展览成功与否的关键所在。展台的人员配备可以从四个方面加以考虑：①根据展览性质选派合适类型或相关部门的人员；②根据工作量的大小决定人员数量；③注重人员的基本素质，如相貌、声音、性格、自觉性，能动性等；④加强现场培训，如专业知识、产品性能、演示方法等。展台人员要结合参展商品的特点，灵活应对，如果是大众消费品应着力树立品牌形象，在消费者中形成亲和力；如果是新产品，则须大力宣传其与众不同之处。

7. 广告信息的发布

参展商应根据需要考虑在会刊发布广告，以封面和内页文章的形式进行发表；也可根据需要选择条幅、彩球等展会外设广告。在参加展会的前三个月，可以考虑以软文的形式在有影响力的刊物上发布报道，以扩大知名度。

8. 邀请目标客户

参展企业在准备展会阶段，可以邀请自己的潜在客户、原有客户以及目标客户来参加展会，邀请函最好附上门票或礼券，以增加吸引力。

9. 参展财务预算

在提交参展策划方案的时候,应当做好财务预算,主要包括:参展费用、特型展示布置费、展品运输保管费、广告费用、宣传赠品费用、人员差旅费用以及其他可预见的费用。参展的投资规模应该参考展会对市场战略的支持作用,对区域市场销售的现实作用,以及对品牌宣传和企业宣传的影响力。

(二)展中安排

1. 信息采集

在展会举办过程中,企业应派出相关人员去参观竞争对手的展览,以掌握最新的市场动向,做到知己知彼。

2. 展台布置与展品陈列

展台布置应当遵循如下基本原则:①远观效果醒目、有冲击力,近看效果舒适、明快,整体效果协调;②展位结构和图片序列应考虑人流密度和流向;③无论是标准展位还是特型展位,都必须增加照明灯光;④展品和图片应符合人体身高和视角;⑤展区微观细节构造应考虑,如展台、展架、展示墙、标牌、标识、洽谈区、图片设计、说明性文字、动态屏幕演示系统等使用的材料材质(一次性/重复性);⑥展示空间应重点考虑四面敞开式的岛屿空间、三面敞开、过道通透、多敞开面空间。

3. 产品或服务促销

如果是以销售产品或服务为主要参展目的的企业,则应该在展会举办的过程中配套实施产品或服务促销活动。具体可以采用以下方式:①对于当场签订代理合作的代理商给予一定的优惠;②当场签订的代理商可以按条件获取相当数量的赠品;③举办一些现场的抽奖活动等。

4. 现场活动安排

企业现场活动安排,一方面是为了吸引观众驻足停留在企业的展台,吸引眼球;另一方面也是为了给展览会营造更好的气氛。作为与展览会配套的重要活动的演出,不仅包括为吸引人气而举办的文艺演出,而且包括为推广产品而进行的营销性演出。现场活动应结合展会主题而举办,如服装展上的模特表演、食品展上的现场厨艺表演、汽车展上的新品发布会等。

5. 展品及展示布件的运输和保管

各种参展物品应在展前列出明细清单和运输方案,并责成专人负责;展后应对参展物品进行核对,对损坏、丢失情况进行汇报。

（三）展后处理

展后处理工作跟参展前的准备工作一样复杂，也必须遵照既定程序来进行，才能避免在展会结束的最后一刻，出现纰漏。

1. 撤展

根据展览性质不同，展品也有不同的处理方式。如果是出国展，对展品的处理，一般有这样几种情况：①国内指定不出售的，应原件运回；②贵重展品，一般可采取个别成交，或寄售的办法。若二者都不成，则需运回；③中、低档的商品，一般采取折扣包销的办法，在展览中蒙尘、光照失色、吊挂受损的展品，折扣较大（高档商品、艺术品一般不打折，有些令人瞩目的精品，反而会因展览身价上升）；④展览道具类，除了铝合金组装式道具之外，一般不具有重复使用价值的物品，出于运费的考虑，大多选择就地处理，或出售、或赠送、或作废物处理。如果是国内展，可以将展示物品运回原公司；或者将展品就近放在自己的经销商处，将其余参展物品、电脑等贵重物品运回公司。另外，要将租赁的物品归还，并结算相关费用，并清理现场。

2. 报酬分配及费用处理

此处的报酬主要指劳务费和租赁费，一类是结算节目表演、主持人员及其他兼职人员的劳务费用；另一类是支付临时租赁的仓库、音响设备、展台搭建物品等的费用。

（四）参展后续跟进工作

展会后续工作对参展商具有非常重要的意义。但是，很多企业都会忽视展会的后续工作，认为展会结束就等于展会工作画上了句号。如果不能够在第一时间与潜在客户取得联系，做到良好的信息反馈与分析和总结工作，错失良机，失去了本应获得的客户关系和经济效益。同时，对于在展会构成中出现的问题如不能够及时总结经验和教训，则会影响下一届展会的进步和成熟。

参展后续跟进工作是指发生在展览会闭幕后的跟踪服务，旨在充分运用本次展会的展览效应来搭建客户关系和促进产品销售，并为下一届的展会起到铺垫作用。展会的后续工作并不是在展会结束后的短时间内就结束的培养良好的客户关系需要长期的跟踪服务和宣传工作。

参展后续跟进工作的内容主要包括：对客户资料的整理汇总、即时跟踪和后续跟进。

1. 客户资料的整理汇总

由于展览会现场观众众多，洽谈时间也相对有限，因此，展会现场工作结束之后，参展企业应该花费更多的时间对参展所获资讯加以整理及分析，以巩固及扩大参展成果。

根据参展企业在展后阶段工作的主要内容，我们可以将客户分析与跟进的主要功能归纳如下。

(1) 筛选资讯以获得有价值的信息。

会展经济又被称为信息冲浪,由于其具有显著的聚焦效应或眼球效应,使得大量的人流、物流以及信息流在会展场地集聚。对于参展企业而言,客户信息就意味着商机,然而过多的信息也会成为效率低下的直接原因。因此,参展企业应该在展会结束后,立刻对所获的信息进行处理,并筛选出有效的客户信息。这是参展企业较其竞争对手获得市场先机的关键步骤。

(2) 对客户进行分类,发掘潜力买家。

客户对于企业的贡献率是不同的,有效管理客户,特别是有价值的客户是企业获得成功的重要保证之一。对于不同贡献率的客户,企业投入的精力也会有较大的差异。例如,对于给企业创造 1 000 万元利润的客户与给企业创造 10 万元利润的客户就应该予以不同的精力及资源投入。因此,客户的甄别就成为企业在进行业务活动前的重要工作。通常情况下,企业会对客户进行深入的了解与沟通,并将客户按照其规模或潜在业务量的大小进行分类,如可以分为白金客户、VIP 客户、一般客户、潜力客户等。

> **拓展阅读:常见会展客户分类**
>
> 根据展会上与客户谈判的过程及结果,可将客户分为正式客户、潜在客户、无效客户。这里的正式客户是指老客户,根据上面提出的两点来开展工作即可。潜在客户即指对你的产品有明确的订购意向,只需进一步跟进,确定一些细节即可订货的客户。无效客户指仅在展会留下名片,没有进行过交流,且对方仅是收集一些资料的客户。将展会期间的客户记录进行梳理,与客户对应起来,把自己的一些设想添加进去,以备下一步工作的开展。

(3) 维护客户关系,寻求市场应对策略。

客户关系的维护是一个长期的过程,在日益激烈的市场竞争中,客户流失率的居高不下是企业面临的重大挑战。一般而言,发掘一个新客户的成本将是维护已有客户成本的9 倍以上。所以,企业不能只顾埋头发掘新客户,而更加现实的问题是如何做好客户的维护工作,降低客户的流失率。通过客户数据的分析及跟进,参展企业能够更为具体的了解客户需求,更针对性地采取策略。

(4) 对客户的后期跟进有助于参展企业进行参展总结与决策。

展会价值的体现在于参展商与观众的质量,从参展企业的角度来看,当面临众多的展会时,如何选择合适的展会以及如何组织参展就成为关键。通常情况下,参展行为中的参展决策与企业过去的参展经历有较为密切的关系,尤其是在会展数量众多、鱼龙混杂的时期,借鉴以往的参展经验成为参展商参展决策的主要依据。客户分析与跟进就是参展商全面评价参展收获的方法之一。透过对客户价值的分析,参展商不仅可以对自身参展筹备工作进行评价,而且还可借此信息来判断展会的价值含量,并为未来的参展提供决策依据。

客户信息整理与分析的工作主要涉及以下三个方面内容:客户数据的整理与数据库的建立、客户的分类与甄别,以及客户跟进策略的制定。

2. 客户类型的界定与划分

参加展览活动的观众类型众多,他们是参展企业跟进的主要对象。一般情况下,参展企业可以按照观众的身份、行为特点、客户价值以及参展频率等角度对观众进行类型分解。

(1) 从观众的身份角度进行分类

观众的身份包括两个方面的含义,一方面是指观众所从事的行业或工作与参展企业间的关系,另一方面是指观众自身在其企业内部的身份与地位。

首先,从观众所从事行业与参展企业间的关系来看,常见的观众类型包括四种:同业竞争者、中间代理商、终端消费者以及一般观众。

同业竞争者是那些来自于与参展企业同属某一行业的观众,他们与参展企业构成竞争关系,通常不会进行较为深入的洽谈,但是,可以通过他们了解参展企业所处的市场状况和发展趋势。在客户资料整理与分析方面,同业竞争者不是参展企业关注的对象。

中间代理商在参展企业所处的行业中,属于连接参展企业与终端消费者的服务机构,如对于制造企业而言,中间代理商通常是区域的销售代理。由于中间代理商能够较为高效的为参展企业打开区域市场、创造销售渠道,能够在较短时间内为参展企业创造经济价值。因此,中间代理商是参展企业需要重点关注的观众类型之一。

终端消费者是参展企业产品或服务的最终用户。由于前来参观展览的观众一般均为大批量产品及服务的消费者,因此,参展企业与之直接进行业务联系能够有助于销售的实现。同时,在一定程度上能够降低市场推广的成本,同时在消费者中产生较为理想的口碑效应。因此,当接触到终端消费者时,参展企业应该密切关注其需求并力争与其建立有效的沟通渠道与业务联系。

除了上述观众类型之外,在展览过程中,参展企业还会遇见为数不少的一般观众,这些观众可能只是出于了解行业、观察市场、好奇等心态前来。对于这些观众,参展企业也应该尽量获取名片并对其能否成为潜在客户进行分析。

其次,从观众自身在企业内部的身份与地位来看。参加展览的企业代表一般都是企业采购部门的管理者甚至于企业的高层管理者,而不同身份的观众拥有的权限也有所不同。参展企业对具有决策权的专业观众进行重点突破式的公关有助于提升参展的效益。

(2) 从客户的行为特征方面进行分类

客户在参观时的行为特点能够在一定程度上表现其内心世界。因此,参展企业在参展过程中应该认真观察参观者的行为特征并将其记录在案,以方便展会后期的客户分析与跟进。

通常情况下,参展企业可以将客户按照在现场与工作人员沟通与交流的方式分为五类:

① 仅仅观看的客户;

② 只留下名片的客户;

③ 交谈过的客户;

④ 表现出兴趣并索取报价的客户;

⑤ 表示要订货并开始谈判的客户。

客户的现场表现能够在很大程度上表现出该客户对参展企业的热情及关注度。同时,客户的现场行为表现的信息也是进行客户等级划分的重要依据之一。对于表现出兴趣并索取报价的客户和表示要订货并开始谈判的客户要加以重点关注和维护;对于曾经交谈过的客户要进行深入的研究,了解其实质需求,继而达到争取市场机会的目的;对于只是留下名片的客户则应该有针对性的进行回访及询问。需要注意的是,虽然客户在展会现场的行为能够表现出其对于产品或企业的兴趣,但是,由于不同人的行为风格不同,参展企业的工作人员也不能完全只通过现场的观众行为来判断客户类型。

(3) 从客户价值的角度分类

通常,客户的价值是最具有意义的分类尺度,但是,这类尺度也较难以衡量与把握。在某些行业内,会按照客户价值的大小,将客户划分为最高价值客户(MVC)、最高潜质客户(MGC)、没有价值的客户(BZ)。如在银行业中,拥有日均存款额100万元以上的客户是银行的最高价值顾客。而在会展业,最高价值顾客则可能是指具有很高知名度和行业影响力的大型采购及供货商。通常,也会考虑利用80~20的原则判断客户的价值,如果20%的客户能带来80%的利润,那么这20%的客户就成为本企业的最具价值的客户。最高潜质客户是指有潜力发展为知名度高、行业影响力大、经济效益好的企业。没有价值的客户则是指无法为会展活动及参展企业带来信息或者经济方面效益的市场主体。

(4) 从观众的参展过程来分类

"一回生、两回熟"这是市场活动中的常见规律,对于会展活动来说,同样如此。我们可以将客户按照其参展的行为以及与参展企业交往的频率,区分为第一次观展接触的客户、重复观展接触的客户和频繁参展接触的客户三类。其中,第一次观展的观客户参展商应重点争取的对象,但是,要获得这样的客户需要付出较高的客户运营与维护成本;重复观展的客户相对较为容易进行沟通与交流,并且易于达成相关的协议;对于频繁观展的客户而言,企业应该注意其长期合作的价值与意愿。

在参展企业的工作人员看来，对于第一类客户，工作重点是在展会过程中了解其基本需求，并尽可能获取其信息档案；对第二类客户，则需加深对其的了解并加强客户的维护与管理工作，努力达成成交意向；对第三类客户，则应当发掘其频繁观展的原因，并制定相关的应对策略。

3. 客户的联系与跟进

基本型的客户跟进方式主要指在平常的工作中较为常见的客户维系渠道，按照其对客户的影响程度可以分为三类。

(1) 低参与度的信息跟进，主要指在客户的维系与管理过程中，不需要客户进行相应的回复及反应，对于客户的正常工作与生活干扰较小的方式，常见的有直接邮寄、图文传真、短信平台、网络资讯平台等。

① 直接邮寄跟进

寄送邮件，就是以实物为代表跟客户进行接触。直接邮寄是较为传统的客户跟进手段与渠道，但是，其地位直到目前仍然无法被取代。参展企业在进行客户维护时，直接邮寄的内容可以包括更加详细的企业资料、产品信息、产品的样品以及贺卡、生日卡、祝福卡、小礼物、活动邀请函、参观券等，这些物品能帮助客户进一步了解参展企业的具体情况，有助于建立起一种信任关系。

② 图文传真渠道

利用传真进行客户跟进也不失为一种好方法。图文传真在商务领域内的应用十分普及，其信息传递效率较高，能够实现个性化定制，并且对于技术及设备要求不高，只要拥有传真设备就可以实现信息的互动与交流。虽然，互联网络技术的发展对图文传真发展产生了一定的冲击，但是，作为较为正式的商务联络方式，图文传真仍然是商务领域的主要方式。企业在展后的客户跟进过程中，使用图文传真的方式需要注意以下几个方面：一方面，准备图文传真相关资料时，要注重资讯的完整性与清晰性；另一方面，在实施图文传真过程中，应该表现出良好的专业素养，为后期的互动环节做好准备。与众不同的处事方法，会给人留下深刻的印象，工作人员往往会忽视这一点。例如，客户要求资料传真，就仅给客户复印基本资料，几张纸传真过去，却连进一步的联系方式都不提供。而较为专业的做法应当是，在传真时除了相关产品资讯之外，还应提供后期的联络方式；当传真发出之后，还要及时跟客户确认：是否收全、有无遗漏，是否清晰、是否完整。这样的往返，既增加了交流的机会，也进一步加深了双方的了解。

③ 短信平台跟进

短信平台跟进，是指利用短信服务平台的优势与特点，在较短的时间内具有针对性的发出大量的信息。随着手机的日渐普及和短信平台功能的逐步完善，短信平台在客户的维护方面发挥着越来越大的作用。

短信的特点是既能及时有效传递信息，又不需要接收者当即做出回答，对接收者打扰很小，非常"含蓄"，比较符合中国人的心理特点。短信形式多种多样，有短信提醒、短信通知、短信问候等，在准确掌握客户信息的基础上，短信平台跟进的有效性很高，即一般都保证客户能收到相关资讯。利用短信平台进行信息发布，客户管理具有高效、经济、覆盖面广等特点；但是，若使用不当，也会造成客户反感及投诉。因此，要掌握好度，既不宜太过频繁，使顾客感觉厌烦，也不要太过"冷落"。对于参展企业的商务活动而言，短信平台的客户跟进与维护方式只能在特定的情形下使用。一般来说，短信平台仅用于普通信息的发布和增强客户对该企业的好感度及忠诚度。因此，这种方式较为适用于已经成为企业合作伙伴的客户。

④ 网络平台跟进

互联网络的发展以及电子商务的日益普及都使得网络成为维护和提升的客户关系重要手段之一。网络跟进的方式主要有两类：一种是构建完善的服务平台，为潜在客户提供较为充分的信息及服务；另一种是借助电子邮件系统主动与客户进行联系和产品宣传。由于电子邮件可以采用多媒体技术，能够将有关企业或产品的文字、图片、动画、视频等要素展示于客户面前，十分快捷且成本低廉，因此，网络平台的客户跟进具有信息量大，形式丰富以及目的性强等特点，适合根据客户的个性化要求进行信息定制。在电子商务日渐兴盛的时代，网络平台的客户维护具有广泛的应用前景。

补充阅读：电子邮件跟进的小小技巧

联系客户。给每位客户发邮件，注意不要群发；在邮件中应体现出上次展会的内容；对重点客户要重点联系，并应先联系重点客户，分清主次；在附件中添加展会时的合影等。

回复客户。邮件发出去以后，会陆续收到一些回复。对这些回复要认真阅读，掌握客户的真实想法，然后针对客户的回信内容及时复信。如果客户需要某产品的报价，那就专门为客户制作报价单。不要小看一份报价单，学问大着呢。①报价单的名字，很多人只是将报价单命名为"报价单"，其实这是比较肤浅和不负责任的做法。客户会认为这只是一个普通的发盘，所以价格也不足为信。正确的作法是报价单＋客户名字＋日期，如 Quotation - Microsoft- 18-7-2006，不要小看多加了几个字，客户会认为这是专门为他做的定价单，对里面的价格也会认真对待。这样做的另一个优点是你能够快捷地找到这份报价单。②报价单的内容及格式也十分重要，常见的报价单是用Excel做的，sheet1 为报价单，sheet2 为客户资料；报价单顶端左侧为公司的 LOGO，右侧为公司名称及联系方式；报价单通常包括产品名称、图片、单价、特征、规格及包装方式等；底端为一些条款。

> 再次跟进。如果客户对你的产品及价格比较满意,则要诱导其订购你的产品,如询问订购的数量、时间、交易条件等,用这些来引导客户进入正题。如果你发了邮件,客户没有反应,一周后应再发一封与上次有所变化的邮件;如果客户仍旧没有回复,你则要考虑一下客户是否对你的产品不感兴趣。频繁的发邮件会引起客户的反感,不妨在接下来的第三封邮件加上一条:"如果贵司不希望收到此封邮件,请回复说明。"

(2)中参与度的互动跟进,主要指在客户的维护过程中,对其正常的工作有一定的影响,但是影响程度相对较低。采用该类客户维护方式时,需要经过充分的准备,较为常见的中参与度的互动跟进方式主要为电话回访。

电话是较为直接的人际交流方式,但是,随着电话推广与联系的使用频率的增加,这种方式也容易遭到客户的拒绝。因此,在利用电话进行沟通方面,掌握电话推广时机、选择专业人士以及设计好电话交流的脚本是尤为重要的环节。在利用电话进行推广的时机选择方面,应尽量考虑相关行业的工作行为模式与习惯,避免因为电话而干扰对方的正常工作;在电话工作人员的选择方面,应该尽可能选择拥有丰富的沟通技巧、较强的应变能力、较深的行业及专业素养、经过良好的训练的人员;在电话沟通前,相关语言及流程也应该精心设计,例如,如何通过简短开场(一般不超过 30 秒)激发客户的兴趣。除此之外,对于客户信息的熟悉程度也会在很大程度上影响到电话跟进的效果。

(3)高参与度的直接跟进,主要指与顾客面对面交流的方式,如登门拜访等。在参展商的客户关系管理工作中,上门拜访是较为正式、也是成功率相对较高的一种客户跟进办法。但是,登门拜访的方法成本相当昂贵、且较为耗时。登门拜访的方式通常需要有事先的沟通作为基础,因此,较为适合相互之间有一定了解的客户。尽管直接跟进的方式在成本方面需要较大的投入,但是,该方式能够有效的了解客户需求,并且能够通过观察获得更多的客户信息,可谓大投入、大产出。对展览过程中对参展企业表示出浓厚兴趣的客户,参展商应该尽量争取获得直接登门拜访的机会。需要注意的是,上门拜访的人员需要掌握一些技巧和方法,如要掌握基本的拜访礼节、注重自身形象、关注拜访对象、找好拜访理由、细心观察客户办公室摆设及风格、了解客户习惯、透过现象分析来往客户、查看公司实力等。

四、参展评估

展会结束后,企业应对参展的效果进行评估和总结。值得注意的是,展会的潜在影响力不容易测定,因此,企业不宜对其作出不切实际的评价。参展评估与总结应涵盖展前、展中和展后工作的整个活动过程。

（一）展会评估与总结的必要性

展览会评估与总结是对参加展会活动价值的评价。广义的展会评估与总结是对展会活动作用于社会、经济、环境产生的结果进行测量和评价，包括社会效益、经济效益、服务过程等方面。对展会活动进行系统、深入地考核和评价，是展会活动管理的一个重要环节，是展会产业链中不可缺少的组成部分。参加展会活动，本身就是一项投入比较大的活动，企业需要投入相当多的人力、财力和精力。无论是对主办方，还是对展会参与者而言，每次展会活动都会有很多宝贵的经验和教训值得借鉴和总结。

在展会活动期间进行系统的调查、统计、评估、总结的意义在于，它可以帮助参展商通过对参展成本、效果、成交金额、观众和买家反映等多个层面进行综合、详细的评估；帮助企业对展会期间的信息获取方式和信息传播方式进行分析；帮助企业对展会进行性价比分析，并从中选择成本低而效果好的优质展会项目；此外，还能把参加展会与其他营销方式（如广告、人员推广等）在成本效益上做出比较，为企业选择市场拓展的最佳展会项目提供依据。

（二）参展效益评估的特点

企业参展效益是指参展企业参加展会活动所获得的总产出与总投入之比，是企业进行参展决策的重要工具。参展效益评估的主要特点有。

1. 隐含性

企业参展的很多效益并不能用精确的数据来直接衡量，如参加展会提高了企业或商标的知名度。

2. 滞后性

企业参展的许多效益在参展期间并不能直接显现，在展会上直接反映出来的主要是展会期间的订单或合同，在实际情况中，这种订单或合同的数量非常有限。在参展之后的一段时间，企业参展的更多效益才开始慢慢显现。

3. 差异性

不同企业在不同时期参加不同的展会都会有自己的参展目标，参展的投入方式、多少也都大相径庭；即使有相同的参展目标，对不同的企业而言其效益也可能是不同的。因此，不同企业的参展绩效的计算不可以采用统一的指标。

4. 综合性

参展带来的效益是多方面的，效益的评价必须综合考虑，少计算其中的一项或几项会导致计算结果不能真实、有效地反映参展带来的实际效益，并有可能导致企业作出错误的决策。

（三）参展效益评估应遵循的原则

由于展会带给参展商的效益是多方面的，因此，参展企业在对展会进行评估的时候，应当遵循一定的原则，以保证展会评估的价值。

1. 全面性

展会评估的全面性主要是指参展效益评估要能够全面反映企业参加展会的所有投入与产出；同时，还要考虑到不同企业的不同参展需求，参展效益评估要能够较好地综合当前效益和长远效益、显性收益和隐性收益等。

2. 科学性

展会评估工作一般由参展公司自己安排，也可委托专业评估公司进行。无论是自己评估，还是委托专业评估公司进行评估，都应当遵循科学性的原则。参展评估的科学性主要包括：①评估指标体系设计的科学性；②评估方法运用的科学性；③评估内容的科学性。

3. 针对性

展会评估的针对性是指企业在进行参展效益评价时，必须考虑到评价中可能遇到的各种现实问题，制定具有针对性的评估方案、设计具有针对性的评估指标，并使指标的设计尽可能细化，必要时，可以设计多级指标。

（四）参展评估的常用调查方法

参展评估的常用调查方法不仅包括定性的调查方法，还包括定量的调查方法，以下就几种常用的调查方法进行简要阐述。

1. 二手数据

二手数据主要用于了解展览会的举办场次、场馆面积的大小、观众的数量、参展商的数量，这些数据在展览会正式开始之前即可获得；对于参展商、会展举办商、会展服务商的收益可以在展览会结束后从相关单位获得。至于参加展览会观众的数量，则有多种情况：如果出售门票，那么观众的总数即等于出售门票的数字；如果不出售门票，那么观众总数可根据经验估算；如果需要统计其中专业观众的数字，则可通过对现场观众的抽样问卷调查获得。

2. 问卷调查

调查问卷常用来调查观众的满意度。问卷调查是一种常用的调查方法，既可用来获得定量数据，也可用来获得定性的描述，通常是两者兼有。问卷的设计需要一定的技巧，尽管对问卷长度及问题数量并没有严格的规定，但在设计时还是应该尽量做到简洁明了；

每一个问题都应该有明确的目的,且确有必要,否则,不仅会浪费调查者的时间和精力,而且会使调查者丧失耐心。调查问卷在使用之前必须经过测试,以保证上面的每一个问题都清楚明了,能使被调查者可以很容易地作答。

调查问卷可以分为封闭型问卷和开放型问卷。在封闭型问卷中,回答者通常只能选择"是"或"否",虽然有时也可以加一些其他的选项,如"不知道"、"不清楚"等,但一般情况下最好不要使用这类选项,除非单纯的是非选择明显地限制了回答者;封闭型问卷还可以使用不同程度的选项,如"很好""好""一般""差"等,为回答者提供没有重叠的选项,并且通常应设置偶数个选项(如4个或6个),以防回答者较多的选择最中间的一个选项。

开放型的问卷要求回答者写出答案,这需要较多的时间,有些回答者可能不愿意投入这么多的时间,或者在表达上有困难。因此,除非确有必要,应尽量少采用这种形式,即便采用这种形式,问题的数量也不宜太多。实际中,比较多的情况是,将封闭型和开放型两种问卷形式结合在一起使用,并且以封闭型为主。

3. 现场采访

对于需要作出主观判断的问题,现场采访也是一种比较好的形式。采访既可以是在确定的时间里提出正式的问题;也可以是开放型的采访,使用比较宽泛的问题。这种方法需要经验丰富的采访者,而且需要大量的时间,不过可以得到一些与问卷不同的数据。由于时间上的限制,对于小型展览会,可以适当使用采访的形式,但对于大型展览会来说就比较困难了。

当然,无论是现场采访的形式还是问卷调查的形式,都要确保得到足够的样本,以保证具有相当的代表性。而且,在最终的分析报告中,应该明确的显示出回收问卷的数量或采访人数与全体人群之间的比例。

(五)参展评估的主要内容

不同企业参与展会的性质各不相同,因此,需要评估与统计的内容也不一致。以企业参展目的为依据,可大致将展会分成两类:一类是与思想或意识有关的教育性、公益性展会,企业以赞助商的身份出现,如科普类展、欣赏性书画展、经济建设成就展等;另一类是中介性、商业性展会,企业以参展商的身份出现,如贸易展、投资贸易洽谈会等。相对而言,商业性展会有着直接的功利性目的,即有着对经济利益的追求,因此,更需要对其效果进行评估,而且也比较便于加以定量化分析。参展商在参加完展会后,应当评估的主要内容包括:参展工作评估、参展效果评估、展览质量评估等。

1. 参展工作评估

参展工作的评估内容有定性的,也有定量的,评估的主要目的是了解工作的质量、效率和成本效益。参展工作评估的具体内容如下。

（1）展出目标的评估

主要根据参展公司的经营方针和战略、市场条件、展览会情况等评估展出目标是否合适。

（2）展览效率的评估

展览效率是展览整体工作的评估指数。评估方法有多种，一种是展览人员实际接待参观客户的数量在参观客户总数中的比例；另一种是参展总开支除以实际接待的参观客户数量之商。后一种方式也称作接触潜在客户的平均成本，这是一种非常有价值的评估指数。只要有足够的开支，参展公司就可以接触到所有潜在客户，当然，企业应当用最少的开支达到这一目的。这一指数可以直接用货币值表示，比如接触一个潜在客户开支为200元。

（3）展览人员的评估

展览人员的表现包括工作态度、工作效果、团队精神等方面，这些不能直接衡量，一种常用的方法是通过询问参加过展览的观众来了解和统计；另一种方法是计算展览人员每小时接待观众的平均数。美国展览调查公司1990年的一项调查显示，71%的展览人员被认为是很好和好，23%的被认为一般，6%的被认为差，这是全美国的平均值。该调查还指出，如果一个展览单位的评估结果显示差的展览人员超过总数的6%，就应当采取措施提高展览人员素质和表现。

（4）其他人员评估

其他人员评估包括展览人员组合安排是否合理，效率是否高，言谈、举止、态度是否合适，展览人员工作总时间多少，展览人员工作轮班时间过长或过短等。对展览人员和参展者（对集体展出而言）的评估一般被认为是秘密材料，限内部使用，不宜公开。

（5）设计工作的评估

定量的评估内容有展台设计的成本效率、展览和设施的功能效率等；定性的评估内容有公司形象、展会资料是否有助于展出、展台是否突出和易于识别等。

（6）展品工作的评估

展品评估包括展品选择、市场效果、展品运输情况、增加或减少某种展品的原因等，这种评估结果对市场拓展会有一定的参考价值。比如，通过评估可以了解哪种产品最受关注，在以后的展出工作中可予以更多的重视。

（7）宣传工作的评估

宣传工作评估包括宣传和公关工作的效率、宣传效果、是否比竞争对手吸引了更多的观众、资料散发数量等。对新闻媒体的报道也要进行收集和评估，包括刊载（播放次数、版面大小和时间长短）、评价等。

（8）管理工作的评估

管理工作评估包括展览筹备工作的质量和效率、展览管理的质量和效率、工作有无疏漏,尤其是培训等方面的工作。

(9) 开支的评估

展览开支是另一个争论比较多的评估内容。对于绝大部分参展公司,展览只是经营过程中的一个环节,因此,展览直接开支并不是展览的全部开支,展览的隐性开支可能很大,清楚计算比较困难。

(10) 展览记忆率评估

有一项能反映整体参展工作效果的专业评估指数就是展览记忆率,即参观客户在参加展览后 8~10 周仍能记住展览情况的比例。展览记忆率与展出效率成正比,可以反映参展公司给参观客户留下的印象和影响。记忆率高,说明展览形象突出、工作好;反之,则说明展览形象普通、工作一般。记忆率低的原因主要有:展览人员与参观客户之间缺乏直接交流、缺乏后续联系,参展公司形象不鲜明,所吸引的参观客户质量不高等。

2. 参展效果评估

参展效果评估主要包括:展览效果、参观访问量、潜在客户获取量等。在这几项评估指标中,展示效果不太好用直接的数字来衡量;其他几项都可以用客观的数据来表示。例如,参展商的收益,即企业参加展览会所达成的直接交易金额或签订的协议金额,实际情况可能是,某些展览会只具备其中的一项,而某些展览会同时具备两项。除此之外,还有一个最重要的指标就是展会规模,评估展览会的规模主要看参展商和专业观众的数量以及展览会面积的大小。

(1) 展览效果评估

有关展览效果评估的争议比较多,主要是由于对工作项目与工作成果之间关系的理解不同,因此,效果评估工作比较难。但是,参展企业仍应尽力做好展览效果评估,同时,不要将评估结果绝对化。对展览效果评估的内容包括。

① 参展效果评估

一般认为,如果参展接待客户中有 70% 以上为潜在客户,就意味着客户接触平均成本低于一般展览,属于展览效果优异。

② 成本效益比评估

成本效益也被称作投资收益,较为常见的评估方式为展览成本除展览效益,此种方式的好处是,可以将评价的结果在不同的展会及不同形式的推广策略间进行比较。在进行评估时,可以用展出开支与展览成交额进行比较,此外,还可以用参加展览的成本与建立新客户的数量进行比较。由于贸易成交量的核算比较复杂,因此,将潜在客户的获取数量作为评价的对象具有较高的可行性和可信度。

③ 成本利润评估

有一种评估观点是不仅要计算成本、成本效益,还应该计算成本利润。比如,签订买卖合同,先用展览总开支除以成交笔数,得出每笔成交的平均成本;再用展览总开支除以成交总额,得出成交的成本效益;然后,用成交总额减去展览总开支和产品总成本,得出利润;最后,用展览成本比利润,即得到成本利润。不同的观点认为,展览成交可以作为评估的参考内容,但是不能作为评估的主要内容。如果以建立新客户关系数为主要评估内容,则不存在利润;因此,不主张评估成本利润。是否进行成本利润评估,要根据实际情况决定。如果参加纯粹的订货会,则可以将成本利润作为评估内容;如果参加其他形式的贸易展览会,则可以以成本效益为主要评估内容。

④ 成交评估

成交评估分为消费成交和贸易成交。消费性质的展览会以直接销售为展出目的,因此,可以用总支出额比总销售额,然后,用预计的成本效益比与实际的成本效益比相比较,这种比较可以从一方面反映展出效率。贸易性质的展览会以成交为最终目的,因此,成交是最重要的评估内容之一,但也是展览评估矛盾的焦点之一。许多展览单位喜欢直接使用展出成本与展出成交相比较的方法计算成交的成本效益。要注意,这是一种不准确、不可靠的方法,因为有些成交确实是由于展览达成的,而有些成交却是不展出也能达成的,还有更多的成交可能是展览之后达成的。因此,要慎重评估并慎重使用评估结论。对成交评估的内容一般有:销售目标达成情况、成交笔数、实际成交额、意向成交额、与新客户成交额、与老客户成交额、新产品成交额、老产品成交额、展览期间成交额、预计后续成交额等,这些数据可以交叉统计计算。

(2) 参观访问量评估

参展商的数据可由参展商报名材料统计中获得,如果是国际性展览还需要统计海外参展商的比例;观众与专业观众的数量应根据展览会的实际情况决定是否需要加以区分,所有观众的数据可以根据出售门票数据进行统计;而专业观众的数据可以根据对参展商的调查加以估计,或者通过对现场观众的抽样调查加以统计。

对于参展企业的具体评估指标,主要包括:参加展览的观众数量,可以细分为接待参展企业数、现有客户数和潜在客户数;参加展览的观众质量,可以参照展览会组织者的评估。

3. 展览质量评估

参展企业要考核一个展览会的质量,需要从展会的参展企业数量、售出面积等方面综合考虑。其中,有关参展企业的评估主要包括:参展企业数量,这是一个比较直观、简单的定量内容;参展企业质量,这是最重要的因素。参展企业质量与展出效率成正比,即参展企业质量高,展出效率就高。

(1) 平均参观时间

指参观者参观整个展览会所花费的时间,该指数与展览会效果成正比。

（2）平均参展时间

指参展企业参加每次展览所花费的平均时间。这个指数可以用来安排具体展览工作，如操作示范不要超过 15 分钟，以便留有时间与参展企业交流。

（3）人流密度指数

指展览会的参观者平均数量。如果每 10 平方米有 3.2 个参观者，指数就是 3.2。一般来说，综合性的消费展览会，需要人多；但专业性展览会不宜太拥挤。

美国一项调查结果显示，美国参展公司对展览会常使用 34 种评估标准，其中 15 项被普遍认为非常重要。这 15 项标准可以归为 4 类，即参展企业质量、参加数量、展出位置和展出管理（见表 8-2）。

表 8-2　美国参展公司对展览的评估标准

种　类	项　目	重要性
参展企业质量	参展决策者的比重	1
	目标市场观众的比例	2
	展览会的专业性	8
	潜在客户的数量或比例	9
	筛选参展企业	15
参展企业数量	参展企业数量	3
	展览会组织者的宣传规模	5
	展览会参观者在过去几届的数量	6
展出位置	展出位置	4
	可以选择展出面积/位置等	7
	走道观众流量	13
管理	登记或预先登记程序	10
	安全保卫	11
	展品运进、返出的手续	12
	运进、运出设施	16

总而言之，由于参展企业具有不同的性质、持有不同的参展目，即使有相同的参展目标标，其评估参展效益的着眼点也会有所不同，因此，企业在进行评估时，要结合自身的实际情况来进行。

本 章小结

本章从展览的概念、分类、趋势以及意义出发,分别阐述了企业办展和企业参展的不同流程。

企业无论是举办展会,还是参加展会,都具有十分重要的意义。企业通过举办展会可以增强企业的知名度,协调与当地政府的关系。而通过参加展会,一方面,企业之间可以相互交流,彼此取长补短,为各自产品的完善创造更多的条件;另一方面,通过展会倾听消费者的呼声和广大用户的意见及建议,对企业的发展壮大也起着至关重要的作用。

企业展览系列活动策划既包括企业的办展活动,也包括企业的参展活动。企业办展首先要仔细分析企业所面临的外部环境,然后要确定展会的名称和举办地点、办展机构的组成、展品范围、办展时间、办展频率、展会规模和展会定位等内容,并制定相应的办展计划,报给相关部门进行审批。

办展策划是企业展览系列活动策划的重要内容之一。举办一次大型展会是一项系统工程,牵涉到方方面面,需要对企业所面临的内外部环境要素进行综合考量。从企业办展的基本流程来看,主要包括展会的名称和举办地点、办展机构的组成、展品范围、办展时间、办展频率、展会规模和展会定位等。

企业参加展览会并不只是简单地拿着自己公司的展品去展馆展示,而应该将整个参展过程看成是一个复杂的策划活动,并将参展策划包含在企业的年度工作计划中,进行统筹安排。一般而言,参展策划应包括展出目标、展会选择、展出重点、相关活动、参展时间、人员安排、资金计划、筹备工作等内容。

展会结束后,企业应对参展的效果进行评估和总结。参展评估与总结应涵盖展前、展中和展后工作的整个活动过程;通常包括参展工作评估、参展效果评估,以及展览质量评估等内容。

复 习及思考

1. 请阐述企业举办展览的重要意义。

2. 请阐述企业办展的注意事项和基本步骤。

3. 结合你的实际经验,谈谈企业参展应注意哪些事项?

4. 请阐述企业参展评估的主要内容和应遵循的基本原则。

引 申案例

请阅读下列案例,并思考后面提出的问题。

2011年第19届中国国际服装服饰博览会参展执行方案

一、参展基本要素

1. 展会名称:第19届中国国际服装服饰博览会

2. 参展主题:Ed Hardy,改变生活

3. 展位位置:W2馆、W2306号展位,共90平方米

4. 展会地点:北京中国国际博览中心(北京市顺义区天竺地区裕翔路88号)

5. 布展时间:2011年3月25日~27日(每天8:30~17:00)

6. 参展时间:2011年3月28日~31日(每天8:30~17:00)

7. 撤展时间:2011年3月31日(下午16:00~21:00)

二、参展目标

1. 展示Ed Hardy的品牌形象,扩大Ed Hardy的品牌知名度和影响力。

2. 借助展会信息对接平台,收集目标经销商信息资料。

3. 邀请目标经销商观展,加强与他们的直面沟通,力求于现场达成合作意向,确保招商成功。

三、展位设计

展位功能区域划分

1. 客户接待区:本区域主要用于客户引导、接待、资料发放、名片发放、名片收集等相关事宜。

2. 业务洽谈区:主要用于与有合作意向的客户进行深度沟通交流,同时,也是客户休息、仔细览阅宣传资料的区域。

3. 产品展示区:主要用于摆放Ed Hardy产品

4. 产品演示区:主要用于汽车展示

5. 品牌宣传区:主要用于展示Ed Hardy的品牌标识以及品牌风格图腾

四、参展产品

参展产品选择原则

1. 精致原则:选择外表精致、制作工艺细致、市场预售价较高的高档精品。

2. 特色原则:从朋克、牛仔、迷彩三大系列中分别选择部分有特色,且能代表各系列风格的主打产品进行展示。

五、展会宣传推广

宣传时期	宣传渠道	宣传形式	宣传时间
展前宣传	中国服装网 中国时尚品牌网 全球加盟网 中华加盟网 中国品牌服装网	上传 Ed Hardy 参展宣传软文。	2月15日～3月28日
展会期间宣传	服博会联手合作媒体	预先将 Ed Hardy 宣传软文提交给服博会媒体区相关工作人员,由其递交给展会相关合作媒体,邀请展会期间驻点记者前往 Ed Hardy 展位进行现场拍照、采访。	3月28日～3月31日
	宣传资料发放	在展会现场,有选择性的发放 Ed Hardy 宣传资料。	
展后宣传	ED-HARDY 官网	上传 Ed Hardy 参展道报和相关照片。	4月1日～4月30日
	中国服装网 中国时尚品牌网 全球加盟网 中华加盟网 汽车论坛 中国品牌服装网	上传 Ed Hardy 参展道报和相关照片。	

问题1：请对该展会的名称进行点评。

问题2：该展会采用了哪些宣传推广渠道？并对其进行点评。

第九章

企业庆典活动策划

引　言

　　庆典活动在企业经营中扮演着越来越重要的角色,企业往往希望借助庆典活动的机会展现其文化、理念、实力等。作为企业活动策划人,需要对庆典类活动的策划原理与方法有一定的了解。因此,本章立足于企业庆典活动的策划流程,并借助案例向读者介绍庆典活动的策划方法和注意事项。

学习要点

　　(1) 基本概念

　　企业庆典活动——主要是指企业为了纪念、宣传、鼓励、庆祝、表彰等目的,利用自身或社会环境中的有关重大事件、纪念日、节日等所举办的各种仪式、活动的总称。

　　开幕型庆典——主要指因企业或其分支机构开业而举办的庆典活动。

　　周年型庆典——属于纪念性的庆典活动,通常是为了庆祝或纪念企业经营特定的时间。

　　仪式型庆典——举办的庆典活动是为了完成某种仪式。较为常见的仪式型庆典活动有:竣工庆典、挂牌庆典、奖励(授奖)庆典等。主办方主要希望借助举办庆典活动,向外界传递相关信息,与业界和社会大众之间建立良好的关系。

　　(2) 学习目标

　　通过本章的阅读和学习,读者应能够:

　　① 了解企业庆典活动类型;

　　② 了解企业庆典活动策划流程;

　　③ 掌握成功企业庆典活动的策划要点;

　　④ 掌握常见的企业庆典活动类型及其策划方法。

引入案例

杜邦 200 周年中国庆祝活动

杜邦公司由法国移民 E. I. 杜邦于 1802 年在美国建立。2002 年,杜邦公司在全世界 70 个国家和地区开展业务,拥有超过 7.9 万名员工。2002 年 7 月 19 日是杜邦公司诞生 200 周年纪念日。杜邦中国公司为提升企业形象、加深目标受众对公司的理解、鼓舞员工士气和促进企业凝聚力,进行了杜邦公司成立 200 周年中国庆祝活动。

本次庆典采取内、外部庆祝活动并举。在内部,将庆祝活动落实到整年的业务活动中,辅以在成立纪念日当天面向员工的庆祝活动,以期调动员工的积极性,同时,借助新闻媒体扩大活动的影响。杜邦 200 周年庆典的对外活动注重于向外部受众(相关行业人士、政府、学术界、舆论领袖以及一般群众),传达公司的悠久历史及其一贯倡导的核心价值观和企业文化,并重申杜邦在中国对市场、客户和消费者继续投资的郑重承诺。

2001 年下半年,杜邦中国集团有限公司公共事务部开始筹划和协调总体庆祝活动,所有公司均派代表参与了筹备委员会,以确保形象、风格和信息传递的一致性。2002 年系列庆祝活动逐渐展开,1 月,宣布自 2002 年起连续三年赞助大连实德足球俱乐部;3 月,北京公司员工参加义务植树;4 月,上海公司捐赠杜邦社区基金;5 月,杜邦公司董事长兼首席执行官贺利德访问北京,与国家计委、国家经贸委等部门领导进行了会谈;5 月 28 日,在北京钓鱼台国宾馆举行杜邦 200 周年大型新闻发布会及庆祝晚宴,成为杜邦 200 周年中国庆祝活动的一个高潮,包括国家计委张国宝副主任在内的 200 多位政府官员、客户与合作伙伴代表,以及 40 多位财经记者出席了活动;9 月 25 日,杜邦中国在北京、上海、深圳三地联动,举行《杜邦 200 年:发源于白兰地河的科学奇迹》中文版首发式,成为杜邦 200 周年庆典活动中带有总结性的亮点。

案例点评:此庆典活动的策划有以下成功之处。第一,持续时间长,活动几乎延续了一整年,并一直保持对受众的吸引力;第二,员工参与度高;第三,形象统一,活动涵盖了各个公司和合作伙伴,以及员工,参与面广;第四,调动全球资源,此次活动当中,杜邦公司 CEO 访华、中文版《杜邦 200 年:发源于白兰地河的科学奇迹》的出版、宣传片的制作,都很好的利用了杜邦全球的资源。

第一节　庆典活动策划的基本原理

一、企业庆典活动

(一)企业庆典活动的概念

企业庆典活动主要是指企业为了纪念、宣传、鼓励、庆祝、表彰等目的,利用自身或社会环境中的有关重大事件、纪念日、节日等所举办的各种仪式、活动的总称。企业庆典活动与传统庆典活动的最显著不同点在于：它可以是一种专题活动，也可以是大型公关活动的一项程序；同时，又被打下了深深的地域文化、行业文化，尤其是企业的文化烙印。

（二）企业庆典活动的作用

目前企业日益重视庆典活动的策划和组织，主要是因为企业管理者已经开始逐步认识到庆典活动具有多元化的意义与作用。有学者将其归纳为：增强企业凝聚力、促进企业与外部的交流、增加企业曝光度等。

从有助于增强企业内部凝聚力来看，在企业举办庆典的过程中，对于企业员工而言既是一种激励，又是一次企业文化培养的机会，同时，也有利于企业员工提升内部凝聚力。员工们在明快悦耳的音乐声中，欢庆自己工作所取得的成绩；员工之间彼此祝贺共同努力的成功，无形地加强了相互之间的凝聚力，同时，体会到相互之间保持良好合作与协调关系的必要性。

由于庆典活动本身是一种公共事件，会吸引外界的关注，因此，有助于加强企业与外部的交流。通过举行大型庆典活动，企业可以在无形中向外界表明其实力，使外界产生和增强对企业的信任感。庆典活动的喜庆环境更有助于形成企业与公众之间无拘无束的直接沟通的氛围，有利于与公众增进感情、协调沟通，使公众进一步了解和支持企业。

庆典活动的传播具有较高的新闻价值，会引起媒体的注意，对事件进行报道，通过宣传进一步提高企业的知名度和美誉度。同时，庆典活动会邀请政府部门工作人员、同行业成员、社会名流等前来参加，从而强化企业组织的影响力。

（三）企业庆典活动的类型

企业庆典的种类及数量都十分丰富，因此，在现实中，可以按照庆典举办的主题与内容、创意、目标群体、规模和性质等将其划分为不同类型。根据企业庆典活动不同的分类标准划分的庆典类型如表 9-1 所示。

表 9-1　企业庆典活动的分类

分 类 标 准	活 动 类 型
活动的主题与内容	开幕型庆典 周年型庆典 仪式型庆典

续表

分 类 标 准	活 动 类 型
活动的创意及风格	隆重热烈型庆典 深入浅出型庆典 别具一格型庆典 "别有用心"型庆典 社会公益型庆典
活动的目标顾客	内部庆典 外部庆典 内外结合型庆典
活动的规模	小型庆典(典礼仪式、喜庆活动等) 综合性的大型庆典(嘉年华、美食节等)
活动的性质	工作活动庆典(表彰会、庆功会等) 生活活动庆典(艺术节、联欢会、运动会等)

（1）从企业庆典活动的主题与内容来看，可以分为开幕型庆典、周年型庆典、仪式型庆典等类型。

其中开幕型庆典主要指因企业或其分支机构开业而举办的庆典活动。由于开幕在企业发展中具有划时代意义，因此，该类活动都设计得隆重且注重意境和创新。而且要能够突出当地的文化风俗和特色。常见的开幕庆典中的风俗或仪式包括，如鼓乐及醒狮表演、燃放爆竹以及剪彩仪式等。澳门万利酒店的开业典礼中，较为引人注目的是在其酒店大楼上举行大型的焰火秀表演，艳惊全城。此外，还有的庆典仪式会在现场派发礼物，以凝聚人气。例如，2012年澳门金沙城中心酒店开业时，除了表演高空行走的杂技外，还为先入场的顾客派发金币等。

周年型庆典则属于纪念性的庆典活动，通常是为了庆祝或纪念企业经营特定的时间。对于周年型庆典，按照中国人的一般习惯是：经营的年份越久远，或经营的年份是5或10的倍数，庆典的规模和内容就越隆重。如企业开业一周年，属于小型的庆典，通常只是举办一些小范围的优惠推广活动，形式较为简单。若是老字号企业100周年的庆典，则需要将活动的内容安排得非常丰富，并且需要大范围、较长时间的造势和宣传推广，对于出席的名人也有较高的要求。

对于企业而言，其举办的庆典活动还有部分是为了完成某种仪式。较为常见的仪式型庆典活动有：竣工庆典、挂牌庆典、奖励(授奖)庆典等。主办方主要希望借助举办这些不同的仪式，向外界传递相关信息，并借助此机会与业界和社会大众之间建立良好的关系。如澳门喜来登酒店宏地楼竣工典礼时，就邀请了香港红星古天乐、袁咏仪及朱茵作为嘉宾，并在澳门星光大道按手印。

（2）从庆典活动的创意及风格来看，企业庆典活动则可以分为隆重热烈型、深入浅出型、别具一格型、"别有用心"型、社会公益型等。

（3）按照庆典活动邀请及参与的对象来看，企业庆典活动可以分为内部庆典、外部庆典，以及综合性庆典等。

（4）按照活动的规模和参与者的人数，企业庆典活动可以分为小型庆典、大型庆典等。

此外，还可以按照企业庆典活动的性质，分为与企业工作相关的庆典活动和与生活相关的庆典活动。

二、庆典活动策划的特点

庆典活动策划是商品经济高速发展的必然产物，是现代庆典活动规范化、科学化的主要标志。庆典策划具有目标性、统一性、灵活性、不可重复性、可遵循性和可行性等特点。

（一）目标性

企业庆典活动蕴含着特定的企业文化烙印，在如何利用庆典活动展开企业信息传播，并充分地使庆典活动服务于庆典目的是策划者需要认真规划与思考的。因此，在策划庆典活动时，应首先明确庆典活动的终极目标。例如，是为了扩大影响、提高知名度、创造名牌企业、追求社会效益，还是为了配合营销策略、抢占市场或促进产品销售。

（二）统一性

庆典活动策划要成功，必须做到全面配合，各个环节高度的统一。例如，目标与活动主题的统一性、活动场地、活动装饰、媒体、活动表现形式的统一性等。尽可能保持统一性的策划，可以减少活动的最初策划与最终实施的脱节，并且可以通过及时核查、讨论，最大限度地实现活动的最初目标。

（三）灵活性

庆典活动的策划必须具有较强的适应性，具有一定的弹性和灵活性。例如，某售卖中式传统产品的公司在举行新店开业仪式时，原计划邀请著名明星登台献唱并借助该明星的个人影响力带动新店的人气。但不巧的是，该明星在活动举办前几日，临时通知无法参与活动。该庆典活动的策划管理者立即寻找了几位文艺演员穿着该店售卖的中式服装，在临时搭建的亭台楼阁上共唱一曲具有本土特色的黄梅戏曲，引起了极高的关注度。由于舞台的背景、戏曲的风格都与该店的形象相符，最终，这样灵活的策略获得了出乎意料的成功。

（四）不可重复性

虽然有些活动的形式可以多次重复，如庆功会或是产品发布会，但每次根据参与者、规模、主题形式的不同，其不可重复性将体现为重要组成要素的更改或内容的增减。

（五）可遵循性

庆典策划的可遵循性体现在，每个庆典活动的运作程序均包含以下几项核心的步骤：策划筹备、执行与现场管理、总结和评估。

（六）可行性

一切纸上谈兵的完美作战计划，如缺乏可行性则不可能成为现实中的完美。在制定最终方案前，有经验的庆典活动策划者应将各个环节可能出现的限制因素纳入考虑范围，并重点解决或提出备选方案。

第二节　庆典活动策划的流程与要点

一、庆典活动策划的流程

庆典活动的具体策划流程大体可以分为三个阶段，分别是前期准备阶段、现场实施阶段、总评阶段。上述阶段的具体工作内容，如图9-1所示。

（一）前期准备阶段的工作内容

1. 成立庆典活动策划小组

具体庆典活动策划的负责人应依据企业的自身情况而定，可委托专业策划公司，也可从企业中选取有活动策划组织经验的人员负责活动的策划。由于庆典活动通常具有较高的媒体关注度，因此，为了更好的完成企业的庆典活动，企业需要成立总指挥小组或专案领导小组来负责整个活动的策划、执行和评估。

庆典活动设立的策划专案小组需要负责以下具体事项：

（1）组织建设与人力资源管理

庆典活动一旦立项，便要确定庆典活动的组织结构和内部成员。组织结构需要适应组织活动的需要，它贯穿于管理活动的全过程，一经确立，项目团队就可以开始制订计划来管理庆典项目。一般而言，在庆典活动策划管理过程中，需组建的团队如图9-2所示。

（2）时间进度管理

在庆典活动项目的管理中，时间是最重要的约束条件之一，它还同时牵涉到成本、质

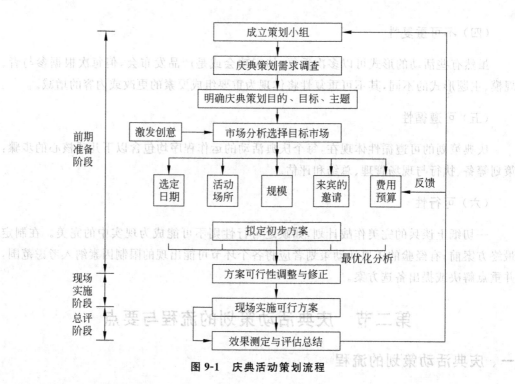

图 9-1　庆典活动策划流程

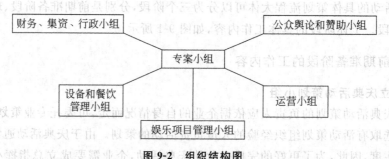

图 9-2　组织结构图

量等方面的问题。进度管理中包括活动每一阶段历时估算、编制进度计划和实事有效的进度控制等。为此,需要借助时间及进度管理工具来对庆典活动的策划和组织工作进行安排。如图 9-3 就是一某庆典活动中研讨会场地布置的甘特图,它包含详细的工作层级,能够帮助组织者了解项目操作和管理的时间安排。

2. 明确庆典活动的目的

企业可以借助庆典活动的举办来实现促进销售、提升企业形象或提高员工忠诚度、归属感等方面的目的。如上海第一百货商店在 40 周年店庆时,提出了"不惑之年,赤诚之

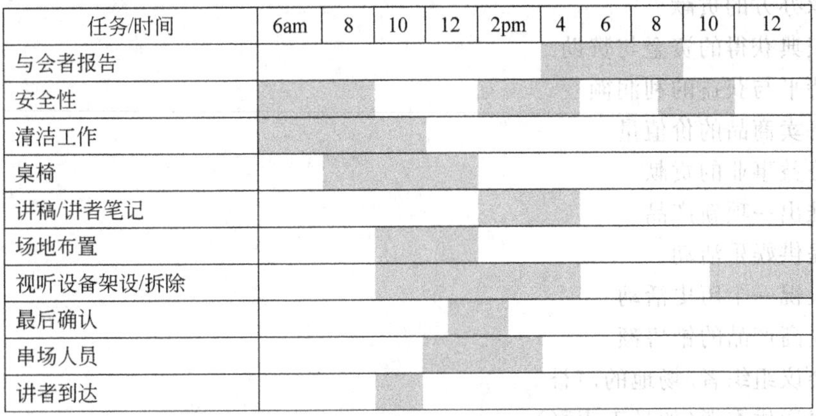

任务/时间	6am	8	10	12	2pm	4	6	8	10	12
与会者报告										
安全性										
清洁工作										
桌椅										
讲稿/讲者笔记										
场地布置										
视听设备架设/拆除										
最后确认										
串场人员										
讲者到达										

图 9-3　庆典活动中的小型研讨会策划之甘特图

心"的主题口号,并通过各种媒介广泛传播,增强了职工的归属感和荣誉感,也使社会公众重新认识了"上海一百"。

在庆典活动中的利益相关者可分为:企业内部人员(管理层和员工)和企业外部人员(合作者、承办方、媒体、赞助商、客户或服务供应商)。

管理层可能期望通过借助庆典活动的机会来提升企业的公关形象;而员工则希望通过庆典活动能够体现其为企业发展所做的贡献,如企业的产品研发团队一定非常希望在庆典过程中展示他们的技术,并得到肯定;庆典赞助商(比如场地赞助者、饮品与食物赞助者、硬件设备赞助者等)则希望透过企业庆典的机会,提高赞助商品牌的媒体曝光率,并为赞助商自身的发展奠定媒体基础;而除了受邀参加庆典活动的嘉宾外,其余的普通观众可能只是因为好奇才来参加的;媒体方面则希望能捕捉到活动的亮点和获得更多的新闻线索等。

3. 明确庆典活动的细分目标

一旦确立了庆典活动的目的后,为了能最大程度的实现该目的,策划者需要将活动目的进行细分并加以明确,这有助于每个企业以及策划管理者将注意力集中于他们想要实现的目标上,从而更容易实现量化控制与管理。在设置细分目标时,应注重保证其具有可衡量的特点。

庆典活动在策划时,可能从下列角度制定目标。

① 参加顾客的人数

② 吸引媒体的报道

③ 参加策划人数

④ 重复的活动参与者

⑤ 承办方的贡献

⑥ 庆典获得的资金与赞助

⑦ 持平与获益的利润额

⑧ 售卖商品的价值量

⑨ 公益事业的贡献

⑩ 推出一项新产品

⑪ 提供娱乐活动

⑫ 庆祝一个历史活动

⑬ 提高产品的销售额

⑭ 会议组织者/场地的声誉

⑮ 表彰优秀者(如员工表彰)

⑯ 强调一个会议的要点

⑰ 建立团队的忠诚度

⑱ 为一项慈善事业注入资金

4. 确定参与人员及规模

庆典的规模主要涉及庆典活动举办的持续时间,以及邀请的对象和参与人数。因此,企业首先需要评估自身可提供的有效资源。其中,企业自身的有效资源主要包括:人力资源(策划人员、服务人员等)、硬件设备资源、财力资源(赞助等)和时间资源(要确保此次庆典不会与其他相似庆典在时间上起冲突)等。

在选择邀请的活动嘉宾时,通常需要从庆典活动举办的目的与活动的类型来考虑:

(1) 依照活动的目的确定邀请的嘉宾

企业可以根据庆典活动的目的将决定邀请的宾客名单。通常情况下,根据目的的不同,策划者可考虑邀请的宾客可能来自企业内部,如企业高层管理者、有关部门负责人、员工代表。大多数情况下,邀请的嘉宾来自企业外部,如政府有关部门负责人、社会知名人士、行业及社区公众代表、新闻记者等。具体的嘉宾邀请则需要企业根据成本预算及活动目的综合加以考虑。对于以提升企业知名度为目的的庆典活动策划而言,企业应积极邀请新闻媒体来参加庆典活动,主动与他们合作。此举将有助于媒体公正地介绍企业发展成就,进而有助于社会各界加深对本企业的了解和认同,扩大企业的影响力。具体操作时,可邀请记者提前进场熟悉本单位情况,选择好现场拍摄机位,组织好新闻稿,做好现场采访安排,确保达到预期的宣传效果。

(2) 依据活动的类型选择邀请的嘉宾

除了活动的目的外,在邀请嘉宾时也应该考虑到庆典活动的具体类型和形式。如对于特别的纪念庆典活动,最好邀请一些社会名流和新闻界人士参加。一旦确定人员,应当及早发出邀请,应将请柬至少于活动一周前送达出席人员手中,并准确掌握来宾的出席回复情况。

（3）邀请函的设计

邀请函是邀请对方参加有关活动所使用的一种礼仪性文书。它除了有请柬的作用外，还向被邀请者交代有关其他的事情或注意事项。邀请函对于邀请的事项要交代清楚，内容较多的还要分条写明，以使被邀请者了解和掌握情况，作好参加的准备。书写上要表现出对被邀请者的尊敬和热切期望。

一般情况下，邀请函的主体结构包括：

① 标题

一般只写"邀请函"即可，字号要比通常标题略大一些。如"某活动的邀请函"。还可包括个性化的活动主题标语。

② 称谓

邀请函的称谓使用"统称"，并在统称前加敬语，如"尊敬的先生/女士"或"尊敬的某某总经理（局长）"。要顶格写受邀单位名称或个人姓名，后加冒号。网上或报刊上公开发布得邀请函，由于对象不确定，可省略称呼，或以"敬启者"统称。

③ 正文

邀请函的正文是指商务礼仪活动主办方正式告知被邀请方举办礼仪活动的缘由、目的、事项及要求，写明礼仪活动的日程安排、时间、地点，并对被邀请方发出得体、诚挚的邀请。若附有票、卷等物也应同邀请函一并送给邀请对象，有较为详细出席说明的，通常要另纸说明，避免邀请函写得过长。

④ 敬语

正文结尾一般要写常用的邀请惯用语。如"敬请光临""欢迎光临"。有些邀请函可以用"此致敬礼""顺致节日问候"等敬语。

⑤ 落款

落款要写明礼仪活动主办单位的全称和成文日期。邀请单位还应加盖公章，以示庄重。

案例：某企业十周年庆典暨研讨会邀请函

邀　请　函

尊敬的_____先生/女士：

我们诚挚而荣幸的邀请您，参加公司十周年庆典——聚焦2011世界经济发展对投资的影响主题说明会。在世界经济仍然维持不平衡不稳定的增长的大环境下，如何能在金融投资过程中运筹帷幄，及时规避风险，如何有效应对市场波动，实现较高的投资回报？我公司站在广大投资者的立场，邀请国际知名投资专家，香港波浪大师、兴业首席经济顾问——许沂光先生、公司首席分析师柳英杰等人共赴盛宴，同庆我公司成立十周年，为中国投资人士在未来一年的投资之路点亮一盏灯塔,力图通过本次活动促进学术交流,提高人们对股指期货、外汇、黄金、港股投资的认识,增强规避风险技巧,为中国金融市场发展贡献力量。

在此,诚挚地邀请您参加此次十周年庆典会议,期待您的莅临!

时间:2011 年 3 月 27 日下午 2:00～5:00

地点:金茂大厦(上海市浦东新区世纪大道 88 号金茂大厦君悦大酒店二楼嘉宾厅)

咨询热线:略

e-mail:略

网址:略

主办单位:略

协办单位:略

敬请光临

公司总裁(签名)

2011 年××月××日

附:庆典及会议流程!

5. 确定庆典活动的时间

为确保庆典活动的有效举行,相似活动的密度不宜过高,过于频繁的庆典活动容易引起组织内部员工和社会公众的反感。同时,在庆典活动日期的选择上,通常要把企业时机、市场时机结合起来考虑,使庆典活动与市场时机相契合。

6. 明确庆典活动的形式

庆典活动的形式灵活多样,活动形式必须与主题相称,才能达到预期的效果。选定主题后,根据主题选择相应能够表现主题的活动形式。

一般而言,企业庆典的目的、活动类型(此处根据活动内容的分类标准来界定)、活动目标对象与活动的形式可能会有以下几种搭配方式,详见表 9-2。

表 9-2　活动目的与庆典活动类型、形式的配合

以企业外部宾客为主的庆典活动		
活动目的	活动类型	活动形式
促进销售	开业庆典、周年庆典、节庆庆典等	优惠销售、赠送纪念品、产品推介会、产品促销活动、新闻发布会、商品展销等
提升企业形象	开业庆典、周年庆典、特别庆典、节庆庆典等	捐赠仪式、签字仪式、就职仪式、捐赠仪式、表彰会、庆功会、新闻发布会、商品展销等

以企业外部宾客为主的庆典活动		
活动目的	活动类型	活动形式
公关宣传企业文化	开业庆典、周年庆典、特别庆典、节庆庆典等	授勋仪式、捐赠仪式、签字仪式、就职仪式、开放参观、成就展览、招待酒会、表彰会、新闻发布会、消费者座谈会等
抢占市场	节庆庆典、周年庆典等	优惠销售、赠送纪念品、开业典礼、项目竣工典礼、捐赠仪式、产品发布会、产品促销活动等
提高知名度	开业庆典、周年庆典等	赠送纪念品、捐赠仪式、签字仪式、项目竣工典礼、新闻发布会等
以企业内部人员为主的庆典活动		
活动目的	活动类型	活动形式
巩固企业文化类	周年庆典等	赠送纪念品、颁奖典礼、就职仪式、联谊舞会、授勋仪式、晚宴等
提高员工忠诚度、归属感类	周年庆典、特别庆典等	优惠销售、纪念配股、赠送纪念品、颁奖典礼、职工生日会、联谊舞会、欢迎会、表彰会、庆功会、艺术节、联欢会、运动会、晚宴等

7. 明确企业庆典活动的选址

综合而言,策划人员可以从五个核心内容来考量。

（1）活动场地与活动主题的匹配

选择何种场地来实施活动方案,首先要根据活动的性质(即活动目标,活动主题)。同时还要做好交通管制与协调、安全保卫、重大事故预警等工作。

（2）活动的规模(包括到场观众的数量)

在选择场地时,对于场地规模的要求主要取决于可能参与相关活动的人数。通常情况下,在举办不同类型的活动时,人均所需面积有特定的标准和要求。如举办鸡尾酒会时,每人所需的面积大约为 0.8 平方米;举办提供食品餐台的酒会时,人均需要面积为 1.1～1.5 平方米;举办正式的宴会时,人均面积要求约为 1.9 平方米;如安排现场表演及舞会等活动时,人均所需面积为 0.3 平方米,现场演奏乐队的每件乐器所需的面积约为 1.9 平方米。为此,了解了参与的观众规模,可以根据上述依据得到所需的场地面积和规模。

（3）场地的区位因素

庆典活动举办地点的区位条件也在很大程度上影响参与者的数量和活动的效果。地处交通便利、食宿游购等方便，又距离娱乐区近的场地往往能吸引大量参与者。

（4）设施设备要求

除了场馆规模、照明强度、主要风向、场地状况（使用年数）等条件外，还必须考虑所选定场馆的其他设施如座位（包括临时座位和固定座位）、新闻记者席、停车场、会议设施、储藏间、供餐服务、衣帽间、运动员练习场等条件。所选择的场地必须有助于降低风险，减少恶劣天气，断电等意外事件的发生。如露天场地必须准备所需的棚盖设备以防遇到恶劣天气；对于出入口，一定要能够确保观众畅通无阻地出入；而疏散通道、急救车辆的通行区在遇到紧急情况时能够有效发挥作用。

（5）服务区域

如储存区、演员休息室、化妆室等。在活动开始之前，必须对场地的现场进行再次视察，检查如场地与活动项目的要求是否一致、观众的舒适度、观众对活动项目的可视性（视线）、储藏区、出入区、舞台去及相关区域、设备等情况。

以上述准则为依据，不少学者和业界人士，提出了场地评估时需要考量的细节，其具体包括如下方面：

① 场所的布置，包括座位的布置。

② 活动场所的大小和活动的规模相匹配。

③ 活动的场所和活动的主题相匹配。

④ 在该场所曾经举办过的活动，包括该场所的声誉。

⑤ 可用性。

⑥ 场所提供的设施和服务。

⑦ 来往于场所的交通和场所周围的交通情况，如停车场。

⑧ 观众、设备、表演者、贵宾、员工和残疾者等人的入场。

⑨ 厕所和其他便利设施。

⑩ 饮食设备和首选的餐饮服务提供商。

⑪ 供电（可用的电量和电源插座）。

⑫ 通信设施，包括电话、网络服务。

⑬ 气候，包括小气候和通风条件。

⑭ 应急计划和紧急出口。

庆典活动策划者在进行活动场地的实地考察时，可以借助活动场地评估表来更好地进行场地评估与比较。表9-3提供了一种较为简洁版本的评估表设计范本。

表 9-3　活动场地评估元素表

活动主题：		
活动规模：		
参与人数：		
资源需求		
特殊需求：		
评估类别	评估要素	活动要求及评价
外部因素	位置 交通运输 外部入口	
内部因素	场地规模 住宿设施 楼面载重量 入口及出口 内部入口 电力 其他设备	
预算		
资源/人力/器材设备		
时间		
简报	供应商 客户	
变动因素	服务项目 娱乐 房间/会场配置管理 员工 视听设备 餐饮 随时间进展产生的变化(如：搭建作业) 其他	

　　此外,还有学者认为,在举办庆典活动时,也可以考虑某些不同寻常的活动场地,往往能够起到意想不到的效果。如下就是一些不同寻常的庆典活动地点之例子：

　　① 被废弃的场所(废弃工厂、农场、戏院等)

　　② 游乐场

③ 停车场

④ 庄园

⑤ 轮渡码头

⑥ 葡萄园

⑦ 博物馆

⑧ 古典园林

⑨ 水族馆

⑩ 学校

⑪ 研究设施机构

⑫ 户外(沙漠、湖畔等)

8. 制定宣传计划

根据庆典活动的不同阶段可作为宣传与推广的时机,一般来说,根据活动的不同阶段,策划人员在宣传与推广方面可根据活动阶段的不同而作合适的推广宣传形式。如山西焦煤集团在十周年庆典活动中,通过编印《聚焦》画册、举办"转型翻番、跨越发展"展览、制作《聚焦》电视专题片、编撰"十周年文化系统丛书"等。

9. 确定活动的预算

以上述策划内容为基础,项目组可以根据庆典规模、活动内容、场地类型、所需配套服务等资讯,制定出较为初步的预算估计。

庆典活动的财务支出主要包括:庆典宣传推广费用、场地服务承包商的费用、场馆租金等几个方面。详细的支出项目可参考表 9-4。一般情况下,庆典活动执行中的费用比例可参考如下:活动前期准备费用占 30%(包括宣传、场地活动必要道具的购买等);活动现场布置费用占 40%左右;活动服务人员、嘉宾邀请费用占 20%左右;其他杂费占 10%左右。表 9-5 为读者提供了一次真实的企业周年庆典活动的预算,供读者参考。

表 9-4　初步预算样单应该包括的主要成本项目

• 请柬	• 酒水
• 膳宿	• 花饰
• 交通	• 装饰布置
• 场租	• 音乐
• 排练费	• 娱乐项目
• 膳食	• 发言人

续表

• 舞台布置	• 安保
• 视听设备	• 劳务费
• 灯光照明	• 电费
• 特效	• 宣传材料
• 摄影	• 通信费
• 席位卡	• 翻译
• 菜单	• 托运费
• 礼品	• 关税
• 活动的印刷材料	• 员工
• 宣传材料	• 杂费
• 保险/风险评估保障	• 税款和服务费
• 活动策划管理费	• 志愿者费用

表 9-5 某企业周年庆典活动预算样表 （单位：元人民币）

序号	品名	数量	单价	费用	小计
活动准备					
1	饮用水	3	40	120	
2	会标、条幅	2	100	200	
3	门票	500	0.8	400	
4	文具（纸、笔）	10	5	50	2240.00
5	评委、嘉宾纪念品	15	10	150	
6	节目单	30	1.5	45	
7	邀请函	30	2	60	
8	奖状	10	6.5	65	
服装、化妆					
1	主持人服装费	3	200	600	
2	礼仪小姐及志愿者服装费用	8	100	800	2030.00
3	化妆	21	30	630	
4	宣传活动服装	50	20	1000	

续表

序号	品名	数量	单价	费用	小计
现场布置					
1	现场观众互动道具	100	3	300	
2	泡沫	10×10	5	500	
3	硬卡纸	2	60	120	
4	电光纸	5	20	100	
5	颜料	30	1.5	45	
6	工具	—	—	50	
7	丝带及其他装饰材料	—	—	150	
8	海报	10	30	300	3 365.00
9	花篮（租）	10	20	200	
10	气球	5	20	100	
11	打印材料	—	—	100	
12	现场小游戏道具	—	—	100	
13	现场设立的产品咨询专柜	—	—	200	
14	产品体验平台和促销平台	—	—	200	
15	抽奖箱	—	—	100	
16	音响及灯光设备	—	—	800	
其他杂费					
1	应急费用				765.00
	合计	2 240.00+2 030.00+3 365.00+765.00＝8 400.00			

10．制定风险管理计划

企业庆典活动中的风险包括：现金流的危机、员工罢工、负面的公众舆论，及恶劣的天气等。其中天气方面出现不利于活动举办的状况较为普遍。因此在制订计划时，应关注天气发展的趋势，并设计备选方案。

> **阅读：恶劣气候条件下的某庆典活动应变**
>
> 在一整天看似完美的某庆典活动背后,其进行却非一帆风顺。谁能事先预料会有一个飓风影响这场在英格兰举办的庆典活动? 事实上,这个担忧竟然成真。有一半参与活动的成员来自佛罗里达,而就在活动前三天,一个名为弗洛伊德的飓风,扑面而来。企业领导团队给活动策划者的建议是:"继续规划! 并请抱持正面态度,寻求因应之道。"企业管理者还迅速地运用电话和网络发出通告:"早点出发,如果无法搭乘飞机,开车还是安全的。无论如何,务请及早出发!"然后,参与此项庆典活动的团队成员随即趁着天气未坏之前,披上雨衣,搭好帐篷以及其他设施。其间,还发生舞台搭建设施和材料,因为天气条件的影响,未能及时从费城运达。为此,项目策划团队改请替代性供应商运来舞台和设施。由于天气因素,导致庆典活动的前置时间缩短以及进度的延迟。最终,许多来自活动举办地的企业提供了无私的协助。例如活动举办地的企业客户协助运来动力吹风机、覆土、干草以及其他材料,用来吸干雨水,更动用现场的消防器材抽出场地的积水。经由这些努力,活动当日清晨 5 点 30 分,阳光乍现,所有人都已经就位迎接这场充满欢乐和友谊的盛典。

二、庆典活动的实施执行阶段的工作

在庆典活动的执行与现场管理阶段,组织策划者须涉及的工作任务包括：现场的布置、舞台的布置、管理庆典活动现场的秩序、安排相关表演活动、安排餐饮等事项。

(一) 工作分解

在庆典活动策划的执行阶段,为了提升效率和准确性,通常需要对执行部分的工作进行分解。将一个复杂的活动专案分解成许多可供管理的更小工作单位的程序,通常被称为工作分解结构(work breakdown structure,WBS),而分解后的工作单位通称为作业或任务。因此,这种过程也被称为任务分析。一个任务或作业具有以下特点：它通常只有一个简单目的,而且可以被当作独立的个体来管理；它有明确的开始和结束的时间；它需要明确分配资源。

企业庆典活动的执行阶段之活动可分成以下部分：活动节目安排(例如,活动中的节目安排、展览、正式晚宴、观光)；工作的位置或地点(例如,在某广场上)；具体的功能(如资金、音响、娱乐、奖品、报道)等。

在进行工作分解时,通常使用工作分解结构图协助表述及展示相关工作之内容和分工。在绘制工作分解结构图时,首先应该将庆典活动的执行工作划分为不同的层级,不同层级之间的关系为递进和细分的关系。如某次庆典活动现场执行工作可以从总体上划分为交通、餐饮、保安、娱乐表演等大的功能,这些部分的内容就构成第一个层级的工作。随后,可以就娱乐表演功能进一步细分,如包括乐队表演、观众参与游戏等,这些内容则构成娱乐表演的下一层级之工作。如此这般,按照不同的工作层级进行工作分解,最终能够得到描绘庆典现场工作的工作分解图。

由于大型庆典活动的功能构成较为复杂,为此,也可以采取以现场活动所在地点作为一级阶层,如会议中心。然后按照所在地点所执行的功能再往下细分。一般情况下,当第一级分类被选定后,后续的分类应该周全且互斥,越往下分组或分类时,每一层的项目均应该包括所有的工作,以确保活动项目毫无遗漏。

图 9-4 就是某庆典活动中,颁奖晚会娱乐部分,乐队工作安排的具体分解。

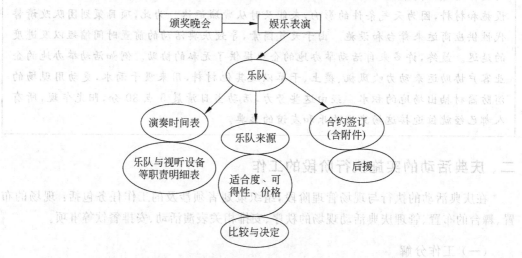

图 9-4   某庆典颁奖晚会中娱乐部分之乐队安排工作分解图

图 9-4 是经由第一级任务所分析出来的下一个层级(第二级)任务,可见,乐队部分的工作被分解为许多独立的任务,各个任务可以由具有不同专业技能的人来负责。例如,契约签订可以由企业的法务部门负责。整个活动专案管理在工作分解结构图中一目了然,容易为企业活动策划人员、客户、赞助商,以及活动中的志愿者所理解,有利于协调和提升庆典活动的执行效率。

(二)组织体系架构及分工

在活动现场为保障活动内容的顺畅进行,企业需将人员分为不同的小组来执行管理对应的工作任务:包括有现场活动总指挥、演艺组、接待组、文秘组、后勤保安组、工程组、影像组等,其中接待组是工作任务较为繁重的小组。接待小组成员的具体工作有以下几项:来宾的签到、来宾的引导、来宾的陪同和来宾的招待。接待任务可分成不同个小组进行,通常是成立礼仪小组与现场秩序管理工作小组。

案例：庆典活动人员及工作安排

某企业庆典活动的项目执行及管理组织架构及工作安排如下：

1. 活动筹委会

由甲方、乙方共同选派人员组成。

2. 现场组

(1) 解决前期用地、拆迁、填方、临时用电；

(2) 负责主席台的搭建、场地项目布置等；

(3) 现场礼仪人员接待及迎宾服务；

(4) 有关通行证制作派发及沿途导向牌摆放；

(5) 来宾队伍方阵及施工机械布置安排。

3. 文秘组

(1) 负责领导讲话稿、主持人发言词；

(2) 落实有关仪式文字内容；

(3) 起草新闻报道通稿；

(4) 主席台座次名单及排位。

4. 会务组

(1) 负责大会秩序册编写；

(2) 负责请帖制作、填写、发送；

(3) 负责大会制作类物品的制作落实；

(4) 负责会议报告、材料发放；

(5) 负责现场摄影器材安排及拍摄工作；

(6) 负责有关礼仪服务人员及仪仗队安排；

(7) 负责纪念品订购及现场发放。

5. 安全保卫组

(1) 负责会场的安全保卫和会场秩序维护工作；

(2) 负责会场车辆和交通安排。

6. 新闻报道组

(1) 负责邀请新闻单位；

(2) 负责典礼的摄影/摄像工作。

7. 公关接待组

(1) 活动的各项内容的衔接,主礼宾对流程的熟悉；

(2) 邀请嘉宾名单最后落实,并取回回执；

（3）接送嘉宾车辆的落实及交通路线的安排；

（4）向有关主宾讲解活动程序和时间的编排；

（5）有关活动仪式后午宴招待的安排落实。

（三）日程表策划

日程表是活动项目的工作日程或时间安排表。工作日程表有助于在实际执行过程中按部就班的完成相关工作，并有助于督导人员对应的检查。如下就是某庆典活动的日程表的部分内容。

案例：庆典活动日程表

19：00	客人到达，走廊中的餐前饮料
19：30	宾客到场，客人入座
19：35	主持人致词
19：40	开胃品
20：00	第一轮"冠军"（舞蹈表演）
20：10	主菜
20：50	乐队表演 乐队演奏停止 第二轮"冠军"（舞蹈表演） 客人在舞蹈结束时步入舞区
21：15	甜食 乐队演奏
21：40	乐队演奏停止 英国旅行社颁奖（1个奖项，2名决定赛者）
22：25	斯巴克利先生和女士颁奖 为客人表演着舞蹈
23：55	主持人宣布最终奖项得主（全体！）最后一遍舞蹈
24：00	客人离去

（四）活动场地的现场布置

现场布置的内容包括对座位的安排，舞台的具体布置，相关配套设施（灯光、音响等）的安排布置以及活动场地标识的设立安排等。物质准备主要包括设备、纪念品、小礼品、画册、纪念册、纪念章等。

1．布置场地时的注意事项

（1）场地的座位的布置

在安排座位时，必须多种因素，如座位的类型，是固定的还是可以移动的；观众的数量及到来的方式；安全因素如包括安全门和消防制度、过道的位置和大小；座位布置对观众和参与者视线的影响；残疾人的入场方式等。此外，还需要根据来宾的身份，设计庆典现场的座位和座次方案，因为来宾的情况一般不能完全肯定，所以该方案在制定出来后应该有充分的调整空间。

（2）场地布置应灵活且具有特色

活动现场的布置还应该考虑到活动的目的及突出相应的特色。如为了促进来宾之间自由的交流，则应该提供较为宽松和自由的氛围。如在泰国的某个庆典活动策划中，受邀嘉宾被引领到大象谷中，穿着当地服饰的服务员用传统泰国茅根茶来招待来宾，整个场地弥漫着热带食物的芬芳，奇花异草满地，还有当地艺人的表演以及传统的泰式舞蹈。因为有太多的东西去看，去参与，去品尝，宾客们所有的感官都被调动起来了。最后还能骑着大象参观整个大象谷，宾客们可以完全放松心情进行交流。

如果希望受邀嘉宾聚集在某个区域内活动，则可以为其提供较为舒适的固定座位。如在迈阿密举行的一个庆典活动的晚宴上，策划人员就准备了沙滩帐篷。为了保证特定的宾客群体能聚集在一起，进行充分交流，安排工作人员引导座位，并提供舒适的靠垫以及枕头，受邀宾客边欣赏日落边品尝美食。晚宴结束后，还可以观赏特色焰火表演。

在庆典活动的组织过程中，较为常见的场地布置模式包括以下两种：剧院礼堂式和宴会式。

剧院礼堂式布置就像剧场那样，最前面是主席台，主席台有若干个座位（座位数视会议需要而定）。观众座位围绕主席台，有正面向座位、左面向座位和右面向座位之分。

宴会式的布置方式很像举行宴会时的布置形式，显得较随意，有利于调动与会者的积极性。这种布置形式多用于与酒会、饮食结合在一起的活动。

一般来说，参与人数较多，观众人数较多的活动多采用剧院式布置。而参与人数较少，观众较少的活动多采用宴会式布置。

2．舞台布置、音响等相关设施设备的布置

庆典活动中的宾客的主要关注点会集中在活动中心的舞台上，那么如何设计舞台的布置以及配备基本的设施呢？通常情况下，舞台安全设计中需要注意的问题包括：

- 舞台必须有很好的构造，最好由具有良好保证措施的专业公司进行安排；
- 舞台的入口处必须有充分照明；
- 所有凸出的东西以及台阶都要安全，并被明确标注出来；
- 要有工作灯光，以便在活动前后提供充分照明；

- 所有的电缆都必须保证安全；
- 必须准备好急救包和其他应急设备；
- 必须明确规定出现紧急情况由谁来负责处理；
- 必须列出所有相关人员的联系号码。

表 9-6，表 9-7，以及表 9-8 提供了常规庆典舞台布置中需要考虑的问题以及基本的配备信息。

表 9-6　音响设备配备及应用范围

音 响 设 备	应 用 范 围
调音台	具有综合声音合成功能，包括放音和录音的功能
吊杆式传音机	电视、电影、录音、特别声音来源以及大型团体
盒式磁带收录机	现场录音
光盘播放器	播放器乐演奏音乐、其他音乐以及效果音乐
延迟式扬声器	用来把声源的声音传送到更远的区域，在有舞台布景的地方，它可以安装在离观众距离一半的上方。扬声器接受到的应是延迟音频信号，这样可以避免出现回音问题
数字音频录音机（DAT）	播放同步音乐
补充扬声器	用于把声音信号传送到观众前部区域等死角地方
混音器	通过中央控制装置把各种音源传来的声音信号进行混合
全向麦克风	合唱
环型区麦克风	合唱、歌唱和钢琴演奏
扬声器	向特定地区或广泛地区传送声音
集束式扬声器	把一组扬声器集成一束，用以向广泛的区域传送声音
扬声器三脚架	放置扬声器的支架
舞台或耳挂式监听器	其他乐器和声乐家演奏的音乐回放
单向麦克风	单独演讲者

表 9-7　灯光照明的配备及应用范围

活 动	灯光照明应用
营造氛围	灯光投射（遮光黑布效果）
体现情绪变化	背景色彩变换灯照明
娱乐活动及表演	跟随聚光灯

续表

活　动	灯光照明应用
产品揭幕	装饰灯照明
富于现代感的背景	光纤光源背景
大会演讲	主聚光照明灯照明
舞台布景	布景灯光和背投灯光

表 9-8　特技效果的配备及应用范围

特　技　效　果	应用范围和场景
气动五彩纸屑发射器	飘落在宾客头顶和宾客中的五彩纸屑,用来作为活动结束的标志
气球下沉	数百个气球从悬挂在观众头顶上的袋子或网盒中下落
干冰	在地面上形成低层烟雾
闪光罐/盒	制造喷发效果
飞行	制造外层空间或幻觉等空中效果
烟雾	魔术、激光束照射、喷发、外层空间
全息图	幻觉、吸引、交流沟通
放光	交流沟通、娱乐、突出关注重点、产品推出
烟火(室内)	新产品推出,活动结束
烟火(室外)	吸引注意力,体育或其他活动的结束标志
鼓风机	线束的吹动、旗帜的飘扬和其他织品的飘动

3. 活动标识的设立

庆典活动现场需要设置相应的标识来实现引导嘉宾,提供信息之目的。标识的设置要满足"显而易见"标准。常用的活动中使用的标识包括五种:指标性质标识、作业性质标识、法规性质标识、设施性质标识,其他标识。

① 指标性质标识:主要为指示方向,指示由他处前往活动地点及活动现场的标识,如"来宾报到处"。

② 作业性质标识:主要为组织者和现场管理者提供资讯,包括咨询告示板或工作地图。

③ 法规性质标识:包括法律规定必须设置的资讯系统,如"火警逃生口",或特殊警告标语,如"地板湿滑"等。

④ 设施性质标识:包括设施的分类辨识,如"入口处""休息室""吧台""舞台"等。用

于入口处的标志特别重要,关乎来宾对于活动的第一印象。

⑤ 其他标识:包括赞助商的看板、宣传看板、报道区标识牌、注意事项等附录中包含一张活动标识检查表。

在庆典活动现场,需设置标识的地点通常包括:

① 在抵达(入口处)前

交通运输站点:巴士、铁路客运枢纽

停车场或车库:员工、与会者、宾客聚集地

入口位置

② 在入口处

工作人员及与会者入口

参加者入口闸门及售票口

场地/会场内各项设施位置

③ 出口处

大众运输工具站场

停车场或车库

计程车招呼站

(五)策划来宾的签到仪式

来宾签到通常是来宾与庆典活动接触的第一印象,因此,力求做到质量和创意兼顾。在嘉宾签到的方式方面,表9-9提供了几种常见的签到方式。

表9-9　签到方式与适用环境

签 到 方 式	方式特点与操作方式	适用庆典类型
电脑签到	快速,便利;参加庆典活动的时候,只需要将活动举办方特制的卡片放到签到机上,几秒钟就可以完成。	大型庆典,涉及人员数目较多的庆典活动。
座次表签到	在举办庆典活动的时候,工作人员可以提前就将会议的座次表设置好,放上参加会议人员的姓名和座位号码,如果参加会议活动的人员到场了,直接销号,并在表格上签到。	中小型庆典活动,涉及参与者较固定,且只针对邀请的来宾;晚宴安排、固定座席观看表演的活动安排。
簿式签到	参与者直接在准备好的签到簿上写上签到信息。	开业典礼、周年庆典、酒店挂牌仪式、新品发布会等给予来宾尊贵体验的典礼类型。
证卡签到	工作人员将事先准备好的签到证卡提前发给参会人员,开会的时候直接将签到卡交上去就好了。	针对内部员工为主的庆典类型。

除去传统的签到方式外，策划者们也可尝试采用创意的签到方式另来宾获得不一样的体验。以下就是部分可供参考的创新签到方式。

1. 竹简签到方式

签到可以用比较古典的方式。比如，准备一长副竹简，请每一位来宾在竹片上写下自己的名字；最后形成一副简牍，不仅有文化韵味，还能收藏。此种签到方式，适合比较有文化内涵的活动。

2. 彩虹签到＋启动仪式

可以利用一些化学反应。每一位来宾领取一只高脚杯，杯子中装有不同颜色的液体。会场当中放一个形状很漂亮的大玻璃容器，容器旁边连接着一些小玻璃管。开始的时候，大容器和旁边的玻璃管是隔开的。大玻璃容器中本身装有一些液体，请来宾将手中高脚杯里的液体倒入大容器中；这时，大容器中液体的颜色发生改变，随着每一位来宾的到来，容器中液体的颜色将不断的改变；到最后一位的时候，其颜色则变成为本次活动的主题色。随着主持人宣布活动开始，打开大容器和玻璃管的通道，有色液体流入玻璃管，玻璃管中充满了有颜色的液体；这一过程是快速而活泼的，能让活动的气氛活跃了起来。玻璃管可以根据不同的活动，组成某种图形，如组成活动的名称等。

3. 心形签到＋启动仪式

事先准备一块签到板，板子上做一些插槽，整体呈现出一个心形的形状（不同主题的活动也可以采用不同形状）。请每一位活动的参与者，递交一份自己的名片（请柬），签到的主持人将名片插到签到板的插槽中；最后，所有的名片因为插槽的设计而形成一个心的形状；然后可以在外圈插上一圈红色卡片将心形勾勒出来。比较适合节日及有关爱心的活动，可以让参与者从他们的名片形成的心形中，体会到温暖，感受到力量，让陆续进场的每一位参与者，从签到时起就能被聚拢，能融入活动的氛围之中。

4. 手印签到

签到可以参照好莱坞星光大道的做法，在事先准备好的道具上按上受邀嘉宾的手印，使来宾有如明星般的感觉。

5. 飞鸽传书式电子签到

到访嘉宾在电脑触摸屏上的虚拟纸上签名，然后一只虚拟信鸽徐徐飞来，衔走签名纸挂在树枝上。这里的飞鸽、大树等元素可以按活动主题替换成水滴、枫叶等元素。适用的活动类型包括，企业开业庆典仪式、产品发布会等。

6. 虚拟卷轴式电子签到

把虚拟签到轴与毛笔书法通过高科技手段进行完美结合，其中，签到轴可以缩放与旋转。使用户在实现签名的同时体验最前沿的时尚科技，在高科技中体现传统文化之魅力。

（六）庆典现场的活动安排

为了让参与庆典的人士获得印象深刻的体验，可在庆典活动中安排助兴节目、参观活动等，如舞龙、舞狮等；还可邀请来宾题词，以作为纪念。庆典结束后，可组织来宾参观相关的设施、陈列等，以增加宣传的机会。

案例：喜来居大酒店 2007 年度周年庆典的现场活动

以提升营业绩效和品牌形象为目的的喜来居大酒店 2007 年度周年庆典，安排了以下现场活动：美食评比活动——请当天来喜来居大酒店的消费者，评选当天的最佳美食。每位参评者将获得喜来居大酒店的消费券。

现场猜鱼活动——活动当天的即兴小活动，猜中鱼的重量，当场送鱼。

一元钱酒水大行动——寻找近期欲开展促销活动的酒水商家，共同打造本次活动。活动期间，酒水一律只卖一元钱，并特别声明，不收开瓶费，用以吸引客户前往消费、娱乐。

飞镖打折行动——凡前往消费者，可采用射飞镖打折，在镖靶上注明折扣，从 9 折到免费不等，射中几折就打几折。活动开展时，必定会形成围观，场面非常热闹，能有效吸引人气。

此外，还安排有"火树银花不夜天"焰火表演。

（七）餐饮的安排与布置

如果企业决定选择在一家餐厅或活动会场举办庆典活动，那么建议策划组织人员至少提前 6 个月的时间预定餐饮服务。餐厅或活动会场可以利用这段时间进行检查和调试。一般而言，庆典活动中的餐饮环节是为了客户之间相互交流，以及企业品牌形象进一步深入人心的环节。如果想让来自五湖四海的宾客有充分交流沟通的机会，可以举办一场高桌晚宴或自助餐，让客人可以随意走动，实现充分交流的目的。

宴会的形式可以是带座位或不带座位的自助餐、正式晚宴、鸡尾酒会等。

1．正式晚宴

活动适用类型：周年庆等大型庆典。对于大多数的人来说，正式的宴会是那些他们被安排到餐桌规定的位置上，然后，整个用餐过程中由别人来服务的宴会。

2．自助餐/冷餐会

活动适用类型：开业典礼、新闻发布会、周年庆等大型庆典。这种宴会的特点是不排席位，菜肴以冷食为主，也可用热菜，连同餐具陈设在餐桌上；也可由服务员端送。冷餐会在室内或院子里、花园里都可以举行，可设小桌、椅子，自由入座；也可以不设桌椅站立进餐。客人可以自由活动、多次取食，通常用于宴请人数众多的场合。

3．鸡尾酒会

活动适用类型：开业典礼、新闻发布会、周年庆等大型庆典。鸡尾酒会一般不设餐桌和座位；由服务员将饮料和小吃送到客人面前，任其自选。客人们都站着喝鸡尾酒和饮料，可以自由走动，方便其与新知、故友交谈；偶尔在客厅边上摆放有沙发和椅子，供客人休息。

（八）庆典活动中的礼品筹备

为了表示对参与者的感谢，往往在庆典活动举办过程中，主办方还会准备一些具有纪念价值和意义的礼品，在礼品筹备过程中，需注意以下事项：

1．礼品的价值不宜过高

在企业的庆典活动如开业典礼，公关礼品是必不可少的。但有企业因为过于重视形式，走入极端，赠送过于高价值的礼品，反而令宾客心中不安。不计成本的礼品违反了经济原则，也会给来宾带来贿赂拉拢之嫌，如此一来，赠送礼品不但没有成为沟通的手段，反而成为企业与公众沟通的障碍。

常见的礼品包括：生活用品（如床单、毛巾、服装、茶叶、紫砂壶、电热水壶、豆浆机、咖啡机）；纪念礼品（如纪念金币、银币等）；办公用品（如笔、记事本、台历、工艺笔筒、办公台具）；装饰和风水雕塑摆件（如吉祥如意、纳财貔貅、盛世莲花）等。

2．赠品是活动的特殊载体形式

企业要想取得良好的公关效果，就要准备那些新颖、有纪念意义、介绍本企业的纪念品或工艺品。设计时应该注意主题化、实用化、品位化、精美化和标识化的要求。所谓主题化就是纪念礼品应该蕴含某种鲜明的宣传主题，具有主题意义。这样，公众得到的就不再是简单的物品，而是具有特殊意义的"纪念"礼品。在设计纪念礼品的外部图案、包装盒（袋）时，应该巧妙地把企业品牌标志或者其他企业视觉特征融入整体图案作品之中，以便公众记忆，从而提高企业的知名度与美誉度。

（九）庆典活动的闭幕策划

活动的最后往往最容易被策划人员忽略，但却是帮助企业宣传的又一个绝佳时机。通常情况下，企业会为了感谢来宾的到来而赠送礼品，并借机为企业的产品作推广。赠送纪念品可以使得参与者留下对此次活动的持久、深入的印象。因此，在举办庆典活动的准备过程中，最好准备一些能代表企业特色的纪念物，如印有相关简介和彩色图片的通讯录、工作笔记、影集等。

三、企业庆典活动的总结与评估阶段的工作内容

1. 活动的总结

庆典活动结束之后，仍有大量工作要去跟进，包括敦促新闻界客观、迅速地报道此次庆典活动的情况；收集传播媒体以及公众舆论的有关反应；做好新闻报道剪报资料的存档工作；制作庆典活动的音像资料；写好庆典活动的总结报告，为将来的活动积累经验等。活动的总结是为了能评估各项措施的成效以及活动整体的不足之处。

总结阶段需及时将活动中形成的材料收集、整理并归档，以便日后查阅；清点活动用品，进行财务核算；对本次工作进行总结，评价应客观，既要总结成功的经验，也要注意发现存在的问题，以便在今后的工作中加以改进。

2. 活动的评估

企业庆典活动的评估，可透过活动结束后搜集各到会记者在报刊、电台和电视台所发的稿件，进行归类，检查是否有由于失误所造成的报道失实。如若发现有失实报道的情况，应立即设法采取补救措施。需要注意的是，在对庆典活动进行评估时，除了对实施效果进行评估外，还需要从企业形象传播效率的角度加以评估。例如，此次庆典后，是否会增强公众对企业的全方位了解；庆典活动组织与管理过程中所使用的媒体组合是否科学；企业与公众和媒体之间的关系是否因为庆典活动的举办而更加巩固；社会资源是否增加；各利益方的满意度等都应该列入庆典活动的评估项目中。下面的范例中，展示了如何透过媒体的报道来作为庆典活动评估的依据。

案例：对奥迪汽车上市活动的媒体报道的简要评估

在北京、上海和广州三地，总计有来自93家媒体单位的126名记者参加了针对奥迪新车发布会的公关活动。活动结束后，企业对媒体报道的情况进行了简要评估，主要从媒体覆盖率和媒体反馈两个方面进行评估。

第一，从媒体覆盖率来看。截止到8月20日，本项活动所产生的直接媒体报道文章共有144篇。其中，作了重点报道的媒体包括。

中央电视一台的"清风车影"栏目。

广东有线电视台"车世界"栏目。

中国最大汽车爱好者杂志《冠军赛车手》等。

我们对所有的报刊、电视台和在线媒体的报道都进行了全面跟踪，详见所附的简报。有关奥迪新车的报道中，97.78%的文章从正面角度报道了这次活动。至少92.24%的文章在标题中提到奥迪新车的名称，并有82.76%的文章至少同时刊登一张参加这次活动的奥迪新车的照片。在媒体报道中，绝大多数都介绍了奥迪新车的主要特征，如quattro

全时四轮驱动系统、ESP 程序和全铝质车身结构等。

第二，从媒体反馈来看。

这项活动所获得的投资回报，按照广告价值计算超过 400 万元人民币。在 5、6、7 三个月期间，由于对奥迪新车的大量报道，该车型在国内媒体报道中所占的份额比奔驰或宝马高出 13.4%。

第三节　常见庆典活动策划指引

一、企业开业典礼的活动策划指引

（一）开业庆典的特点

当开办企业的各项筹备工作就绪，并办理开业登记后，就要选择一个适当的时期举行开张经营典礼。由于开业活动是企业第一次与公众见面，因此，它将体现出企业领导人的组织能力、社交水平以及企业的文化特色。

（二）开业典礼的目的

企业应善加利用开业亮相的良机，借助、利用各种公关手段、传播媒介来扩大其影响，促进公关目标的实现并树立企业形象。

（三）企业开业典礼的策划要点

策划者需要注意以下几方面。

1．精心选取目标受众群

开业典礼的活动要追求有效性。通常，公关活动是面对某些特定的公众群体，一次公关活动不可能满足所有群体；在每一次公关活动中，要把有限的资源集中在目标群体上，以达成公关活动的有效性。目标群体包括：潜在顾客；邀请出席典礼的专业宾客（包括政府有关部门负责人、知名人士、社会团体代表、行业新闻记者、员工代表以及公众代表等）。

2．注重活动形式的选择

活动形式要多选择几种方案，并富有特色。现代企业的开业庆典，可选择的形式有：开放参观、商品展销、成就展览、招待酒会、表彰会、新闻发布会、消费者座谈会等。开业典礼的活动形式力求吸引人并有较强的主题特点，可考虑结合多种形式来展示，以便于通过电视台、电台、报刊等媒介做公关宣传。也有些企业在开业时，选择各种形式的打折促销活动并举，或有意识地将开业活动转向公益角度、慈善事业，并把开业当天收入所得作为善款，这样的安排方式也具有较好的社会效益。

3．精心选择开业典礼的时机

在开业典礼策划之初,企业应该进行充分的市场调研,精心选择开业的时间和参加庆典的人员名单。开业的当天,企业需要聚集足够的人气,场面越热烈,效果越好;选择适当的开业时间可以吸引更多的客流量。比如,一些大型的购物中心开业,一般会选择周末,最好是一些特别的节日,如国庆节、五一等。

时机的选择也应该从消费者的角度来考虑,如他们何时乐意参与,何时无暇顾及。在上述的大型节假日中,大部分消费者都有足够的时间和心情来参加企业精心设计的各种开业促销活动。如果是在工作日,消费者很难抽出时间参与活动,更无暇滞留了解企业的产品。总而言之,在时间的选择上,一定要充分考虑消费者的心理需求。

4．策划的创意点

成功的开业典礼活动可以在公众心目中留下美好的印象。由于开业典礼一类的活动司空见惯,很难引起人们的注意;因此,如果没有较高的立意和较强的创新意识,这类活动则很容易流于形式。策划者可通过对场地的布置来突出企业风格,亦可根据主题及顾客取向选定庆典的风格。具体来看,体验营销中的感官营销模式可作为典礼活动风格策划的灵感源,即利用人体感官的听觉、视觉、嗅觉、味觉与触觉,开展以色悦人、以声动人、以味诱人、以情感人的风格体验方式,其目标是创造知觉体验的感觉,让消费者参与其中并有效调动消费者的购买欲望。其中,颜色是最为直观的体验要素,如传统的中式庆典可选用红色、黄色作为主色装饰布置场地。

二、企业周年庆典活动的策划指引

（一）企业周年庆典礼活动的特点

周年庆典是一种重要的与社会公众沟通的机会。企业可以利用本单位的周年纪念日,尤其是逢五年、十年的纪念日举行庆典活动,制作纪念册;通过文字、图片、图表等,全面介绍企业的成就、现状和愿景。既可以对外宣传企业的成就,扩大社会影响;又可以对内展望未来的愿景,鼓舞士气、凝聚人心。企业周年庆活动属于众多活动类型中的一种,而且根据活动的目的不同,又可分为面向外部市场和面向内部员工两类。

周年庆典的活动内容一般包括:致开幕词、齐唱企业之歌、总经理致词,有时也穿插来宾致词、讲演等。企业通常还会利用周年庆典的时机对优秀员工进行表彰,如常年服务、或有特别功绩、或提出合理化建设的员工。

周年庆典的活动以晚宴形式居多,并常会邀请、鼓励员工代替明星进行节目表演。企业周年庆典的活动形式要根据企业生产经营的特点、企业自身的发展历史、企业可以投入的经费来决定。为配合周年庆典纪念活动,企业可以组织类似企业文化节或者其他的系列主题活动,起到欢庆和提升企业知名度的双重作用。另外,企业周年庆也是企业善尽社会责任的好机会,无论是做公益、赞助活动,还是进行社区服务等,都是有利于社会公民的善举,都可以提升企业的声誉,进而强化利益相关者对企业的好感。

(二) 周年庆活动的目的

企业利用周年庆典,举办庆祝活动,可以借机振奋员工精神,扩大宣传效应,协调公众关系,塑造组织形象。根据参与人员的不同,可以将周年庆典分为企业内部的庆典活动和公开的企业庆典活动。

1. 面向企业内部的周年庆典活动

(1) 提升员工凝聚力

在经过一段时间的奋斗后,周年庆典的确给了企业一个绝佳的机会,既可庆祝过去的经营成果,又能规划未来的努力方向。因此,在许多情况下,企业周年庆典其实是提升员工向心力、凝聚力最好的机会。员工可以在轻松的氛围中拉近感情距离;宴会上,可以由企业领导对优秀员工进行颁奖,安排不同部门的员工之间自由交流沟通。

(2) 宣扬企业的价值与文化

企业可以借周年庆典的机会表达对员工的感谢,宣扬企业的价值与文化,勾勒企业未来发展的愿景,进而激励全员全力以赴,再创佳绩。

2. 面向企业外部的周年庆典活动

(1) 提高知名度

周年庆典活动具有很强的向外宣示企业的存在、向外界表示感谢的意义。从强化品牌资产的角度来看,周年庆典也提供了一个绝佳的平台,可以强化现有顾客对品牌的偏好度。

(2) 巩固顾客关系

周年庆典活动亦可通过一系列的互动环节加强与顾客的联系;感谢顾客的一路支持与陪伴,在潜移默化之中创造共同的美好的品牌回忆,并对长期的忠实顾客提供相关的回馈。

(3) 发掘潜在新客户

企业也可以周年庆典为理由,创造现场试用或是赠送赠品的机会,让潜在目标顾客群体得以认识、体验产品,进而认同企业产品及品牌。

(三) 周年庆典的策划要点

为实现企业周年庆典活动的目的,笔者建议从以下几方面来策划。

1. 注重气氛的营造

它是为了活跃纪念庆典活动气氛而安排的辅助性活动,如敲锣打鼓、挥舞彩旗、舞龙、舞狮、燃放鞭炮、合唱歌曲、播放音乐、呼喊口号、张贴标语等,用以造成热烈欢快的气氛。每段"插曲"都要在别具匠心上下工夫,如设计醒目的口号时,既要令人耳目一新,又要便于传播和记忆,才可以加大强化宣传的效果。

2. 注重适度创意

周年庆典应围绕周年纪念的中心内容进行创意,以增强活动独特性和对公众的吸引力。具体来看,创意可以体现在活动形式上,如结合多种不同种类的喜庆活动活跃现场氛围,使来宾(员工或顾客)获得较愉悦的感受,并在轻松的氛围下认识企业的品牌与形象。例如,美国某连锁商店在开业30周年纪念日时,为了使这次庆典活动在公众心目中产生轰动效应,满足社会公众的猎奇心理和塑造良好形象;培养员工对公司的认同感、归属感,进一步增强凝聚力和向心力,公司总裁为一位在公司商店门口擦了25年皮鞋的老黑人举办了一次感恩活动。利用这个颇具影响的事件,企业成功引起了新闻界和公众的好奇心,调动了公司员工的积极性。但是,策划者需要了解在一味的强调创意的同时,不能忽视了公众的心理承受能力,不能引起公众的反感,否则将事与愿违。

案例:上海书城开业五周年店庆策划

上海书城在2003年12月1日至2004年1月31日历时两个多月的五周年店庆活动期间,举办了多种形式的店庆活动,如邀请各级领导,增强与出版社交流互动,为读者优惠让利、组织员工参与等。

在此期间,上海书城开展了一系列的活动。首先,以"书城成立五年回顾与展望"为主题举行新闻发布会,重点发布祝贺广告,并请各界领导为书城成立五周年题词。其次,根据书城特色制作纪念册和纪念品,举办上海书城五周年店庆图片展并组织参观;同时,面向读者,以"年度优秀图书联展"为主线贯穿整个卖场,各楼层以不同鲜明主题系列联展为辅,烘托卖场气氛。再次,联合各界名人共庆五周年店庆,如邀请著名书画家举办现场笔会,邀请社会各界举办系列座谈会,举办优秀供应商评选活动,并面向社会公众举办庆祝上海书城创店五周年系列文化讲座活动。最后,不定期的举办赠书活动,上海书城作为发起者对外发布活动信息,收集读者为希望小学捐赠的图书,图书类别集中在少儿图书、文学图书、励志图书、青年修养等。如捐赠者愿意,还可以在图书上留言,鼓励受赠者。书城则根据捐赠图书的总额返还捐赠者一定比例的上海书城赠书券(约10%),读者可凭此券于捐赠当日在上海书城各门店使用。

通过这一系列活动,既扩大了上海书城在社会上和行业内的影响力,又增加员工对企业的凝聚力。

三、企业挂牌仪式的策划指引

（一）企业挂牌仪式的目的

企业挂牌仪式包括企业在新设立分支机构、企业获得某些荣誉奖励时，为了对外宣传相关资讯而开展的庆典和仪式。企业的挂牌仪式旨在向社会和公众宣传企业，提高企业的知名度及美誉度，展现其优良形象及良好风范，广泛吸引潜在客户，取得广泛的认同；为今后的生存发展创造一个良好的外部环境。通过举办挂牌活动，进一步融洽各方关系，增进合作与友谊。从功能上来看，企业挂牌大部分是以宣传为和公关为主，如最为常见的挂牌仪式为星级酒店的挂牌仪式。

（二）企业挂牌仪式的特点

① 形式上一般比较正规、隆重，规格较高，易于引起社会广泛的关注；

② 企业挂牌仪式整体工作流程较简易，占用组织者的时间较少；

③ 企业挂牌仪式需要谨慎选择邀请的嘉宾。还应注意活动场地布置，不应太过注重创意而使整体活动氛围太过轻松愉悦，要考虑挂牌活动的本身具有一定的严肃性和高规格性。

（三）企业挂牌仪式的策划要点

在挂牌仪式策划方面，应注意以下几个方面的要点。

1. 嘉宾的邀请。

企业的发展离不开各方面的支持，在企业取得一定的成绩之际，应该对各方提供支持的机构和个人表示感激之情。为此，邀请的嘉宾需涵盖与企业经营业务直接相关的各管理者、负责人。例如，酒店挂牌仪式需邀请的嘉宾包括：各级政府领导、旅游主管部门领导、各大旅行社负责人、政府接待处负责人、新闻记者等。

2. 媒体的安排

由于企业挂牌通常都是以宣传为主，因此，应该在合作媒体上预约在当日的报纸杂志上刊登大幅面有关企业挂牌的公告、贺喜广告等。在挂牌仪式举办当日，则主要为各媒体发放新闻通稿，以及做好媒体记者的接待和采访工作等。

3. 流程的安排

企业挂牌庆典的具体流程可参考本章内容或企业开业典礼及周年庆典的策划要点；需特别注意的是，在时间安排上应紧凑有序，在接待服务方面应完善得体。

案例：五星级酒店挂牌庆典策划方案

某酒店地理位置十分优越，依山傍海，位于黄金海岸线，面向碧波万顷的南中国海。酒店拥有各类山海景精品客房 190 间/套；餐饮设施有中餐、西餐、日餐、茶艺馆、大堂吧、酒吧等；还设有行政酒廊、会议室、商务中心、户外泳池、健身房、桌球室、棋牌室、高尔夫练习场、美容美发店、精品店等配套设施。

2012 年，全国旅游星评饭店评定委员按照中华人民共和国国家标准《旅游饭店星级的划分与评定》(GB/T14308-2003)，批准该酒店为中国五星级饭店。为了庆祝酒店成功荣膺中国五星级饭店，根据公司和酒店领导的工作部署，酒店荣膺五星级饭店揭牌仪式活动方案拟定如下。

一、领导机构

领导机构成员包括：顾问、组长、副组长、组员，并专设工作小组。

二、活动安排及流程框架

（一）活动安排

仪式时间：2012 年 2 月 27 日（星期二）上午 11:00

仪式地点：酒店正门

午宴时间：2012 年 2 月 27 日（星期二）上午 11:50

午宴地点：二楼中华厅

仪式内容：酒店荣膺中国五星级饭店揭牌仪式

仪式规格：VIP、隆重、热烈、企业文化氛围浓郁

邀请人数：100 人

仪式参加人员：市领导、星评委领导、集团领导、重要客户、媒体、员工

（二）流程框架

1. 10:00 迎宾、大堂签到，一般嘉宾在大堂吧休息，贵宾在豪华厅或部分包房休息

2. 10:30 广场威风锣鼓演出

3. 11:00 仪式开始，主持人致开场词、介绍领导和嘉宾

4. 11:05 星评委领导宣读荣膺中国五星级饭店批准文件（省星评委领导）

5. 11:10 星评委领导宣读荣膺中国五星级饭店证书（张梅生书记）

6. 11:15 总经理致答谢词

7. 11:20 集团董事长讲话

8. 11:25 市领导讲话

9. 11:30 邀请市领导、董事长揭牌，礼炮、威风锣鼓、音乐齐鸣

10. 11:35 主持人宣布仪式结束，请领导嘉宾至二楼中华厅参加午宴

11. 11:50 午宴开始，烤全羊开羊仪式，艺术团助兴演出开始

三、环境布置

1. 酒店正门及广场：正门背景、红地毯、花篮、横幅、条幅、充气拱门、停车场绿化带插彩旗、制作五星牌匾专用背景；

2. 酒店大堂：视频播放、欢迎水牌及条幅；

3. 中华厅：舞台背景、中华厅外设专用背景签到台。

四、氛围营造

1. 邀请电视台著名主持人主持揭牌仪式（后附主持人资料及相片）；

2. 邀请电视台现场高清拍摄揭牌仪式活动；

3. 邀请锣鼓队在揭牌仪式前和揭牌仪式后演出；

4. 邀请艺术团在午宴助兴演出；

5. 仪式开始前50秒音乐及领导讲话背景音乐《奥林匹克鼓号曲》，揭牌音乐《万宝路进行曲》加威风锣鼓演出，午宴音乐《喜洋洋》；

6. 前台人员、礼仪小姐胸花，酒店中层以上管理人员、参加仪式全体嘉宾、领导胸花；

7. 租赁庆典大型迎宾礼炮。

五、前期准备

1. 《中国旅游报》（半版）、省级主流报纸（半版）提前发布同贺广告、当地主流报纸（整版）当日发布同贺广告及同贺单位，各报纸增订100份同礼品发放给参加仪式的嘉宾。

2. 准备请柬、同贺函、礼品券各100份。

3. 礼品（均加印酒店LOGO和祝贺文字）

赠送嘉宾礼品——印有酒店LOGO的精美纪念手表一份。

六、工作分工

部　门	工　作　任　务
行政人力资源部	1. 统筹整体活动，协调各部门工作； 2. 负责仪式的整体布置设计工作，摄影、摄像工作； 3. 邀请出席仪式的政府领导、集团领导、媒体记者，确定出席仪式的嘉宾； 4. 邀请仪式主持人及艺术团助兴； 5. 仪式礼品的定样工作； 6. 培训礼仪小姐，组织礼仪服务（共8人）； 7. 礼品发放、签到服务，签到本4个、签到笔4支、银盘1个（收集名片），礼仪小姐2人，引导嘉宾签到落座； 8. 起草新闻通稿、领导讲话稿，准备邀请函、同贺函、礼品券； 9. 在媒体发布同贺广告，增订刊登酒店广告的报纸各100份； 10. 现场仪式（条幅、拱门等）的政府申报工作。

部　门	工　作　任　务
市销部	邀请参加仪式的重要客户
房务部	1. 申购胸花(前台人员、礼宾部人员、广场保安、礼仪小组、签到处工作人员、中级以上管理人员、揭牌仪式领导); 2. 申购花篮、仪式讲台鲜花、仪式麦克风架鲜花、午宴围餐鲜花、签到处鲜花; 3. 仪式主席台花盆、午宴舞台前花盆; 4. 部分贵宾住宿安排或午休安排; 5. 仪式/午宴现场清洁卫生工作; 6. 接待参观工作; 7. 礼宾部人员戴白手套。
餐饮部	1. 仪式现场宴会服务工作(VIP级); 2. 拟定菜单,做好餐饮出品工作; 3. 大堂设签到台; 4. 贵宾休息厅布置、中华厅就近包房设化妆间、主持人休息间备用,另专设三间包房备用;
财务部	1. 仪式所用礼品的市场选样工作; 2. 根据各部门的申购批复,按时完成采购工作; 3. 媒体红包的发放工作; 4. 迎宾礼炮、充气拱门、红地毯、仪式背景的租赁工作,邀请威风锣鼓队现场演出。
工程部	1. 中华厅背景及1楼签到处背景安装工作; 2. 酒店大堂条幅安装工作; 3. 酒店正门横幅、条幅安装工作; 4. 揭牌仪式牌匾专用背景制作工作、安装; 5. 仪式和午宴现场音响服务工作; 6. 做好仪式和午宴现场供电保障工作; 7. 仪式的其他布置安装工作。
保安部	1. 酒店正门广场两侧30米范围内提前预留仪式场地,禁止停车(当日现场布置即使用),预留贵宾停车位,维护仪式秩序,做好安全保障工作; 2. 提前2日更新酒店广场店旗、集团旗; 3. 广场保安人员戴白手套。
备注	1. 2月20日,各项工作准备完毕; 2. 2月27日仪式及午宴现场完成布置,28日晚撤除所有装饰布置,29日酒店全面恢复正常状态。

七、主要费用预算

类　别	单位	数　量	单价	金额(元)	备注
广场充气彩虹门	个	2	500元/天	1 000.00	含印字、广告公司租赁
广场仪式背景	个	1(8.3m×4.1m)	1 000元/天	1 000.00	广告公司租赁
广场仪式地毯	m²	150 m²	10元/m²/天	1 500.00	广告公司租赁
中华厅舞台地毯	m²	40 m²	10元/m²/天	400.00	广告公司租赁
迎宾礼炮	门	8	200元/门	1 600.00	广告公司租赁
威风锣鼓队	队	1队(60人)	5 000元/小时	5 000.00	协议邀请
酒店主楼条幅	条	30	120元/条	3 600.00	酒店制作安装
广场彩旗及旗杆	面	100	20元/面(含杆)	2 000.00	(70cm×110cm)
舞台背景	m²	35m²	10元/m²	350.00	喷绘
大堂签到处背景	m²	12.25m²	10元/m²	122.50	喷绘
胸花	个	50个	10元/个	500.00	
同贺花篮	个	60个	100元/个	6 000.00	酒店正门两侧
邀请函	张	100张	3元/张	300.00	
签字簿	本	5本	10元/本	50.00	
赠送礼品	套	1 000套	250元/套	25 000.00	
午宴	桌	10桌	2000元/桌	20 000.00	
主持人	人	1人	5 000元/人	5 000.00	
仪式摄像	小时	0.5小时	3 000元/0.5小时	3 000.00	高清摄像光盘10张
媒体红包	人	10人	500元/人	5 000.00	
媒体广告	次	1		165 000.00	
总计				246 422.50	
其他费用				5 000.00	

合计：251 422.50

八、特别注意事项

1. 请各部门上报拟定参加仪式的领导或嘉宾姓名、职务、单位,部分单位作为同贺企业在媒体上发布名称,请务必确保名称准确。

2. 待领导批准邀请人员名单后,由所在部门负责人到总经办领取请柬、礼品券、同贺函,并亲自送达被邀请人手中,确保被邀请人务必参加。

3. 被邀请人凭请柬参加活动,凭礼品券可在招待午宴开始后,即 12:30 后领取礼品(礼品券有注明)。

4. 嘉宾抵达签到时,各部门负责人在大堂正门列队迎接,引领嘉宾在大堂吧休息,揭牌仪式开始前 15 分钟,引领嘉宾至广场参加揭牌仪式。

5. 请各部门提前做好员工的宣传、动员工作,组织培训员工,做好各项清洁卫生和设施设备维修保养工作。

6. 部门组织当日未当班员工(着工装)全部参加在广场举行的揭牌仪式,提前 20 分钟到达(即上午 10:40),当日员工餐厅加餐。

7. 当日如遇天气原因,不能在酒店广场举行揭牌仪式,则仪式改在中华厅举行。

8. 方案未尽事宜,请及时请示领导确定。

四、企业新闻/产品发布会活动的策划指引

(一) 新闻/产品发布会的特点

1. 新闻发布会的特点

企业以举行新闻发布会为契机,扩大影响,造成连锁效应;可以说明企业的经营方针,展示新的商品,进行宣传。新闻发布会通常具备如下特点。

(1) 以新闻发布会发布消息,其形式比较正规、隆重,规格较高,易于引起社会的广泛关注。

(2) 在新闻发布会上,记者们可根据自己感兴趣的方面,以及各自所侧重的角度进行提问,方能更好地发布消息。在这种形式下的双向沟通,无论是在深度上还是在广度上,都较其他形式更为优越。

(3) 新闻发布会对发言人和主持人的要求很高,如要求两者的思维要十分清晰,反应要十分敏捷等。

(4) 由于新闻发布会需占用组织者更多的时间,经费支出也较多,因此,成本较高。

2. 产品发布会的特点

产品发布会是以发布新产品或者发布有关新信息为主要内容的会议,其主角一般是企业。与进入市场的目标相比,产品发布会更在乎新产品的新闻效应以及消费者对新产品的反应。因此,产品发布会通常会安排问题进行采访报道。

与其他形式相比,产品发布会有以下一些特点:

（1）推介新产品或有关信息

产品发布会主要目的是推出新产品或者介绍有关新产品的信息。这些新产品可能是已经正式推向市场的最新产品，也可能是一些有关新产品的概念和信息。

（2）形式类似新闻发布会

产品发布会一般采用类似新闻发布会的形式举行，或者干脆就称作新闻发布会。产品发布会很多时候是在发布一种产品概念，产品实物展示重在突出形象，因此，它对会议现场服务的要求相对较低，有时候甚至可以基本不需要现场服务。

（二）新闻发布会和产品发布会的策划

1．新闻发布会的策划要点

（1）确立主题，统一口径

新闻发布会要有鲜明的主题，要围绕主题进行准备和宣传，发布会要始终围绕主题，不能走调，否则易使记者误解，不利于企业形象的树立。另外，发布会的口径应统一，内部意见的不一致会引起记者的反感，导致报道失误。

（2）重视会前邀请工作

新闻记者是发布会的主要邀请对象。活动组织者需要先拟一份邀请的名单，并提前一周时间向受邀记者发出邀请函，然后，通过电话进一步落实。突然的新闻事件可以采用电话和传真的方式通知受邀记者，落实好后要做好分类统计工作。

（3）提前发放会议资料以及宣传辅助资料

材料的准备应根据会议主题的内容和具体要求而定，在会议举行时现场摆放或分发，以增强发言人的讲演效果。

（4）选择恰当的时机，新闻要有"时点"

对新闻发布会的时机要考虑清楚，不要将无新闻价值的东西硬拉上新闻发布会。而对于危机事件中的企业来说，选择合适的时机更为重要。如果想要获得媒体记者持续的信任和关注，在选择新闻发布会的时间上，就不要和记者的时间冲突，否则记者可能从一开始就带着对立的情绪。

在时间的选择上，大体要注意下面几点：①周一、周五不要选。因为周六、周日和周一的报纸都堆在了一起，面对众多的信息，记者们常会忽略企业发生的事件新闻。有调查表明，报社的例会大都在周一或周五举行。②大部分的媒体不喜欢在上午和晚上参加发布会，不喜欢把会议时间拖得过长，因此，可把发布会的时间尽可能安排在周二至周四的下午，会议持续 1～1.5 小时，这样可大幅提高记者的出席率，以保证发布会的现场效果和新闻见报效果。

2．产品发布会的策划要点

策划产品发布会时的工作主要有三点。

（1）巧妙安排发布会的内容

产品发布会更多的是强调产品的"新"在哪里，有哪些技术进步，或者设计和款式上如何与众不同等。有时候，企业并不在乎产品是否能立即进入市场，而更在乎新产品的新闻效应以及消费者对新产品的反应。在产品发布会前后，企业一般会安排新闻媒体进行深入的专项采访报道，并制造一定的声势。

（2）重视活动现场的布置

由于产品发布会所发布的产品一般都是新产品，企业对其一般都寄予厚望，因此，产品发布会更加注重场地的环境布置，应该根据产品的功能、实际使用群体和环境等特征有针对性的对环境中的景观、灯光、音响等加以布置。

（3）不容忽视的协调工作

在发布会的策划和筹备过程中，如果将活动部分外包给专业的策划公司，那么，策划机构主要是起一种穿针引线、提供展示平台和现场管理与服务的作用。产品发布会应由发布新产品的企业来主导策划和实施，如果两方面彼此协调不好，则可能出现发布会现场部分环节脱节、彼此衔接不上、现场出现混乱等现象，严重时会干扰发布会的正常进行。

本　章小结

目前，企业日益重视庆典活动的策划和组织，主要是因为庆典活动具有增强企业凝聚力、促进企业与外部的交流、增加企业曝光度等作用。

为确保庆典活动的成功举办，应注意以下的几个策划要点：时机、创意、活动导向。

庆典活动的具体策划流程大体可以分为三个阶段：前期准备阶段、现场实施阶段、总评阶段。

前期准备阶段的工作内容包括：成立庆典活动策划小组、明确庆典活动的目的、细分目标、主题、规模、时间、形式、选址、宣传计划、预算及制定企业庆典活动的风险管理计划。

在庆典活动的执行与现场管理阶段，组织策划者涉及的工作任务包括：现场的布置、舞台的布置、管理庆典活动现场的秩序、安排相关表演活动、安排餐饮等。

企业庆典活动的总结与评估阶段的工作内容则主要包括：庆典活动的总结、活动的评估等。

最后，本章还介绍了较为常见的庆典活动类型，如企业开业典礼、企业周年庆典、企业新闻/产品发布会和酒店挂牌仪式等，并对其策划的重点和案例进行了剖析。

复/习及思考

1. 如何选择庆典活动的时机?
2. 周年纪念活动与一般庆典活动有什么不同?
3. 庆典活动的基本策划流程为何?
4. 选择一个庆典活动,并对此次活动的工作进行分解。

引/申案例

奥迪 A8 新产品上市活动策划

活动实施分为两站:在北京参加试驾驶活动的记者都受到奥迪公司主要官员的迎候,并应邀观看了一部有关 A8 轿车的影片;之后,由奥迪官员向他们简要介绍为该款轿车而提出的在中国的行销计划,以及奥迪最新的市场销售情况。接着,记者们分别乘坐十辆配备专职司机的崭新奥迪 A8 轿车奔赴天下第一城,在行驶期间,车内播放由罗德公司事先录制的一组原创诗歌,这些诗歌在古典音乐的烘托下描述了 A8 轿车的各项主要特征;抵达活动地点后,让记者们先享受一顿精美的午餐;然后,引导他们去参观四个互动式演示区,奥迪 A8 的特性被概括为"时·空·安·静",并用大幅中文标题说明所要表达的各个主题。

时间概念:由一对舞蹈演员在奥迪 A8 轿车和钟楼的背景下表演现代舞,以诠释时间的本质及其稍纵即逝的特性。

空间优胜:由一位来自德国奥迪总部的产品工程师对 A8 轿车的主要特性进行全面而简要的介绍,包括该轿车所采用的全铝质车身结构、外观设计风格、内部配置特征、宽敞的座椅、最佳的人机工程设计等。记者可随意拍照和提问。

安全性能:由来自德国奥迪驾驶学校的一位教练讲述并表演 A8 轿车的各项安全设施及其工作过程,包括四轮驱动系统、防抱死刹车系统和电子稳定程序(ESP),后者可防止轿车在湿滑路面上行驶时因车轮打滑而失去控制。该教练还表演了极其惊险的驾驶技术:将车加速到 120 公里/时后立即刹车并转弯,原地旋转 720 度,以显示轿车在不使用 ESP 程序时的行为特征;然后,他在使用 ESP 程序的情况下重复这个惊险动作,并且把两只手臂都伸到天窗外面,证明 ESP 程序如何有效地防止轿车失去控制。

享受宁静:由一位琴师在古琴上演奏节奏柔美而幽婉的中国古典乐曲。记者们可一边品茗,一边赋诗,并由琴师当场为他们配曲演奏。在这种氛围下,记者由感性的古乐充分体验了"静"的境界;由感性的认识又联想到奥迪的 A8 的安静魅力。

试车活动的高潮是,由记者们在教练的陪同下亲自驾驶 A8 轿车在试车线路上行驶。

问题:请根据庆典活动的策划要点和指引,评价该活动策划的成功之处。

第 十 章

企业活动的绩效评估

习 及 思 考

引 言

　　绩效评估是企业活动策划和实施过程中的重要环节,也可以被视为企业下一次活动策划的起点。活动绩效评估能够从多个角度为企业提供管理资讯。在进行企业活动绩效评估时,需要对绩效评估的一般概念、流程与方法有所了解。因此,本章就企业活动绩效评估的理论、方法等进行了系统的梳理。

学习要点

　　(1) 基本概念

　　绩效评估——依据绩效指标,对企业活动策划和管理过程中的投入、产出、中期成果和最终成果所反映出的绩效进行评定和划分等级的工作。

　　内部评估——主要是对企业活动内部的工作绩效,尤其是针对个人绩效的评估,以此来评估和衡量工作人员的表现。

　　外部评估——指对企业活动所取得的业绩、效果和效率进行评估,主要衡量活动的实际效果。

　　评估的主体——主要指组织、执行评估活动的人士,或者在评估过程中,为被评估者进行评分的活动参与者。

　　评估对象——主要指接受评估的人士或评估的内容,常见的评估对象包括企业活动的策划者、企业活动的各种表现等。

　　定量评估标准——是借助数字化的方法,将评估的内容转化为标准化的评估方式。

　　定性评估标准——是指借助文字的描述、影像记录或分析等方法,对企业活动进行评估的方法及其相关标准。

　　类别测量标准——也称类别测量或分类测量,是对测量对象的性质或类型的测量;其测量结果只能分类,标以各种类别名称。

　　等距标准——主要是对评估内容和对象之间的数量差别或间隔距离的测量,此种测量标准并没有一个绝对的起始点,只能借助评价的结果来衡量两者之间的差距。

比值标准——也称比例测量标准，是对测量对象之间的比例或比率关系的测量。

等级标准——也称顺序测量或等级测量，是对测量对象的等级或顺序的测量。等级标准的数量化程度比类别测量高一个层次，已经具有了数量差别的含义。

绝对标准——是对企业活动策划过程中的各工作环节，建立工作行为的特质标准，然后将达到该项标准的列入评估合格，未能达标的列为不合格。

相对标准——是不设定具体的评价基数，在不同员工或部门之间进行比较，评估的结果是以排序的形式表现。

信度——指评估结果的一致性和稳定性，即一个测量工具在测量某绩效评估内容时的一致性或稳定性。

效度——主要关注调查评估工具的有效性，即是否真正获得了我们需要评估的对象的信息。

权重——是一个相对的概念，是针对某一指标而言。某一指标的权重是指该指标在整体评价中的相对重要程度。

层次分析法——是一种定性和定量相结合的、系统化的、层次化的分析方法。

（2）学习目标

通过本章的阅读和学习，读者应能够：

① 了解企业活动绩效评估的概念和意义；

② 了解企业活动绩效评估的特点；

③ 掌握企业活动绩效评估的大体流程；

④ 掌握企业活动绩效评估指标体系的构建方法；

⑤ 掌握企业活动绩效评估数据的获取方法；

⑥ 掌握企业活动绩效评估的常见分析方法；

⑦ 掌握企业活动绩效评估报告的内容及写法。

引入案例

中粮长城南王山谷酒庄规划揭标仪式

长城葡萄酒是中国葡萄酒市场产销量第一的品牌。2004年是中国葡萄酒市场的热点年，国内知名白酒厂家纷纷进军葡萄酒市场，而随着关税的降低，国外品牌也大举进军中国市场。在此背景下，长城葡萄酒正式启动烟台长城南王山谷酒庄建设计划，以期进一步提升中粮集团长城葡萄酒的品牌形象，实现可持续发展。2004年7月26日，中粮集团在山东烟台举办了长城葡萄酒南王山谷酒庄揭标仪式，并邀请了全国70余家媒体出席新闻发布会。

整个活动从策划到实施历经三个月的时间，由于策划巧妙、形式独特，活动取得了很好的传播效果。

　　媒体落地率：包括 4 家省市电视台在内,全国共有 70 家媒体报道了此次活动。截止到 2004 年 9 月中旬,活动共收到简报 140 篇及 4 份电视报道拷贝,媒体落地率达到 200%。

　　受众反应：中粮集团旗下的烟台长城葡萄酿酒有限公司建造符合国际标准又具有中国特色葡萄酒庄的事件,在社会各界引起广泛的关注,不少读者还打电话咨询有关南王山谷酒庄建设等情况;同时,通过媒体传播,使社会公众从多个层面了解了什么是酒庄及中国葡萄酒现状,从不同程度上教育和培养了消费者。

　　品牌形象：通过媒体多角度重点报道,进一步提升了中粮酒业烟台长城葡萄酒作为中国葡萄酒行业领导者的品牌形象;同时,也牢固地树立了长城葡萄酒作为行业推动者的形象。

　　市场反应：此次公关活动有力地推动了,2005 年烟台长城南王山谷酒庄被列入“世界七大葡萄海岸”。

　　案例点评：长城葡萄酒将一个普普通通的新闻发布活动,做得既专业又有所创新。从策划之始,项目策划就准确把握住品牌定位,策略上更是有效地融入了解决三农问题的社会热点主题,较好地解决了传统与时代主题之间的互动关系。

　　(资料来源:中国国际公共关系协会编著.最佳公共关系案例[M].北京:企业管理出版社,2007.)

第一节　企业活动绩效评估的基本知识

一、企业活动绩效评估的概念

　　对于企业绩效评估的研究可以追溯到 1910 年,综合国内外学者的相关观点,笔者将企业活动绩效评估的内涵总结为:绩效评估是依据绩效指标,对企业活动策划和管理过程中的投入(人力、物力和时间的成本)、产出(产品/服务输出的效率和效用)、中期成果(提供给顾客的效果)和最终成果(顾客满意程度、与所期望目的相比项目活动的后果)所反映出的绩效进行评定和划分等级的工作。

　　我们可以从内部和外部两个方面来理解企业活动的绩效评估。从内部评估来看,主要是企业活动内部的工作绩效,尤其是针对个人的绩效评估,并以此来评估和衡量工作人员的表现;而外部评估则主要指对企业活动所取得的业绩、效果和效率进行评估,主要衡量活动的实际效果。

二、企业活动绩效评估的原则

　　绩效管理专家们认为,若绩效评估要取得较为积极的作用,则应该在企业活动策划、管理、绩效评估中确立以下原则。

1. 公开化原则

企业活动策划的绩效评估标准、评估程序和评估责任都应当有明确的规定并向全体员工公开，并且，在评估中应当严格遵守这些规定。

2. 客观原则

绩效评估应当根据明确规定的评估标准，针对客观考评资料进行评价，尽量避免掺入主观性和感情色彩。

3. 及时反馈原则

评估的结果一定要及时反馈给被考评者个人或团队，否则起不到评估的教育作用。在反馈评估结果的同时，应当向被考评者就评估结果进行说明解释；在肯定成绩的同时，说明不足之处，并为未来工作指明优化方向。

4. 差别原则

考核的等级之间应当有显著的差异，获得不同考评结果会对相关人员和团队产生较为明显的影响。因为，有差别才能有竞争，有竞争才能有进步。

5. 全面原则

绩效由多个因素共同作用形成，绩效本身也表现为多种形式。例如，在对活动策划中员工表现进行评估时，可以从德、能、勤、绩等不同方面建立评估指标；对活动的绩效进行评估时，又可以考虑从活动的财务收支情况、影响力度、对企业发展的促进等多个角度进行评估和衡量。因此，考核体系应当充分考虑各方面内容。

三、活动绩效评估的流程

一般而言，活动绩效评估工作大致要经历制定评估计划、确定评估内容与方法、绩效评估的实施、分析评估、撰写评估报告与反馈五个阶段。

（一）制定评估计划

为了保证绩效评估的顺利进行，必须事先制定评估计划。计划的内容包括明确评估目的和对象；然后，再根据目的和对象选择重点评估对象、内容、时间和方法。

1. 明确评估的目的

评估的目的在一定程度上影响着获取评估数据的途径。而评估的目的并不是单维度的，不同的利益相关者可能有不同的评估目的；不同的评估目的有不同的评估对象、评估重点和评估时间。因此，只有确定了评估目的，才有利于开展后续的评估工作。

较为常见的活动策划评估目的包括。

（1）为企业人事决策提供依据，协助管理者依照员工的表现、绩效决定其将来的任用，是否应留任现职、调职、晋升、降职或解雇。

（2）了解活动参与者对活动的感知，包括对活动的总体满意度，以及不同群体，如工作人员、供应商、赞助商、合作商、媒体、顾客对活动体验的满意度评价。

（3）提高员工的绩效。例如，在活动策划评估结果的基础上，有针对性的提升相关人员的策划能力和业务水平，并提供相关培训以帮助员工不断提升工作效率。

（4）为发展策略提供依据。通过企业活动的绩效评估，可以对活动目前的策划状况有一个客观的了解，从而为组织制定发展策略提供依据。

2. 明确评估的主体和对象

企业活动策划评估的主体主要指组织、执行评估活动的人士，或者在评估过程中，为被评估者进行评分的活动参与者。常见的主体包括企业管理者和活动参与者（如客户、供应商、媒体等）。而企业活动的评估对象主要指接受评估的人士或评估的内容，常见的评估对象包括企业活动的策划者、企业活动的各种表现等。例如，活动目标是否达成；哪些目标没有完全达成；会议目标是否在最短时间内达成；与会者的满意度，以及分析与会者不满意或极不满意的原因等。

3. 明确评估的时机

评估的时机受评估的目的影响，如果评估的目的是为了控制、改进和学习，则评估可以在企业活动进行时开展，以便随时反馈信息，促使企业在活动过程中不断调整、完善自身行为；如果评估的目的是预算、问责或奖赏，则可以在企业活动结束后依据其实际取得的结果进行评估。企业在进行评估时，应该注意把绩效评估的时机与评估的目的和效果统一起来，通过评估时机的选择做到不同目的的兼顾和均衡。

（二）确定评估的内容、标准和方法

1. 绩效评估的内容

尽管通过财务的收支平衡来衡量活动的绩效是迄今为止在企业中使用最广的评估方式。但是，通过衡量市场占有率的提升、产品创新、人力资源的管理、顾客满意度的评估方式正被越来越多的企业所接受并作为重要的评估项目。总体而言，企业活动绩效评估的内容包括企业内部评估和外部评估两个方面。内部评估内容包括财务收支（活动收入主可能来自于拨款收入、展位收入、门票收入、会务费、赞助收入、提供服务收入等几个方面）、活动执行效率、活动策划创新与效用；外部评估则主要为活动参与者的满意度。

2. 活动绩效评估的标准

企业活动绩效的评估标准可以根据评价的手段、尺度、属性等进行分类。

（1）按评价的手段

从企业活动绩效评估的手段来看，可把评价标准分为定量评估标准和定性评估标准。定量评估标准，就是借助数字化的方法，将评估的内容转化为标准化的评估方式，如将员工在活动策划中的工作能力和企业活动的影响力强弱等用特定的模型或评分体系进行评估，就属于典型的定量评估的方法。定性评估标准，则是指借助文字的描述、影像记录或分析等方法，来对企业活动进行评估的方法及其相关标准。一般定量评估具有标准化的特点，方便进行比较；而定性评估标准则具有记录信息更为详尽，更适合复杂环境和工作评估的特点。因此，两种评估标准和手段各有千秋。

（2）按评价的尺度

按评价的尺度不同可将评价标准分为类别标准、等级标准、等距标准、比值标准。

① 类别测量标准也称类别测量或分类测量，是对测量对象的性质或类型的测量；其测量结果只能分类，标以各种类别名称，一般用于对测量对象或内容的分类标识。例如，用"0"代表女性、"1"代表男性；"1"代表一般员工、"2"代表部门主管等。类别测量的标准数量化程度最低，其测量结果只能做频数分布分析。

② 等级标准也称顺序测量或等级测量，是对测量对象的等级或顺序的测量。等级标准的数量化程度比类别测量高一个层次，具有了数量差别的含义；其测量结果可进行排序或进行比较，但还不能进行加减运算，不能测量出不同等级、顺序的评价内容在数量上的具体差距。较为常见的等级标准应用，如对参与活动的人士进行满意度调查时，用"1"代表非常不满意、"2"代表没有意见、"3"代表非常满意等。

③ 等距标准主要是对评估内容和对象之间的数量差别或间隔距离的测量，此种测量标准并没有一个绝对的起始点，只能借助评价的结果来衡量两者之间的差距。较为典型的应用，例如，对温度的测量和评估，温度的测量是不存在绝对起始点的，人们一般意义上的 0℃ 并不是温度的绝对起点。因此，我们不能说温度 30℃ 是 15℃ 的两倍，只能说 30℃比 15℃ 高 15℃。此类测量还包括智商等。在企业活动评估方面，等距标准相对较少涉及。

④ 比值标准也称比例测量标准，是对测量对象之间的比例或比率关系的测量。较为常见的评估比值标准，如盈利情况、投入产出率、市场份额、参与活动的人数规模等。比值标准的测量数量化程度比等距测量又高一个层次，其测量结果不仅能进行加减运算，而且能进行乘除运算，并可作各种统计分析。

（3）按标准的属性分类

如果按照评估标准的属性，则可以分为绝对标准和相对标准。

绝对标准就是对企业活动策划过程中的各工作环节，建立工作行为的特质标准，然后将达到该项标准的列入评估合格，未能达标的则列为不合格。例如，活动推广工作中，每天发出的电子邮件的数量、联络的有效参与者人数等都是属于较为典型的绝对标准；再如，企业通过组织活动，盈利 200 万也是一个较为典型的绝对标准。对于绝对标准而言，是否满足要求或达标可以直接对比标准与绩效进行判断。

相对标准则是不设定具体的评价基数，而是在不同员工或部门之间进行比较，评估的结果是以排序的形式进行表现。例如，本年度举办的活动中，盈利水平排名前 5％的活动，这就属于典型的相对标准。

3. 企业活动绩效评估的方法

企业活动评估按类型可以分为以下两种方法：定性评估和定量评估。

定量评估，指的是采用定量计算的方法，搜集数据资料，然后用数学的方法作出定量结论的评估。其中，信息测量与统计的方法、模糊数学的方法都是定量评估中常用的方法。例如，通过组织活动，企业的知名度提高了 50％，就是通过定量评估得到的结论。

定性评估，指的是采用定性的方法，对不便于进行量化的评估对象作出相应的价值判断，如采用观察法、谈话法、综合分析等方法取得资料信息，然后作出价值判断，以达到评估目的。定性标准是对评估对象进行性质描述。例如，这次活动办得非常成功；企业的整体形象得到较大范围内的推广。此外，定性评估中还有一个较为常见的评定方法，即行为锚定评定法。这是针对每个考核要素划分相应的等级，并用典型的行为描述句与每一等级相对应和联系（即所谓锚定）；然后，用典型的行为描述句来与被考核者的行为进行对照进行考核。

（三）活动绩效评估的实施

1. 挑选评估人员

在选择评估人员时，应考虑两个方面的因素：①通过培训，可以使评估人员掌握评估理念、评估目的和评估原则；②评估人员应熟悉各种评估标准，掌握评估方法，能克服常见偏差。

2. 收集绩效评估资料信息

收集资料信息要先建立一套与考核指标体系有关的制度，然后，通过相关制度的安排为考评过程作必要的信息准备，并为后续的评价打下基础。企业活动评估的数据既可能来自企业内部，如评估中用到的财务数据；也可能来自企业外部，如顾客满意度、忠诚度等。前者的收集比较容易，而后者则需要通过市场调查才能收集到。对于那些需要通过市场调查才能收集的数据，评估者需要运用市场调查的分析方法进行具体操作。

3．绩效诊断与监控

绩效诊断与监控是指在绩效评估工作完成以后,企业应根据绩效评估目标的完成情况,对企业活动策划的绩效评估目标的建立、绩效辅导以及绩效评估等环节的实施情况进行诊断、分析与调整。

(四) 评估结果的分析评价

1．评估结果的可信度判断

在对评估结果进行解读前,应先关注调查结果的可信度和可靠度。通常,我们也将其表述为信度和效度,它们是评价评估结果准确性和全面性的两个重要指标。

① 信度是指评估结果的一致性和稳定性,即一个测量工具在测量某绩效评估内容时的一致性或稳定性。测量工具的信度有多种,通常都是用相关分析的相关系数值大小当作信度的高低。较为常见的是 Cronbach's α(克朗巴赫阿尔法)系数,又称内部一致性信度。

② 效度则主要关注调查评估工具的有效性,是否真正获得了我们需要评估对象的信息。如果信度过低,则没有效度;相对地,如果效度过低,信度则没有意义。

效度可以进一步分为内容效度、建构效度、收敛和区别效度等。其中,内容效度指测量工具内容的适切性,或测量工具的内容是否涵盖所要衡量的内容;效标关联效度指测量工具的内容具有预测或估计的能力;建构效度是指测量工具是否能真实反应实际状况;收敛和区别效度主要指测量同一内容的问项之间关联度要高,测量不同内容的问项之间关联度要低。如果能达到上述要求,则表明相关评估的工具具有较高的效度。

只有调查和评价工具具有较高的信度和效度,相应的结果才能较为准确的反映出实际的企业活动策划和组织绩效。

2．企业活动评估结果的反馈

绩效评估的根本目的是促进评估对象绩效的提高,以便更好地实现活动的目标。评估者将总结的经验和教训体现在下次的绩效评估目标中,为下一次绩效评估目标的设立、评估方法的改进以及评估信息的收集提供依据。评估结果较多以评估报告的形式呈现。

第二节　企业活动绩效评估指标体系构建

企业活动绩效评估指标体系是指导企业活动策划与管理评估工作的方向与评分方法,主要由评估指标选择、指标权重确定、评估体系调整与优化等工作组成。

一、企业活动绩效评估指标的选择

（一）企业绩效评估指标

绩效评估指标是用来进行绩效评估和分析的框架,更为通俗和形象的说法就是用来绩效评分的评分项目。可见,评估指标的设定与企业活动评估的目标有较大的相关性。

在设计活动绩效评估指标时,既可以企业未来发展战略定位为导向;也可以企业活动策划的工作分析为基础;或以综合业务流程优化为导向;以及以财务及非财务性绩效评定为导向。采用不同的设计导向,体现在评估指标的具体内容上侧重也会有所不同。例如,以未来企业发展战略定位为导向的活动绩效评估指标设计,可能更加侧重于评估企业活动与企业形象定位的一致性、企业活动对于企业形象的推广效用、企业活动对于调整和优化消费者心目中的企业形象的实际效果等;而以活动的财务及工作效率评估为导向设计的指标则会更为微观和具体,如活动的投入产出比、企业活动的组织效率、员工忠诚度的提升等将是此类评估体系中的重要指标类型。

此外,由于企业活动的数量和类型都十分多元化,因此,针对不同类型的企业活动,也会有各不相同的评估指标,如企业组织的奖励旅游活动的评估指标就与企业参与展览活动的评估指标有较大的差异。可见,对于企业活动的绩效评估指标的选择,需要根据具体的活动类型,参照企业对于所举办活动的关注角度,有针对性的进行评估指标的选择与设定。

（二）通用型的活动绩效评估指标

尽管不同企业和不同企业活动在进行评估时,评估指标会存在一定的差异性,但同时,也存在一些企业共同关注的指标类型。在此,我们简要介绍部分通用型的活动绩效评估指标。

1. 活动产出的数量绩效指标

活动产出的数量指标是指那些直接显示绩效成果的数字化标准,如活动销售产品的数量、销售收入、利润额、市场占有率、生产产品的数量,也可以包括一些比例性的指标等。

2. 活动产出的质量绩效指标

质量是指绩效成果内在的、质的评估标准,如活动中优质客户的参与率、资源投放与推广效果等。

3. 活动产出的成本绩效指标

成本反映了实现直接绩效成果的代价,包括人工成本、产品成本、销售成本、管理费用等;有时会区分单项工作核算,如招聘成本、培训成本等。活动评估方面较为传统的评估项目就是收益成本比率,该指标用比率来比较企业活动的收益和成本。对企业活动的投入成本绩效进行评估,较为常见的评估指标是用活动的净收益除以成本,除此之外,还会涉及其他几项指标,如投资回收期、折现现金流、内部回报率等。

4. 活动策划的时间效率评估指标

时间效率主要指要求责任人在特定的时间内完成特定进度的情况,如活动结束前完成销售收入的50%。对于一些日常性的工作,不能用全年、日常作为时间标准,而应当是完成每一次动作需要的时间。例如,收发员的职责是按时收发信件和报纸,他的时限不是"全年"或"每天"这样的词语,而是"每天8:30以前将所有的信件报纸分发给收件人"。因此,在评估活动策划中的时间效率问题时,需要根据具体的工作性质和内容来设定评定指标。

5. 活动策划与管理中的工作频率指标

频率主要用于企业活动策划过程中员工的行为产出衡量。在企业活动策划和实施过程中,会对员工执行某项工作任务的频率有相应的要求,即在一定的时间内,员工实施该行为的次数。例如,保洁人员应该在活动举办中,每10分钟巡视一遍大堂,保证及时清理出现的垃圾,在展览结束后,相关工作人员应该每10天与客户联络一次,以发现其最新需求和服务问题等,都是较为典型的对员工的工作频率进行考核的指标类型。

6. 活动策划与管理工作中的员工执行力指标

企业活动策划与管理需要团队每个成员共同努力和协调工作,因此,对团队工作效率的评估也是企业活动评估的指标类型之一。对企业活动策划和管理团队工作效率的评估常从团队合作、合作与冲突、决策效率、团队沟通等方面进行测量和评估。

7. 活动参与者的满意度指标

参与者满意度是指绩效产出中满足活动参与者,包括目标顾客、中间商、媒体等需求的程度,其指标包括客户满意度、客户流失率、投诉率、客户服务周期等;也可以用员工满意率等内部客户的满意度作为评估指标。

(三)活动绩效评估指标库的构建

企业的管理者最终需要建立一个适合企业活动特点和战略需要的绩效评估指标库。这个指标库并不一定能够完全涵盖每个企业活动策划中的绩效评估指标,许多指标是在后续步骤中,通过不同方法产生并补充到这个指标库中的。评估指标库的建立在很大程度上体现了企业文化的特色。在企业设计活动绩效评估指标体系时,采取的方法主要有关键绩效指标法和平衡计分卡法。

1. 关键绩效指标法

关键绩效指标(key performance indication,KPI),是通过对组织内部流程的输入端、输出端的关键参数进行设置、取样、计算、分析,来衡量流程绩效的一种目标式量化管理指标。KPI 是将企业的战略目标分解为可运作目标的工具,其核心是从众多的绩效考评指标体系中提炼、归纳重要和关键性指标。

2. 平衡计分卡指标构建法

平衡计分卡将影响企业绩效的关键因素分为四个方面,包括财务、顾客、内部业务流程以及创新和成长。

此处,以企业营销活动的绩效评估为例,介绍平衡计分卡法在构建评估指标时的基本方法。首先,将企业活动的绩效评估内容分解为财务、顾客、内部业务流程以及创新和成长四个方面。如果其中财务指标是企业最为关注的内容及追求的结果,则其他三个方面的指标是实现该结果的前因,四者共同构成了企业绩效的因果链。表 10-1 提供了该企业营销活动绩效指标评估体系,若企业要在财务方面获得较高的投资报酬率(以投资报酬率

表 10-1　某企业营销活动的绩效指标体系

要　　素	结构性指标	测量性指标
创新与成长	营销活动人员	员工满意度 员工工作效率 在岗员工素质
内部流程	营销活动创新	活动环节的设计 活动影响的收益
	营销安全效果	营销活动安全管理
市场	顾客认知与行为	顾客满意度 知名度 顾客忠诚度 新顾客总数 顾客投诉
	中间商评价	中间商满意度 中间商投诉
	市场竞争	活动的影响范围 顾客相对满意度 媒体曝光(质与量) 出席人数(以及缺席人数) 邀请人数/出席人数比率 时间/金钱比率 产生的商机 商品知名度

续表

要素	结构性指标	测量性指标
财务	营销财务评价	活动中的产品销售额 利润率 销售增长率 回款率
营销效率	营销产出	以上各要素
	营销投入	人员投入 财力投入 物力投入

为计量指标评估企业的财务绩效），就要在顾客层面提高顾客的满意度和忠诚度。因此，企业需要提高产品质量和内部运作效率，而要做到这一点，就需要加大对员工的培训，提高员工能力和执行效率。其次，在实施绩效评估时，还需要再加入权重的比率来帮助评估者更直观的分析上述目的。

3. 职位等级绩效评估指标

根据被评估人所承担的工作内容和绩效标准，其评估的内容和标准应与员工的职务、职能等级直接对接或关联。在按职务职能标准进行绩效评估指标库构建时，基本前提是企业中已经在活动策划和管理过程中建立了一个明确的职位分类和分级体系。表 10-2 是某企业基于职位等级构建的分级分类评估绩效评估指标示例。

表 10-2　某企业基于职位等级的绩效评估指标

		生产人员			销售人员			研发人员			职能管理人员		
		经理	主管	主办	经理	主管	主办	经理	主管	主办	经理	主管	主办
工作业绩	工作数量		√	√									√
	工作质量	√	√	√				√	√	√			
	工作效率	√	√	√	√	√	√					√	√
	目标完成程度	√	√	√	√	√	√	√	√	√	√	√	
	业务知识	√	√	√	√	√	√	√	√	√	√	√	
	执行能力			√			√			√			√
	理解能力		√	√		√	√		√	√		√	√
	文字表达能力							√	√	√	√	√	√

		生产人员			销售人员			研发人员			职能管理人员		
		经理	主管	主办	经理	主管	主办	经理	主管	主办	经理	主管	主办
工作能力	微机操作能力		√	√			√	√	√				√
	规划能力	√			√			√				√	
	组织领导能力	√			√			√			√		
	沟通协调能力		√			√			√			√	
	管理创新能力	√			√			√			√		
	公共关系能力				√	√	√	√					
	培养部下能力	√			√	√	√		√		√		
	全局意识	√			√			√			√		
	责任感	√	√	√	√	√	√	√	√	√	√		√
	纪律性		√				√		√				√
	培养部下意识	√			√	√		√	√		√		
	自我开发意识		√		√	√			√				

二、企业活动评估指标权重的确定

（一）指标权重的概念和意义

权重是一个相对的概念，是针对某一指标而言，是指该指标在整体评价中的相对重要程度。由于不同的活动及不同的管理者关注的重点各有侧重，因此，指标的权重能够表现被评价对象的不同侧面，并参照相应的重要程度在总体评价中的作用进行区别对待。在确定了权重后，就是参照加权平均数的计算方法，得到某项活动的绩效评估结果，其计算公式如下所示。

$$加权评估得分 = \frac{\sum_{i=1}^{n} W_i \cdot X_i}{n}$$

其中，W_i 指评价项目的权重，X_i 指项目的绩效评估得分，n 指评估体系中的评估项目数量。

影响指标权重的最重要的因素是绩效评估的目的。对于不同的评估目的，应该对绩效评估中各个评估指标赋予不同的权重。同时，企业文化倡导的行为或特征也会反映在绩效评估指标的选择和权重上。表 10-3 所示的绩效评估指标体系中就加入了权重要素。

表 10-3 某企业的绩效评估指标及权重

职位编号	×××	职位名称	人力资源部长		
员工姓名	×××	评估期间			
评估维度	评估指标	权重	评估主体	平均得分	结合分数
业绩(60/100)	1. 业绩目标	70	上级		
	2. 工作任务	30	上级		
	小计	100	—		
能力(20/100)	1. 业务知识	20	上级、下级		
	2. 人力资源规划能力	15	上级		
	3. 组织领导能力	15	上级、下级		
	4. 沟通协调能力	15	同级		
	5. 管理创新能力	15	上级、下级		
	6. 公共关系能力	10	上级		
	7. 培育部下能力	10	下级		
	小计	100			
态度(20/100)	1. 全局意识				
	2. 成本意识				
	3. 责任感				
	4. 积极性				
	5. 培育下属的意识				
	小计				
最终得分					

需要注意的是,绩效评估指标体系不是唯一的。由于理念的不同,不同的企业会采用不同的指标体系评估企业的活动策划与管理绩效。

(二)确定指标权重的方法

1. 指标权重的界定类型

指标权重,可以大体分为两类:一种是一次加权,另一是二次加权。一次加权是指在赋予各评估指标的权重时,采取一次性全部赋值的方法,在此种方式下,评估的指标相对较为简单,数量也较少,没有区分等级和层次;二次加权的评估指标相对较多,通常需要将指标分为两至三层,因此,在为评估指标赋值时,需要分层、依次进行权重的确定,这种权重的确定方式就是二次加权。上表 10-3 中的权重设定方式即为二次加权,因为,其评价指标分为两个层面:一层是总体的评估层面,评估维度包括业绩、能力、态度;另一层指标是在上述评估维度下面的评估指标。

2. 指标权重的确定方法

在确定指标权重时,较为常用的方法有以下几种。

(1) 主观经验法。即企业活动的考核者凭借以往的经验直接给指标设定权重,一般适用于考核者对考核客体非常熟悉和了解的情况。

(2) ABC 分类权重法。该方法是将考核指标分为 ABC 三类,分别赋予权重值,然后计算各指标的权重系数。这是比较常用的一种方法,其具体操作分为排队和设置权重两步,排队是将考核指标体系中所有指标按照其重要程度进行排列;然后,对不同重要程度的指标设置不同的权重。

(3) 专家调查法。这种方法是聘请某领域的专业人士,对考核指标体系进行深入研究,并由每位专家先独立地对考核指标设置权重;然后,对每个考核指标的权重取平均值,作为最终权重。

案例:专家调查法的权重确定过程

某次企业活动的绩效评估采取专家调查法来决定评估指标的权重。此次的评估主要从要素 1～4 四个方面进行评估。首先,项目组聘请了 5 名专家,请每个专家按照 1～5 分给四个要素的重要性进行打分,其中,1 代表最不重要、5 代表最重要。这样就可以得到 5 名专家就上述四个要素打出的重要性得分。其次,计算四个评估要素重要性评分的平均数。

$$要素 1 的重要性得分的平均数 = \frac{3+3+4+4+4}{5} = 3.6$$

同样,可以得到要素 2、要素 3、要素 4 的重要性平均得分,分别为 2.8、2.4、1.4。然后,计算四个要素重要性得分平均数的总和,该值为 10.2。

最后,计算每个要素的重要性平均得分在四个要素重要性得分平均数总和中的比例,并以此作为最终的权重系数。

$$要素 1 的权重 = \frac{要素 1 的重要性得分的平均值}{四个要素重要性得分平均值的和} = \frac{3.6}{10.2} = 0.35$$

参照上述方法,可以得到四个评估要素各自的权重,如表 10-4 所示。

表 10-4 专家调查法的权重分析表

考核要素	专家 A	专家 B	专家 C	专家 D	专家 E	权重总计	平均权重	权重系数
要素 1	3	3	4	4	4	18	3.60	0.35
要素 2	3	3	4	2	2	14	2.80	0.27
要素 3	2	2	3	3	2	12	2.40	0.24
要素 4	1	1	2	2	1	7	1.40	0.14
合计						51	10.20	1

（4）层次分析法。层次分析法（analytic hierarchy process，AHP）是一种定性和定量相结合的、系统化的、层次化的分析方法，与人们对某一复杂决策问题的思维、判断过程大体一致。

在具体方法上，首先是建立评估指标的层次结构模型。一般分为三层，最上层为目标层；最下层为方案层；中间是准则层或指标层。如假设员工的绩效是由工作业绩、工作态度、工作能力三个因素所决定，因此，将上述三个因素作为考核指标；同时，三个考核指标又分别由若干子因素决定，如工作态度由责任心、协作性、纪律性三个因素决定。此时，准则层就是员工的绩效；方案层就是工作业绩、工作态度、工作能力；而方案层就是准则层下面的各具体评价指标，如责任心、协作性、纪律性等。

在构建了结构模型后，就需要比较每一层次上的要素对其上一层某一评价指标的影响程度，确定在该层中相对于某一准则所占的比重。例如，对于员工绩效来说，工作业绩、工作态度、工作能力各自对于员工绩效的影响程度，这种比较是两两因素之间进行的比较打分，比较打分时取 1～9 尺度，其中 1～9 各自的含义，请参见表 10-5。

表 10-5 层次分析法两两比较得分的具体含义

两两比较得分 P_{ij}	具 体 含 义
1	第 i 个因素与第 j 个因素的影响相同
3	第 i 个因素比第 j 个因素的影响稍强
5	第 i 个因素比第 j 个因素的影响强
7	第 i 个因素比第 j 个因素的影响明显强
9	第 i 个因素比第 j 个因素的影响绝对地强

如打分为 2、4、6、8 则表示第 i 个因素相对于第 j 个因素的影响介于表 10-5 两个相邻等级之间。在两两评分过程中，假如认为第 i 个因素比第 j 个因素的影响弱，则用相应程度的倒数加以表示。如"第 i 个因素比第 j 个因素的影响明显弱"取值为 1/7。

通过上述两两比较可以得到一个评估得分的矩阵，如表 10-6 所示。

表 10-6　工作态度、能力与业绩对员工绩效影响的重要性评价矩阵

指　标	工作态度	工作能力	工作业绩	权重系数
工作态度	1	1/2	1/3	0.16
工作能力	2	1	1/2	0.3
工作业绩	3	2	1	0.54
合　计	6	3.5	1.83	1

因此，相关项目的权重计算为。

工作态度＝$(1/6＋0.5/3.5＋0.33/1.83)÷3≈0.16$

工作能力＝$(2/6＋1/3.5＋0.5/1.83)÷3≈0.3$

工作业绩＝$(3/6＋2/3.5＋1/1.83)÷3≈0.54$

对于上述提及的对员工工作绩效的评估，则应将权重的决策过程分两步：先确定工作业绩、工作态度、工作能力三个指标对员工绩效的重要性；再分别确定其各自的子因素对工作业绩、工作态度、工作能力三个指标的重要性。最终，得到每一个评价项目的权重。

第三节　企业活动绩效评估数据搜集和分析

一、评估数据的收集

根据获取途径的不同，数据可分为原始数据和次级数据。调查者通常使用以下数据搜集方法：问卷调查、电话访谈、面对面访谈、次级数据收集分析等。评估者必须考虑何种方法能在时间和预算约束之内提供最为准确的信息。

（一）原始数据的搜集方法

1. 问卷调查

问卷调查是指评估者将需要了解的企业活动绩效方面的项目设计成问卷向被调查者（通常是服务对象）询问，并要求被调查者以书面文字或符号的形式做出回答，然后进行归纳、整理、分析，并得出一定结论的方法。对于指标的构建，可以设计指标调查问卷征求相关群体的意见，如专家学者、公共部门工作人员、公众等，以促进指标构建的客观性、科学性。

案例：针对活动外部参与者的调查问卷

ABC 公司活动评估表

非常感谢您在百忙之中参加 ABC 公司的×××活动。为了使我们在今后能够提供更好的活动体验，希望您能够提供一些宝贵的意见和建议供我们改进，您的意见就是我们行动的指南。我们衷心的希望且感谢您能填写以下的调查问卷并用传真或邮寄的方式寄送到以下的传真号码/地址。我们将确保您所提供的一切信息的高度保密性。

姓名：_____

组织/机构名：_____

活动日期：_____

活动类型：_____

请用画圈的方式对以下每项的打分，从低到高依次为：1~5 分。

项　目	得　分
1. 活动主题的创意	1　2　3　4　5
2. 活动主题的体现	1　2　3　4　5
3. 活动内容的体验	1　2　3　4　5
4. 活动服务的质量（高效，服务人员满意度等）	1　2　3　4　5
5. 活动场地的满意度（可达性，标示醒目等）	1　2　3　4　5
6. 活动科技项目的配合（灯光、音响、特技效果等）	1　2　3　4　5
……	1　2　3　4　5

总体评价：

我们可以邀请您或您所在的组织机构参加下次的重要活动吗？_____

姓名：_____ 电话：_____

传真：_____ 电邮：_____

十分感谢您的意见与建议，请您按以下电话或地址邮寄或传真此份调查问卷。

公司名称

公司地址

电话与传真

电邮地址

2. 高效收发问卷的技巧

为了更好地完成问卷调查，满足评估的需要，在设计问卷时要注意以下问题。

（1）无法收回问卷的原因

常见的无法回收问卷的情况包括：调查对象的清单不完整，或信息不准确，如迁居、住址错误等；调查对象方面的原因，如因出差、旅行、住院与长期不在等；调查实施的管理原因，如因对访问员的培训不够，而出现的拒访、调查对象地址不明等。

（2）提高回收率的策略

① 事前发放调查邀约函，说明调查的意义和宗旨，在事前求得调查对象的理解。

② 提供访问员的身份证明，以身份证明书或徽章等表明访问员的身份。

③ 通过各种方式与被访者构建关系，如采取问候信函的方式，将调查主体及其联系地址、调查宗旨、调查对象的抽样方法、信息的用途、保护个人信息的保证等的内容专门附函说明，并将问卷附在一起提供给被访者。

④ 及时跟进。邮寄调查要在回信截止日前、后各发出 1 次督促函；对于没有回应的被调查者，可以采取邮寄提醒信件的措施，一次不行可以安排两次，间隔时间约为两周。通过提醒信件，可以提高问卷回收率。

⑤ 注重访问员的礼仪培训，有必要对访问员进行着装、语言表达的培训。

⑥ 提供感谢礼品，需要准备与调查时间价值相当的谢礼。在邀请调查对象配合调查时提供，效果更好。为完成的受访者提供一份精美纪念品，所谓的纪念品，可以是承诺将来会提供更好的产品及服务，也可以是直接赠送一份精美的礼品，纪念品的价值不必很高。表 10-7 比较了提高问卷回收率的方法使用后的效果。

（3）注意合理的提问顺序

在问卷设计过程中，安排好问题的顺序也是很重要的。具体来说，应注意以下几点：问题的安排应具有逻辑性；要包括评估方面的所有信息；要灵活运用文字技巧，尤其是不便于直接调查的内容；问题要适量；主要问题要合并，相同的问题要排列在一起；问题的难易程度要注意先易后难；能引起被调查者兴趣的问题放在前面，开放性问题放在后面。

表 10-7　提高问卷回收率的方法比较

技　　术	可能提高的百分比	最好的情况
跟踪（追加访问）	50	使用一种以上的追加访问技术是很必要的。对于至关重要的问题，在追加访问时，使用双明信片可以提高回收率，打跟踪电话也很有效。
（调查）发起人	17	John. K. Norton 发现，如果填答者熟悉调查发起人，那会产生最好的结果，一个国家机构发起的调查也能收到较好的结果，其余情况如果由高到低排列，依次为：在与调查内容相似领域内工作的地位较低的人、某个出版公司、大学的教授或学生、某个私人组织或基金会。

技　　术	可能提高的百分比	最好的情况
问卷长度	22	如果问卷较短,那么越短越好,在这种情况下,使用双明信片能得到很好的效果;如果问卷内容超过了10页纸,那么问卷长度就不会对回收率产生太大的影响。
介绍信	7	使用一种看来有利于他人的请求方式,比传递调查者将获得一些礼物之类的信息所获得的效果更好。
问题类型	13	那些客观性问题所得到的回收率最高,而主观性问题所得到的回收率要差些。

(4) 如何设计问题

问卷所要调查的资料,是由若干个提问的具体项目(即问题)所组成。如何科学、准确地提出所要调查的问题,是问卷设计中十分重要的一步,对调查质量有着重要影响。从整体上看,一份问卷中的内容不宜过多,不必要的问题不要列入;有时问题过多,会使被调查者感到厌烦,影响整体调查的质量。在设计提问项目时,需要注意以下几点。

① 提问的内容尽可能短;用词要确切、通俗。问卷中提问的问题不能带有倾向性,应保持中立。

② 词语中不应暗示出调查者的观点,不要引导被调查者该做出何种回答或该如何选择。

③ 避免否定形式的提问在日常生活中,人们更习惯于肯定陈述的提问,而不习惯于否定陈述的提问。

④ 避免敏感性问题,敏感性问题是指被调查者不愿意让别人知道答案的问题,如个人收入问题、个人生活问题等。问卷中要尽量避免提出敏感性问题或容易引起人们反感的问题。对于这类问题,被调查者可能会拒绝回答,或者采用虚报、假报的方法来应付回答,从而影响整个调查的质量。对有些调查,必须涉及敏感性问题的,应当在提问的方式上进行推敲,尽量采用间接询问的方式,用语也要特别婉转,以降低问题的敏感程度。

3. 访谈

访谈法是指评估主体通过与评估对象及其他有关人员进行面对面交谈、讨论,收集与评估有关的信息资料,并就评估对象的情况做出评估的一种方法。访谈法的最大特点在于,整个过程是评估者与被访问者在访谈的过程中相互影响、相互作用的过程,因此,它所获得的信息更全面、更直接和更真实。

(1) 电话访谈

电话访谈是一种相对便宜的数据搜集方式,信息反馈较为直接、迅速。

（2）面对面的访谈

面对面的访谈也拥有很高的回答率，访谈者还可以纪录被访谈的身体语言、面部表情、语调，这些对于理解语言回应十分有帮助。

（二）二手数据的收集方法

二手数据主要是公开出版或公开报道的数据；也有的是尚未公开出版的数据。二手资料主要通过以下渠道获得。

① 国家统计资料。国家公开的一些规划、计划、统计报告、统计年鉴等。

② 行业协会信息资料。行业协会经常公布、发表一些行业销售情况、生产经营情况及专题报告。

③ 图书资料。从图书馆或其他渠道获得的一些出版物，如专业杂志、报纸所提供的信息资料。

④ 计算机信息网络。从国际联机数据网络和国内数据库获取有关数据。

⑤ 国际组织。国际商业组织会定期发布大量市场信息资料。

在可能的情况下，应尽量使用原始数据，它比次级数据更加丰富、准确，而使用次级数据主要是因为其收集成本和所花费的时间比较少。

二、评估数据的分析

分析评估的任务是根据评估的目的、标准和方法，对所收集的数据进行分析、处理、综合。其具体过程如下。

1. 分析方式的选择

（1）定性评估

定性评估，指的是采用定性的方法，对不便于进行量化的评估对象做出相应的价值判断，如采用观察法、谈话法、综合分析等方法取得资料信息，然后做出价值判断，以达到评估目的。这种评估方法具有对被评估人或内容进行定性描述的特点。目前，定性分析中常用的主要有德尔菲法（即专家调查法）、比较分析法、逻辑方法、社会调查法、指标分解法等。

① 德尔菲法

德尔菲法是一种依靠专家作为索取评估信息的对象的方法，组织各领域的专家运用专业方面的经验和知识，研究分析对象的性质，考虑分析对象所处的社会环境和背景，通过对过去和现在发生的问题进行综合分析，从中找出规律，借以对企业状况做出判断。

② 比较分析法

比较分析法是通过对指标在数量上的比较，来揭示指标的数量关系和数量差异的一种方法。

③ 指标分解法

指标分解法主要是指将一定的综合指标分解为各分项指标，然后层层划分，直到找到影响该指标值的最底层因素。

（2）定量评估分析

定量评估，指的是采用定量计算的方法，搜集数据资料，然后用数学的方法做出定量结论的评估。信息测量与统计的方法、模糊数学的方法，都是定量评估中常用的方法。有许多的定量分析方法可以用来评估活动的效果，概括起来主要有两种：一种是简单的对比方法；另外一种是统计模型方法。此外，专门针对财务收益评估的方法称为"收益－成本比率"。

① 对比方法

对比方法通常是对活动前、活动中和活动后的统计数据进行对比分析，从而得出活动前后的差异。以网络活动为例，对比方法可以分析的指标或数据如下。

活动曝光次数：指总体发布量、阅读数量（点击数量）、转载数量、回复数量等常规数据。

广告当量：总结统计出每次营销活动中，加精华、加置顶这些内容的总量，可以折合成多少对应的传播网站对外报价的费用，由此可得出此次活动的附加价值。

转化率：在一次活动中，对比前、后用户的使用、关注、参与的数据，如线上活动的注册人数、参与人数、销售量等，从而得出转化率数据。

第三方数据：在一次活动实施前后，对比 Google 趋势、百度指数等数据，或者委托第三方调研公司调查品牌或者产品的知名度及美誉度变化情况。

② 统计模型方法

统计模型方法被越来越广泛地应用到促销效果的评估研究中。根据所使用数据的不同，统计模型的方法也有所不同。通过使用统计软件对活动的各数据进行频数统计、叙述性描述，并运用回归分析法、相关分析法、主成分分析法、时间序列法、统计需求分析法、方差分析法等进行分析，从而了解活动参与者对活动整体效果的满意度以及活动效果对市场的影响。

案例：较为常用的统计数据分析方法

1. 频数分析法

频数就是一个变量在各个变量值上取值的个案数，它可以使人们非常清楚地了解变量取值的分布情况。频数包括次数分配、百分比、平均数和标准差，用以分析受试者各项背景资料以及其他一些量表或单项选择题、多项选择题上的各项施测结果。

2. 叙述性统计法

有关营销活动参与者的个人背景资料、顾客让渡价值中各个影响因素的重要性及满意度分布情况,都可利用百分比、平均数、标准差等叙述性统计方法来整理。

3. 时间序列法

时间序列法是一种使用长期积累的历史数据进行统计的技术,它假定过去发生的事情将来会继续发生。如其名称"时间序列"所暗示的,这种方法认为预测只和一个因素有关——时间。虽然时间序列可以进行长期预测,但是对于短期预测更有用。

4. 统计需求分析法

统计需求分析法是运用一整套统计学方法发现影响企业销售的最重要的因素以及这些因素影响的相对大小。企业经常分析的因素,主要有价格、收入、人口和促销等。

5. 主成分分析法

主成分分析法是多元统计中的一种描述性分析方法,该方法可以对多定量数据进行综合简化。例如,针对企业活动中影响参与者满意度的因素进行探索性的因子分析,从众多题目中萃取出数个因子,并利用萃取出的因子进行后续分析。在力求数据信息丢失最少的原则下,对高维变量进行降维处理,使得原先由多个指标所表示的信息基本可以由少数几个新指标(主成分)表示出来。对于指标数多、数据复杂的评价项目,采用该方法可以简化评价工作。

6. 方差分析法

为了解消费者个人背景变量对各影响因素重要性权重及满意度是否有显著差异,可以利用方差分析的方法进行检验,同时,利用 LSD 事后检定对各组差异进行比较。

7. 相关分析法

相关分析法是分析两组资料之间的关系,并用相关系数来表示。以相关程度来区分,正相关为相关系数介于 $0\sim1$ 之间,即两变量相关情形为同时增加或同时减少;而负相关则是一变量增加,另一变量即减少,相关系数介于 $0\sim-1$ 之间。

8. 回归分析法

回归分析法是研究一个随机变量与多个变量之间线性关系的最常用的统计方法。多元线性回归用变量的观察数据拟合所关注的变量和影响它变化的变量之间的线性关系式,检验影响变量的显著程度和比较它们的作用大小,进而用两个或多个变量的变化解释和预测另一个变量的变化。

回归分析法为了解各影响因素满意度对总体满意度的预测力,先对各因子满意度与整体满意度的相关性进行分析,然后做回归分析,得出回归方程用以解释预测力。

三、活动绩效评估结果反馈

(一)撰写评估报告

撰写评估报告的目的在于传达各部门绩效的资讯,协助管理者深入了解各层次的工作情况,并使结果可以接受公众的检查,所以,绩效评估报告应该完整、准确、客观和有说服力,其内容应力求言简意赅、注重事实分析、重视激励功能;并且划分可控因素和不可控因素,管理者应对其责任范围内的绩效可控因素负责。尤其需要注意的是,评估报告应该及时发出,以便有关部门及时使用。

(二)活动评估报告的作用

评估报告主要作用包括:表达评估结果;充当参考文件;证明所做工作的可信度;用做加薪、晋升或降职等的依据;使阅读者感受到评估者对整个评估项目的重视程度和对评估质量的控制程度。

(三)活动评估报告的内容

评估报告是对已经完成的绩效评估项目完整而又准确的描述。其内容必须详细,报告正式行文之前,应该站在阅读者的立场设计一些问题,看看报告是否清晰地回答和解决了这些问题。

1.评估的目的及依据

评估的目的及依据包括:为什么要进行活动评估,通过评估解决什么问题,以及评估所依据的文件或相关会议精神等。

2.评估的范围

只有明确评估范围,评估报告才会有实用价值;否则,会出现重点不突出、对象不明确等问题。

3.评估的标准与方法

在评估报告书中,必须说明评估的标准或具有可衡量性的具体化目标体系,以及在评估过程中所采用的方法。

4.评估过程

通过评估过程来考察评估步骤是否科学、合理、规范、完整。例如,如何实施具体的评估? 怎样提出新的绩效改进建议? 怎样保证评估的有效性? 这次评估能给企业带来怎样的影响?

5.评估执行者的确定

确定评估的执行者时,需要考虑:谁将受到评估的影响? 如何预期他们的反应? 谁将影响评估的持续开展? 绩效评估体现的是谁的利益? 绩效改进方案将由谁来执行?

6.评估内容的分析及结论

在评估报告书中,必须对评估的活动内容、工作项目及运行和执行的情况进行详细分析,并在此基础上得出客观、公正的结论。

7. 存在的问题及建议

这是撰写评估报告的主要目的,要求根据所掌握的材料,有针对性地提出问题并提出有利于解决问题的建设性意见。

(四)评估报告的形式

很多时候,公司的政策或其他因素决定了报告的格式,但不管格式或外观如何,每份报告都应该有一些特定的议题,遵循特定的框架。这要求报告本身在结构安排和写作手法上必须能够及时、准确、简洁地把信息传递给决策者。为了帮助时间紧迫的决策者阅读报告,撰写者要恰当地安排报告的结构。不同的评估项目,其评估报告也会有不同的写法,但是,掌握一些基本的报告内容格式,在撰写报告过程中将起到事半功倍的效果。

(五)评估报告的格式

活动评估报告通常表现为如下的格式:

① 封面,其内容包括评估题目、评估时间、评估人员名单、报告编号等;

② 评估人员分工;

③ 目录;

④ 前言,简要地介绍评估的主要内容;

⑤ 正文,是评估报告书中最主要、最核心的部分,其内容包括评估的原则、方法、范围、结论、存在的问题及建议等;

⑥ 附件,包括对正文内容的补充说明及相关证明材料;

⑦ 后记。

案例:某企业促销活动的评估报告

一、活动评估说明

评估目的:通过对整个活动开展的评估,找出活动开展过程中的不足。为今后类似活动的更好开展,积累经验。

评估内容:

1. 活动的准备工作评估;

2. 活动的执行过程评估;

3. 活动费用评估;

4. 活动效果评估。

评估单位:市场部。

二、活动概述

为了进一步提升品牌在连云港的知名度和处理 52 克香瓜子的不良库存,同时有力打击竞品。由江苏分公司申请,于 4 月 17 日在连云港开展了"凭 1 张《苍梧晚报》可兑换××52 克香瓜子 4 袋"的活动。

三、活动准备工作评估

(一)准备工作

1. 活动参与人员

(1)活动责任人:副总监、省区经理;

(2)活动执行人:连云港市销售主任及 8 名临时促销员;

(3)活动监控:市场中心。

2. 活动准备事项

(1)安排 4 个兑换点:4 家超市;

(2)条幅、绶带各 8 条;

(3)经销商提供送货车 1 辆;

(4)××52 克香瓜子 20 000 袋;

(5)兑换登记表;

(6)促销人员招聘与培训;

(7)活动广告设计。

3. 报纸刊发

报刊的活动宣传广告于 4 月 15 日在《苍梧晚报》A4 版刊出,报纸的发行量为 6 万份。

(二)准备工作评估

整个活动的前期准备工作均依据方案于 4 月 17 日活动开展前准时安排到位,包括人员、物资、报媒宣传等;各岗位人员及时到位,除活动执行人临时调整外,可以说活动的准备工作是按照方案 100% 执行的。同时,华东区副总监忙里抽闲亲自前来督战指导,鼓舞了销售的士气,增强了客户的信心。前期充分的准备为活动的正常开展提供了坚实基础。

四、活动执行过程评估

(一)活动执行

1. 人员安排

此次活动由 8 名促销人员负责兑换,每个兑换点 2 人;市场中心人员负责巡检;销售主任负责货物配送和补给。

2. 物品配送

物品配送的原计划是于 4 月 16 日,活动前一天送到超市卖场,但由于和卖场没有协商好,导致配送时间调整为4月17日8：30前。在实际执行中,除1家超市兑换点按要求到位之外,其他3个兑换点的产品均未及时配送到位。

3. 兑换流程

活动的兑换工作依据流程执行,1人负责登记,1人负责兑换;促销人员按要求填写表格。

4. 活动交接

依据活动的开展情况,为了按时完成兑换工作,销售主任在活动结束后和促销人员负责兑换数量上的核对和报纸广告的回收,整个活动结束时间为4月17日19：00。

5. 活动核准

4月18日,市场中心负责整个活动执行的核准工作,包括兑换数量上的核对、表格的审核、报纸广告的回收。

（二）活动执行评估

整个活动的执行过程中,在很多细节上出现了很多问题,对活动的顺利开展和活动的效果都产生了不小的影响。首先,兑换产品及条幅、绶带、表格没有在活动开展前配送到位,导致活动无法按报纸广告传达的时间按时开展,使卖场和前来兑换商品的消费者都产生了一定的不满,造成了一定的负面影响;其次,招聘的促销人员素质、仪容参差不齐,没有经过严格的筛选,导致部分人员在工作期间工作散漫、擅自离岗、形态随意,严重的影响了公司的品牌形象,在消费者心中产生了无法磨灭的不良影响;再次,促销交接工作较为混乱,没能做到清晰明了,严重影响了后期核准的效率;最后,兑换点的安排考虑的欠周全,导致在中午太阳激烈时不得不改变兑换点,改变后的位置在一定程度上影响了宣传的效果。

五、活动费用评估

（一）预算的各项费用

1. 报纸刊登费：3 300元

2. ××52克香瓜子：20 000袋×0.72元/袋＝14 400元

3. 登记表：250张×0.2元/张＝50元

4. 宣传横幅：4条×20元/条＝80元

5. 人员工资：8人×40元/天×1天＝320元

6. 绶带：8条×10元/条＝80元

合计：18 230元

（二）费用节支：

本着节约的原则,为了节约活动费用。条幅和绶带是从济南带过来进行重复利用,兑换的产品也做到不流失一袋,整个活动的费用节支见下表。

费用节支一览表

费 用 项 目	预算费用(元)	实际费用(元)	节约费用(元)
报纸刊登费	3 300	3 000	300
××52 克香瓜子	14 400	1 097	13 303
登记表	50	50	0
宣传横幅	80	0	80
人员工资	320	320	0
绶带	80	0	80
合计	18 230	4 467	13 763

六、活动效果评估

（一）取得的成绩

1. 影响人数

此次活动参与兑换的消费者为 381 名，合计兑换××52 克香瓜子 1 524 袋。其中，男性 145 人，占 38%；女性 236 人，占 62%。以参与的一个消费者影响 3 个家人计算，活动直接影响人数为 1 143 人；报纸的发行量为 6 万份及现场影响人数约 2 000 人，以 1 个直接参与的家庭可至少影响 1 个家庭计，合计活动长期间接影响人数为 10 万人。

2. 影响面

此次活动的媒体选择为《苍梧晚报》，其发行可覆盖整个连云港地区。同时，4 个兑换点的选择覆盖了该市的三个主要城区。整个活动的影响范围较大，达到了活动的要求范围。

3. 品牌提升

通过此次活动的开展，对于市场基础一直就较好的连云港市来说，无论是对于品牌在当地的品牌提升，还是品牌的维护，都是达到了很好的效果。

4. 促进销售

活动的开展，扩大了影响面，提高了知名度，这些无疑对销售都起到了很好的促进作用；同时，也增强了客户的信心。

（二）活动不足

1. 来自江苏分公司的活动方案欠完善。

来自江苏分公司的活动方案显然是欠完善的，包括活动的前期宣传欠缺、费用预算不合理、人员配给不合理等，这些无疑都影响了活动开展的效果。例如，没有安排展台，导致只能用产品包装箱堆成临时展台，严重损害了品牌形象。

2．宣传不足

对于活动的信息传达仅在报纸上刊登了1期活动广告，而且版面很小，且选择的是价格最便宜的版位。这从传播原理的角度上说，都是无法给受众留下强烈印象的；同时，参与的超市卖场没有活动的宣传海报。因此，在活动的当天很多消费者都表示他们不知道有这样的活动。

3．执行力不强

整个活动的执行过程中出现了很多偏差，包括配送延误；兑换点的安排没有做到定点、明确；人员的聘用素质参差不齐、执行的效率低；客户的配合等，使活动的效果大打折扣。

（三）问题的原因

1．执行人员缺乏类似活动的开展经验，导致很多细节没有考虑到。

2．经销商配合度不够，导致活动开展的效率低下，很多事情就是由于经销商这个环节出现问题而影响了整个活动的顺利开展。

3．执行人力不足。整个活动的执行，江苏分公司只安排销售主任一人，导致很多事情不能得到及时处理。

七、改进建议

1．活动的方案必须要求周全、详尽。

建议必须在活动正式开展前半个月完成方案的草案，以便于领导有充足的时间调整修改。同时，完善活动的物资，如统一展台、帷幔、服装等。

2．类似活动要做到宣传充分。

建议依据需要加大广告的版面，并选择较好的版位。由于彩版的价格和套红的价格相差不是很大，建议以后活动广告采用彩版。

3．加强执行力。

为了使活动能够达到很好的执行，建议在以后的活动方案中引进奖惩制度，对于执行较好的给予奖励；反之，给予一定的处罚。

本 章小结

活动绩效评估可以提高企业的活动管理水平、凸显企业的价值取向，并为企业在活动策划与管理方面提供了动力机制、监督机制、激励机制，是活动管理不可缺少的环节。从理论上讲，绩效评估系统具有关联性、敏感性、主动性和动态性的特征。

活动绩效评估工作大致要经历制定评估计划、确定评估内容与方法、绩效评估的实施、分析评估、撰写评估报告与反馈五个阶段。

绩效评估指标是用来进行绩效评估和分析的框架，更为通俗和形象的说法就是用来绩效评分的评分项目。企业活动绩效评估指标体系是指导企业活动策划与管理评估工作的方向与评分方法,主要由评估指标选择、指标权重确定、评估体系调整优化等工作组成。企业的管理者需建立一个适合企业活动特点和战略需要的绩效评估指标库。在企业设计活动绩效评估指标体系时,采取的方法主要有关键绩效指标法、平衡计分卡法,以及职位等级绩效评估指标。

权重是一个相对的概念,说明指标在整体评价中的相对重要程度。在确定了权重后,就是参照加权平均数的计算方法,得到某项活动的绩效评估结果。在确定指标权重时,较为常用的方法有以下几种:主观经验法、ABC分类权重法、专家调查法和层次分析法。

评估数据根据获取途径的不同,可分为原始数据和次级数据。在搜集过程中,调查者常使用以下数据搜集方法:问卷调查、电话访谈、面对面访谈、次级数据收集分析等。评估者必须考虑何种方法能在时间和预算约束之内提供最为准确的信息。

分析评估这一阶段的任务是根据评估的目的、标准和方法,对所收集的数据进行分析、处理、综合;可以分为定性评估和定量评估两种方法。

企业活动的绩效评估最终要表现为评估报告的形式。

复/ 习及思考

1. 请谈谈活动绩效评估在企业活动策划与实施中的地位与作用。
2. 请简要说明评估指标体系构建之主要步骤与工作内容。
3. 请说明数据分析中信度和效度的具体含义,及其在数据分析中的重要性。
4. 请说明定量分析和定性分析各有哪些优势和不足。

引/ 申案例

恒生银行协助警方扑灭青少年罪行比赛

恒生银行(以市值计为香港第四大上市公司)于1994年起开始赞助此项灭罪活动。比赛每两年举办一次,由香港警务处主办及恒生银行冠名赞助。2002年,赛事参加人数为历届之冠,超过11万人,较上届增长34%以上,是警务处主办的有史以来参与人数最多的单项灭罪比赛,更荣膺公关咨询权威周刊《公关周刊》(*PR Week*)亚洲版颁发的公关大奖。此项灭罪比赛是警方与商业机构成功合作的典范。

项目评估:

第一,媒体覆盖面广,报道正面。多分畅销报刊均报道了此项比赛的主要活动,读者人数超过400万人。除此之外,比赛还获得了两个电视节目的报道,观众数接近230

万人。

第二，参加人数创历届之冠。参赛者超过 11 万人，来自 800 多间本地学校，占整体学校数目的 70％，其中，近 30 间学校更是全校学生一起参与。

第三，罪案数字下跌。2002 年的罪案数字显示，青少年犯法而被捕的个案较 2001 年下跌约 6％，因与毒品有关而被捕的个案则较 2001 年下跌 23％。

第四，赢公共大奖，成功获认同。荣膺公关咨询业权威周刊《公关周刊》(PR Week) 亚洲版颁发的公关大奖。

第五，良好的企业公民形象。由国际市场调查公司 Synovate 在 2002 年 8 月至 12 月所作的企业形象调查报告显示，近 80％的受访者认为，恒生银行的赞助活动能反映该行作为良好企业公民积极回馈社会及积极创新和进步的形象。

第六，灭罪大事获益良多。接近 90％的参加者在赛后的问卷调查中表示，在参与不同环节的比赛活动后，皆能增加他们的灭罪意识。

（资料来源：中国国际公共关系协会编著. 最佳公共关系案例[M].北京：企业管理出版社，2005.）

问题：

1. 该案例中所使用的评估是从哪种角度进行评估的？
2. 请简要说明该案例中的评估数据获取来源。
3. 对案例的活动效果进行评估时，采取了何种类型的数据分析方法？

第十一章

网络时代的企业活动策划

引　言

科学技术的进步与发展,使得人类社会在经济和社会发展的动力方面,不断换代升级。特别是在各种新兴信息技术的支持下,信息革命已经成为席卷全球的重要环境变革,所有国家都在不同程度上由制造经济或其他传统经济向信息经济过渡,尽管由于各自政治制度、文化传统和经济发展阶段的不同而有不同的发展模式和发展策略,但这种方向和趋势已是不可逆转。例如,从美国的一组数据来看,19 世纪可谓是农业经济时代,因为,当时 50% 的就业人口主要是农业工人;到了 20 世纪,农业工人从 50% 降到了 4%,制造业工人则上升到 40%;但是,到 2010 年,农业工人继续降低到 2%,而制造业工人也由原来 40% 减少到 5%。与此同时,以智力投入为增长动力的经济发展模式正逐步形成。在信息化浪潮的驱动下,企业活动的组织和策划也应通过策划意识和方法的创新,来迎合时代发展的需要。

学习要点

(1) 基本概念

信息时代——是以原子能技术、航天技术和电子计算机的运用为代表的第三次科技革命开始兴起为主要标志。

物联网——是传感网在国际上的通称,是传感网在概念上的一次拓展,主要指将各种信息传感设备,如射频识别(RFID)装置、红外感应器、全球定位系统、激光扫描仪等各种装置与互联网结合起来而形成的一个巨大网络。

云计算——是一项正在兴起的技术,云计算能够改变普通用户使用计算机的模式,为用户提供按需分配的计算能力;存储能力及应用服务能力;目的是让用户使用计算资源就像使用水和电一样方便,从而大幅降低用户的软、硬件采购费用。

(2) 学习目标

通过本章的阅读和学习,读者应能够:

① 了解信息时代的特征及其演变历程与规律;

② 了解信息时代企业经营管理理念和环境的变革;

③ 了解信息时代企业活动策划的特征;

④ 了解信息时代企业活动策划的要点;

⑤ 掌握网络社交化背景下,企业活动策划的内容与要素;

⑥ 掌握网络社交化背景下,企业活动策划的重点;

⑦ 掌握信息时代企业活动评估的方向与方法。

引入案例

"笨 NANA 不笨"——雀巢的微博营销策划

一款售价仅 3 元的冰淇淋能有什么稀奇?但在两三个月中,雀巢笨 NANA 却在新浪微博、人人网等社交媒体中吸引了上百万人讨论有关"笨 NANA 的几种吃法"、"哪里可以买到笨 NANA"等话题。这款冰淇淋很像香蕉,黄色外皮可以像香蕉一样剥开并吃掉,剥皮后里面包的是牛奶雪条。就口味来说,这款冰淇淋并无稀奇,卖点在于吃的时候比普通冰淇淋多了一个剥开的动作。微博上的讨论也大多集中于此,如"史上第一支可以剥开吃的冰棍"、"吃香蕉不吐香蕉皮"等带有趣味的评价得到了大量转发。社交媒体上的热议,迅速拉高了雀巢这款新产品的销量,上市两个月后,笨 NANA 已经成为雀巢大中华区销售排名第二的单品,仅次于已经推出七八年的八次方冰淇淋。

这当然不是意外走红,而是精心策划的结果。雀巢发现,中国的年轻人几乎都是互联网、手机用户,他们喜欢谈论新鲜事物,尤其相信口碑传播。雀巢笨 NANA 的"剥开",可以满足年轻人追求新鲜、好玩、时尚,并且乐于分享的消费心理。雀巢确定了细致的计划,对消费者的口碑传播进行引导和推动。自 2011 年 12 月起,四五个时尚美食类微博账号陆续发布"香港有好玩好吃的笨 NANA"之类的话题。到 2012 年 2 月底,新浪微博中有关"笨 NANA"的搜索结果达到 10 万余条。但直到此时,在大陆市场上还买不到笨NANA。雀巢笨 NANA 继续在全国范围预热,2 月开始投放电视广告,同时,在微博上发表"大陆也能吃到笨 NANA 了"的信息。3 月 2 日笨 NANA 开通新浪微博,第一条微博转发量一天内超过 1 000 次。从 3 月份开始,随着更多的人在本地吃到笨 NANA,网络上热传的笨 NANA 微博内容更加丰富起来。如"心急吃不了笨 NANA","有一种崩溃叫买不到笨 NANA",这些微博很容易吸引更多人的兴趣,而且,会在不知不觉中转发或创造相同主题的内容进一步传播。

整个营销活动过程中,雀巢紧密围绕好玩这一卖点向纵深发展,与时下流行元素结合,让话题不断翻新,如此让参与者产生持续的兴趣,并主动成为传播者。3 月份,笨NANA 登上新浪话题榜第一名,并七次登上新浪热搜榜。

案例点评:雀巢的成功之处在于,准确把握了目标客户群体即中国年轻人的心理和消费特征，并利用时下最流行的微博作为营销平台，迅速在年轻群体中引起热议、获得关注，从而制造了一起成功的网络营销事件。

第一节　信息时代的特征及其演变

一、信息时代

当人们提及信息时代，经常会涉及的几个概念有：信息技术、知识爆炸。实际上，信息技术是信息时代到来的重要先导，知识爆炸则是信息时代的重要特征之一。

人们通常会借助当时所使用的工具作为划分时代的标志，如青铜器时代、蒸汽机时代等。因此，人们所谓的信息时代是以原子能技术、航天技术和电子计算机的运用为代表的第三次科技革命开始兴起为主要标志。当进入 20 世纪 50 年代末，计算机的出现和逐步普及，把信息对整个社会的影响逐步提高到一种绝对重要的地位。信息量、信息传播的速度、信息处理的速度，以及应用信息的程度等都以几何级数的方式增长。随着信息时代科学技术的飞速发展，新兴科学大量涌现，知识量急剧膨胀，知识更新过程空前加快，最终出现了知识爆炸现象。

正如英特尔（Intel）创始人之一戈登·摩尔（Gordon Moore）所提出：当价格不变时，集成电路上可容纳的晶体管数目，约每隔 18 个月便会增加一倍，性能也将提升一倍。换而言之，每一美元所能买到的电脑性能，将每隔 18 个月翻两倍以上。这一论断被人们称为摩尔定律，它向人们形象的揭示了信息技术对于信息流通和知识创造速度的提升作用。

信息时代，信息技术和信息产业成为了世界经济发展的核心；产业结构也随着信息技术的发展而发生着相应的转变。信息时代的企业在经营管理方面也面临着许多新的机遇和挑战。

如果说计算机技术带来了信息处理方面的变革，那么计算机网络技术则是为整个社会的信息传播、信息处理，其至社会发展特征和模式带来了翻天覆地的变化。在计算机网络的支持下，社会经济发展的模式、经济产业形态以及人们的生活方式等都较以往有了很大改变。不少传统产业都面临知识经济和网络经济的挑战。例如，旅行社传统业务之一的机票和酒店预订业务，就受到了以网络技术为基础的电子商务的冲击。以往，在机票和酒店预订服务方面使用的是全球分销系统（global distribution system，GDS），这个系统虽然也是大型计算机信息服务系统，但是在使用过程中需要有特定的用户权限、特定的操作语言和程序，人机界面不能让用户快速适应和接受；此外，更为重要的一点是，用户链接及使用全球分销系统需要额外支付一笔网络接入费用。上述特点或者说不足，在以国际互联网（internet）为基础的 B to C 电子商务平台面前，表现得更为明显。因此，目前大家可以看到身边涌现出越来越多，以机票预订、酒店预订为主要业务的网站。同样类型的案例,还有网络商城类网站对传统商业企业的冲击和挑战等。

由此可见,信息时代或网络时代给我们带来了许多新的经济形态,也对传统产业造成了一定的冲击和影响。

二、信息时代的特征

从信息时代对人类社会带来的变革来看,信息时代具有以下特征。

1. 信息技术对社会发展产生深远影响

在信息时代,以计算机技术和网络技术为代表的信息技术对于社会经济的发展具有深远的影响。各种信息网络相互关联,成为基础设施,构成社会活动的基本平台。同时,社会交往过程中也呈现出互动多媒体化的特征和趋势。人们社会活动的范围和内容在时空方面的局限性也正逐步减弱,人类的各种活动都能实现全球范围内的实时互动和联络。

2. 社会经济结构以服务性行业为主

在信息时代,资讯科技的不断发展带来了知识爆炸,同时,信息所具有的经济价值也不断增长。信息已经成为第一生产要素。因此,传统社会中以工业为主的产业结构也逐步转向以服务业为主,服务业日益成为社会经济中的主体组成部分,并且创造出比传统制造业更加令人瞩目的产出规模和效率。

3. 专业和技术阶层逐渐成为职业主体

信息化的产物之一就是分工的进一步细化。随着信息技术在社会经济发展中的影响力和地位越来越高,以资讯处理为基础的群体开始成为社会中发展较快的新兴职业群体。如资讯科技产业、通信技术产业等,这些产业的从业人员具有较高的专业性,也具有相对较高的收益。除了对资讯技术类员工有大量需求外,信息时代的管理人员也需要同时具备大量的管理知识能力和一定的信息化知识。

4. 知识创新成为社会发展的主要动力

由于信息时代的知识和资讯传播效率极高,导致各类产业、产品及服务的同质化程度越来越高,因此,从竞争的角度来看,要想获得发展,必须要依靠知识创新,从而进一步推动技术创新,催生出新的经济和产业形态。这一点,可以从资源的投入方向上较为明显的体现出来。在信息时代中,人们对创造性脑力劳动的投入比例将远远超出模仿性脑力劳动的投入,因为创新的脑力劳动能够带来更多的财富,汇聚更多的竞争优势。经济发达的国家和地区会投入较多的资源用于产业研发(R&D),就是希望透过研发活动来推进知识创新,赢得竞争优势。在瑞士洛桑国际管理学院(IMD)每年公布的世界竞争力年报中,企业研发强度就是重要的一项审核指标,主要指企业研发支出占 GDP 比率。根据 2009 年世界竞争力年报,企业研发支出强度排名前十位的国家和地区依次为:以色列、瑞典、日本、芬兰、韩国、瑞士、美国、中国台湾地区、奥地利、德国。

5. 人们更加关注社会未来的发展趋势

在更多的资讯和更快的知识更新的环境下,社会环境发展的不确定性也在逐步增加。因此,人们逐渐将视野放得越来越远,对于社会未来发展趋势的关注,以及对于战略管理相关理念的应用也更为普遍。

6. 传统的思维模式日渐被颠覆

由于信息化发展速度之快远远超过人们的想象,网络科技的发展已经颠覆了许多传统的思维和经营模式。因此,信息时代的第六个特征就是,人们的思维方式和思想会面临频率更高的更新和演变。为此,从个人、企业、到国家及各类跨国组织,都应该密切关注信息时代的社会发展趋势,不断更新思维方式和行为模式,以赢得发展先机。

三、信息时代企业的运营环境

对于信息时代的企业而言,应该更关注信息时代对其经营管理的环境带来的变革。如前所述,信息时代已经为社会带来了较为显著的变革性变化。作为经济基本单元的企业,当然也会在其中感受到环境的变化。笔者将分别从内部环境和外部环境两个方面,对信息时代企业所面临的运营环境进行归纳和总结。

(一)从企业的内部经营环境来看,企业的管理面临以下变革:企业运作效率最大化;企业管理决策智能化;企业组织结构扁平化。

1. 追求效率最大化是企业竞争力的重要来源。在信息时代,企业对于提升效率的需求更为强烈,特别是信息技术带来的办公自动化和网络化办公、无纸办公的环境,为企业提升管理和决策效率提供了便利条件。有关企业运营效率的问题,比尔·盖茨曾提及,未来的企业经营者必须要以人的大脑思考反应的速度经营商务,企业必须建立并使用一个整体上相当于人的生理神经系统般的企业"数字神经系统"。因此,信息时代的企业内部管理需要注重如何充分利用现代信息技术,实现企业内部管理和运作效率的最大化。

2. 从企业经营管理的决策行为来看,科学的管理,需要决策者掌握充分的各类信息,如人、财、物、市场趋势等。在信息时代,各类信息网络的发展与融合,为企业经营管理者获取各类信息提供了更为便捷的途径和渠道,管理者充分占有信息、企业内部各部门信息的及时和准确反馈也成为可能。例如,通过构建企业经营管理信息系统,企业管理者能够实时获得企业经营的动态资讯,如接待的顾客数量、每日的经营收入、营业成本等,企业决策的效率因此能够得以提升。此外,信息时代,各类决策支持系统(decision supporting system,DSS)的出现,决策智能化和自动化也能大幅提升企业决策的科学性和有效性。

拓展阅读：决策支持系统（decision support systems，DSS）

决策支持系统是一种协助人类做决策的信息系统，协助人类规划与解决各种行动方案，通常以交谈式的方法来解决半结构性（semi-structured）或非结构性（non-structured）的问题；帮助人类做出的决策，强调的是支持而非替代人类进行决策。DSS 的架构以 Ralph H. Sprague 与 Eric D. Carlson 所提出的对话—数据—模式（dialog-data-modeling，DDM）架构最为学术界所接受，认为 DSS 有四大组件：

数据库管理系统（database management system，DBMS）；

模式库管理系统（model-basemanagemt system，MBMS）；

对话产生与管理系统（dialog genernation and management system，DGMS）；

知识库管理系统（knowledge-base management system，KBMS）。

① 数据库管理系统

DBMS（数据库管理系统）包含数据库，为管理数据库的工具，DSS 的数据库包含大量内部数据（如金融指数数据），或者外部数据（如企业内部会计数据），这些数据需要经过搜集与萃取，成为有助于决策的信息形式与数据结构，以供用户进行管理、分析、更新与检索。

② 模式库管理系统

MBMS 为整合各种决策模式，分析数据库内外部的数据，如利用数学计量模式将复杂的问题加以分析模拟，提供可行的方案，并协助使用者选择方案。MBMS 也包含造模语言，以协助用户自定义模式或建造模式。MBMS 基本的必要条件包括：能满足不同用户的模式需求；具有能整合模式与数据的能力；提供容易使用的接口；能够分享模式等。

③ 对话产生与管理系统

由于决策支持是该系统与人类使用者进行交互作用所产生，对话产生与管理系统（DGMS）主要的功能为管理用户接口（user interface）及决策支持系统与使用者互动。John L. Bennett 认为对话产生与管理系统 DGMS 有三个主要构成单元：用户、计算机硬件与软件系统；并且，将人类与决策支持系统 DSS 的相互沟通分为三个部分。

行动语言（the action language）：指使用者用来与决策支持系统 DSS 沟通的任何方式，如键盘、鼠标等任何控制硬软件的指令。

显示或展示语言（display or presentation language）：指使用者可以由决策支持系统 DSS 所看到任何形式的输出信息，如屏幕、打印机或声音等。

知识库（knowledge base）：指任何用户使用 DSS 所必须了解的知识，包含用户运用 DSS 必须知道才能有效使用的一切知识，如用户手册等。

④ 知识库管理系统

由于许多非结构化或半结构化的问题,除标准的决策支持系统 DSS 功能之外,还需要专门的知识来解决,因此,现代决策支持系统除了 DBMS、MBMS 与 DGMS 等子系统外,以知识为基础的知识库管理系统(KBMS),也是重要的子系统。Silverman 认为 KBMS,应具有支持数学模式无法协助的决策流程、能帮助使用者建立、应用与管理知识库与整合能处理不确定性问题的专家知识库等三种能力。

3. 以信息技术的发展为背景,企业内部的管理结构也在不断发生改变。传统的多层次的金字塔式的管理组织架构,因计算机网络快速、有效地传递信息,而逐步转变为各层次管理者间、各部门和各地区管理者直接联系的平行矩阵型。此种管理组织架构,更有利于信息的迅速和准确传输;有利于管理者根据快速反馈的信息调整发展目标和策略,提高管理绩效。

在企业内部管理方面,面对信息社会的到来,还有其他一些方面的变化,包括对人力资源的诉求等方面,这里就不一一赘述。

(二)从企业的外部经营环境来看,信息时代带来的变化主要包括:竞争来源的全球化、业务环节的直接化、消费行为影响因素的遍在化、资源利用的整合化等。

1. 信息时代企业外部环境变化中,最为直接的表现是市场范围和竞争来源的全球化。随着全球信息化网络的构建和融合,地球村的概念已经深深根植于人们的心中。同时,从市场表现来看,企业作为市场主体,其面对的客源以及竞争挑战等也在全球范围内拓展。因此,信息时代的企业,不仅要关注自身的发展问题,而且,更要关注全球市场环境和发展变化的宏观大趋势。

2. 从企业业务流程的变革来看,信息技术打通了企业所在产业链的上下游通道。信息时代的企业,可以绕过各类中介机构和组织,直接与上游原料或服务供应商,以及与下游的终端用户建立直接有效的关联。直接的信息交流减少了以前多级中间环节和远距离交易所造成的迂回物耗,缩短了生产者和消费者之间的距离。

3. 从消费者的行为来看,信息时代的消费者行为模式也发生了较为显著的变化。消费者的需求会随着信息传播效率的不断提升,而逐渐追求个性化和新体验。消费者正在以越来越快的速度改变着,例如,收音机获得 5 000 万用户花了 38 年时间;电视机用了 13 年;互联网用了 4 年;ipod 用了 3 年;而 Facebook 只用了 2 年。从消费者的购买决策行为来看,在信息流动不便捷的时代,消费者购买决策的信息来源较为有效;同时,其选择性也相对不多。随着信息技术的推动与物流系统的配合,消费者的决策行为有了较大的改变,消费者决策的信息来源渠道更为多样,如各种网站、论坛、微博等都可以成为消费者交流消费体验的平台。信息网络已经成为一种强大的舆论制造机制，其形成的口碑效应会对消费者的决策行为产生深刻的影响。例如，亚马逊在业务经营过程中采取的歧视性定价策略的失败，就是信息时代中消费者行为特征的典型案例之一。在此案例中，由于拥有了网络交流的平台，消费者在掌握信息量方面与亚马逊公司相比并不处于劣势，因此，亚马逊公司不仅未能因此获利，反而对自己的名誉产生了一定的负面影响。

拓展阅读：亚马逊歧视性定价案例

1994年，当时在华尔街管理着一家对冲基金的杰夫·贝佐斯(Jeff Bezos)在西雅图创建了亚马逊公司。该公司从1995年7月开始正式营业，1997年5月股票公开发行上市。从1996年夏天开始，亚马逊极其成功地实施了联属网络营销战略，在数十万家联属网站的支持下，亚马逊迅速崛起成为网上销售的第一品牌。

作为一个缺少行业背景的新兴的网络零售商，亚马逊既不具有巴诺(Barnes & Noble)公司那样卓越的物流能力，也不具备像雅虎等门户网站那样大的访问流量；亚马逊最有价值的资产就是其拥有的2300万注册用户，亚马逊必须设法从这些注册用户身上实现尽可能多的利润。因为网上销售并不能增加市场对产品的总的需求量，为提高在主营产品上的赢利，亚马逊在2000年9月中旬开始了著名的差别定价实验。亚马逊选择了68种DVD光盘进行动态定价试验，在试验当中，亚马逊根据潜在客户的人口统计资料、在亚马逊的购物历史、上网行为以及上网使用的软件系统来确定对这68种碟片的报价水平。例如，名为《泰特斯》(Titus)的碟片对新顾客的报价为22.74美元，而对那些对该碟片表现出兴趣的老顾客的报价则为26.24美元。通过这一定价策略，部分顾客付出了比其他顾客更高的价格，亚马逊因此提高了销售的毛利率。但是好景不长，这一差别定价策略实施不到一个月，就有细心的消费者发现了这一秘密，通过在名为DVDTalk (www.dvdtalk.com)的音乐爱好者社区的交流，成百上千的消费者知道了此事，那些付出高价的顾客当然怨声载道，纷纷在网上以激烈的言辞对亚马逊的做法进行口诛笔伐，有人甚至公开表示以后绝不会在亚马逊购买任何东西。更不巧的是，由于亚马逊前不久才公布了它对消费者在网站上的购物习惯和行为进行了跟踪和记录，因此，这次事件曝光后，消费者和媒体开始怀疑亚马逊是否利用其收集的消费者资料作为其价格调整的依据，这样的猜测让亚马逊的价格事件与敏感的网络隐私问题联系在了一起。

为挽回日益凸显的不利影响，亚马逊的首席执行官贝佐斯只好亲自出马做危机公关，他指出亚马逊的价格调整是随机进行的，与消费者是谁没有关系，价格试验的目的仅仅是为测试消费者对不同折扣的反应，"亚马逊无论是过去、现在或未来，都不会利用消费者的人口资料进行动态定价。"贝佐斯为这次的事件给消费者造成的困扰向消费者公开表示了道歉。不仅如此，亚马逊还试图用实际行动挽回人心，亚马逊答应给所有在价格测试期间购买这 68 部 DVD 的消费者以最大的折扣，据不完全统计，至少有 6 896 名没有以最低折扣价购得 DVD 的顾客，已经获得了亚马逊退还的差价。

至此，亚马逊价格试验以完全失败而告终，亚马逊不仅在经济上蒙受了损失，而且声誉也受到了严重的损害。

此外，信息时代也非常强调资源的整合利用。借助各种信息技术手段，企业可以在人脉、知识资源、品牌与渠道资源、产品资源、人力资源、资金与设备资源等方面实现整合。资源整合可以形成杠杆作用，使企业能够运用自身的资源运作更多的社会资源；资源整合还具有网点作用，能够有效协助企业构建业务网络；资源整合还具有协同效应，通过资源整合可以实现倍增式跨越发展。

通过上述分析可见，信息时代的企业不仅要面临外部环境的快速变化，而且还需要从内部作出管理理念、组织架构等方面的系统调整，以适应信息化条件下的竞争和挑战。

四、网络时代的发展与演变

从信息网络技术的发展演变来看，计算机、互联网、移动通信网络、物联网等技术发展方向已经勾勒出了网络技术发展的阶段性和趋势。

物联网是继计算机、互联网与移动通信网之后世界信息产业的第三次浪潮。所谓物联网（internet of things）是传感网在国际上的通称，是传感网在概念上的一次拓展，主要指将各种信息传感设备，如射频识别（RFID）装置、红外感应器、全球定位系统、激光扫描仪等各种装置与互联网结合起来而形成的一个巨大网络；其目的是让所有的物品都与网络连接在一起，系统可以自动的、实时的对物体进行识别、定位、追踪、监控并触发相应事件。射频识别设备 RFID 技术、传感器网络与检测技术、智能技术和纳米技术等共同构成物联网的重要技术支持。

物联网技术的出现，使得原来相对独立的 IT 基础设施与物理基础设施相互结合，使得智慧城市、智慧国家和智慧地球成为可能，该技术也会给企业的运营模式带来新的机遇与挑战。

与物联网的发展相应的是云计算的信息处理技术。云计算（cloud computing）是一项正在兴起中的技术，云计算能够改变普通用户使用计算机的模式，为用户提供按需分配的计算能力、存储能力及应用服务能力，目的是让用户使用计算资源就像使用水和电一样方便,从而大幅降低用户的软、硬件采购费用。近年来,国内外各知名 IT 企业,如 Google、亚马逊、IBM 等公司都在大力开发和推进云计算的发展。

这些以云计算、物联网等为内涵的信息技术将带来更为深刻的变革,在影响社会经济发展模式的同时,创造出更大的市场空间。

而从网络技术发展的本质特征来看,还有一个更为重要的演变,即网络技术从 web1.0 到 web2.0 的飞跃和转型。

在 web2.0 技术支持下,知识传播体系和传播方式都发生了较为显著的变化,这一转变最大的特征可以归纳为网络的社交化。网络社交化主要指网络平台的发展开始以用户为中心,即以认识朋友的朋友为基础,通过一系列的应用程序无限扩展人脉,并在扩大交往的过程中满足用户的交往、娱乐等其他各种功能性的需求。网络社交化不断发展的结果就是现实世界和虚拟世界的深度结合,同时,网民在网络中的活动和行为对现实世界也会产生较为深远的影响。如 2011 年初的埃及政变与以往的政治变革模式有较大的不同,其主要原因之一就是社交网络的作用。

从技术的核心层面来看,web1.0 技术的核心是内容;web2.0 技术的核心是关系。web1.0 时代,网站以自我为中心,借助网路平台向所有的受众传播资讯,内容的丰富程度决定了网站的市场竞争力。而在 web2.0 时代,每个网民都是核心,能够成为资讯传播和接受的主体。因此,网络平台的竞争优势体现在对网络用户的持续粘性和规模上,如果用户规模越大、持续粘性越强,则具有的市场价值越高。

近年来,社交网络发展规模和速度都非常迅速。如 2009 年 2 月,中国网络社区业务月度覆盖用户规模达 1.632 亿人次,比 2008 年 1 月份的 1.188 亿人次的覆盖规模增长了 41.7%。此外,有分析预计到 2015 年,中国互联网渗透率将翻番,互联网用户人数将超过 6.5 亿人。随着移动网络的发展,使用移动网络及社交网络平台的人数也在不断上升。如艾瑞调查结果显示,2012 年,用户使用移动网络浏览器的时间方面,中国排在世界各国之首,人均每月使用移动网络的时间为 274 分钟。其中,使用社交媒体的月平均时长为 148 分钟。有 54% 的用户安装社交媒体软件。该报告还指出,预计 2014 年中国社交网络市场规模将接近 100 亿元。

尽管社交网络的成长势头喜人,但是,其还未进入良性循环发展的成熟阶段。社交网络发展中面临的最大问题就是,尚未有较为成功的盈利模式。不少业界人士表示,社交网络盈利模式还有待探索,目前,页面广告仍然是收入的主要渠道;植入广告正在逐步成为主流;虚拟物品的销售也是社交网络的收入来源之一。而广告分成和用户付费则可能成为社交网络未来的盈利方向。

由此可见,网络新技术推动了社交网络的出现,而随着社交网络用户规模的不断扩大,网络社交化已经成为目前互联网发展的主流。但是,社交网络的发展还有进一步拓展的空间,其发展模式还值得深入探讨。

第二节　网络社交化背景下的企业活动策划

一、信息时代的企业活动策划特点

信息网络技术的发展为企业提供了更多的发展策略选择，企业经营管理中涉及的大多数活动类型都可以在信息网络的支持下获得更多元化的发展，如展览活动、营销活动、庆典活动、公关活动等。网络技术使企业推出的各种活动更加具有影响力，但同时，也应该注意到，信息时代的企业活动策划体现出与以往不同的特征，其具体表现有以下几方面。

1. 更加重视小投入、大产出、高关注度

相对于传统的平面媒体而言，以网络媒体为基础的活动策划和实施，为各种创意提供了展示的空间；同时，也能够为企业带来更佳的经济性回报和收益。尤其是在目前的网络社交化环境下，人与人之间的口碑传递效应，既具有更好的传播效率，又能降低企业在活动推广中的成本。此外，信息时代的企业活动策划除了要实现自身的功能和诉求外，还需要实现较高的产出和较高的关注度。因为，关注度越高，眼球聚集效应越好，企业市场拓展的效果也相应越理想。

目前，企业运用网络资源开展活动频率最高的当属营销活动，即透过网络平台，借助各种创意，吸引受众眼球，引发大众讨论，进而提升企业及产品的知名度。例如，国内著名的网络购物平台淘宝推出光棍节推广活动，1 小时的交易额就达 20 亿，其至于使淘宝系统一度瘫痪。有数据显示，在淘宝网推出的 2012 光棍节购物狂欢节活动期间，从 2012 年 11 月 11 日零点到 17 日零点，共有超过 6 000 万用户点击 1 111 购物狂欢节页面，有超过 582 万人领用 957 万张优惠券，平均每分钟领取 1 100 张。除了光棍节的活动外，2012 年淘宝还策划了双十二全民疯抢网购狂欢节，这个活动是淘宝网举办的第 3 届购物节活动。上述活动都是借助网络获得大产出、高关注度的典型案例。

从现有的成功案例来看，要实现企业活动的小投入、大产出、高关注，还需要在创新上下工夫。

2. 活动策划超越时空限制，具有更好的覆盖率

基于网络的企业活动，同时也超越了时空的阻隔和限制，能够让全球各地的受众随时随地更好的参与其中。传统的展览活动，一般都需要主办方安排在特点的时段、某个特定展馆中进行；参与展览活动的群体在展览场地中进行浏览和交流。此种形式的展览，在时间和空间上均有一定的限制，因此，有不少展览活动主办方推出了网上展览。例如，中国进出口商品交易会一直享有"中国第一展"的美誉，在每年举办广交会的同时，广交会还推出了广交会采购在线作为中国进出口商品交易会的补充与完善。目前，该网络展览平台

已经成为国内外展会客商了解广交会权威信息的主要渠道。该平台围绕广交会核心业务，为每届数十万展会客商提供全年无休的全方位展会、商旅、贸易和电子商务服务，是国内知名度最高、访问量最大、功能最全面的专业展会网站，同时也成为全球对华贸易的重要窗口。

3. 企业活动策划更为强调参与性和互动性

在企业活动策划方面，网络时代的企业活动能够突破时空的阻隔，将活动信息传播到更为广阔的区域，因此，企业活动策划应更注重强调参与性和互动性。当网络发展到web2.0时代，每个网络用户都成为了网络资讯传播的主体，此时，活动参与的概念也发生了改变。参与企业活动不仅仅指直接融入活动中去，还包括协助传播相关活动的资讯。因此，参与性和互动性成为活动策划的核心和关键。这种互动最为典型的表现是线上信息传播与线下时间体验相结合。例如，福特汽车在美国第一社交网站 facebook 上推出了2011 款 explorer 广告：福特让 100 名普通司机免费驾驶 2011 款嘉年华，并要求他们将每日的驾驶体验在博客、论坛和 twitter 上进行分享。这些网络媒体上的新型营销策略有助于吸引更多的年轻消费者购买福特汽车；其提供的免费试驾的体验机会，更让其成为人们纷纷相互传播的热点信息，起到了理想的宣传、营销效果。

4. 企业活动策划更加注重借势和造势

尽管信息网络能够帮助企业在活动策划时突破时空限制，创造更高的投入产出比，但是，其仍然需要与其他要素结合，其中的借势和造势是网络时代企业活动策划的两个关键要素。

借势就是指在某个特定的时机或依靠某种特定的环境，开展企业活动的策划和实施。借势又可以进一步分为借时势和借世势两种。

所谓借时势，主要指把握特定的时段和时机策划企业活动。一般，一些重要的节日会成为企业策划活动的理想时间点，如春节、元宵节、圣诞节、情人节，甚至一些特殊的日子，如 2008 年 8 月 8 日、2011 年 11 月 11 日、2012 年 12 月 12 日等也都会成为企业非常关注和倚靠的时机。

借世势，则主要指以世人关注的焦点问题、焦点人物或普遍认同的情感及价值观为契机，策划和开展某项活动的做法。例如，在人们关注环境保护和节约能源的环境下，汽车生产和销售企业联合开展汽车节油大赛活动，就属于典型的借世势开展企业活动；再如，在人们开始关注智慧旅游、智慧酒店的时候，某酒店职能管理系统的企业召开智慧酒店论坛，也属于借助世势的做法。

利用人们在某段时间关注的公众人物开展企业推广和宣传活动也是可行的方案之一。例如，过去三年，亚太地区成长最快的品牌——凡客诚品（VANCL）不仅拉来姚晨和徐静蕾就 VANCL 产品进行互动，而且还请来韩寒和王路丹出任其形象代言人，这都极大的吸引了受众眼球,引发人们的关注。

在借助世势的方法中,除了利用世人对某些特定问题的关注度外,还有不少是利用人们普遍认同的价值观和情感,如亲情、爱情、友情等都是较为常见的借势内涵。例如,德芙巧克力的"心声"系列,在产品上市之初就通过社交网络与网民进行互动,用户共发表了14万句心声,同时,也让30多万的网民成为德芙巧克力的亲密好友。这些好友会在更为广阔的层面上为德芙巧克力进行宣传;再如,凡客诚品开展的"凡客传情"活动:写情书,生成专属的凡客手机壁纸,发送给想要表达的对象并分享,活动借助七夕情人节的氛围,通过有奖征集激发用户发表"爱情宣言"。以友情为内涵的借势活动策划方面,有立顿送茶的案例。赠送虚拟下午茶给好友,好友则有机会获得真实的下午茶,这种聚焦活动体现出了真实的情感,吸引人们的持续参与。据统计,40天的时间内共有55万网民参与了此次活动。

二、网络社交化背景下活动策划的要点

尽管信息网络和网络社交化给企业活动策划带来了新的机遇和模式的变革,但信息网络仍然是媒介和工具,活动策划本身的质量仍然是核心和关键因素。因此,笔者将网络社交化背景下的企业活动策划要点做如下概括。

1. 主题要更加鲜明、更具吸引力(theme)

网络社交化是信息时代发展到更高阶段的产物,此时,大量存在和传播的资讯已经造成了信息过载,因此,作为企业活动策划者,在实施网络活动策划时,最值得关注的一点就是如何让活动的主题更加鲜明、更加具有吸引力。所谓主题鲜明,主要指活动的主要目的和内容应该让人一看就能明白,即简明易懂;而活动主题具有吸引力主要是指活动主题的设计要能够引起人们的关注和兴趣。

以澳大利亚昆士兰旅游局策划的招聘活动为例,该活动的成功举办,很好的满足了主题的鲜明和具有吸引力的要求。从此次全球最佳工作的招聘来看,活动主题就是人才招聘。招聘是每个人都会接触到的社会活动形式,因此,该活动的主题非常简明易懂,易于传播;同时,2009年恰逢全球经济波动,不少国家失业率上升,人们对于就业具有较高的关注度。此外,由于该旅游局提供的职位和工作内容实际上是一种极具吸引力的旅游体验,更加激发了人们对此次招聘活动的向往和关注。结果,该项活动以170万澳元的投入,吸引了来自全球,价值7 000多万美元的关注度。因此,昆士兰旅游局在推广澳大利亚旅游方面获得了巨大的成功。

案例:昆士兰旅游局全球最佳工作招聘

在全球经济波动的背景下,昆士兰旅游局以超高薪酬待遇推出"全球最佳工作"招募活动,来自全世界的应聘者可在网上提交视频进行申请成为大堡礁护岛人的工作机会,为

期半年。此次活动由澳大利亚机构 Cummins Nitro 设计,并已成为社交媒体营销活动的成功案例。

2009 年 1 月 9 日,澳大利亚昆士兰旅游局网站面向全球发布招聘通告,并为此专门搭建了一个名为"世上最好的工作"的招聘网站,招聘大堡礁看护员。网站提供了多个国家语言版本,短短几天时间网站吸引了超过 30 万人访问,从而导致网站瘫痪,官方不得不临时增加数十台服务器。

成功的申请者于六个月合同期内,可获取 150 000 澳元的薪金。此外,往返经济舱机票(距申请人所在国首都最近的机场)、住宿、在哈密尔顿岛上的交通费、合同期内的旅游保险、电脑、上网服务、具录影功能的数码相机、往来大堡礁岛屿间的交通均全部由昆士兰旅游局提供。

该职位的工作内容包括:

探索和汇报:看护员工作时间比较有弹性,其主要职责是探索大堡礁的群岛,以更加深入地了解大堡礁。他/她须通过每周的博客、相簿日记、上传视频及接受媒体的跟踪访问等方式,向昆士兰旅游局(以及全世界)报告其探险历程。

喂鱼:大堡礁水域有超过 1 500 种鱼类。试想各式各样珍贵鱼类蜂拥而上的场景会是多么震撼!

清洗泳池:泳池虽然装有自动过滤器,但如果你发现水面上有一片飘落的树叶,那么下水清洗泳池绝对是畅泳的好借口!

兼职信差:探险旅程期间,你可参与航空邮递服务,这将是在高空俯览大堡礁美景的绝佳机会。

"世界上最好的工作"共吸引来自全球 200 个国家和地区的近 3.5 万人竞聘,包括 11 565 名美国人、2 791 名加拿大人、2 262 名英国人和 2 064 名澳大利亚人,来自中国的申请者有 503 位。这样一次招聘活动吸引了全球的目光,据昆士兰旅游部部长 Desley Boyle 表示,全世界对此次耗资 170 万澳元的活动反响热烈,其所带来的公关价值已达 7 000 多万美元。她在一份声明中说:"这次活动很大程度上依靠的是公共关系和社交网络活动。"

澳大利亚营销分析人士、媒体和营销网站 Mumbrella 的编辑 Tim Burrowes 说:"这次活动的公关已经做得很好了,而且因为广告视频和推广材料在社交类媒体上传播开来,活动的影响力更大了。"

2009 年 5 月 6 日,澳大利亚大堡礁护岛人的全球选拔工作结束,幸运儿英国人本·索撒尔获得了这份"世界上最好的工作",他将有 6 个月的时间徜徉于白沙碧海之中,向世人展示大堡礁的风情美景,从 2009 年 1 月 9 日开始掀起的大堡礁全球推广活动达到了高潮。

2. 融合性更强，时间把握更好（timing）

在网络时代，企业进行活动策划应该注重线上（网络上）和线下（现实世界中）活动内容的融合。网络上的活动推广，最终还是要实现企业推广产品或提升品牌知名度的目标。因此，在网络上引起人们关注和讨论之余，还应与现实世界中的活动相配合来达到更为理想的活动效果。

以网络社交化环境下的消费者购买模式为例，一般网络消费者在进行购买决策时，通常都遵循 AIDMAS 的模式，即关注（attention）、兴趣（interest）、欲望（desire）、记忆（memory）、购买（action）、分享（share）等六个核心步骤的首字母缩写。从消费者的购买决策来看，首先是让消费者对某个事件或活动加以关注；其次是引发其兴趣；第三是引发其购买该产品或服务的欲望，并对此种欲望形成记忆；最后是进行实质性的购买，并再次借助网络平台与朋友和网友进行购物经验分享。因此，线上活动就是通过网络平台设计相关活动，让网民对企业或活动加以关注，并通过企业网络活动的设计和网民的参与，激发网民的兴趣和欲望，并形成记忆。因此，企业需要辅以线下的相关事件及活动，来帮助消费者实现产品及服务的购买。然后，企业再借助吸引消费者返回网络平台分享购物经验，来达到病毒营销的扩散效应。例如，目前在网络购物平台上流行的晒单活动，就是典型的消费经验分享环节。网络商家通过设置一定的激励机制让网络消费者在购物后将相关评论或单据通过网络与其他消费者分享。再如，以服务消费为代表的旅游类网络平台，人们对消费体验的分享成为较为重要的内容之一。此外，还有企业在网络推广活动中，为了吸引消费者参与分享和评论，给参与回复的网友一定的奖励，如某品牌沙发企业就借助网络平台，启动名为"抢沙发"的网络推广活动。该企业结合社会热点，定期在官方微博中发表博文，并规定在某篇博文中排在第 1、2 000、4 000、6 000、8 000 以及 10 000 名回帖者可以获得该企业送出的真实的沙发一套。上述企业均采取了线上和线下活动相融合的操作模式，成功的策划出活动的亮点，从而引发人们关注，形成热点；继而让人们关注企业及产品的品牌，产生记忆效应；最终产生消费者的认可和购买。

案例：凡客诚品的线上与线下活动的融合

目前，凡客诚品（http://www.vancl.com）已是根植中国互联网，遥遥领先的快时尚品牌。据最新的艾瑞调查报告，凡客诚品已跻身中国网上 B2C 领域收入规模前四位。其所取得的成绩，不但被视为电子商务行业的一个创新，更被传统服装业称为奇迹。2009年 5 月，凡客诚品被认定为国家高新技术企业。凡客诚品的 CEO、创始人陈年曾说："时尚就是正确的自我表达。"这句话成为 2011 年 3 月凡客达人项目上线的最原始、最基础的动力，晒单赚分成和明星计划成为凡客达人线上、线下融合发展的关键环节。

晒单赚分成

凡客达人上线的第一个功能和项目是：大家都来晒凡客。一个按钮，让购买过凡客产品的用户能够行动起来,大胆的秀出自己。

凡客诚品拥有来自全国各地的几千万用户,凡客达人上线以来,已经有超过70万用户大胆地晒单,秀出自己,创造了超过150万套原创搭配。这些用户包括潮人、白领、学生、父母、孩子、情侣。潮人的穿着打扮会成为其他消费者追随的偶像;还有一些年轻的情侣或其他普通人,会经常穿着凡客的衣服拍下照片,记录他们的爱情和生活。

只是简单一"晒",用户上传身穿凡客产品的照片,就能在凡客诚品的达人街拍频道、单品销售详情页和频道页展示出来,其他用户只要是通过这些图片产生的购买,这些用户都能获得10%的销售分成,他们能够随时通过后台查询自己的分成数额,实时提现。通过一年多的实践,企业已经积累了70多万活跃的晒单达人,超过150万套优质搭配,这些用户和优质内容带来的销售,超过了凡客诚品整体销售的7%。

明星计划

除了赚取分成,还有一部分用户希望通过企业的平台,能够成为凡客诚品的模特,成为明星。因此,企业又开通了"凡客达人明星计划"的项目,很多用户成为凡客诚品的签约模特;之后,凡客诚品又推出每周一期的电子杂志——LOOKBOOK达人志,使用户成为封面明星。此外,在进行T恤推广的时候,企业选用了一些凡客达人作为模特,普通用户登上了凡客诚品的路牌广告。

由此可见,在以网络为背景开展的企业活动策划中,企业需要同时协调好线上及线下活动的配合。例如,恒信钻石机构董事长送钻戒的事件就是一个融合性较强的案例。该事件起源于新浪微博在2010年春节前举办的网友微博梦想发布活动,即让网友在自己的微博上许下新年愿望,让有条件的网友协助许愿的网友实现愿望。在这个活动中,一名即将结婚的女性网友许下了希望得到钻戒的愿望。恒信钻石机构的董事长看到此条微博后,真的送个该网友一枚钻戒和一个钻石吊坠。这个奇迹般的故事被网友誉为新年微博童话。企业通过一枚钻戒和一个钻石吊坠成就了一段新年微博童话,同时,也极大的提升了企业的知名度,是一个极为成功的网络事件活动策划。

网络社交化的时代,企业活动策划在注重线上和线下活动内容的对接与融合外,还应关注事件活动推出的时机。尽管,一般都认为网络活动已经突破了时间和空间的限制,但实际上,作为网络社交平台上的用户,仍然是有一定的网络活动规律可循的。基于网络的企业活动,如果希望获得网友较为及时的关注和传播,则需要选择合适的时机。正是基于上述原因,有的企业在维护官方微博时,甚至以公司粉丝群体的上线规律为基础,来制定相关员工的工作时间。

3. 目标群体应更加清晰和界定(target)

为了达到较为理想的效果,企业活动在策划时都应有明确的受众群体定位。在网络社交化的环境中,企业网络活动策划对于目标群体的界定要求更高,同时,也更加方便。

这主要归因于两个方面的原因：一方面,社交网络平台本身就有一定的类型划分机制;另一方面,社交网络的用户也具有十分鲜明的行为特征。

从社交网络的分类来看,常见的社交网络平台可以分为兴趣型、关系型和交易型等几种类型。兴趣类社交平台可以聚集拥有相同兴趣、爱好的用户,就某个或某些主题进行交流;关系类社交网站主要是为具有一定生活经历的成员提供进行深入联系的平台;而交易类社交网站旨在进行产品和服务的交易并分享信息,包括电子拍卖、网络商店、团购等。社交网络平台还可以按照其主题和服务的人群分为校园类、娱乐类、商务类及婚恋类等。如开心网就主要针对上班一族;Linked In 则把重点放在帮助用户拓展商务人脉上;此外,还有以科研学者为主要用户群体的社交网络等。如果按照社交网络平台中的参与群体的区域构成,还可以进一步细分出全球性和区域性的社交网络平台等类型,如在 facebook,twitter 等在全球范围内享有较高知名度的社交网络品牌下,还有众多地方性的区域社交网络品牌。

国内外相关研究也表明：社交网络用户群体具有较为鲜明的特征。如《2010 年中国网民社交网站应用研究报告》显示,截至 2010 年 12 月,中国社交网站的用户规模达 2.35亿人,活跃用户规模约为 1.5 亿人,年增用户人数 5918 万人,年增长率 33.7%。社交网站在网民中的使用率达 51.4%,比 2009 年增加 5.6 个百分点。社交网站用户中,男女性别比约为 57:43,男性社交网站用户高出女性用户近 14 个百分点,社交网站用户的性别属性与网民总体的相近。学历分布上,高中学历占 38.3%,大专占 14.4%,大学本科以上占比 16.1%。10～29 岁年轻群体更喜欢使用、学历越高的网民越倾向于使用、学生群体喜欢使用,是社交网络的几个主要特征。国外的研究也显示,英国平均年龄在 22 岁的年轻人在 facebook 等社交网站上有超过 1 000 名好友,而 50 多岁的用户的好友还不足 20人。美国的一项调查也表明,12～29 岁的年轻人中,有 72%～73% 的人热衷于社交网络;14～17 岁的少年更高达 82%;但 30 岁以上人群,仅有 40% 热衷于社交网络。可见,企业在以社交网络为媒介策划活动时,一方面需要了解某些网络平台的主要群体类型,另一方面则要明确自身活动的目标受众的定位。

4. 信息技术手段的创新和率先运用(technique)

网络用户一般都较为注重个性化和追求新奇的体验,率先应用新兴的技术手段能够有效提升活动的吸引力和网络关注度。因此,企业在网络事件和活动策划时,应最大程度的关注受众的体验,通过创新技术的应用来提供新的功能,以满足网络用户求新求奇和表达个性的需要。

目前,社交网络提供的服务主要包括：传统社区服务,如照片的上传分享、记事本等;新型互动服务,如照片脸部识别、个人成长足迹等;基于位置的各种服务,如签到、好友查询等;好友生日提醒;各种功能的测试邀请等。社交网络提供的娱乐服务十分多样,主要为各类游戏等,如人们较为熟知的抢车位、朋友买卖等都属于社交网络提供的娱乐服务模块。

通过搜寻和整理相关文献,可以发现社交网络在技术和功能方面还存在以下的创新方向。

侦测用户的行为特征并在此基础上有针对性的提供信息。如在社交网络与移动网络对接的基础上,通过情景感知,获得用户的行为特征,从而自动发现潜在的社会关系。此项功能可以为企业组织事件活动时,搜寻到更为准确的目标群体。在这方面,location-based services(LBS,基于位置的服务)就是较为典型的一类应用技术或者程序。基于位置的服务可以识别出移动网络用户的位置,并通过这些位置信息,为用户提供优惠信息、生活服务信息、建立社交联络、查找目的地、定位他人等。例如,当用户使用 Google 搜索的时候,Google 就会利用其位置信息提供更为合适的搜索结果。此时,移动设备是基于位置服务最完美的媒介,并且许多公司都希望把握这个 LBS 时代的大机遇。

近来,许多社交网络服务致力于营造可以与外部开发商的各种 API(application programming inter-face)便捷接轨的环境,在此环境下,用户可以在当前空间中享受游戏、天气、视频、音乐等各种外部服务。这种发展趋势和特点,有助于企业自行开发出相应的应用工具,并将其移植到社交网络中去。

此外,随着物联网技术的不断成熟与应用,将物联网与社交网络结合起来,也是社交网络技术创新的方向之一。相信随着物联网技术的成熟与普及,信息网络对于现实世界的影响力还会进一步扩大,届时,社交网络将会为企业活动与事件策划提供更为丰富多彩的功能和应用。

阅读：facebook 的营销新技术——离墙

网上营销公司 Resource Interactive 已经推出了一种称为离墙(Off The Wall)的技术,这个技术可以让零售商在 facebook 的用户涂鸦墙上建立一个小而完整的电子商务用户体验,有一部分页面会显示在社交网络上。

Dan Shust(Resource Interactive 公司新兴媒体业务的主管)说,"facebook 上进行的大多数活动都是发生在用户涂鸦墙上的,他们希望留在事物的更新流上,这样就为零售商建立了 facebook 页面。如果你有热门信息,那么,最好的交流方式是通过涂鸦墙在社交网络上交流。"

该公司和某个多渠道零售商在圣诞节前对产品进行了测试。商家在 facebook(这个 facebook 页面有两万多名粉丝)页面上贴出了围巾,并提供 30% 的折扣和免费送货。粉丝在新闻流上可以看到促销活动,然后,可以和他们的 facebook 朋友们分享。该公司的报告称,围巾在几天之内就销售光了。

零售商可以使用该软件在 facebook 的涂鸦墙上发布产品,用户点击图像,图像就在涂鸦墙上扩大了。然后,图像显示的信息就类似于电子商务产品页面上的信息(如产品描述和价格),并提供大小和颜色选项。用户进行选择,然后点击一个按钮,输入运输和支付信息,最后点击"购买"按钮,就完成交易了。

整个交易就发生在 facebook 的涂鸦墙上。其他用户是看不到这个交易的,他们看到的只有产品图片和描述。该系统符合支付卡行业数据安全标准(payment card industry data security standard),并要求零售商确保信用卡和借记卡信息的安全性。

Shust 说,"我们正在扩大它的功能设置,使其包含多个商品,但我们不会刻板地复制整个的电子商务网站的体验的。"这种销售方式对促销和特别优惠来说是很有用的,也是商家能够承受的。如果某个品牌有一个好的、有吸引力的优惠的话,它就有机会像病毒一样扩散到成千上万个潜在客户那里。

5. 做好前期的准备和大数据分析(pre-analysis,如上网习惯、关注热点、互动偏好)

对于借助网络平台组织事件和活动的企业而言,社交网络为其提供了良好的策划环境。因此,作为企业活动的策划者,应该将大部分精力放在前期的准备和分析方面。而需要前期准备和分析的信息包括以下方面。

① 目标受众聚集的网络平台的分析。企业需要针对活动的主题及目标受众,通过市场调查获悉该类群体相对较为集中的网络平台。

② 目标受众较为关注的热点话题。由于事件活动策划需要能够引起人们的关注和兴趣,因此,企业还需要对目标受众所关心的热点话题有所关注,并以此为基础设计活动的主题。

③ 目标受众的互动偏好和习惯。策划一个成功的企业网络活动需要能够吸引众多用户的参与和互动,因此,在社交网络化时代,企业活动策划还需要先行了解目标受众群体在特定网络平台上的行为模式和互动偏好。如目标群体集中上线互动与交流的时段,各种互动形式与用户活跃程度的对应关系等。

由于网络平台能够较好的记录用户的行为特征,因此,上述信息均可以委托相关网络平台协助整理和提供。

6. 互动的形式和途径(inter-active)

在网络社交化时代,一项网络事件或活动成功与否的关键指标,除了点击量外,还有互动的踊跃程度。而提升用户的互动体验和兴趣,则应该关注两点:其一,具有个性化的信息分享方式;其二,能够提升用户兴趣的活动内容。

从信息分享方式来看,网络社交化时代中,每个网络用户都是信息网络中的核心节点之一,因此,信息的传播和分享就成为网友上线及互动的本质。为了激发更多的用户互动,则需要有彰显个性的信息分享方式。例如,前面提及的基于位置的服务(LBS)就可以为消费者提供以签到为主要形式的信息分享方式。对于网络用户而言,基于位置的服务在应用时主要分为以下步骤:第一步,用户定位;第二步,寻找记录地点;第三步,发布消息;第四步,同步到其他的社交网络。无论是何种形式的LBS应用,大体上都是参照上述步骤进行运作。该项服务之所以能够激发用户的参与热情,主要是因为其可以为用户提供所需的可信资讯,如旅游者到异地旅行时,较为关注的住宿、餐饮等服务。透过以位置为基础的信息交流,可以为用户提供有价值的资讯;而用户通过签到和分享,也能向自己的朋友传递一些个人的信息,在朋友之间引发新的话题和讨论。

案例:以利益为驱动的互动设计——Costa Coffee 及康师傅每日 C 签到微领地

在一个月之内,在 Costa Coffee 指定的 34 家北京店中任意一家签到,并@COSTACOFFEE 中国,只需要写出喜爱 Costa Coffee 的理由,并且同步到新浪微博中去,或者用户选择在微领地签到,都可获得虚拟勋章一个。微领地用户如果多次在 Costa Coffee 门店签到,就可得到 Costa Coffee 专属升级版勋章。勋章的等级是不断往上升的,随着你签到的多少,决定你勋章的等级,并且可以得到相应的物质奖励。物质的奖励不仅是在 Costa Coffee 门店可以凭借虚拟勋章,享受免费中杯升级大杯的优惠待遇;还有就是如果你获得 Costa Coffee 北京 34 家店任意一家门店的领主称号,则可以享受到两种不同形式的特殊享受;在活动结束时,如果用户是北京 34 家门店的领主之一就可获得更多大奖,其中,包括刺激继续消费的奖励。

这是许多连锁门店的经营商经常采用的 LBS 营销形式。因为店铺是固定的实体存在的,所以,这类品牌会积极鼓励消费者到店后的定位分享,以及通过一定的激励方式促进到店。国外某品牌曾经还通过顾客与店面的距离差异实行不同的优惠措施来开展差异化的营销。一方面,通过签到和社交网络的分享增加品牌的线上曝光率,聚集人气;另一方面,通过这种行为的激发和利益刺激来培养用户对于品牌、店铺的忠诚度,积分制的形式更能增加人们的好胜心和积极性。

但是,快消类的品牌如何进行 LBS 营销呢?这看起来有点难度。因为没有实体店,依托于商超等渠道,但是又具备了销售渠道广、销量高、促销频繁、消费决策短等特点;所以,充分运用渠道的促销力度是一种不错的方式。通过线上微博的内容发布,告知并传播新品上市的各种活动信息;线下也有所配合,利用手机微领地的签到,获得体验企业产品的机会,并借助扩散的形式与好友们互动。

2011 年 6 月 6 日～30 日,康师傅每日 C 在国内 17 座一线城市设置新品上市兑奖地点。只要用户用手机登录微领地,在康师傅每日 C 设置的派发地点进行点击签到,并签到成功,同时发布到新浪微博中,就可获得每日 C 勋章一个。凭借每日 C 勋章,用户可到派发地点换取每日 C 限量鲜享礼盒一份。分享新品试饮体验带动了康师傅每日 C 的新品知名度,将最新潮、最时尚的鲜活产品理念沁入给网友们,从而得到更广泛的传播。

无论是有固定网点的咖啡店,还是快消品牌的产品,在此案例中,均是借助为消费者提供一定的利益元素来达到吸引网络用户参与互动的目标。

从吸引用户参与的角度来看,让用户实现互动参与的最佳方法就是为其提供乐趣或利益。其中,为参与的用户提供利益是较为直接的方式,但也是较为初级的方法。企业与社交网络平台联合策划活动为参与者提供利益的做法,主要是提供某企业优惠券的模式,即为积极参与互动的网络用户提供各类优惠券。此种方法最为简单、有效,但过于形式单一。为参与互动的用户提供乐趣,则是相对更具个性化和战略性的互动参与设计方式,即为用户提供一种有趣的体验。例如,随着社交网络全面进入读图时代,街旁网与星巴克合作推出星冰乐滤镜,增加应用的趣味性和传播效果;该网络平台也曾与著名的户外品牌企业 The North Face 合作推出"去野"主题滤镜。

案例:以乐趣体验为内涵的互动设计——The North Face"去野"滤镜

2012 年 4 月 16 日,国内领先的基于地理位置的社交应用街旁网与全球知名专业户外运动品牌 The North Face 展开深度合作,推出"去野"主题滤镜,为其年度重磅主题活动"去野"打造创新互动形式。

今年,The North Face 秉承坚持"探索永不停止"的品牌精神,发起 The North Face "去野"主题活动,通过陆川导演对四位不同领域的户外人士孙斌、孙冕、奚志农、张小砚所拍摄的"去野"短片,倡导每个人都应该走到户外,去发现、去释放、去收获、去野,一起去诠释人生的另一种可能。作为基于地理位置的社交应用,街旁一直希望将用户的户外探索体验与地理位置社交进行完美整合,以最创新有趣的方式帮助用户记录双腿的经历,与亲密好友一起分享旅途的心灵感受。这正与 The North Face 所倡导的理念不谋而合,因此,与街旁的合作也成为了此次"去野"品牌活动中的重要一环。

本次合作所推出的"去野"主题滤镜,专为各路"野人"定制,使用户在探索路上风景的同时,能够使用极具特质化的滤镜诠释沿途的风景影像;更能通过签到,在多个 SNS 上同步"去野"的豪言壮语,随时随地与亲朋好友分享"去野"经历。4 月 15 至 6 月 15 日期间,用"去野"滤镜拍照签到并发表"去野"感言,还有机会获得 The North Face 提供的户外礼品。

街旁网创始人兼 CEO 刘大卫说:"这次与 The North Face 的合作所推出的去野滤镜,非常符合 The North Face 与街旁所共有的品牌特质。每天都有无数人打开手机用各式各样的 APP 记录生活。在这个春夏,我们希望让街旁与 The North Face 带领你挣脱城市的束缚,陪你一起去野!"

再如,澳门中国电信利用 facebook 上的官方专页,启动"全城高呼 I LOVE U"活动。

此次活动要求网友将自己的摄影或录影作品上传到澳门中国电信的专页上，其中"赞"的点击率及分享率最高的作品，将可以在 2013 年情人节当晚八点至八点半，于繁华的澳门中区最大的电视屏幕上播放。当这种在电影中经常出现的浪漫片段，有机会出现在身边时，人们的反响自然十分热烈。

澳门电信 2013 年情人节全城高呼 I LOVE U 活动主页

这类活动之所以能够引发人们的关注和互动参与，主要是利用了人们的情感需要，和对于此种有趣的情感表达形式的兴趣。

7. 做好后期的总结（post-assessment）

企业在完成基于网络的事件活动策划和执行后，还应重视后期的总结。从企业事件活动策划的流程来看，对活动策划的效果进行评估和总结是十分重要的环节，能够有效提升未来活动策划的质量。

以网络平台进行活动策划时，活动本身相关的绩效信息的记录更为方便和理想，并能够通过网络平台提供的相应的查询和统计功能实施监控和总结。例如，在社交网络的企业活动专页上，一般可以查询到一些基本的资讯，如访问该专页的人数、点击进入阅览活动详情的人数、在专页上与企业或其他用户进行互动的人数，以及互动人数占到访人数的比例等。如表 11-1，是某企业以社交网络为平台开展系列活动的情况报表。

表 11-1　某企业组织网络活动之绩效考核数据表

日　　　　期	到访该专页的人数	点击阅览详情的人数	进行互动的人数	互动人数占到访人数的比例(/%)
2012-11-11	46 000	12 000	5 000	10.87
2012-11-11	43 000	8 000	5 000	11.63
2012-11-07	38 000	4 000	2 000	5.26
2012-11-12	35 000	5 000	1 000	2.86
2012-11-29	31 000	8 000	1 000	3.23
2012-11-28	32 000	9 000	1 000	3.13
2012-11-10	32 000	4 000	1 000	3.13
2012-11-10	30 000	2 000	1 000	3.33
2012-11-07	34 000	3 000	1 000	2.94

　　通过上述相关信息,管理者可以大体了解到相关活动所产生的影响力和效果。如果需要深入探讨和总结活动的组织效果,则可以在企业活动资讯的传播效率、传播的形式、参与人数等方面进行更为详细的关注。例如,传播形式可以大体分为基础传播和扩散传播两类,基础传播就是指用户直接链接到企业活动专页上的传播方式;而扩散传播则是指用户通过分享和评价该活动的信息,而间接引起的其他社交网络用户对该企业活动信息的关注的传播方式。通过对传播方式数据的分析,能够较好的刻画出企业活动在网络中的影响力和传播模式。

第三节　网络环境下企业活动策划的评估手段

　　由于网络环境下企业活动策划的评估与一般的企业活动评估在内容和原则等方面都具有极大的相似性,因此,本节不再重复其相似之处,而仅针对网络环境下,企业活动评估中的特殊之处加以分析和说明。

　　从网络环境下企业活动策划的评估内容来看,除了对企业策划的活动进行评估外,还会以网络平台为核心衍生出一系列的评价内容和方法。从评价内容上来看,应该包括用户行为及信息获取评估、网络平台的效率评估、活动整体绩效的评估等;而从评估的方法和手段来看,则有 KPI 评估、模糊分析法评估、层次分析法评估等。

一、企业网络活动策划评估的内容

1. 企业网络活动策划的信息获取评估

企业网络活动与传统的企业活动的不同在于：传统活动中，无法获得较为全面的参与者及关注者的信息。即使是能够亲身参与活动的参与者，组织者也无法对其行为和信息进行跟踪与检测。例如，在传统的企业营销活动中，一位参与者来到企业营销活动的举办地，参观之后并没有购买任何产品。在此种情况下，企业活动的组织者就无法获悉参与者对于该企业及其产品的认知和态度；甚至，可能从来就不知道有这样一个参与者。

然而，借助网络开展的企业活动则可以对参与效果和过程进行跟踪及统计。例如，企业可以较为便利的获得从参与者登入企业活动页面开始到离开该页面期间的行为信息，如通过何种途径进入该网页、浏览过哪些页面、在不同的活动及信息页面处的停留时间，以及最终的参与和购买行为等。即使用户未参与到活动中，企业管理者也能够较为清楚、全面的掌握相关信息，从而为今后的活动策划提供参考。

因此，在企业网络活动策划评估中，对于获取参与者信息的评估应该注重以下两个方面：对参与者信息获取的机制构建和对参与者信息追踪和处理的评估。

① 对参与者信息获取的机制构建，需要在活动策划之初就形成大体的意向，并应考虑网络平台的特性。对于企业而言，通过组织网络事件活动来获得用户的信息和消费行为模式，对于企业未来的市场拓展或发展都具有重要的意义。因此，对于网络举办的活动而言，企业需要对其获取用户信息的机制进行评估，如能够获得信息的丰富程度、信息的获取和存储方式等。

② 对参与者信息追踪和处理是在企业获得了相关的信息后进行后续利用的过程，如企业是否有专人对所获得的用户信息进行整理、分析并跟进等。这是企业组织网络事件和活动能够产生良好绩效的关键。

2. 企业网络活动策划的平台效率评估

对于网络平台的效率评估，目前尚未形成较为一致的意见，但是有不少学者对其进行研究，不同的国家和企业有各自侧重的评估方向。

就一般的网络平台而言，较为主流的意见是从网站设计、网站推广和网站流量等三个方面进行评估。

在网站设计方面，由于网站外观是企业在网络市场上的形象化身，因此，应把网站设计的评估放在首位。其评估内容主要针对网站的功能、整体设计风格、视觉效果、网站主页的下载时间、有无无效链接、不同浏览器的兼容性、使用是否方便等方面。

网站推广的深度和广度决定了网站在网民中的知名度，从而也体现在网站的访问量上。网站推广评估方面常用的指标有：登记搜索引擎的数量和排名、与其他网站链接的数量、注册的用户数量等。登记搜索引擎的数量越多、与其他网站链接的数量越多,被用户链接到的机会越大;注册的用户数量越多,则表明网站能够提升浏览者的兴趣。

网站的流量代表了一定时期内访问其网站的网民数量,流量大说明企业在网站设计、网站推广两方面的成功。

还有不少学者对一个优秀的网络平台应该具备的特征进行分析,提出优秀网络平台的标准。例如,国外有学者对旅游目的地营销的网站进行研究分析后,认为一个成功的网络平台应该具备以下特征:①较高的信息质量;②易用性;③响应迅速;④较高的安全性及保密性;⑤较好的视觉外观;⑥较高的可信任度;⑦较好的互动性;⑧较强的个性化;⑨较好的可实现性。

针对网络社交化的趋势,社交网络平台及企业在其上设立的专页的评估也成为人们日益关注的问题。如纽约大学营销学领域学者斯考特(Scott)2010年就发布了《Facebook智商指数报告:奢侈品》,对国际知名奢侈品品牌在facebook上专页的表现进行系统评分,并将其分为"天才"到"智障"等级别。斯考特在对上述品牌的专页进行评估时,使用了四个方面的评价指标:规模和速度、规划项目、互动情况和整合。

其中,规模和速度主要针对品牌专页维护和运营的情况进行评价,如网友点击"喜欢"的数量及其增长速度、品牌帖子的发布频率等,该部分评价项目约占评价总分的35%。规划项目主要是对品牌专页上内容的数量及质量的评估,如是否有定制化互动应用、登陆页面、品牌照片、视频和电子商务的整合情况等,该部分评分约占总分的25%。互动情况则主要是对用户与企业之间在专页上的互动进行评价,评价的内容包括网友们点击"喜欢"的频率、人们回复帖子的情况以及网友自己发帖和上传文件的频率,其评分约占总分的25%。整合主要指品牌专页对其他网络资源的整合情况,如品牌的facebook专页如何和其他社交媒体资产或公司功能连接、如何整合原有的消费者服务项目等,该部分的分值约占总分15%。

综上所述,对于网络平台的评估会因企业活动目标定位和网络平台类型的不同而有一定的差异。其中,网络平台的外观吸引力水平、内容的丰富程度及更新效率、互动机制,以及各种功能和资源的整合是相关学者和业界人士较为关注的特征。作为企业活动策划和组织者而言,在挑选合作的网络平台时,应该参照自身的需要及网络平台评价的维度等进行综合考虑。

3. 企业网络活动策划的总体绩效评估

当涉及企业网络活动策划的总体绩效评估时,一方面,应考虑企业活动策划的初衷;另一方面,应注重企业网络活动效果的具体表现。

对于企业活动策划目标实现程度的考察,需要结合相关的指标,如财务指标、市场知晓度指标等进行判断。对于企业网络活动的效果,则主要通过活动网页的浏览率、企业活动相关的文章或新闻的转载率、企业活动主页的用户订阅数量,以及用户的在线参与次数等测量和评价指标进行考察。

　　需要注意的是,无论采取上述何种评价指标和内容对活动的总体绩效进行测评,重要的都不是评估相关指标的绝对数值。因为,事件活动的影响和绩效并非是立竿见影的,其存在一定的时滞,所以,关注相应评价指标的相对数值或其变化规律才是活动组织和管理者的正确选择。

二、企业网络活动策划评估的流程

　　企业想要建立适合自身的网络活动绩效评价体系,首先应选取合理的评价基准和正确的评价方法;其次是量身定做一套符合自身的评价程序,使整个评价体系能按部就班的完成。一般企业建立网络活动绩效评价体系有以下几个步骤。

　　(1)应该根据企业自身活动的定位,明确活动组织的预期目标。企业网络活动策划目标的确立有利于相关评估人员确定评价基准,即选择适合的评价指标,这样可以使最终的评价结果准确有效,也能在一定程度上避免因指标过多而造成混乱。这一点与一般企业的活动绩效评估并无差异。

　　(2)需要明确网络活动绩效评估的基本方法和工具。由于企业网络活动在组织和参与形式上都与现实中的活动有所不同,因此,对绩效评估方法和工具的选择是网络活动绩效评估的重要环节。

　　(3)成立专门的评价组织,采集、整理数据资料。绩效评估应该由相对独立的机构或群体来完成。如果企业对于相关活动有绩效考评的机制,则参与评估的群体中还应回避有利益冲突的群体,以达到公平、公正的目的。在评价人员的构成方面,人员的背景应适当多元化,如有关网络及活动策划的专业人士、企业的管理者等。

　　(4)确定已经核实的评价基准,并选用合理方法评价企业网络活动绩效及结果分析。网络活动评估小组应根据评估的主要目标,选择适当的方法,完成评估工作,并撰写相应的评估报告。

三、企业网络活动策划评估的方法

　　在网络活动评估方法应用方面,国外学者总结出较为常见的评估方法包括:计数方式评价、自动评价、数值计算、用户评价,以及多方法的综合评价等。其实,无论采取何种评估手段,都是由几个核心环节组成的,即评估指标体系的构建、评估数据的获取、评估结果的计算。其中,评估指标体系的构建最为关键,其又可以分为指标选择以及权重设置等工作。

　　评估指标的选择和指标权重的实现,实际中使用较多的是以下两种方法:层次分析法和关键绩效指标法(KPI)。

1. 层次分析法

层次分析法(analytic hierarchy process，AHP)是一种定性和定量相结合的、系统化的、层次化的分析方法。具体而言，就是将评估或决策中的有关元素分解成目标、准则、方案等层次，然后在此基础之上进行定性和定量分析的决策方法。层次分析法的特点是在对复杂的决策问题的本质、影响因素及其内在关系等进行深入分析的基础上，利用较少的定量信息使决策的思维过程数学化，从而为多目标、多准则或无结构特性的复杂决策问题提供简便的决策方法。

层次分析法的应用过程主要包括：

(1) 建立层次结构模型。一般而言，层次分析法中的结构模式可以分为三层：最上面为目标层；最下面为方案层；中间是准则层或指标层。如果以建立评价指标体系为目标，则方案层也可以由指标层来构成。从层次模型的结构来看，若上层的每个因素都支配着下一层的所有因素，或被下一层所有因素影响，则称为完全层次结构；否则，称为不完全层次结构。

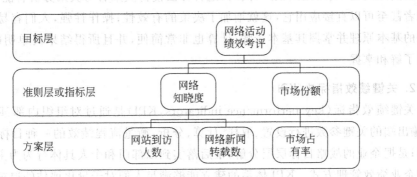

图 11-1　某企业网络营销活动评价之层次结构模型

(2) 构造成对比较矩阵。层次结构模型构建完成后，就需要针对不同的指标，构造成对比较矩阵。具体而言，从层次结构模型的第二层开始，对于从属于(或影响)上一层每个指标的同一层各个指标，用成对比较法和 1~9 比较尺度构造成对比较矩阵，直到最下层。

当指标 i 与指标 j 进行成对比较时，评分尺度 1~9 的含义如表 11-2 所示。

表 11-2　层次分析法中成对比较矩阵数值的含义

数值	具体含义	数值	具体含义
1	第 i 个指标与第 j 个指标的影响相同	7	第 i 个指标比第 j 个指标的影响明显强
3	第 i 个指标比第 j 个指标的影响稍强	9	第 i 个指标比第 j 个指标的影响绝对地强
5	第 i 个指标比第 j 个指标的影响强		

而数值 2、4、6、8 则表示第 i 个指标相对于第 j 个指标的影响介于上述两个相邻等级之间。如果强弱的含义相反,则采取倒数的形式加以表示。例如,如果认为网络知晓度比市场份额对于企业活动绩效考评的影响绝对地弱,则可以表示为 1/9。

（3）计算权向量并做一致性检验。对于每一个成对比较矩阵计算最大特征根及对应特征向量,并利用一致性指标、随机一致性指标和一致性比率做一致性检验。若检验通过,则特征向量(归一化后)即为权向量;若不通过,则需重新构造成对比较矩阵。

（4）计算得到相关指标的权重,完成评估指标体系的构建工作。

目前,在层次分析法的应用方面,已经有许多较为成熟的软件可供人们使用,在这些软件的帮助下,层次分析法的实现变得更为简便。

利用层次分析法来进行绩效评估有以下三个优势:系统性强,层次分析法把研究对象作为一个系统,按照分解、比较判断、综合的思维方式进行决策,成为系统分析的重要工具;实用性强,层次分析法把定性和定量方法结合起来,能处理许多用传统分析技术无法着手的实际问题,应用范围很广,同时,这种方法使得决策者与决策分析者能够相互沟通,决策者甚至可以直接应用它,这就增加了决策的有效性;操作性强,人们容易理解层次分析法的基本原理并掌握其基本步骤,计算也非常简便,并且所得结果简单明确,容易被决策者了解和掌握。

2. 关键绩效指标法（KPI）

关键绩效指标(key performance indicators,KPI)是通过对组织内部某一流程输入端、输出端的关键参数进行设置、取样、计算、分析,衡量流程绩效的一种目标式量化管理指标;是把企业的战略目标层层分解,最后落实到以部门和个人具体行为为主体的战术目标的企业绩效管理方式。KPI体系的建立能够满足人们对于量化评估的追求。

关键绩效指标的构建与层次分析法有许多相似之处,如需要根据网络活动的职能和目标,通过自上而下的层层分解来进行。该方法也同样强调评价指标的系统性、可行性、针对性与客观性,以及避免指标选取的主观性和随意性。

关键绩效指标体系的设置源于平衡计分卡的方法,即需要充分考量财务、顾客、内部流程、创新与学习等四种可具体操作的细分目标,并以此为框架,构建企业网络活动评估的评价指标系统,从而将网络活动的绩效要素和企业发展战略的绩效要素进行有效对接。如表 11-3 是某企业网络营销活动绩效评估的关键绩效指标体系构建情况。

从具体的实现步骤来看,首先,应根据平衡计分卡的四个维度,即财务、客户、内部经营流程、学习与创新,将企业网络事件活动的绩效进行初步分解;其次,明确各维度内关键绩效指标的主要控制因素;最后,按照第二步确定的 KPI 主要控制因素,确定企业网络活动评估的关键指标,以及指标衡量因素和各部分的权重。

表 11-3 某企业网络营销活动绩效评估的关键绩效指标体系

平衡计分表维度	细分维度	KPI 指标	KPI 数据来源
学习与创新	提高网站效率	网站稳定性	依据技术测量数据
		网站安全性	
		网站方便性	
	提高网络部门员工质素	员工满意度	依据企业员工考评制度及记录
		员工工作效率	
		员工网络操作技能水平	
		员工培训效率	
		员工创新效率	
内部经营流程	网站设计	页面下载速度	依据技术测量数据
		内容更新频率	
	网站推广	网站流量	
		活跃用户数	
		登记搜索引擎的数量和排名	
	技术支持	企业信息化程度	依据信息部门统计数据
	售后服务	故障反应和处理时间	
财务	收入增长	销售利润增长率	依据财务部门统计分析数据
		净资产产收益率	
	成本降低	库存降低率	
		运营总成本降低量	
	网站转化率	网上订单平均金额	
		重复购买率	
		线下新增销售额	
顾客	顾客满意度	口碑传播率	依据网络统计和分析数据
		注册用户数	
	顾客忠诚度	客户保有率	
		客户增长率	
		市场份额	

资料来源：吕世国.基于 KPI 的网络营销绩效评估指标体系构建[J].湖北：科技创业月刊.2011,10.

在确定了企业网络活动的关键绩效指标后,就需要为每个指标设定指标值,一般可以分为目标值和挑战值。其中,目标值属于基本要求;而挑战值则是对企业网络活动绩效的期望值。在具体的使用过程中,应注意该方法非常注重指标的量化性和数据的可得性,即要求相应的指标一定能够被量化。然而,并非所有的信息和指标都能够很好的量化,因此,该方法需要结合定性评估一起使用,否则会损失部分信息和数据。

在完成了评价体系的构建后,企业网络活动评价小组就需要按照既定的方案,获取相关数据,然后进行汇总处理和评价即可。

本 章小结

从企业的内部经营环境来看,信息时代企业的管理面临以下变革:企业运作效率最大化、企业管理决策智能化、企业组织结构扁平化;而从企业的外部经营环境来看,信息时代带来的变化主要包括:竞争来源的全球化、业务环节的直接化、消费行为影响因素的遍在化、资源利用的整合化等。

从信息网络技术的发展演变来看,计算机、互联网、移动通信网络、物联网等技术发展方向已经勾勒出了网络技术发展的阶段性和趋势。网络新技术推动了社交网络的出现,而随着社交网络用户规模的不断扩大,网络社交化已经成为目前互联网发展的主流。但是,社交网络目前的发展还不够成熟,其发展模式还值得更进一步的探讨。

信息时代的企业活动策划更加重视小投入、大产出、高关注度;活动策划超越时空限制,具有较好的覆盖率;企业活动策划更为强调参与性和互动性;企业活动策划更加注重借势和造势。

网络社交化背景下的企业活动策划应注意以下要点:主题要更加鲜明、更具吸引力;融合性更强,时间把握更好;目标群体应更加清晰和界定;信息技术手段的创新和率先运用;做好前期的准备和分析;互动的形式和途径;做好后期的总结。

从网络环境下企业活动策划的评估内容来看,除了对企业策划的活动进行评估外,还会以网络平台为核心衍生出一系列的评价内容和方法。如从内容上来看,应该包括用户行为及信息获取评估、网络平台的效率评估、活动整体绩效的评估等;而从评估的方法和手段来看,则有 KPI 评估、模糊分析法评估、层次分析法评估等。

复习及思考

1. 请简要说明信息化时代企业的经营管理面临哪些变革。
2. 请简要说明网络社交化时代企业活动策划应如何借势。
3. 谈谈你对网络时代企业活动策划的时间点把握的理解。
4. 请说明网络环境下的企业活动评估与一般情况下的企业活动评估有何不同。

引申案例

澳门银河 Galaxy Macau 的 facebook 圣诞推广活动

澳门银河是首个真正情系亚洲的五星级综合度假城,于 2011 年 5 月 15 日正式开业,投资额达 149 亿港元,可为宾客提供约 2 200 间客房及套房。澳门银河由三大世界级酒店品牌合力创建,包括屡获殊荣的悦榕庄、享誉日本的大仓饭店集团,以及备受瞩目的五星级银河酒店。

2012 年 11 月 8 日晚上 6 时 30 分,澳门银河于正门大堂举行简单而隆重的圣诞亮灯仪式!巨大的圣诞老人闪亮登场,精彩绝伦的魔术表演、圣诞女郎的娇俏舞步共同营造出一个梦幻的圣诞,也为接下来一连串的圣诞活动拉开序幕!与此同时,澳门银河在 facebook 上,利用其官方专页也推出了"澳门银河度假城与圣诞老人合影,获得免费大仓酒店客房"的网络推广活动。

活动内容主要包括:在 11 月 18 日前,将在澳门银河与圣诞老人合影的照片用 instagram 程序上传,在内容中加入 ♯gmdreambig,并分享至 facebook,即有机会赢取银河 UA 电影赠券两张,该奖项的公布日期为:2012 年 11 月 23 日。此外,澳门银河还会在指定日期内上传的照片及视频中,选择优异者,赠送澳门大仓酒店豪华客房住宿一晚!

问题:

1. 请就该酒店的此次网络活动策划进行评价。
2. 如何对此活动的策划和绩效进行评估?

第十二章

企业活动策划的保障体系管理

复习思考题

引言

从组织流程来看,一个完整的企业活动策划既包括了前期的创意策划,又包括了后期的执行以及评估反思等过程。英语中有一句谚语:"好的开始是成功的一半。"好的创意策划需要后期强大的执行力,才能确保策划内容能够被切实执行。如果将企业活动的创意策划作为策划工作的核心内容,那么策划案的执行部分则可以被视为企业活动策划的保障体系。

从保障体系的内容构成来看,主要包括来自战略、战术、资源以及管理等方面的配合。其中,战略方面的支持主要指在整个企业活动策划过程中,策划人需要拥有战略化的眼光和思维;战术则主要针对策划和创意环节,即本书前面章节所介绍的内容;而资源则主要包括人力、资金、时间等资源的调配和使用;管理保障则主要涉及体验质量管理、服务质量管理、活动参与者管理等内容。

学习要点

(1) 基本概念

项目的组织结构——是项目系统内的各组成部分及其相互之间关系的框架。

风险——是指企业遭受损失的一种可能性。

服务——是以满足不同消费者需求为目的一种或一系列活动的过程,其具有无形性、不可分割性、异质性和易逝性四种特性。

服务体验——以企业活动的参与者为主体,通过各种感官获得的对于该次活动的总体感受。

服务接触——是服务的基本特征,主要指在服务消费过程中服务提供者与服务接受者之间面对面的互动关系;服务接触通常被视为服务营销的核心部分,对服务质量控制、服务传递系统以及顾客满意等方面具有较大的影响。

关键时刻——英文中的原意是指斗牛士与公牛正面交锋,将公牛击倒的瞬间;引入服务业后,特指在服务接触过程中,具有特别显著影响的服务环节。

服务等待——是指从顾客准备接受服务到服务开始的时间,也指顾客在等待中感觉到待命的状态。

服务补救——为一种管理过程,即首先要发现服务失误,分析失误原因;然后,在定量分析的基础上,对服务失误进行评估;最后,采取恰当的管理措施予以解决。

时间管理——是用技巧、技术和工具帮助人们完成工作,实现目标。时间管理并不是要把所有事情做完,而是更有效的运用时间。

(2) 学习目标

通过本章的学习,读者应该能够:

① 了解企业活动策划是一个系统工程,需要多方面要素的共同配合;

② 了解组织结构对于企业活动策划的影响;

③ 掌握不同类型组织结构在企业活动策划中的适用情况;

④ 了解常见的企业活动风险来源;

⑤ 掌握企业活动策划风险管理的一般方法;

⑥ 了解企业活动中服务接触和关键时刻的概念;

⑦ 掌握企业活动策划中服务等待和服务补救的基本原理和方法;

⑧ 了解企业活动策划中的财务资源管理方法;

⑨ 了解企业活动策划中的人力资源管理方法;

⑩ 了解企业活动策划中志愿者的招聘与管理方法;

⑪ 了解企业活动策划中时间管理的意义与方法。

引入案例

演唱会中的安全失误

2012 年 2 月 17 日晚,由重庆演出公司、星东鑫文化传媒、amc 等三家公司联合投资主办的王菲巡回演唱会在重庆奥体中心举办。演唱会当晚,现场发生了观众座位垮塌事故,造成至少 64 名观众受伤,其中多人骨折,演唱会不得不临时取消。此次重庆个唱,王菲出场费为 650 万元;100 多名工作人员吃、住、行及杂费总计 100 万元;租赁重庆奥体中心场地、外加搭建个唱大棚的费用为 200 万元;广告宣传费为 100 万元,王菲重庆个唱整体投资突破 1 000 万元。而个唱大棚内只有 1 万个座位,平均票价超过 1 000 元。高投资、高票价,让主办方压力巨大。事故发生后,很多歌迷要求退票;再加上主办方拆除平台、垫高舞台、增加投影屏幕,增加场地租赁等;此次王菲重庆个唱投资方损失严重。仅 18 日观众退票造成的损失,就高达 100 万元。尽管后期王菲出面对观众进行了道歉,19 日演唱会也重新举行并取得良好反响,但此次舞台坍塌事故给投资方企业带来了消费者索赔、事故处理等一系列后续工作,对企业的社会形象也造成了不良影响。

案例点评：企业在组织大型活动的过程中，必须全面考虑活动流程、人员架构、现场安全等问题，因为某一个环节或因素的疏漏都有可能导致整个活动的失败。案例中，座位垮塌事件的发生主要在于主办方对安全问题的忽视，最终导致一场原本可以名利双收的活动演变成一出事故。

第一节　企业活动策划的战略保障体系

为保证企业活动策划达到较为理想的效果，策划者和管理者应该以战略化的视角来审视活动策划工作。企业活动策划的战略保障体系包括了组织架构、战略规划，以及未雨绸缪的风险管理等内容。

一、企业活动策划的组织架构保障

从企业活动策划的组织架构来看，为了保证活动策划的顺利进行，企业应该从以活动策划为导向的组织结构调整和协调机制的构建两方面加以考虑。

（一）组织结构调整与选择

在项目管理中，组织是一切管理活动成功的基础。组织结构是组织内部结构要素相互作用的联系方式，是组织内的构成部分所规定的关系的形式。项目的组织结构就是项目系统内的各组成部分及其相互之间关系的框架。因此，作为企业管理决策者，一方面需要了解常见的企业项目管理组织架构的形式及其特征；另一方面，还需要形成一套行之有效的组织架构模式选择的方法。

1. 较为常见的企业项目管理组织架构模式

从企业项目管理的组织架构类型来看，大体可以分为以下几种形态：职能型组织结构、项目型组织结构、矩阵型组织结构等。

（1）职能型组织结构

职能型组织结构就是在组织目前的职能型等级结构下加以管理，一旦项目开始运行，项目的各个组成部分就由各职能单位承担，各单位负责完成其分管的项目内容。如果项目的性质既定，且某一职能领域对项目的完成发挥着主导性的作用，则职能领域的高级经理将负责项目的协调工作。当企业组织的外部环境相对稳定，并且组织内部不需要进行太多的跨越职能部门的协调时，这种组织结构模式对企业组织而言是最为有效的。

职能型组织结构的优势体现在以下方面：①在人员的使用上有较大的灵活性，只要选择了一个合适的职能部门作为项目的上级，该部门就能为项目提供所需的专业技术人员，而且技术专家可以同时被不同的项目所使用，并在工作完成后又可以回去做他原来的工作；②在人员离开项目组甚至离开公司时，职能部门可作为保持项目连续性的基础；

③职能部门可以为本部门的专业人员提供一条正常的晋升途径。

这种组织结构的缺点在于：①项目经常缺少重点，每个职能单位都有自己的常规核心业务，有时为了满足自己的基本需要，会忽视对项目的责任，这种情况在项目利益与部门利益有冲突时更为明显；②这种组织结构在跨部门之间的合作与交流方面存在一定困难；③项目参与者的动机不够强，他们会认为项目是一项额外的负担，与其职业发展和提升没有直接关系；④在这种组织结构中，有时会出现没有一个人承担项目的全部责任的情况，即项目经理只负责项目的一部分，另外一些人则负责项目的其他部分，从而导致协调困难的局面。

（2）项目型组织结构

项目式组织结构是指创建独立项目团队，项目主管承担项目经理的角色，执行主管赋予项目主管的一定的权利；项目主管从各个职能部门中抽调一定的人员，组成项目核心团队。这些团队的经营与企业的其他单位分离，有自己的技术人员与管理人员；企业分配给项目团队一定的资源，并授予项目经理执行项目的最大自由。

以项目型组织结构开展企业活动策划工作具有以下方面的优势：①工作团队的目标明确，工作效率高，对项目的成败直接负责。项目团队拥有一致的发展目标，各类专家在一起工作，出现什么问题，现场就可以解决。②易于就项目管理开展沟通与协调，项目成员之间不易产生冲突。项目团队成员拥有共同的目标和利益，且项目主管有比较大的权利，协调成员之间的冲突也较为容易。③此种组织架构机动灵活，应付突发事件的能力强，出现风险后的反应速度最快，能够把损失减少到最小程度，并且不会对企业的其他项目产生影响。

项目型组织结构的缺点在于：①由于机构设置与原有企业部门设置重复，因此，资源必将重复设置，从而导致管理成本增加。②与其他项目之间缺乏信息沟通，难于吸收其他项目的经验和教训。③员工通常会愿意在一个比较稳定的环境中工作，而在项目型组织结构下，每当项目结束，项目团队也就随之解散，员工会重新组合到其他项目中去；项目成员流动频繁，会影响员工的工作情绪。

（3）矩阵型组织结构

矩阵型组织结构是把按职能划分的部门和按项目划分的小组结合起来组成一个矩阵；管理人员既同原职能部门保持组织与业务上的联系，又参加项目小组的工作。职能部门是固定的组织；项目小组则是临时性组织，完成任务以后就自动解散，其成员回原部门工作。

矩阵组织的高级形态是全球性矩阵组织结构，目前，这一组织结构模式已在全球性大企业，如 ABB 集团、杜邦公司、雀巢公司、荷兰皇家飞利浦电子公司等组织中进行运作。矩阵型组织是为了改进职能型组织横向联系差，缺乏弹性的缺点而形成的一种组织形式，即组成一个专门的项目小组去从事项目的管理工作，在创意、策划、实施、评估、总结等各个不同阶段,由有关部门派人参加,力图做到条块结合,以协调有关部门的活动,保证任务的完成。

矩阵型组织架构的优点在于:①和职能式组织结构一样,资源可以在多个项目中共享,可大幅减少项目型组织中人员冗余的问题。②项目是工作的焦点,具有一个正式指定的项目经理会使他对项目给予更强的关注,负责协调和整合不同单位的工作。③当有多个项目同时进行时,企业可以通过平衡资源保证各个项目都能完成其各自的进度、费用及质量要求。④项目组成员对项目结束后的忧虑减少,他们既与进行中的项目保持紧密的联系,同时,也对职能部门有一种"家"的感觉。

矩阵型组织架构的缺点在于:①矩阵式组织结构的安排,加剧了职能部门的经理和拥有关键技能与看法的项目经理之间的紧张局面。②任何情况下的跨项目分享设备、资源和人员都会导致一定的利益冲突和对稀缺资源的竞争。③由于存在职能部门和项目组织两种机构,因此,在项目执行过程中,项目经理必须就各种问题与部门经理进行谈判和协商,从而影响项目管理中的决策效率,容易贻误战机。④矩阵管理与命令统一的管理原则相违背。在矩阵型组织架构下,每个项目组成员都有两个上司,即项目经理和部门经理,当他们的命令有分歧时,会令成员感到左右为难,无所适从。

2. 企业项目管理组织架构选择

从上述各类项目管理的组织架构来看,每种组织形式都有其优势与不足,因此,在组织结构选择方面,企业采取的组织结构应该与拟策划和筹备的活动相吻合。然而,项目管理结构的选择问题至今仍然是困扰企业高层管理者的一个难题。当企业准备开展一个项目时,应该采用什么样的项目结构形式,才能在时间、成本和质量上保证项目的成功实施。国内有学者构建了一套定性和定量相结合的方法来协助企业管理者选用适当的组织结构。

吕波认为在选择组织结构时,必须综合考虑企业和具体项目的实际特点;需要考虑的因素也应根据实际情况确定。一般情况下,进行组织结构形式的选择应该考虑的因素,在项目的特点方面包括:项目规模、项目历时长短、项目定位、项目的独特性等;在企业的特点方面,考虑的内容包括:企业的管理经验、企业的规模、技术水平、可用资源、高层管理者的经营理念和洞察力、下属部门的相互依赖性等。

案例:基于评价体系构建的组织结构选择①

一种组织结构形式的优劣都是相对而言的,应该针对具体的企业和具体的项目做出

---

① 吕波,王淼.项目管理中组织结构选择的指标评价体系研究[J].科技进步与对策.2007,7:168-171.

判断。在实际运行过程中,可能因为具体条件的限制,具有某个特征的组织形式发挥不出自己的特长。在进行组织结构选择的过程当中,可以使用模糊评判法,请专家对企业特点及项目特点进行考虑,对评价体系内的具体指标给出自己的打分,然后对专家的打分进行分析处理。

为此,有学者依照独立性原则、全面性原则、实用性原则和系统优化原则,构建了一套用于评价企业项目管理组织结构选择的评价指标体系,具体内容如表 12-1 所示。

表 12-1　组织结构的评价指标体系

评 价 维 度	评 价 指 标
项目权责 A1	权责统一 A11
	有人对项目负责 A12
	负责人的控制权 A13
沟通与冲突解决 A2	项目内的沟通 A21
	冲突的解决 A22
人员激励 A3	员工满意度 A31
	人力资源的培育 A32
资源利用 A4	技术共享 A41
	资源的可用性 A42
	高层领导的重视程度 A43
灵活性 A5	人员配备的灵活性 A51
	执行能力的灵活性 A52
	对客户需求的反应 A53
预期效果 A6	时间 A61
	成本 A62
	质量 A63

在这个体系中,共有 6 大类 16 个指标。可以利用层次分析法确定每个指标的权重,然后,请专家就每一个指标进行打分。可以分成如下几个层次:很好(100～80);较好(79～60);一般(59～40);较差(39～20);很差(19～0)。根据专家的打分求出每一个指标的专家打分平均值,将其绘制成如图所示的雷达图,在雷达图上可以很直观地看出某种组织结构形式针对具体企业具体项目所显示出的能力。

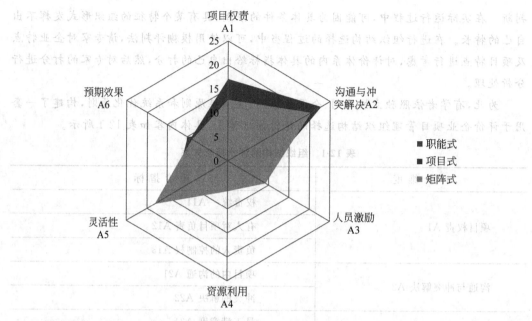

为了更好的进行量化判断,该学者还建立了一种组织结构函数,将组织形式所表现的能力表示成可以比较的数量。组织结构函数公式如下。

$$F(X_i) = \sum_{i=1}^{16} n_i X_i$$

在上面的公式中:X 为评价指标;n 为对应的评价指标的权重。

运用上述公式,对几种组织结构形式分别求出它的组织能力,然后进行最终结果的比较,得分较高的就可以认为是专家判定的最优结果。

例如,某企业新接到一个项目,高层领导不知道该使用什么样的组织结构去完成这个项目,于是采用专家意见法进行评判。对前文所构建的指标体系的打分结果如表 12-2 所示。

表 12-2 组织结构评价指标体系应用示例

评价维度	评价指标	权重	职能式	项目式	矩阵式
项目权责 A1	权责统一 A11	0.061	28	86	26
	有人对项目负责 A12	0.105	34	91	96
	负责人的控制权 A13	0.024	20	94	46
沟通与冲突解决 A2	项目内的沟通 A21	0.147	35	84	63
	冲突的解决 A22	0.124	45	84	89

评 价 维 度	评 价 指 标	权重	职能式	项目式	矩阵式
人员激励 A3	员工满意度 A31	0.076	76	75	62
	人力资源的培育 A32	0.052	43	40	87
资源利用 A4	技术共享 A41	0.034	57	23	91
	资源的可用性 A42	0.026	86	81	72
	高层领导的重视程度 A43	0.018	47	56	75
灵活性 A5	人员配备的灵活性 A51	0.039	85	32	47
	执行能力的灵活性 A52	0.072	61	75	86
	对客户需求的反应 A53	0.106	52	46	94
预期效果 A6	时间 A61	0.072	86	84	75
	成本 A62	0.026	87	65	71
	质量 A63	0.018	79	82	88
组织结构能力函数 F		—	52.61	72.24	75.44

最终,计算得到的组织结构能力函数 F 为职能式 52.61 分、项目式 72.24 分、矩阵式 75.44 分,通过上述分析可见,在此案例中企业应该选择矩阵式的项目组织结构。

（二）协调机制的构建

企业活动策划过程中,沟通十分重要,特别是在企业将活动策划工作外包时,就需要有一个专门的部门负责与外包的专业策划机构沟通和联络。

此外,如果企业规模较大,且拟策划的活动规模也较大时,可能还需要跨部门的协调机制。较为常见和有效的协调机制构建类型,就是从上而下建立专项活动组织领导小组。

例如,某机构举办庆典活动时的指挥机构和工作小组包括:

① 庆典活动领导小组:主要领导和负责人,主要起到总体统筹和协调的作用;

② 庆典办公室:由相关部门的主管及专业顾问组成,负责具体对策的探讨、协调和日常管理;

③ 专项办公小组:主要包括联络小组、宣传小组、编辑小组、活动小组、会务小组,以及后勤保障小组等,通过专业分工,完成具体的各项工作。

二、企业活动策划的战略规划保障

在企业活动策划过程中,应该强化战略思维的保障。所谓战略思维是指,要以战略化的眼光来对待企业活动策划;要以战略化的视角来优化活动资源配置;要以战略管理的方法来推动活动策划工作的执行。

（一）以战略化的眼光来对待企业活动策划

企业举办的各类活动都是企业发展战略的有机组成部分,因此,企业的管理者应该在制订企业发展战略规划时,将各类企业活动作为实现战略目标的工具和手段,提前加以系统规划。企业战略规划是指依据企业外部环境和自身条件的状况及其变化来制订和实施战略,并根据对实施过程与结果的评价和反馈来调整、制订新战略的过程。战略规划的制订需要明确两大内容:企业发展的战略方向;实现战略目标的途径与策略。

以战略化的眼光对待企业活动策划就是在企业活动策划的主题定位和目标定位方面,参照企业发展战略的阶段性目标,使活动目标定位与企业发展战略目标相协调。

（二）以战略化的视角来优化活动资源配置

战略定位决定了企业应该开展哪些运营活动以及如何设计各项活动;战略规划还需要决定各项活动之间应如何建立关联,即通过合理配置企业资源,将各种类型的活动有机地组合起来。因此,企业对于各种不同的活动策划,应该参照企业战略发展的需要,明确资源的配合方式,并通过对企业有限资源在不同活动间的合理配置,让资源的利用率和回报率得到有效提升。

（三）以战略管理的方法来推动活动策划工作的执行

战略管理的方法就是在我们做出某一项企业活动的策划决策时,首先,应该关注企业目前所处的状况;其次,明确通过活动的举办,希望能够为企业发展带来何种改变和效果;最后,以此为目标,来组织资源和安排工作流程。可见,战略管理的一个显著特征就是结果导向。此外,对于企业活动策划者而言,还要意识到企业所面临环境的多变性,因此,任何规划和策划并非是一成不变、一劳永逸的;策划者应该根据企业环境和战略目标的变化不断调整活动策划的方向。

三、企业活动策划的风险管理保障

（一）风险及风险管理的概念

一般而言,风险与效益成正比,即投资的利润回报率越高,则相应的风险也越大。将此规律类推到企业活动策划领域同样可以适用。特别是,企业活动作为一个参与人数较多,关联性要素和行业相对较广的活动类型,其可能面临的风险更大。因此,作为企业活动策划者和管理者,应该注重对企业活动策划中的风险管理,避免因风险而导致企业遭受损失。

风险是指企业遭受损失的一种可能性。我们可以借助其要素模型来更好的理解风险的概念,该模型是由 Preston G. Smith 和 Guy M. Merrit 提出的。他们认为风险的构成可以分解为 7 个要素:风险、风险触发器、风险可能性,影响、影响触发器、影响可能性和损失,其关系如图 12-1 所示。

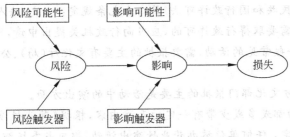

图 12-1　风险概念的 7 个要素模型

在上述概念模型中,风险,主要指风险事件,即会导致企业活动策划项目遭受损失的事件;风险触发器则主要指引起风险事件发生的原因;风险可能性是指风险事件发生的可能性大小;影响主要指风险事件发生后,引起的潜在的损失或结果;影响触发器是在企业活动策划和实施的环境中,促使人们相信某一风险事件所引起结果发生的因素;影响可能性主要指风险结果发生的可能性;损失则具体指当风险发生时,企业将遭受损失的价值大小。

风险管理是指项目管理机构对可能遇到的风险进行规划、识别、估计、评价、应对、监控的过程,是以科学的管理方法实现最大安全保障的实践活动的总称。或者,也可以理解为企业活动策划和管理者通过早期识别不确定性,制定策略,主动消除或减弱风险发生的可能性,加强管理风险的能力,从而提高企业活动实现目标的可能性的各项管理活动。

(二)企业活动策划的风险来源

有学者将风险按照其来源划分为以下四大类:第一类为宏观环境风险,具体包括国家经济状况风险、金融环境风险、突发事件风险、市场竞争风险和国际事件活动行业波动风险等;第二类为管理风险,具体包括战略决策风险、资金短缺风险、同业协作风险、财务管理风险和后勤保障风险等;第三类为运营风险,主要包括活动场地火灾风险、财产失窃风险、活动延迟或取消风险、配套服务商违约风险、参与者意外伤害风险等;第四类为操作风险,包括员工业务素质风险、电脑故障风险、信息采集风险、报表失真风险、策划人失职风险、费用收缴风险等。

此外,还有学者将企业活动风险从外部风险和内部风险角度进行划分和分析。其中,外部风险主要指政治风险、法律风险、经济风险、环境风险、突发事件等,外部风险通常难以预测和控制；内部风险主要包括财务风险、运营管理上的风险、人力资源风险等。

台湾地区行政机关风险管理指引中，则将风险的来源划分为：商业和法律关系、经济环境、人员行为、自然事件、政治环境、科技、管理活动及控制等七类。

小贴士：举办活动别忘了向相关管理部门申报

根据《中华人民共和国行政许可法》第二十九条规定：公民、法人或者其他组织从事特定活动，依法需要取得行政许可的，应当向行政机关提出申请，待取得相关部门批准后方可实施。一般常见的活动，需要报批的主要有文化厅（局）、公安、消防和环卫四个部门。

1. 需要向地方文化部门报批的主要是活动中的演出方面。

由于大多活动都或多或少带有一定的表演内容，根据《营业性演出管理条例实施细则》第三十条规定：任何单位举办营业性演出活动，都应当委托演出公司承办，并按照规定办理审批手续。

《营业性演出管理条例》第三十二条规定：占用公园、广场、街道、宾馆、饭店、体育场（馆）或者其他非营业性演出场所举办营业性演出活动的，应当报经当地县级以上地方人民政府文化行政部门、公安机关和其他有关部门批准。

申请时应提交的文件有：

（1）演出申请书；

（2）与演出相关的各类演出合同文本；

（3）演出节目内容材料；

（4）营业性文艺表演团体的演出证。

2. 需要向地方公安部门报批的主要是活动中的治安方面。

为了保证各项活动的正常进行，维护社会治安秩序和公共安全，保护公民、法人和其他组织的合法权益，公民、法人或其他组织在举行活动之前必须报县级以上公安部门申请批准。

申请时提交的文件包括：

（1）活动方案和说明；

（2）活动安全保卫工作方案；

（3）场地管理者出具的同意使用证明；

（4）申请人身份证明及无违法犯罪记录等；

（5）法律、法规和规章规定须经有关主管部门批准的活动，应当同时提交有关批准文件。

3. 环卫部门的审批主要是针对户外的一些横幅、竖幅等与市容和环境有关的宣传方面的审批。

4. 消防部门的审批主要针对消防设施。

消防部门主要针对活动场地的消防设施和措施进行审查,像户外的空飘、气球等方面也属于消防的审查范围。另外,在各种活动中的舞台或展位搭建方案包括效果图、平面图、电路图等都要经过主办单位或消防部门的审批。

《中华人民共和国消防法》第十三条规定:举办大型集会、焰火晚会、灯会等群众性活动,具有火灾危险的,主办单位应当制定灭火和应急疏散预案,落实消防安全措施,并向公安消防机构申报,经公安消防机构对活动现场进行消防安全检查合格后,方可举办。

(三)企业活动策划的风险防范与控制

美国系统工程研究所(SEI)将风险管理的过程划分为风险识别、风险分析、风险计划、风险跟踪、风险控制和风险管理沟通等六个阶段。也有学者提出,将风险管理分为风险识别、风险评估、风险防范等三个阶段。其实,不管具体的风险管理过程阶段如何划分,都遵循识别、评估、应对的大体顺序和流程。

1. 企业活动策划的风险识别

风险识别就是找出需要管理的风险。在进行风险识别时,应该尽可能包括所有的风险类型,不管该风险是否已在企业活动策划人的控制之下;同时,应采用系统化的程序,并应该从活动策划的背景说明开始,按照活动进行的顺序、设计情境依次推导。

在完成风险识别后,企业活动策划者及管理者应该能够回答下列问题。

① 风险来源是什么?

② 可能导致哪些情况?

③ 可能对活动目标的实现造成什么影响?

④ 可能会涉入或受到冲击的利益相关者的构成?

⑤ 风险可能发生的时机、地点、原因及方式?

⑥ 目前控制该类风险的方法有哪些?

⑦ 分析现有控制方法无法发挥控制功能的原因并提出改善策略。

在识别风险时,可以借助风险识别框架模型。该模型为管理者提供了一个风险识别的思路框架,如表 12-3 所示。

表 12-3　风险识别框架模型工作表

风险来源	潜在的风险影响，依类别分类					
	财务	人力资源	声誉形象	活动目标	法律责任	服务质量
宏观环境风险						
管理风险						
运营风险						
操作风险						

在该风险识别工具中，最左侧的栏目为风险来源，每项风险来源皆会对企业及其组织的活动运作或利益相关者产生许多不同的影响；最上方的栏目主要为每项风险类别对企业活动营运、利益相关者及企业可能产生的潜在影响。通过这个工作表，企业活动策划过程中可能出现的风险类型及其影响都能够较为全面的被记录下来，从而为后续风险分析打下坚实的基础。

同时，还应该将识别出的风险登记到风险登记表中，如表 12-4 所示。

表 12-4　风险登记表工作样表

风险项目	风险情境及影响	风险应对及处理		
		现有措施	新增对策	负责部门

在风险识别的过程中，可以采用的技术和方法包括：核对风险清单、利用 SWOT 分析方法、运用经验及纪录来判断、使用活动流程表、头脑风暴、系统分析、顺序分析，以及系统工程技术等。

可以借助参考的资料包括：

① 当地或其他国家的经验；

② 专家的专业判断；

③ 结构性访谈；

④ 小组讨论；

⑤ SWOT 分析与经营策略规划；

⑥ 保险理赔历史资料；

⑦ 事件（故）调查报告；

⑧ 个人经验或企业以往的经验；

⑨ 稽核、检查与现场访查结果及报告；

⑩ 问卷调查；

⑪ 检核表；

⑫ 历史纪录、事件数据库、失效分析报告及以往留存的风险登录表。

2. 企业活动策划的风险分析

在对企业活动策划过程中的风险因素来源识别的基础上，可以借助 IPA 矩阵图的思路对各种风险因素进行分析，IPA（importance-performance analysis）主要指重要性及其表现分析法。在风险评估方面，重要性可以适当的转化为某类风险发生后的影响范围，若某类风险因素的影响范围越大，则其重要性也相应较高，其表现则可以转化为某类风险的发生概率。通过该方法可以形成风险因子的分析矩阵，如图 12-2 所示。

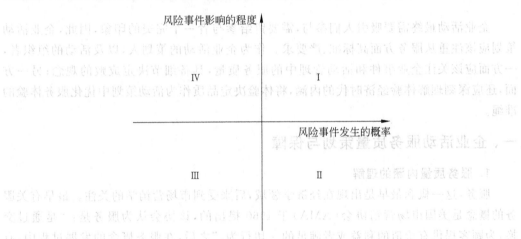

图 12-2 企业活动策划风险因素分析的矩阵图

在上图中，图中区域被风险事件发生概率及风险事件影响程度两个坐标轴划分成立四个象限，分别为Ⅰ、Ⅱ、Ⅲ、Ⅳ。

其中，第Ⅰ象限属于风险事件发生的概率较高，且可能造成的影响程度较大的风险。对于此类风险，应该引起相关活动策划人员及企业管理者的高度重视，一定要做好充足的准备和应对方案。

第Ⅱ象限属于风险事件发生的概率较高，但可能造成的影响程度较小的风险。对于此类风险，策划者可以制定积极的预防措施，防止该类事件的发生。

第Ⅲ象限的风险无论是在风险事件发生的概率，还是风险事件可能造成的影响方面，都处于相对较低的水平。对于此类风险，活动策划人无需投入过多精力。

第Ⅳ象限内的风险事件可能造成的影响较为严重，但是，通常其发生的概率较小。因此，对于此类风险，策划者只要做出监控及紧急应对预案即可。

对于发生概率的判断，可以参照以下标准：概率在 0～40％，属于几乎不可能发生，此种风险只会在特殊的情况下发生；概率在 41％～60％，属于可能发生，此类风险在有些情况下会发生；如果概率在 61％～100％，则属于几乎确定，该类风险在大部分的情况下会发生。

在对风险要素进行分类后，还需要列出现有控制风险的管理方法、技术系统和步骤，并了解这些方法的优势及不足。

在上述分析的基础上，企业活动策划人员最终应制定出一套完整的活动风险防范机制与对策。

第二节　企业活动策划的服务保障体系

企业活动最终需要吸引人们参与，需要留给参与者一个完美的印象，因此，企业活动策划应该注重从服务方面高标准、严要求。作为企业活动的策划人，以及活动的组织者，一方面应该关注企业事件和活动管理中的服务质量，具备细节决定成败的观念；另一方面，还应深刻理解体验经济时代的内涵，将体验决定品质作为活动策划中优化服务体验的准绳。

一、企业活动服务质量策划与保障

1. 服务质量内涵的理解

服务，这一概念最早是出现在经济学领域，后来受到市场营销学的关注。最早有关服务的概念是美国市场营销协会（AMA）于 1960 提出的，该协会认为服务是："是通过交换，为顾客提供有价值的利益或者满足的一切行为。"之后，在服务概念的发展过程中，有很多知名的学者都在此概念的基础上提出了自己对于服务的看法。

W. Earl Sasser Jr. 认为服务是一种特殊的活动，具备无形性和不可储存性的特征；并指出服务是一个生产与消费几乎同时进行的过程，消费者不能保持服务，但可以保持服务的效果。

Christian Gronroos 认为服务本质上具有无形性，并且它只是一种或一系列的活动，通常发生在消费者与提供服务的员工、实体资源、物品或系统之间的互动中，帮助消费者解决问题。此观点的出现体现了服务的无形性、过程性和交互性。

在服务本身的特性和含义不断被学者们挖掘和提出的基础上，服务的定义也越来越深刻和全面。

A. Parasuraman 综合了多位学者的研究提出了服务的特性分别为无形性（不可感知性）、不可分割性（服务生产与消费的同时发生性）、异质性（不同消费者的差异性）、易逝性（随时间消失性），此定义的提出也普遍被学术界所接受。

国际标准化组织于 2000 年,赋予了服务新的含义:为满足顾客需要,服务提供方与顾客接触的活动和服务提供方内部活动所产生的结果。

虽然不少的学者都尝试概括服务的含义,但是,由于其具有无形性的特征,再加上社会的发展,使得服务的范围也不断扩大,从而导致学术界对于服务的界定仍然在不断变化和完善中。我们可以认为服务就是以满足不同消费者需求为目的一种或一系列活动的过程,该过程具有无形性、不可分割性、异质性和易逝性四种特性。

就企业活动的服务而言,目前,学术界提及和研究较多的仍然是侧重在会展领域中。

如王微明认为,会展服务是指因举办展览会而将众多的人群集中在一起的过程中,所提供的一切以提升展会宣传和展示水平为目的的活动,以及为参展商和参展观众更好的参展提供的一系列服务活动,同时,还包括由于展会的举办而衍生的涉及交通、住宿、商业、餐饮、购物、观光、媒体宣传等一系列经济贸易活动的总称。该定义较为全面的描述了会展服务的内容,但是缺乏一定的系统性。

戴以诚将会展服务分为三个层面:会展所在城市提供的基础类服务;会展主办方对参展商和参展观众提供的服务;会展主办机构和参展商对会展观众提供的服务。

梁赫认为,会展服务是指会展主办方在展前、展中、展后为参展商、客户提供的服务;服务质量的优劣直接关系到参展商及观众的利益,以及主办方自身的利益。

孙虹飞指出会展服务包括三个阶段:展前服务,包括展会的宣传、参展商的招募和观众组织等;展中服务,除了必备的项目(现场咨询、茶歇服务等)之外,逐步增加了法律、科技等方面的援助;展后服务,主要体现在相关信息的统计、分析与回馈。

许传宏则将会展服务分为广义和狭义两个方面:广义上,会展服务是指会展企业以及与会展相关的企业向会展活动的主办方、承办方、与会者、参展商以及观众所提供的全方位服务;狭义上,会展服务是指在会展活动中,由主办方或承办方向与会者、参展者、客商及观众所提供的各项服务。

通过对比上述各位学者对会展服务内涵的研究,笔者较为认同广义和狭义的服务二分法。即广义服务是专业服务商为活动组织者提供的服务;狭义服务是指在企业活动组织过程中,为各参与者提供的各项服务,如接待、礼仪、后勤、展台搭建与撤除、安全保障等。由此可见,狭义服务更加侧重于事件活动现场所提供的服务。如无特别说明,本书提及的企业活动服务一般均指狭义上的服务概念。

2．服务质量的构建模型

服务质量一直是服务行业研究的热门,目前,学术界有关服务质量的研究非常之多。但是,在众多的有关服务质量的研究成果中,有一项关于服务质量的论述非常经典,即服务质量 SERVQUAL(service quality)模型。这个模型是目前关于服务质量测评时,应用比较广泛的模型。该模型由 A. Parasuraman, Valarie A. Zeithaml and Leonard L. Berry 提出,主要是从顾客感知差距的角度来解释服务质量,它指出服务质量是顾客接受服务前的期望与接受服务后的感知之间的差距,要想测量服务质量就要分别测量顾客服务期望与服务感知,然后以两者间的差距作为衡量的结果,如图 12-3 所示。

图 12-3　服务质量期望感知模型

在具体的衡量量表中,Parasuraman 将其中的 22 个因子分为 5 个构面,分别是:有形性(tangibility)、可靠性(reliability)、响应性(responsiveness)、保证性(assurance)和关怀性(empathy),其中,有形性是指实体的场所、设备及服务人员的外观;可靠性为可靠、准确的执行所承诺服务的能力;响应性主要将服务人员提供服务的意愿和敏感度作为标准;保证性则要求服务人员专业知识丰富,殷勤有礼,能让顾客感到信任;而关怀性则希望能提供给顾客更多特殊的关怀和关注,从而以满足顾客的需要。

该服务质量测评量表的具体内容,如表 12-5 所示。

表 12-5　服务质量测评量表

构　面	内　容	衡　量　项
有形性 tangibility	实体的场所、设备及服务人员的外观。	1. 具有现代化的服务设施。
		2. 服务设施具有吸引力。
		3. 服务人员穿着得体。
		4. 公司的整体设施、外观与其所提供的服务相匹配。
可靠性 reliability	可靠、准确的执行所承诺服务的能力	5. 公司向顾客承诺的事情能及时完成。
		6. 顾客遇到困难,能表现出关心并提供协助。
		7. 公司是可靠的。
		8. 能准时提供所承诺的服务。
		9. 正确的保存服务的相关记录。
响应性 responsiveness	服务人员提供服务的意愿和敏感度。	10. 确实告知顾客各项服务需要的时间。
		11. 所提供的服务符合顾客的期待。
		12. 服务人员总是乐于为顾客说明。
		13. 服务人员不会因为忙碌而无法提供服务。

续表

构　面	内　容	衡　量　项
保证性 assurance	服务人员专业知识 丰富,殷勤有礼,可 以让顾客感到信任。	14. 服务人员是可以信赖的。
		15. 从事交易时,能使顾客感觉安心。
		16. 服务人员是有礼貌的。
		17. 服务人员从公司得到适当的支持,以提供更好的服务。
关怀性 empathy	提供给顾客特别的 关怀与注意,以满足 顾客的需要。	18. 公司会针对不同的顾客提供个别的服务。
		19. 服务人员会给予顾客个别的关怀。
		20. 服务人员能了解顾客的需求。
		21. 服务人员能优先考虑顾客的利益。
		22. 公司能提供顾客方便的服务时间。

3. 服务质量管理相关理论的启示

在服务质量管理相关理论的指引下,企业活动的策划人和企业管理者都应该关注以下方面的问题。

(1) 对于参与者的服务质量诉求和感知应全程关注。在活动策划之前,企业应该为策划者明确界定参与相关活动群体的明确特征。策划人则应在获取上述信息的基础上,针对该类群体的服务质量诉求加以研究和探讨,从而制定出具有针对性的服务质量保障体系。此外,在活动的现场管理及事后评估部分,都应该将参与者的服务质量感知作为评估的一项必不可少的内容,这样才能有助于实现企业活动策划对于服务质量问题的全程监测。

案例：针对会展活动的专业观众及普通观众的服务质量期望分析

在某次展览举办期间,活动主办方及组织者运用服务质量模型构建了一套会展活动参与者的服务质量期望分析量表,该量表的服务质量部分由 5 个维度,23 个问项组成。组织者随后以此量表为工具,对目标群体进行了调查和研究。调查期间,共发放问卷 800 份,回收问卷 641 份,其中,专业观众日回收 162 份,普通观众日回收 426 份;剔除无效问卷 43 份,共回收有效问卷 588 份。

从整体观众的服务期望评分来看,在这 23 个期望因子当中,观众的评分均值都在"重要"和"非常重要"之间(得分 4.0~5.0 之间),由此可见,大部分观众对于展览现场的服务质量有较高的期望要求。

其中"展会表演很精彩"、"遇到困难,展会能提供协助"、"展场环境整洁"、"展位工作人员具有良好的服务态度"、"活动内容与展会承诺的一致"、"洗手间干净"等6项的得分排名比较靠前;而"停车场管理有序"、"服务人员穿着得体"、"展会提供多种餐饮服务"、"展会能了解观众的需求"、"展会为特殊人群提供帮助"、"展会为观众建立专门的服务平台"等6项的得分相对靠后。

由此可见,"展会表演很精彩"、"遇到困难,展会能提供协助"、"场馆环境整洁"及"展位工作人员具有良好的服务态度"是观众最为关注的项目;其次,就是"活动内容与展会承诺的一致"和"洗手间干净"等因子。

首先,通过单因子方差分析,将会展专业观众和普通观众的服务期望因子进行了对比。通过对两者的比较可以发现,两类观众群体对于展会的服务期望因子并没有呈现出任何的显著性差异;同时,由整体期望因子的分析可以得出,两类受访观众对于展会相关服务的重视程度,基本都呈现出较高的水平。由此看来,无论是对于哪类观众,展会组织者对于服务方面的工作都应给予一定的重视。

其次,应根据企业活动的内容和规模,选择理想的硬件设施和场地。由于服务一般具有无形性的特征,企业活动策划中的服务质量管理,在规范化管理方面,就应该特别关注活动举办过程中的硬件设施和场地环境。因此,作为企业活动策划人,在策划设计方案和提交策划书时,应该同时提供一份相对详实和明确的硬件设施和场地环境说明。这样更有助于相关组织者形成共识,提升企业活动的硬件设施质量水平。

最后,应以服务质量模型为蓝本,并结合参与者的服务质量诉求,建立相对较为完善的人力资源调配及培训机制。从服务质量的五个构面来看,对于人力资源的要求就是能够快速、有效、保质、人性化的为有需要的活动参与者提供服务。因此,活动策划过程中的人力资源调配机制,以及人力资源的培训机制等都需要策划者与企业之间进行事先的沟通和设计。

二、企业活动服务体验策划与保障

服务体验是指以企业活动的参与者为主体,通过其各种感官获得的对于该次活动的总体感受。美国未来学者阿尔文·托夫勒在《未来的冲击》一书中预言:在经历了几千年的农业经济、几百年的工业经济、几十年的服务经济等浪潮后,体验经济将是最新的发展浪潮。约瑟夫·派恩等认为为体验就是一种以商品为道具、以服务为舞台、以消费者为中心,创造能够使消费者参与、值得消费者回忆的活动;并提出体验经济的两大内涵为,体验者的参与性和体验者与环境组成的关系。

参照上述服务体验内涵的理解,在服务体验策划方面,主要应该注意三个问题:第一,服务的关键时刻的把握和设计;第二,活动举办过程中的服务等待;第三,活动举办过程中的服务补救等。

1．服务的关键时刻

（1）服务接触与服务关键时刻

服务实际上是人与人之间不断接触的过程，而在众多的接触过程中，有某些非常重要的人际互动可能会决定顾客对整体服务产品的看法。关键时刻在英文中的原意是指斗牛士与公牛正面交锋，将公牛击倒的瞬间。诺曼（Richard Normann）将关键时刻（moments of truth，MOT）引入服务业，特指在服务接触过程中，具有特别显著影响的服务环节。

可见，服务接触是服务的基本特征，主要指在服务消费过程中服务提供者与服务接受者之间面对面的互动关系；服务接触通常被视为服务营销的核心部分，对服务质量控制、服务传递系统以及顾客满意等方面具有较大的影响。对于服务接触的理解，有二元论和三元论两种常见的理论。其中，服务接触的二元论是指顾客与服务提供者之间的二元互动关系，即仅将服务接触视为员工与顾客之间的关系；而三元论则更进一步从组织管理的角度，在二元论的顾客和员工之间，增加了服务组织的元素，即除了员工和顾客外，服务企业其实也在其中产生了较为重要的影响。

一般企业事件活动的参与者，在相关活动结束后，都会储存自己亲身经历过的许多关键时刻，如沮丧的经历、美好的经历等。企业活动的策划者需要以服务接触和关键时刻的理念作为服务策划管理的指导思想，并应先对企业活动举办过程中的服务接触进行环节细分，然后找出最为重要的服务关键时刻，实施重点监控和规划。

作为服务管理的一般认知，通常都是将最初阶段的服务接触视为较为重要的环节，因为，在服务接触中还存在"瀑布效应"，即如果在最初的服务接触中，员工与顾客之间的服务接触是积极和愉悦的，则后续无论是员工还是顾客都会以较为积极主动的心态去应对服务；相反，如果初始阶段的服务接触已经引起顾客的不满情绪，后续的服务质量和顾客满意度提升就成为一项极大的挑战。

如迪斯尼公司估计，前来迪斯尼乐园游玩的顾客平均每人会经历的服务接触数量达到 74 次。由此可见，在对迪斯尼的游客进行服务接触管理时，前期的服务接触质量是非常重要的。因此，在迪斯尼乐园工作的每一个员工都是在扮演某个特定的角色，无论具体角色为何，其最终目的都是要为身处其中的游客提供尽量完美的服务接触。如在迪尼斯乐园中从事园区清洁工作的员工，其大部分时间并不是在扫地，而更多的是与乐园中的游客进行聊天、交流。迪斯尼公司的服务质量提升策略是，让每个员工的服务环节都不脱离顾客，并且都应该建立较为愉悦的体验。

阅读：北欧航空公司前总裁詹·卡尔森的服务关键时刻观

北欧航空公司前总裁詹·卡尔森认为，关键时刻就是顾客与北欧航空公司的职员面对面相互交流的时刻，放大看，就是指客户与企业的各种资源发生接触的那一刻。这个时刻决定了企业未来的成败。

卡尔森是这样发现关键时刻的：他询问乘客在乘坐斯堪的纳维亚航空公司的飞机旅行后有何感想和结论。结果他发现，假如乘客看到放在自己面前的碟子没有刷干净，有咖啡渍，就会认为该公司也很可能忽略了飞机发动机的检修，这样，乘客就有可能决定不乘坐这家公司的飞机了。卡尔森和员工无法理解这种逻辑。清洗碟子的人员又不负责发动机检修，乘客怎么能认为碟子上的咖啡渍和发动机的检修有关呢？其实，人们通常会在看到一个个别现象后，就对公司总体形象加以概括，这就是第一印象的力量。

卡尔森在 1981 年进入北欧航空公司担任总裁的时候，该公司已连续亏损多时且金额庞大，然而，不到一年时间，卡尔森就使公司扭亏转盈。这样的业绩完全得益于北欧航空公司员工认识到：在一年中，与每一位乘客的接触中，包含了上千万个 MOT，如果每一个 MOT 都是正面的，那么客户就会更加忠诚，为企业创造源源不断的利润。卡尔森提出：平均每位顾客接受其公司服务的过程中，会与五位服务人员接触；在平均每次接触的短短 15 秒内，就决定了整个公司在乘客心中的印象。故他定义：与顾客接触的每一个时间点即为关键时刻，它是从人员的外表（appearance）、行为（behavior）、沟通（communication）三方面来着手，这三方面给人的第一印象所占的比例分别为外表 52%、行为 33%、沟通 15%，是影响顾客忠诚度及满意度的重要因素。

目前，服务接触和服务关键时刻已经被服务业界所关注，并在医院、图书馆服务质量管理中被广泛应用。然而，在节庆活动和企业活动服务管理方面，尚未见到有系统应用的案例。企业由于性质不同，其关键时刻也有所不同，但每个企业向顾客展示服务质量的机会都是由一系列关键时刻构成的，企业应当加强对这些时刻所涉及的时空环境和服务内容的管理，创造出良好的服务质量。

（2）服务关键时刻模型

为了更好的理解服务关键时刻的概念，一些学者提出了服务关键时刻模型，如图 12-4 所示。

在服务关键时刻模型中，有三个较为核心的概念，即服务背景、行为模式，以及三者的和谐。

服务背景是指人与人之间产生服务互动时的环境和背景，一般来看，环境会对人的感知和期望产生影响。如笔者曾经进行过一个研究，即探讨在高峰期时段，进出澳门口岸区

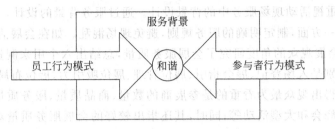

图 12-4　服务关键时刻模型

域的访客对于通关服务的满意度感知。尽管在每天的出入境高峰期时段,口岸区域拥挤不堪,但访客们会根据环境特点进行服务期望的调整。在笔者进行的调查中,人们期望的通关时间与实际等待通关时间相比,基本上是吻合的。

在服务背景元素中,可以分为有形与心理两个方面。此外,还可以按照服务的规则,分为无约束性的服务背景和遵守特定章程的服务背景。如某些企业活动现场会有抽奖的环节,而在进入抽奖环节之前,参与者需要先行完成一定的任务或到访某些特定的展台,此种就属于遵守特定章程的服务背景。

在行为模式中,主要涉及服务员工及顾客两个方面。作为企业员工而言,其行为模式主要受到以下方面因素的影响:

① 服务组织对于员工的要求;

② 有关员工和顾客的规章制度;

③ 员工感情成熟程度;

④ 由以往经验形成的对顾客行为的期望值;

⑤ 员工在生活中形成的态度、信仰、价值观和道德标准等;

⑥ 提供服务的工具和方法。

从参与者的角度来看,影响消费者行为模式的因素则包括:

① 以往参与类似活动的经历;

② 对服务组织的总体态度与看法;

③ 基于以往的参与经验所形成的服务期望;

④ 在顾客的人生经历中,形成的态度、信仰、价值观、道德标准等。

作为服务关键时刻的第三个要素,和谐是指在关键时刻,服务人员所采用的技巧、行为和客户的期望,应该与服务的背景之间构成和谐的关系,并由这三者共同构成服务的传递过程。

（3）服务关键时刻对于企业活动策划的启示

在企业活动策划过程中,对于后期执行过程中的服务关键时刻的策划与管理,则应该从以下方面着手。

①　应较为重视活动现场服务中的背景设计。通过服务背景的设计,一方面提供适宜的服务环境;另一方面,制定明确的服务规则,避免现场混乱。如在会展活动的服务方面,Mihae Jung 从会展观众的角度研究了会展服务质量,总结出六个用来测量参与观众的服务质量维度,分别是入场登记、展会指引、展位管理、展位吸引力、展位布局和功能,以及展馆区位;并最终得出观众最为看重的是参展商的数量、商品质量、服务质量以及展会所举办的一般会议、峰会和大型活动等;同时,其还指出较好的会展服务质量对观众的整体满意度和行为意向都有积极的影响。以上述研究为基础,活动策划人员就可以在参与者较为关注的领域继续服务背景的优化设计。

②　规范化和人性化相结合,提升服务过程中的关系互动。对于服务质量的管理和水平提升,一方面,应该注重规范化和人性化的统一,即对于服务流程和服务质量,应该制定较为规范化的服务质量标准,并以此作为员工的行为指南,用以提升服务水平,减少服务纠纷。而另一方面,由于不同参与者的期望值和行为模式各异,因此,单一的服务规范和流程无法满足所有活动参与者的需要,个性化的服务模式不可或缺。所以,在活动现场的服务体系策划时,应该将员工的培训和关键时刻意识之培养放在首位,通过训练让员工发自内心的关怀顾客并提升事情处理能力。

③　活动策划者还应提出构建现场服务的协调机制,通过制度化的分工安排和管理,协助一线员工在第一时间内对顾客做好完整的答复及应对。

2. 服务等待的管理

(1) 服务等待的内涵

服务等待是指从顾客准备接受服务到服务开始的时间,也指顾客在等待中感觉到的待命状态,即顾客难以及时获得其所需服务而处于待命状态,这种情况往往出现在服务高峰期。产生此种情形的原因可以大体分为两类:一类是相关企业服务系统在设计过程中,未能充分考虑事件活动现场服务等待的深刻经济价值;另一类是顾客到达的随机性和相关企业提供服务的时间不确定性相互交织在一起,使服务的供需矛盾加深了。

从服务等待的影响来看,活动组织者和管理者应该对活动参与者的服务等待环节提起足够的重视。如近年来,有关医院、航空、银行等行业中排队现象严重的抱怨声四起,对于行业的服务形象有直接的冲击。同时,相关研究也表明,服务等待会给顾客带来负面影响,而且这些影响会传递并影响顾客对企业的评价与忠诚。Ken 总结发现,服务等待可能引起一些系列的不愉快反应,如厌烦、恼怒、焦虑、紧张、无助、羞辱。此外,顾客可能感到心神不安,并且可能伴随着烦恼、令人沮丧的情绪报以愤怒的回应。这些负面情绪会最终影响其质量评价与顾客满意度感知。另外,等待时间的评估对整体服务满意度和服务质量评价也会产生很强的影响。如在对银行业的研究中就发现,等待时间与顾客对服务的整体满意度、对等待的满意度和服务质量的满意度均高度相关。

从服务等待的研究成果来看,国外学者对于服务等待问题的研究已非常深入,现有文献中的研究主要从等待感知、感知时间与顾客满意的关系、社会公平和目标导向等方面对服务等待进行了阐述。如 David H. Maister 是第一个从管理角度分析等待问题的学者，他建议管理者不仅要关注实际的等待时间，还要关注顾客对等待时间的感知，即感知时间。Bernd H. Schmitt 等的研究表明，排队等待组成了一个社会系统。他们发现如果由于插队者和服务提供者而使服务中断，排队者对前者的反应非常强烈，而对后者的反应则较弱；另外，排队者对于不合理的插队反应强烈，而对合理的插队则能够容忍。

由此可见，服务等待是服务过程中值得管理者关注的重要环节。对于企业活动组织者而言，应该充分认识到服务等待对于活动参与者总体认知和满意度感知的深刻影响，并针对服务等待中的细节进行优化和改进。

（2）服务等待的优化方向及原则

顾客对于服务等待的感知是学术界较为关注的问题，不少学者都对此进行了系统研究，并达成了较为一致的共识。从影响服务等待的因素构成来看，主要可以归为八类：等待时的行为、等待时的服务预处理、等待时的情绪、等待预期的确定性、等待原因的解释、等待机制的公平性、等待的预期价值、等待的群体构成等。

① 从等待时的行为来看，通常等待服务过程中无任何事情可做会让人觉得等待的时间特别长。因此，活动组织和管理者需要采取适当的策略来积极填充顾客等待的时间。例如，在等待电梯时，为了缓解等待的压力，可以在旁边放置镜子，这样在等待电梯时，客人就可以对着镜子整理自己的仪容仪表等；再如，为等候中的客人提供阅读材料、电视视频欣赏等，也可以达到填充等待时间的效果。

② 从等待时的服务预处理来看，服务进程前的等待感觉要比进程中的等待感觉更长。以医院的服务流程为例，在等待医生看病之前，病人可能需要经历填写相关信息、基本体征测量等环节，最后才进入医生诊断部分。正是由于其所期待的服务已经开始，因此，在等待时，不会觉得时间特别长。

③ 从等待时的情绪特征来看，等待者的焦虑情绪会使人觉得等待的时间更长。通常在等候服务的过程中，消费者会产生各种各样的焦虑情绪。例如，我是不是被服务者遗忘了；在酒店前台等待入住时，会焦虑酒店是否接收到了我的预订；在排队入场时，感觉队伍似乎从没有向前移动。诸如此类的焦虑情绪，其本身可能是非理性的，但是，确是客观存在。因此，服务管理者应该懂得通过适当的途径减轻等候者的焦虑情绪，如通过各种渠道发布和公布相关信息，是较为有效的方式之一。

④ 从等待预期的确定性来看，不确定的等待会比已知期限的等待感觉要长。如果某项服务已经得到预约，且有一个明确的开始时间，则消费者往往不会感觉到等待的压力。相反的，如果在餐厅用餐时，点菜后很久都没有能够上菜，此时，消费者的心中则会存在抱怨甚至愤怒的情绪；因此，不少餐厅在经过信息化改造后，都能够为消费者提供一个大体的上菜时间，在拥有了确定的服务时间后，消费者的焦虑情绪会相应减轻或消除。迪尼斯

乐园对于排队者的管理，就是会在队伍的特定位置设立指示标识，告知从此处到享受服务还需要的时间长度，此举便是让消费者形成较为明确的等候预期。

⑤ 从等待原因的解释来看，如果让消费者等待服务的原因能够得到较为及时的沟通和解释，则消费者较容易理解并缓解压力和矛盾。较为典型的例子就是航班延误，如果航班延误后不能及时和详细告知相关资讯，则极易导致乘客与航空公司之间出现消费纠纷。

📖 **阅读：22 家消费维权单位建议：改进航班延误后续服务，避免消费纠纷**

近年来，因为航班延误及延误后续服务不到位而导致消费者"罢乘""占机""拦跑道"等"激情维权"事件频繁上演。在南京召开的 2012 年城市消费维权联席会议年会上，21 个城市的中国消费者协会（消费者委员会、消费者权益保护委员会）及中国消费者报社，共 22 家城市消费维权单位联合针对航班延误引发的消费纠纷发表意见，认为改进航班延误后续服务是避免冲突的关键。

相关单位认为，近年来，航班延误及延误后续服务已经成为民航乘客反映最为突出的问题，并成为一些航空消费纠纷的导火索。据中国消费者协会、中国民用航空局运输司此前联合发布的一份航空服务消费者调查报告显示，有 76.5% 的消费者遇到过航班延误。而在航班延误后，很多航空公司不能提前或及时告知航班延误信息，并且不能采取快捷、有效的后续服务及赔偿，这使得 49.5% 的消费者对航班延误后的服务不满意，而表示满意的消费者仅占 16.8%。航班正点率及延误后续服务由此成为最令消费者不满意的航空服务；也成为导致消费者"罢乘"、"占机"、"拦跑道"等过激行为的主要原因。

22 家消费维权单位指出，作为一个重要的窗口服务行业，民航业的服务理念、服务水平不仅关乎一个国家的形象，更涉及众多消费者的切身利益。民航服务的提供者、监管者以及其他相关各方应当对当前乘客反映的突出问题予以高度重视，并下大气力予以切实解决。而调查显示，"提高航班正点率"和"改进航班延误后续服务"正是消费者认为航空服务水平最应该提高的方面。

为避免消费纠纷，促进航空服务业健康发展，航空公司与机场方面应努力提高航班正点率，加强航班延误后续服务。首先是重视消费者的知情权，及时履行告知义务；其次是尊重消费者的求偿权，提高理赔主动性；最后是改进服务，加强沟通，有效化解消费纠纷。

---

⑥ 从等待机制的公平性来看，让人觉得不公平的等待会令消费者觉得等待的时间更长。所谓公平的等待指能够按照一定的规则安排等候，如先来后到、凭序号接受服务等原则。但是，在实际生活中，可能同时存在几种不同的排队等候机制，如银行服务中对于 VIP 客户和普通客户的排队机制是不同的，VIP 客户因为其对银行业务发展具有更加突

出的贡献,而往往获得特别优待。此时,服务提供方也应该尽量将不同服务类别的客户群体安排在不同的区域,以免造成负面影响。

⑦ 从等待的预期价值来看,消费者对于预期价值越高的服务,愿意等候的时间也越长。

而从等待的群体构成来看,独自等待的过程要比同朋友或家人在一起等待的感知时间要长。

（3）服务等待原理对活动策划的启示

对与企业活动策划者和管理者而言,注重活动现场的服务管理细节,将有利于企业活动的成功举办。参照上述服务等待的基本原理,笔者认为,对于参与活动的人士,可以制定如下的服务预案。

① 要制定额外的物资和人员预算,以保证在活动参与者数量较多时,为其提供各种必要的服务协助和补偿。例如,纽约的奥姆尼中心酒店,当排队的顾客达到 6 人时,经理助理就会跑到酒店餐厅,拿来橙汁和葡萄汁,送给排队的顾客,使他们在等候服务时更有耐心。

② 在服务流程上,安排一定的服务暗示,向顾客传递服务已经开始的信息,这样顾客的等待也变成了服务的一部分,可以平衡顾客等待时的心理感受。例如,排队用餐时间安排服务员站在顾客身边帮助其提前点餐。

③ 企业可以考虑通过添置服务标准化的机器设备,来鼓励活动参与者进入服务流程中,减轻服务等待的压力。例如,航空公司的自助登机服务就是属于吸引消费者参与服务的方式。

3. 服务补救的策略

（1）服务补救及其意义

服务补救（service recovery）的概念最早由 Christopher W. L. Hart 等人于 1990 年提出。不同的学者对服务补救的概念有不同的表述,Stephen S. Tax 和 Stephen W. Brown 将服务补救定义为一种管理过程,它首先要发现服务失误,分析失误原因;然后,在定量分析的基础上,对服务失误进行评估;最后,采取恰当的管理措施予以解决。还有学者认为,服务补救是服务性企业在对顾客提供服务出现失败和错误的情况下,对顾客的不满和抱怨当即做出的补救性反应;其目的是通过这种反应重新建立顾客的满意度和忠诚度。韦福祥则指出,服务补救是服务企业在出现服务失误时所做出的一种即时性和主动性的反应;即时性和主动性是服务补救的重要特征。

在发生服务失误后,服务补救的效果将直接关系到顾客的满意度和忠诚度。当企业提供了令顾客不满的服务后,这种不满能给顾客留下深刻的印象,但随即采取的服务补救会给顾客留下更深的印象。有针对商品大批量采购的调查研究表明,未提出批评的顾客重购率为 9%;抱怨未得到解决的为 19%;抱怨得到解决的为 54%;抱怨得到快速解决的,其重购率则达到了 82%。可见,高水平的服务补救对服务满意度有明显的改善效果,能使不满的顾客重新恢复到满意的状态;而低水平的服务补救非但不能取得改善效果,甚至会进一步降低满意度水平。从不同行业的投入与产出角度来看,服务补救的投资回报率可达 30%～150%。

此外,丛庆等学者以银行业为例,对服务补救后的满意度与顾客忠诚之间的关系进行了深入研究。研究结果显示,顾客服务补救后满意必须通过信任和关系承诺变量的中介作用维系顾客关系,而对顾客的关系持续意愿没有直接的解释力;在服务补救背景下,顾客信任通过顾客情感承诺变量间接影响关系承诺。服务补救能力可以提高企业对现实顾客的关系营销能力。

对于服务失误的产生原因,一般都可以归纳为三类:员工或服务企业内部原因导致的服务失误、顾客自身导致的服务失误,以及第三方原因导致的服务失误。有研究显示,从不同类型的服务失误对满意度产生的影响来看,服务提供方导致的服务失误是最严重的,也是最不可容忍的,顾客满意度、再购买和正面口碑传播意愿的下降幅度最大;由顾客自身导致的失误被认为是最轻微的,顾客满意度、再购买和正面口碑传播意愿下降幅度最小;第三方原因导致服务失误的严重性及其对顾客的负面影响程度都介于前两者之间。由此可见,对于服务质量体验和感知而言,服务补救应该重点关注因为企业内部原因导致的服务失误。

（2）服务补救的策略

在服务补救的策略方面,为学者们所公认的建议包括以下方面。

① 建立服务补救预警系统。在服务管理体系中,可以建立一套服务失误、跟踪、识别系统。在此系统的支持下,企业不仅能通过顾客的抱怨和投诉来确定企业服务失误之所在,而且还能主动地查找潜在的服务失误。

② 应该重视顾客的问题。在发生服务失误时,应有专人站出来为顾客提供解释、说明及道歉,从而将顾客因为服务失误而产生的沮丧感甚至愤怒感降至最低。

③ 有为一线员工提供授权。除了对员工进行有针对性的服务补救训练外,企业还应对员工进行必要的授权,使员工有一定自主解决问题的权限。授权可以增加员工的责任感,提高其工作的主动性、积极性和创造性,有助迅速、及时的解决顾客的问题。

④ 鼓励顾客抱怨和投诉。有调查显示,当顾客碰到问题时,仅有 4% 会向相关部门进行抱怨或投诉,另外的 96% 的顾客不会抱怨,但他们会向 9～10 个人来倾诉自己的不满。而将不满告诉企业管理者,将满意告诉顾客的朋友是我们期待的结果,因此,企业需要设立相关的组织机构以及激励机制,让顾客将遭遇到的服务失误主动的告知企业活动的管理者。

⑤ 有效管理和控制顾客服务预期。服务质量的改进和提高是无止境的,但顾客的质量需求是可以控制的,通过对顾客需求的控制和管理,同样可以达到提高顾客满意度的

目标。

第三节 企业活动策划的资源保障体系

一、人力资源管理保障体系

企业活动策划和实施过程中,会在短时期内对人力资源产生大量的需求,如何获取足够的人力资源、如何保证员工能够为活动参与者提供符合期望的服务体验,这些都是企业在活动策划时需要回答的问题。

(一)企业活动策划中人力资源的类型

企业活动策划过程中的人力资源有广义和狭义之分。广义上的人力资源概念可以分为企业内部可控的人力资源,以及企业外部控制力和约束力相对较低的部分;其中,外部的人力资源为合作方,内部可控的人力资源则主要指员工。所谓的合作方主要是指企业活动策划和实施过程中,为组织者提供特定服务的供应商;员工是根据企业的需要雇用或聘请的专职或兼职工作人员,其主要的工作是配合企业活动策划和实施的需要,提供各种类型的服务。某些类型的活动需要大量的人力资源,如大型的庆典活动、企业组织的展览活动,以及一些大型的营销公关活动等。狭义上的企业活动人力资源则主要指企业采取各种形式聘用的员工。在此处提及的人力资源主要指狭义上的人力资源概念。

对于企业活动策划及实施过程中的员工,可以大体上分为以下三类:企业长期雇用的全职员工、企业临时聘用的员工、企业临时邀请为活动提供帮助的志愿者等。

1. 企业长期雇用的全职员工

企业长期雇用的全职员工是企业活动策划和管理过程中的核心群体,这部分员工在企业工作的时间长,对于企业文化以及企业活动的组织流程及目标等相对较为明确。因为其与企业间存在雇用以及忠诚等关系,所以在管理和控制上相对比较容易。然而,受到企业活动组织结构的限制,大部分企业采取了矩阵式或职能式的组织形式来应对企业活动策划的需要,因此,企业全职员工能够参与到活动策划和实施中的人数,不可能太多。为了应对活动筹备和实施的大量人力资源需求,企业还需要借助大量的临时员工和志愿者。

2. 企业临时聘用的员工

临时聘用员工是指企业因应活动筹备和实施的需要,通过各种人力资源中介渠道和平台,有偿聘用的临时工作人员。临时工作人员由于受到薪酬机制的约束,可以承担一定的工作,但其工作的主动性和激励性通常不足,因此,一般建议安排临时聘用人员承担一些较为琐碎的工作。

3. 企业临时邀请的志愿者

虽然学者们对志愿者的定义各有不同，但是关于志愿者内涵的理解是基本相似的，即自愿参与、不图回报。各类学者对志愿者内涵的解释大都包含以下几个要点：志愿者的行为是个人行为；志愿者的行为必须是自愿的，自愿的奉献他们自身所能奉献的时间、精神和技能，自愿的去承受社会责任；志愿者所开展的活动具有一定的社会价值；志愿者不是孤立地开展活动，而是在组织中进行协作；志愿者的活动动机是利他的和无私的。

随着会展、节庆活动规模和复杂程度的增加，大型活动的组织越来越依赖于志愿者的服务。以 2008 年北京奥运会为例，志愿者人数创历史之最，总量达 170 万名，其中，10 万的赛会志愿者、20 万的拉拉队志愿者、40 万的城市志愿者、100 万的社会志愿者。如何高效管理志愿者队伍、有效发挥其作用，也成为节事活动策划行业的重要研究课题。在传统雇用关系中，通过薪酬和雇用关系，管理者能够有效的控制雇员工作的态度和绩效。而志愿者与组织者之间，不存在薪酬契约关系，志愿者出于自身动机，无偿为组织者服务，两者之间缺乏有效的直线控制关系；志愿者的工作绩效和态度，很大程度上，由自己决定；志愿工作是一种选择，而不是自偿的、受到法律合同约束的劳动交易。正是出于上述原因，在企业活动策划与管理过程中，志愿者的角色定位更多处于员工与活动参与者（或来宾）之间。

（二）企业活动策划过程中的人力资源管理

在企业活动策划和实施过程中，对于人力资源的管理同样需要遵循人力资源管理的一般原理与方法，只是在志愿者的管理方面与一般员工管理略有差异。沈纾丹从战略营销的角度来讨论会展类活动志愿者的工作，她认为，第一步是做好志愿者需求评估、战略规划、志愿者项目设计和为决定组织对志愿者需求而作的市场调查；第二步是做好志愿者岗位描述、广告、制定征募战略、志愿者应聘、培训、监督、激励、志愿者评估、回报和工作认同、志愿者项目评估。

总体上来看，企业活动策划和实施中的人力资源管理由以下工作环节构成。

1. 调查需求，明确岗位及人员数量。

对于人力资源的需求，活动策划人应有一个具体的计划和预算。对于活动策划和实施而言，通常都可以细分为若干环节和子活动，因此，策划者需要按照活动的主要环节或内容对人力资源的需求量进行评估和分析。在分析时，需要将内部员工、外聘临时工作人员以及志愿者群体分开处理，因为，在实际安排工作时，不同群体所承担的责任是不同的。

在确定所需人员数量时，策划者还需要考虑场地、资金、时间等约束条件，作出的人员需求计划一定要具有较高的实战性和针对性。根据 Chatfield-Taylor C. 的观点，在制订企业活动人力资源计划时，应考虑到工作人员大部分可能为临时聘用，具有较高的不确定性;此外,企业活动自身的多变性特点也会让人力资源的需求在实际操作时,具有一定的变数。因此,其建议在进行人力资源需求计划时,企业活动策划者应在实际需要人数的基础上增加 30% 的应急预算。

除了数量外,还应该明确应该设立的岗位以及具体的岗位描述,即每一个岗位的工作目标、所承担的工作职责、工作任务以及与其他岗位之间的工作关系、相应岗位需要的技能等。下例就是第八届中国航空航天博览会志愿者需求岗位说明及所需技能和素质情况。

案例:中国航展的志愿者岗位设定及技能需求

通过查询第八届中国航空航天博览会志愿者需求人数及岗位说明汇总表可知,此类岗位包括:公司领导秘书助理、执委会办公室助理、国外媒体管理、国内媒体管理、高尔夫比赛活动助理、专业观众审核、飞行小组工作人员、志愿者管理、专业观众买家接待、论坛跟进、商务洽谈翻译、公关礼仪组、网站信息校对、计算机网络工作人员、财务部助理、摄影摄像、现场咨询引导、会议室工作人员、展会现场机动队、现场送餐、工作人员饮用水管理兼送水员、公众停车场监管员、清洁保洁监督员、搭建安全协管员、现场经营配合、服务区餐饮工作人员、制证组、办证大厅工作人员、施工证办证员、门票查验等岗位。上述岗位按照其技能和素质的需求,可以大体分为核心管理类、技术类、展会现场服务类,以及辅助类等四类。

在针对上述岗位设定及职责分析的基础上,可以得到所需技能和质素的汇总表,如表 12-6 所示。

表 12-6 中国航空航天博览会志愿者所需技能总表

序号	要素指标	序号	要素指标	序号	要素指标
1	英语知识	9	抗压能力	17	个人修养
2	会展知识	10	理解判断能力	18	责任感
3	航空知识	11	沟通能力	19	认真细心
4	计算机应用	12	服务态度	20	吃苦耐劳
5	公关礼仪知识	13	服务意识	21	保密意识
6	办公软件知识	14	为人处世方法	22	精力充沛
7	办公设备应用	15	文字书面表达	23	身体健康
8	组织协调能力	16	工作或培训经验		

2. 找寻人员的获取渠道、发布信息

在明确了用人需求及岗位设定后,企业活动策划人就应该寻找合适的平台和渠道,发布人力资源需求信息。对于临时聘用的人员而言，较为常见的招聘渠道或平台就是人力资源中介机构、教育机构，以及某些与活动工作内容相关的企业。如在企业活动的接待工作方面，可以透过酒店相关企业发布信息，吸引其员工作为兼职人员。另外，通过网络平台，如特定区域（每个城市的门户网站）、特定专业的网络论坛（如会展行业的论坛、酒店行业的论坛、学生论坛等），以及各种社交网络工具发布临时员工的招聘信息也已经成为一种趋势。

3. 人员招聘

对于临时聘用的兼职员工，用人单位应重点关注其掌握的技能和工作经历是否胜任某个岗位。

在志愿者的招聘方面，由于志愿者参与相关工作的目的和动机各不相同，并且其来源和专业背景也具有较大的差异，因此，活动组织者需要有专门设计的志愿者申请表格，用于搜集相关资讯以及协助为申请人安排适当的岗位。在申请表格中，除了一般的信息外，活动策划及组织者还需要重点关注志愿者申请人的主要教育经历、特别的技能及资历、曾否有志愿者经验、有兴趣参与的志愿者服务类型（最好能够询问第一、第二志愿以及第三志愿，以方便灵活机动的安排）、能够安排的时间，以及对于志愿者服务的理解和参与动机等。有些志愿者的信息可能无法直接取得，此时，可以选择提出相关问题，让志愿者回答的方式进行。下面就是一个志愿者服务的申请表格。

志愿者申请表格
姓名：　性别：_____　年龄：_____
民族：教育程度：　职业：_____
主要教育经历：_____
地址：邮编：电话：_____（手机）_____
工作单位：电邮：
特别技能及资历：
工作经历：
有否伤残/病历：□无　□有（注明：_____）
曾否有志愿者经验：□无 □有（注明：_____）
有兴趣参与的志愿者服务：
□健康调研项目　　　□医学培训项目　　□医疗诊治项目
□健康教育宣传项目　□贫困结对子项目　□志愿者活动　　□其他
□请填写您选择的志愿服务：
预计可连续服务最少 天
预计服务期限：□一个月　□半年　□一年　□其他：_____

从何处得悉本志愿者的消息：_____

申请人签署：_____　　日期：_____

请回答以下问题：

1．您为什么要做志愿服务？

2．请列出您参与志愿服务的价值及意义。

3．您参与该志愿者活动的原因是什么？

4．您是否曾经在志愿服务中获得了难忘的经验？

5．您认为该项志愿服务的重点是什么？

6．对于参与该项志愿服务，您对自己有何期望或贡献了什么？

7．您对该项服务的期望（如培训、服务内容、服务对象等）：

　　笔者近期参与了在澳门进行的针对青年志愿者的相关调查和研究，可以看出，参与动机的多元化特征表现的特别突出（详见以下案例部分）。可见，对志愿者参与该活动的动机分析是志愿者招聘时较为重要的环节，因为只有明确了志愿者的参与动机，才能够在岗位分配以及激励方面提出更加具有针对性的方案。

案例：澳门青年参与志愿者服务的动机及类型研究

　　对于澳门青年参与志愿者活动的动机，项目组在文献分析以及深度访谈的基础上，列出了以下项目：帮助他人、扩展人际关系、充实生活、获得锻炼的机会、积累社会经验、获得知识和能力、实现自我价值、回馈社会、承担社会责任、更深入的了解社会、得到社会认同等，并将其作为基础的调研资料，用于调研问卷设计。

　　调查对象为参与志愿者服务的18-29周岁的澳门青年代表。在调查中，抽样将主要针对18岁以上年龄阶段之青年所在的学校以及曾参与志愿者服务的澳门在职青年，抽样方式采取首先按照青年人士中学生和在职人士的比例进行分层抽样，然后，在具体抽样过程中，实行方便抽样。共在澳门各高校和主要人流集中的区域发放问卷680份，实际回收有效问卷600份。其中，在职青年志愿者回收问卷500份，在校青年志愿者回收问卷100份。

　　从受访者对于各类动机的认同均值来看，最得到认同的动机是较为单纯的"帮助他人"；其次为"扩展人际关系"，以及"充实生活"；而"得到社会认同"的得分相对最低，是诸多动力因素中唯一低于3.5分的项目，但是，也高于中间值2.5分。由此可见，受访者对于本次调查研究中所提出的动机因素具有较高的认同度，同时，也表明受访者在参与志愿者服务的过程中，具有较为多元化的动机。

　　由于受访者在动机方面具有明显的多元化特征，因此，为了进一步对受访者的参与动机进行分析，并进一步对受访者的类型进行判定，项目组借助因子分析的方法，对上述动机因素进行了降维处理。

项目组对上述数据借助主成分分析的方法进行提取，并借助正交旋转法进行旋转和解释。通过数据分析可见，上述 11 个参与志愿者服务的动机因素，可以被归纳为三种动机类型；这三种动机类型可以代表 64.11% 的原始数据信息。

由此可见，受访青年在志愿者活动的参与动机上呈现出多元化的特点，此多元性主要体现在发展提升、回馈社会，以及自我实现等三个方面。

在上述志愿者活动参与动机维度细分的基础上，项目组进一步对受访者，以上述三类动机为依据进行聚类分析。通过强迫聚类的方法，并经过多次尝试，最终将受访者分为四类，并在可解释性和显著性等方面都较为理想。因此，项目组认为此次受访的青年志愿者，可以最终被分为四类。

第一类群体的回馈社会动机数值最高，而发展提升动机以及自我实现动机方面均为负值，因此，项目组认为该类受访者可以被界定为回馈社会型的志愿者，其纯粹是出于将自己的能力奉献给社会上有需要的人为动机。

第二类群体尽管在上述三个动机方面均表现为正值，但是，自我实现动机方面的数值相对高于其他两个，因此，项目组将该类受访者界定为自我实现型的志愿者，即其参与志愿者活动的主要目的是要实现自我价值，得到社会的认同。

第三类群体在发展提升动机方面为正值，而在回馈社会动机以及自我实现动机方面均表现为负值，因此，项目组将该类受访者界定为发展提升型的志愿者，即以发展和提升自我能力为主要参与动机的群体。

第四类群体在上述三个动机方面均为负值，因此，项目组认为该类群体可以被界定为目的不明确型的志愿者，其在参与志愿者活动时，并没有任何想法或目的，可能是在外界环境影响或要求下而参与志愿者工作的。

4. 召开情况介绍会

情况说明会或介绍会主要是向聘请到的志愿者或临时员工介绍待举办活动的具体情况，帮助他们更快、更好的融入活动策划和实施的团队中。说明会可以根据活动的特点和计划，采取一对一形式、小组形式，或全体员工同时参与的形式等。在情况说明会上，应该侧重于分享下列资讯：

① 活动举办的目标和愿景；

② 活动项目的组织结构；

③ 工作的范畴和职责；

④ 工作要求；

⑤ 行政管理流程；

⑥ 评估体系；

⑦ 紧急事件处理流程；

⑧ 个人发展或晋升机会等。

5. 培训

培训的目的是希望所有的员工能够在活动进行过程中,为所有的活动参与者提供具有较高效率、水准,以及一致性的服务。因此,企业需要投入一定的时间、资源、精力等,组织各种员工参与培训。通常情况下,培训能够提升员工的服务质量水平、服务效率、减少缺勤风险、获得服务质量提升的建议和机会、激发员工的热情、增强员工的责任感等。在培训时,组织者应该设计适当的主题,并针对特定的群体;最好能够为员工提供一个实地操作和演练的机会。因为,只有通过听、看和实际操作的过程,才能真正实现员工服务技能和意识的转移。图 12-5 展示就是有效培训所需的多个维度。

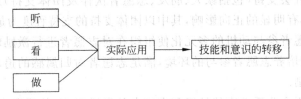

图 12-5　有效培训的维度

尤其是对于工作在与活动参与者直接接触的第一线的员工,他们是活动参与者对活动质量感知的重要环节。第一线员工能否为参与者提供完善的服务,将会直接影响活动参与者对活动以及企业的形象认知。例如,在场地面积较大、人数较多的活动现场,每一个员工都应该能够发挥咨询、引导的作用,即为有需要的活动参与者提供各种准确的信息。

6. 制定工作计划和任务分配

工作计划需要针对不同的群体制定出具体的工作内容与时间安排,从而保证每个工作都能够有充足的人力资源支持。

7. 激励与认同

尽管有关激励的解释各不相同,但其通常都涉及,什么因素驱使行为的发生、行为的方向及如何保持这种行为。笔者将激励定义为:通过外在的刺激及内在的自励来激发人的动机,调动个体的积极性,鼓励人做出抉择并为实现期望的目标而付诸行动的过程。其内在含义有两方面:一方面是激励以满足个体的某些需要为前提;另一方面是个人的目标与组织的目标是相一致的,个人目标的实现过程即是实现组织目标的行为过程。

从我国学者的研究成果来看,在志愿者的激励方面要注重多元化、延续性、全程性和针对性。其中,多元化主要指激励手段的多元化,激励来源的多元化。如张庆武比较了中、美两国志愿者激励机制的差异,提出激励应从理念上给予志愿者认可,让志愿者的行为得到社会的肯定;从方式上,不仅注重精神上的鼓励,而且可以有物质上的激励,甚至金钱上的回报,通过"言利"而"言励",从而激发和维持志愿者的热情,保持志愿者服务的长期性和延续性;从激励来源上,注重全社会一起参与;在过程上,注重全程激励;从目标上看,注重志愿者的保留。王月玥、段华冶也认同此观点,指出志愿者激励应以精神激励为主,物质激励为辅,多种激励措施相结合。

张兴玲、唐成提出,要从宏观和微观两个方面建构志愿者激励机制。宏观方面制定志愿者服务的相关法律、法规和政策,用以建立公正、民主、公平、正义的激励机制;微观方面要建立包括参与激励、荣誉激励、情感激励和榜样激励在内的以人为本的激励机制。

钱炜指出,完善我国小区志愿服务激励机制要从社会层面、组织层面和个人层面进行。

陈光明指出,社会支持(包括家人、朋友、志愿者伙伴及团体支持)对志愿者的投入程度以及参与动机具有明显的正向影响,其中以团体支持的支持程度为最高。

孙昊提出,志愿者参与动机的多元化使组织在对志愿者进行激励时必须考虑多方面的因素。管理者应培养志愿者参与的环境,满足志愿者对归属感的追求及对自主权的需要,实现永续性激励。

由此可见,对于企业活动中的员工和志愿者的激励工作,从手段上来讲,应注重精神激励与物质激励相结合;从本质上来讲,应注重内部激励与外部激励相结合;从层面上来讲,应注重企业激励、团队激励与个人激励相结合,尤其要注重团队支持;从过程上讲,应注重全程激励,激励应贯穿于志愿者招聘、培训、服务以及评估等过程,尤其是培训对志愿者工作绩效与工作感知会产生极大地影响。

8. 绩效评估与奖励

企业还需要参照活动的目标,以及各岗位的工作责任和要求,建立一套较为完善的员工绩效评估体系,用于对员工的工作表现及贡献率等方面进行评估,并且,要对表现优秀的员工给予适当的奖励。

二、财务资源的保障

限制性是项目管理的基本特征之一,因此,企业管理者常见的问题是:"应该拿出多少经费来办这个活动?"企业活动策划人员经常要解答的问题是:"经费不足怎么办?"回答上述问题也就是要通过管理有限的财务资源使企业活动能够达到既定目标。从财务指标的角度来看,企业活动的类型可以大体分为三类:第一类是以盈利为导向的企业活动,收益和利润的最大化是此类活动举办的目标之一,如产品展销活动等;第二类是以保持财务平衡为目标的活动,这种活动对于收益性的要求相对较低,只要能够保证成本投入与收益之间相应对等即可,较为常见的是一些行业协会的年会;第三类是不以财务指标作为考核标准的企业活动,其实,此类活动的组织者并非不考虑收益,只不过考虑的是长期的收益而非眼前利益罢了,如企业举办的大部分公关活动就属于此类。明确了财务方面的活动目标,剩下的工作就是用财务资源保障的路径,向着既定的目标努力。

在财务资源保障体系方面,企业活动策划人需要注意以下几个问题。

(一)制定相对准确的财务预算

企业活动的财务预算应该综合考虑以下因素:市场需求预期、以往相似活动的经验、总体经济形势及预期、预期投资收益、活动的融资方式等。其中,市场需求预期和总体经济形势预期,是对相关活动的受欢迎程度的预测和分析,其分析结果有助于对未来的预期收益进行评估。以往相似活动的经验是在搜集过去类似活动的财务信息的基础上,对于活动财务进行合理计划和安排。如果某个活动是经常性举办,则此部分信息相对具有参考价值。但实际上,不少企业活动在策划时,可能并无先例可循。此外,由于以往活动的财务资料可能需要经过较长时间的积累,因此,在现实中,借鉴相似活动的财务管理经验,可能不一定完全适用。预期的投资收益实际上是指企业活动策划的财务目标,在大多数情况下,主要指净利润。活动的融资方式决定了融资的成本,因此,在企业活动策划预算制定时,应该将不同融资方式的成本,及其对活动财务状况的影响考虑进去。上述因素都会有助于策划者对活动可能面对的财务状况作出合理预期。

在编制财务预算时,列出活动过程中的成本项目和收益项目是最为基础和重要的工作。尽管不同类型的活动在成本和收益项目方面存在差异,但是,在财务预算表中,仍然存在较多具有共性的元素。

常见的成本项目包括:

① 财务成本;

② 广告和市场推广成本;

③ 销售佣金;

④ 视听设备租赁;

⑤ 交通成本;

⑥ 奖项及奖金;

⑦ 宣传材料设计、印刷及邮递成本;

⑧ 来宾签到服务成本;

⑨ 活动策划咨询服务成本;

⑩ 企业承担社会责任之成本;

⑪ 装饰成本;

⑫ 娱乐服务成本;

⑬ 餐饮成本;

⑭ 保险成本;

⑮ 法律顾问;

⑯ 许可证的申请成本；

⑰ 灯光器材租赁；

⑱ 各类税费；

⑲ 标识设计及印刷成本；

⑳ 办公设备租赁成本；

㉑ 场地租赁成本；

㉒ 嘉宾的邀请成本；

㉓ 员工及志愿者的奖励成本等。

企业活动中常见的收入项目包括：

① 广告收入；

② 特许产品的销售收入；

③ 赞助和捐款收入；

④ 展览场地租金收入；

⑤ 投资收益；

⑥ 销售收入；

⑦ 门票或注册费收入；

⑧ 佣金收入（如酒店、旅行社、航空公司等）。

在明确了相关的成本及收入项目后，企业活动策划人就能够构建出相对较为完善的预算框架表；然后，就可以将预测的相关数据加以填充，完成预算表。

（二）通过适当的方式控制成本

控制成本也可以被视为变相的增加收入，因此，对于企业活动策划者而言，应该注重对资源的合理调配和高效应用，通过适当的方式降低活动实施中的成本，从而增加活动策划的财务可行性。

在控制成本方面，首先，应该反复关注及论证预算表中的成本项目是否必要，有无冗余的成本项目。因此，策划人应该对成本项目中的内容进行优先级排序，看在不影响活动的整体性要求下，哪些成本项目可以删除。同时，也可以向活动策划的委托企业相关领导进行咨询，了解在活动策划最坏的情况下，他们希望保留的成本项目及愿意放弃的项目。通过多次的审视，最终策划者将能够得到一个较为精简的成本项目列表。

其次，除了删减多余的成本项目外，采取适当的关系维护策略和管理策略也是较为可行的路径。例如，在与活动的配套服务商进行业务沟通时，保持一个相互尊重、互利共赢的心态，尽可能的利用活动的平台为服务供应商创造发展的机会。这样，服务供应商也会在服务价格上予以一定的折扣或优惠。

最后，活动策划者还应该在保持活动主题与内容一致的前提下，注重为与活动相关的企业或组织创造展示机会,从而增加活动获得赞助和资助的机会。例如,借助政府相关部门对节事活动的资助政策,就是降低成本、增加收入的典型策略。

(三)提供有效的财务监控工具

活动策划和管理的财务状况会随着活动策划进程的推进不断改变,在这个以动态为常态的环境下,为保证财务方面的安全性,策划者应该设立一定的财务监控工具和指标。

财务风险指标就是此类监控工具之一,它是指基于广义的财务活动,从动态和长远的角度出发,设置敏感性财务指标并观察其变化,对潜在的或将要面临的财务危机进行监测预报的财务分析方法。

一般的财务风险指标包括以下方面:

(1)资产获利能力。获利是活动策划的最终目标,也是企业生存与发展的前提,获利能力通常考察以下两个指标,即总资产报酬率和成本费用利润率。

(2)偿债能力。衡量偿债能力的指标有流动比率和资产负债率。

(3)经济效率。经济效率的高低直接体现经营管理水平,反映资产运营的指标有应收账款周转率、产销平衡率等。

(4)盈利能力。从长远看,只有具备良好的盈利能力,对外筹资能力和清偿债务能力才越强。

通常衡量盈利能力的指标有:总资产净现率、销售净现率、股东权益收益率等。上述财务风险指标都可以借助财务分析软件进行实时统计与追踪。

此外,作为活动策划人,还可以借助活动盈亏平衡点作为财务监控的工具。所谓盈亏平衡点(break even point,BEP)又称零利润点、保本点,是指全部销售收入等于全部成本时的产量。以盈亏平衡点为界限,当销售收入高于盈亏平衡点时,则能够盈利;反之,就会亏损。通常情况下,盈亏平衡点用销售量或销售额来表示。

在计算盈亏平衡点时,需要借助以下公式。

盈亏平衡点=总的固定成本/边际贡献

边际贡献=每个活动参与者产生的收入-每个活动参与者的可变成本

例如,某次活动的总固定成本是人民币150 000元,边际贡献是300元,那么,此时盈亏平衡点的参与人数为:150 000/300=500人。

在实际操作中,活动策划和管理者可以人数这个较为明显的统计量作为财务监控的指标加以运用。

三、时间资源保障与控制

(一)时间资源管理概念与发展

时间管理的能力决定成功的高度。所谓时间管理(time management)就是用技巧、技术和工具帮助人们完成工作，实现目标。时间管理并不是要把所有事情做完，而是更有效的运用时间；其目的是如何克服时间浪费，更好地把握时间，以便有效地完成既定目标。从本质上来看，时间管理是为提高时间的利用率及有效性而进行的一系列的控制工作，也是管理过程中如何合理有效应用时间的方法及过程。

从时间管理的对象来看，有学者提出，时间管理的对象不是时间，而是对管理者自身进行管理，通过提高管理者的时间使用效率，减少浪费，从而达到提高工作效率的目标。因此，管理者必须做到以下三个方面：掌握工作的关键、简化工作程序、合理安排工作时间。

从时间管理的要素构成来看，同样是一个不断深化认知的演变过程。从现有的研究成果来看，主要可以分为两大类观点。其中，一类是以计划行为作为主要的关注焦点，如Malcolm J Bond 和 Norman Feather 提出时间管理五因素模型，即目的感、有结构的常规行为、当前定向、有效组织和坚持性；针对该模型的不足，Therese Hoff Macan 提出了时间管理行为的四维模型，即设置目标和优先级、机制——计划和安排、时间的自觉控制以及混乱倾向；Bruce K Britton 和 Abraham Tesser 则提出了由短期计划、时间态度和长期计划构成的三因素模型。另一类观点则是侧重时间管理的人格特征方面，如黄希庭和张志杰从个体支配和利用时间的人格特质角度提出了时间管理倾向的三维理论模型，包括时间价值感、时间监控观和时间效能感，并认为时间管理是一种具有多维度、多层次心理结构的人格特征。

从时间管理的方法演变来看，美国管理学大师蒂芬·柯维把时间管理理论分为四代。其中，第一代时间管理着重利用便条和备忘录；第二代，则强调行事历和日程表；第三代，强调做最主要的事，上述时间管理理论均讲求优先顺序，将工作效率放在第一位，然而，却无法满足事业、家庭与社会平衡的需要。第四代时间管理理论则主要强调个人管理，即强调切实改变生活品质、以人为本、效果高于效率等观点。国内有学者提出了第五代时间管理的概念，强调生活和工作的平衡。

综上所述，作为企业活动策划人，应关注的时间管理的内涵：一方面是对策划工作的有序安排，以及采取科学合理的方法对进度加以控制；另一方面是对管理及组织内部的工作时间安排。

（二）时间管理的流程与方法

1. 较为常见的时间管理方法主要包括：ABC 时间管理法、生理节奏法、20/80 时间管理法、日程表时间管理法、杜拉克时间管理法等。

（1）ABC 时间管理法，由美国企业管理顾问 Alan Lakein 提出，是指管理者根据工作任务重要性，将工作分成 A、B、C 3 个等级。其中，A 级为最重要、必须完成的工作；B 级为较重要，应该完成的工作；C 级为较不重要的工作，即可以暂时搁置的工作。通过这种工作性质的划分来区分工作中时间资源分配的优先顺序。

(2) 生理节奏法的主要做法是,先对管理者及员工的个体行为展开研究,以此掌握个体效果最佳的时段,并鼓励在此时段中进行学习和工作。

(3) 20/80 时间管理法,实际上就是人们较为熟悉的 20/80 法则在时间管理方面的应用。20/80 法则又名帕累托定律,是意大利经济学家维弗利度·帕累托发明的。该法则认为,在任何特定群体中,最重要的只占其中一小部分,约 20%;其余的 80% 尽管是多数,却是次要的,因此,管理者应该把时间用在最见成效的工作上。

(4) 日程表时间管理法,就是将任务在时间表上计划好,然后按轻重缓急进行工作。

(5) 杜拉克时间管理法,强调的是时间管理。该方法认为,有效的管理者不是从任务开始,而是从管理时间开始。因此,该方法认为时间管理应遵循以下三个方法:①记录时间:分析时间浪费在什么地方;②管理时间:减少用于非生产性需求的时间;③集中时间:在整段时间内工作效率大于在分散时间内的工作效率之和,尽量利用大段时间进行工作。

时间管理的流程主要应该包括以下方面。

(1) 项目活动定义。在时间管理方面,管理者应明确项目的总体目标,并以此为基础制订出可行的项目时间计划,进行合理的时间管理。有了明确的总体目标后,需要将工作进行分解,然后将所有活动列成一个明确的活动清单,让团队成员都清楚需要处理的工作内容。

(2) 项目活动排序。在活动清单的基础上,找出项目活动之间的依赖关系和工作顺序。在进行项目活动关系的定义时,可采用前导图示法、箭线图示法、条件图示法、网络模板法等方法,并最终形成项目网络图。

(3) 活动工期估算。管理者需要对每项活动的工期进行估算,从而得到整体量化的工期估算数据;在估算中,应充分考虑风险因素对工期的影响。

(4) 安排进度表。项目进度计划意味着明确定义项目活动的开始和结束日期,应根据项目网络图、估算的活动工期、资源需求、资源共享等情况安排活动进度。

(5) 进度控制。进度控制主要是监督进度的执行状况,并及时发现和纠正偏差、错误。

(三)企业活动策划时间管理的建议

作为企业活动策划与管理者,在时间管理上应该参照相关理论研究成果,因此,笔者认为,应该从以下方面提升时间管理成效。

(1) 严格按照时间管理的流程对活动策划及实施过程进行分解和分析。在工作所需时间分析的基础上,充分利用前面章节所介绍的进度控制管理工具,如关键路径法等,来识别关键工作环节,并针对性的投入资源,实施重点关注和管理。

(2) 优化策划小组内部的沟通机制,提升活动策划的效率。沟通问题被认为是造成组织内部时间浪费的主要核心问题，主要包括：①传统沟通模式的实时性破坏了时间块，由于传统沟通要求沟通的双方直接面对对方，因此，沟通双方必须同时关注同一件事情；②组织内部时间信息沟通可能不充分。在面对上述情况时，一方面应该认同完整工作时间块对工作的重要性，采取其他的间接手段进行沟通，如采取文字形式（如电邮、工作短信等方式），从而在明确信息的基础上，保留策划者工作时间块的完整性；另一方面，针对组织内部信息沟通不充分，应该在工作计划方面提升透明度和共享水平。例如，整个公司的工作进度计划、某些部门的工作进度计划，特别是涉及多个部门或员工合作时，这种工作计划的透明化和共享性尤为重要。按照实际工作中的做法，上述工作进度计划或工作进度报告，都可以采取策划小组内部报告的形式提交到内部办公平台并实现分享。

（3）策划小组的每一个成员也应该从个人生理和心理的角度，寻找工作的最佳状态，从而提升工作效率，实现个人时间的有效管理。

本／章小结

为保证企业活动的策划达到较为理想的效果，策划者和管理者应该以战略化的视角来审视活动策划工作。企业活动策划的战略保障体系包括组织架构、战略规划，以及未雨绸缪的风险管理等内容。

在企业活动策划过程中，应该强化战略思维的保障，即要以战略化的眼光来对待企业活动策划；要以战略化的视角来优化活动资源配置；要以战略管理的方法推动活动策划工作的执行。

不管具体的风险管理过程阶段如何划分，企业在进行活动策划的风险管理时均应遵循识别、评估、应对的大体顺序和流程。

作为企业活动的策划人，以及活动的最终组织者，一方面，应该关注企业事件和活动管理中的服务质量，具备细节决定成败的观念；另一方面，还应深刻理解体验经济时代的内涵，将体验决定品质作为活动策划中优化服务体验的准绳。同时，以服务关键时刻为出发点，探讨企业在活动策划和管理过程中，在服务等待、服务补救、体验策划等环节的工作重点和内容。

对于企业活动策划及实施过程中的员工，可以大体上分为以下三类：企业长期雇用的全职员工、企业临时雇用的兼职员工、企业临时聘请为活动提供帮助的志愿者。在企业活动策划和实施过程中，对于人力资源的管理同样需要遵循人力资源管理的一般原理与方法，只是在志愿者的管理方面与一般员工管理略有差异。总体来看，企业活动策划和实施中的人力资源管理主要由以下工作环节构成：调查需求、明确岗位及人员数量；寻找人员的获取渠道、发布信息；人员招聘；召开情况介绍会；培训；制定工作计划和任务分配；激励与认同；绩效评估与奖励。

在财务资源保障体系方面，企业活动策划人需要注意以下几个问题：制定一个相对准确的财务预算；通过适当的方式控制成本；提供有效的监控工具。

在时间资源的管理方面，作为企业活动策划人，应关注时间管理的内涵：一方面是对策划工作的有序安排，并采取科学合理的方法对进度加以控制；另一方面是对管理及组织内部的工作时间安排。较为常见的工作计划时间管理方法主要包括：ABC 时间管理法、生理节奏法、20/80 时间管理法、日程表时间管理法、杜拉克时间管理法等。

复 习及思考

1. 为什么企业活动的策划与管理需要具备战略观念？
2. 企业活动策划与管理的资源管理包括哪些方面的资源？
3. 请谈谈你对企业活动中志愿者的作用和管理特点的理解。
4. 如何能够实现理想的服务等待管理？
5. 如何才能为企业活动参与者提供理想的体验经历？

引 申案例

一次失败的营销活动——赠送不出去的面膜

最近，有家台湾保养品厂商想借由营销活动来打开产品在大陆的知名度，其策划方案为：面膜免费体验的活动。由于宣传经费有限，该厂商只能选择通过淘宝联盟来进行主要宣传，但整个活动效果极不理想，远没有达到预期目标。活动期间，虽经由淘宝联盟的广告投放而引来数千次的网页点击，但最终实际付出快递费的客户却只有个位数字。总结失败教训，有几个因素值得探讨。

首先，平台信任度与知名度。厂商选择营销活动的网络平台是一个新的平台，消费者对其认知与信任都不够，平台商对活动本身也没有投入任何推广力度，也没有在线客服提供必要的咨询服务。

其次，网页动线有问题。消费者登入活动页面之后，需点击进入免费产品订购页面；订购后，进入结算页面；结算时，又跳出要求注册会员；注册完会员后，又有支付环节。整个流程实际上都在不断的流失客户，光是从活动页面到产品页面的跳脱率就非常高。

最后，产品诱因不足。活动体验只送出一片面膜，客户还需负担快递费用，因此，实际上客户感觉花了 6～10 元才得到一片面膜，而面膜本身的价值由于品牌知名度不足而无法体现,使活动对消费者的诱因不足。

营销活动的成败涉及许多环节,包括活动的目的、设计,活动配合的载体,宣传推广,后续的物流配送,客户跟进等。

问题:

1. 请从战略管理的角度点评此次营销活动的策划。

2. 请参照本章的企业活动策划的保障体系管理的内容,为该企业提供营销活动的优化建议与对策。

参 考 文 献

1. ACKOFF R L. The Art of Problem Solving: Accompanied by Ackoff's Fables. Wiley, 1987.

2. Adizes, Corporate life cycles: How and why corporations grow and die and what to do about it, Prentice Hall, Englewood Cliffs, NJ (1989).

3. Bennett CK Yim, David K. Tse and Kimmy W. Chan, (2008) "Strengthening Customer Loyalty through Intimacy and Passion: Roles of Customer-Firm Affection and Customer-Staff Relations in Services," Journal of Marketing Research. 45: 741-756.

4. Bernd H. Schmitt (1999). Experiential Marketing: How to Get Customers to Sense, Feel, Think, Act, Relate. Free Press.

5. BRENT RITCHIE J. Assessing the Impact of Hallmark Events: Conceptual and Research Issues. Journal of Travel Research, 1984,23(1): 2-11.

6. Bureaw G. E. Introduction to museum work. Nashville: American Association for State and Local History,1997.

7. BUTCHER K, KAYANI A. Waiting for Service: Modelling the Effectiveness of Service Interventions. Service Business, 2008,2(2): 153-165.

8. CHALKLEY B, ESSEX S. Urban Development through Hosting International Events: A History of the Olympic Games. Planning Perspectives, 1999,14(4): 369-394.

9. DANIELS M J. Central Place Theory and Sport Tourism Impacts. Annals of Tourism Research, 2007,34(2): 332-347.

10. Doug Matthews, 2008, Special Event Production, the process. Elsevier Inc. Canada.

11. Douglas B. Holt (2004), How Brands Become Icons: The Principles of Cultural Branding, Boston: Harvard Business School Press.

12. GARETH S. Brand Image Transfer through sponsorship: A Consumer Learning Perspective. Market Management, 2004,20: 457-474.

13. Getz, D. (1997), Event Management and Event Tourism, Cognizant Communications Corp, New York, NY.

14. Getz, D. (2005) Event Management and Event Tourism (second ed.). New York: Cognizant Communication Corporation.

15. GOLDBLATT J J. Dollars & Events: How to Succeed in the Special Events Business. Wiley, 1999.

16. GOLDHABER M H. The Attention Economy and the Net. First Monday, 1997,2(4-7).

17. HART C W, HESKETT J LSASSER W E,Jr. The Profitable Art of Service Recovery. Harvard Business Review, 1990,68(4): 148-156.

18. Herbig P,Palumbo F,and O'Hara B. Differences in Trade Show Behavior between Manufactures and Service-Oriented Firms. Journal of Professional Services Marketing,1996,14(2): 55-78.

19. Johnny Allen,William O'Toole(2011)：Festival & Special Event Management，John Wiley.

20. JUROWSKI C，UYSAL MWILLIAMS D R. A Theoretical Analysis of Host Community Resident Reactions to Tourism. Journal of Travel Research，1997,36(2)：3-11.

21. Kilem，R. ，ans S. Ludin(1999)，Tools and Tips for Today's Project Managemers. Newtown Square,Penn. Project Management Institute，1999.

22. KIM H J, GURSOY DLEE S B. The Impact of the 2002 World Cup on South Korea：Comparisons of Pre-and Post-Games. Tourism Management，2006,27(1)：86-96.

23. KIM S S, PETRICK J F. Residents' Perceptions on Impacts of the FIFA 2002 World Cup：The Case of Seoul as a Host City. Tourism Management，2005,26(1)：25-38.

24. Kotler, P. Marketing Insights from A to Z. Hoboken，New Jersey：John Wiley & Sons，Inc. 2003.

25. LAW R, QI SBUHALIS D. Progress in Tourism Management：A Review of Website Evaluation in Tourism Research. Tourism Management，2010,31(3)：297-313.

26. Lee,J. S. ,Back,K. J. (2008). Attendee-based brand equity. Tourism Management，29(2)：331 - 344.

27. Lynn Van Der Wagen，Lauren White，2010，Events Management for tourism，cultural，business and sporting events (Fourth Edition). Pearson Press. Australia.

28. Manhta, S. C. , James. M. L. ,& Sanjay S. M. (1991). Incentive Travel Marketing ：The Singapore Approach. Cornell Hotel & Restaurant Administration,(32)：18-30.

29. MARRIS T. The Role and Impact of Mega-Events and Attractions on Regional and National Tourism Development Resolutions. Tourism Review，1987,42(4)：3-12.

30. MEENAGHAN T. Ambush Marketing：Corporate Strategy and Consumer Reaction. Psychology and Marketing，1998,15(4)：305-322.

31. Michael E. Porter. Competitive Strategy：Techniques for Analyzing Industries and Competitors. United States. New York：Free Press. 1980.

32. MIHALIK B J, SIMONEITA L. Resident Perceptions of the 1996 Summer Olympic Games Year II. Festival Management and Event Tourism，5，1998,1(2)：9-19.

33. Nils, T. N. (2001). "Travel moves 'em", Compensation & Benefits Management,Autumn.

34. O'Hara B S, and Herbig P A. Trade Shows：What Do the Exhibitions Think. Journal of Business & Industrial Marketing,1993,8(4)：18-25.

35. Oliver R L. Whence Consumer Loyalty? Journal of Marketing，1999，63：33-44.

36. Park CW, Macinns DJ, Prester J (2006). Beyond attitudes：Attachment and consumer behavior. Seoul J. Bus. 12(2)：3-35.

37. PARK Y A, GRETZEL U. Success Factors for Destination Marketing Web Sites：A Qualitative Meta-Analysis. Journal of Travel Research，2007,46(1)：46-63.

38. PINE B J, GILMORE J H. Welcome to the Experience Economy. Harvard Business Review，1998，76：97-105.

39. Pooranie A. Trade-Show Management：Budgeting and Planning for a Succesful Event. Comel Hotel

and Restaurant Administration Quaterly,1996,37(4): 77-84.

40. Project Management Institue(2000), A guide to the Project Management Body of Knowledge (PMBOK). Sylva, N. G.: Project Management Institute. http://www.unipi.gr/akad_tmhm/biom _dioik_tech/files/pmbok.pdf

41. QUINN R E, CAMERON K. Organizational Life Cycles and Shifting Criteria of Effectiveness: Some Preliminary Evidence. Management Science, 1983,: 33-51.

42. R. N. Cardozo, An experimental study of consumer effort, expectation and satisfaction, Journal of Marketing Research, 1965, 2, p. 244

43. Rauter, K. (1988). "Performance Payoffs". Insurance Review,49(1): 16-29.

44. ROCHE M. Mega-Events and Modernity: Olympics and Expos in the Growth of Global Culture. Psychology Press, 2000.

45. Severt, D., Wang, Y., Chen, P. J., Breiter, D. (2007.) Examining the motivation, perceived performance, and behavioral intentions of convention attendees: evidence from a regional conference. Tourism Management,28(2):399 -408.

46. SHONE A, PARRY B. Successful Event Management: A Practical Handbook. Cengage Learning Business Press, 2004.

47. SILVERS J R. Professional Event Coordination. Wiley, 2012.

48. Sivadas E, Venkatesh R. An examination of individual and object-specific influences on the extended self and its relation to attachment and satisfaction. Advances in Consumer Research, 1995, 22:406-412。

49. Tarlow, Peter., 2002, Event Risk Management. New York: Wiley.

50. Thomson, M., MacInnis, D. J., Park C. W., 2005. The ties that bind: Measuring the strength of consumers' emotional attachment to brands. Journal of Consumer Psychology,15 (1): 77-91.

51. TOFFLER A. Future Shock. Amereon Ltd., New York, 1970.

52. Tranner Jr J F, and Chonko L B. Trade Show Objectives, Management, and Staffing Practices. Industrial Marketing Management,1995,24: 257-264.

53. Verhaar J,Meeter H. Project model exhibitions. Reinwardt Academie,1989.

54. WHITFORD M. Oaxaca's Indigenous Guelaguetza Festival: Not all that Glistens is Gold. Event Management, 12, 2009,3(4): 143-161.

55. William O'Toole, Phyllis Mikolaitis, 2011, corporate Event Project Management,John Wiley & Sons, INC. New York.

56. Wright, Rudy R., CMP (1989). Meeting Spectrum: An Advanced Guide for Meeting Professionals. San Diego, Calif: Rockwood Enterprises.

57. 白战锋.企业文书写作范本格式+技巧+范例.北京:经济管理出版社,2005.

58. 毕卫华,何青松.基于模糊综合评价法的企业网络营销绩效评价.中国商贸,2012,(5).

59. 卜庆娟.基于让渡价值的顾客满意度比较模型构建与评价以家电产业为例.北京:中国社会科学出版社,2011.

60. 蔡妩萍. 时间管理研究述评. 知识经济, 2012, (4): 11-11.

61. 曹宗平. 市场营销学. 广州: 广东经济出版社, 2010.

62. 常桦. 公务商务活动筹划与实施手册. 北京: 中国工人出版社, 2008.

63. 常云. 大型会议组织与管理. 北京: 中国商务出版社, 2011.

64. 陈方英. 城市居民对重大事件感知与态度的纵向变化研究——以青岛市举办2008奥帆赛为例. 旅游学刊, 2010, (010): 77-84.

65. 陈浩, 张京祥, 宋伟轩. 空间植入: 大事件对城市社会空间演化的影响研究——以昆明为例. 城市发展研究, 2010, (002): 110-116.

66. 陈佳贵. 关于企业生命周期与企业蜕变的探讨. 中国工业经济, 1995, (011): 5-13.

67. 陈培英. 国际商务秘书实务考试题解. 上海: 上海财经大学出版社, 2008.

68. 陈乾康, 阙敏. 旅行社计调与外联实物. 北京: 中国人民大学出版社, 2006.

69. 陈荣基. 大型展馆如何为展览、会议提供全方位配套服务. 广西: 广西人民出版社, 2004.

70. 陈锐, 等. 后奥运时期北京城市运行与发展模式研究. 中国科学院院刊, 2009, 24(1): 61-68.

71. 陈旭军. 创造品牌价值的体验营销. 销售与市场, 2010(11): 78-80.

72. 戴光全, 保继刚. 西方事件及事件旅游研究的简介与启发. 徐虹罡. 事件旅游及旅游目的地建设管理. 北京: 中国旅游出版社, 2005.

73. 戴光全, 马聪玲. 节事活动策划与组织管理. 北京: 中国劳动社会保障出版社, 2007.

74. 邓石华. 秘书应用写作. 北京: 中央广播电视大学出版社, 2009.

75. 邓月英. 公共关系. 上海: 复旦大学出版社, 2009.

76. 丁海猛, 候雪. 网络时代企业危机公关面临的两大挑战及原因分析. 新闻界, 2009, (1): 62-64.

77. 董媛. 励奖旅游产品实施效应研究——以重庆奖励旅游市场为例. 旅游学刊, 2006, (5).

78. 杜鹏程. 企业大型庆典活动的组织与体会, 中国煤炭工业, 2012(3): 61-62.

79. 杜智勇, 解东辉. 组织行为学. 郑州: 河南科学技术出版社, 2010.

80. 符涛, 朱坚真. 人力资源开发与管理概论. 北京: 化学工业出版社, 2010.

81. 付晓蓉. 公共关系学. 成都: 西南财经大学出版社, 2004.

82. 傅广海, 邓玲副. 会展与节事旅游管理概论. 北京: 北京大学出版社, 2007.

83. 傅琼, 杨秀英, 章克昌. 实用公关与礼仪. 北京: 中国人民大学出版社, 2004.

84. 高飞. 现代企业管理学. 北京: 中国社会科学出版社, 2010.

85. 高敏. 如何加强高校科研团队例会的管理. 科技管理研究. 2011(10): 65-68.

86. 葛秋萍. 现代人力资源管理与发展. 北京: 北京大学出版社, 2012.

87. 龚维刚. 会展实务. 上海: 华东师范大学出版社, 2007.

88. 巩天雷, 赵领娣. 基于顾客情感和谐得情感营销驱动模式研究. 预测, 2007(2): 25-29.

89. 郭台鸿. 高效沟通24法则. 北京: 清华大学出版社, 2009.

90. 郭晓燕. 企业管理的品牌战略模型思考. 中国商贸, 2011, (11).

91. 郭英之, 臧胜男, 姜静娴. 上海杨浦区会议旅游质量评价的实证研究. 经济地理, 2009, 29(9): 1569-1573.

92. 郭志台. 媒体公关: 如何用好营销新利器. 北京: 机械工业出版社, 2006.

93. 韩梅.娱乐节目购买移植的成功与隐忧——浙江卫视《中国好声音》为例.《神州》,2012,(31).

94. 郝红.管理沟通.北京:科学出版社,2010.

95. 郝雨风,李朝霞.大客户市场与客户管理.北京:中国经济出版社,2005.

96. 何晓兵.销售业务管理.北京:科学出版社,2011.

97. 何修猛.现代广告学.上海:复旦大学出版社,2005.

98. 何永祺,傅汉章.市场学原理.广州:中山大学出版社,2006.

99. 何智蕴.管理文秘理论与实务.北京:科学出版社,2007.

100. 贺学良.饭店营销高效管理.北京:旅游教育出版社,2008.

101. 侯韶图.中国策划业任重道远.企业研究,2000,(12):23-25.

102. 胡平.会展旅游概论.上海:立信会计出版社.2006

103. 胡善珍.市场营销策划.北京:中国财政经济出版社,2005.

104. 胡雄杰,付慧敏.浅谈汽车营销的体验式营销.科技信息,2011(17).

105. 华谦生.会展管理.广州:广东经济出版社,2008.

106. 黄德林,李迎新.公共部门公共关系学.武汉:武汉大学出版社,2009.

107. 黄杰.图解成本管理一本通.北京:中国经济出版社,2011.

108. 黄忠怀,邓宏武,张堃.公共关系学.上海:华东理工大学出版社,2010.

109. 季玉群,刘敏.企业推行奖励旅游的制度探析.江苏商论,2012,(6):103-107.

110. 贾丹华,聂晶.现代市场营销.北京:清华大学出版社,2007.

111. 贾生华,陈宏辉.利益相关者的界定方法述评.外国经济与管理,2002,24(005):13-18.

112. 江河,兰艳.大型会议会务管理系统的设计与实现.电脑与信息技术.2005.13(2):57-59。

113. 江君.时间管理研究述评.科技资讯,2010,(023):235-235.

114. 蒋侃.基于顾客体验的新服务开发与设计.科技管理研究,2010,30(014):146-149.

115. 金辉.会展概论.上海:上海人民出版社,2004.

116. 酒井隆.图解市场调查指南.广州:中山大学出版社,2008.

117. 寇玉琴.现代公共关系学.上海:立信会计出版社,2008.

118. 郎群秀.公共关系学.北京:科学出版社,2007.

119. 李冰彬.行政管理拿来即用案头手册.北京:中国经济出版社,2010.

120. 李博.浅谈企业的概念.法制与社会:旬刊,2010,(009):286-287.

121. 李大军.公共关系实用教程.北京:清华大学出版社,2008.

122. 李道平等.公共关系学.北京:高等教育出版社,2010.

123. 李光斗.味觉营销:营销插位新利器,营销智囊,2007(17)26.

124. 李广新,吴洪刚.战略性营销计划.广州:广东省出版集团,2006.

125. 李进.大型展览活动人群智能服务管理研究.上海:复旦大学.2010,4.

126. 李莉.公务员礼议规范.长沙:湖南科学技术出版社,2005.

127. 李世杰.市场营销与策划.北京:清华大学出版社,2006.

128. 李维安等.哈佛商业评论精粹译丛.北京:中国人民大学出版社,2004.

129. 李维冰.旅游系列教材 旅游项目策划.北京:中国商业出版社,2004.

130. 李先国,曹献存. 客户服务管理. 北京:清华大学出版社,2011.

131. 李野新,滕红琴. 新体验营销:一本正经. 深圳:海天出版社,2008.

132. 李勇主. 公关经理日智. 北京:机械工业出版社,2006.

133. 李智惠,柳承烨. 韩国移动社交网络服务的类型分析与促进方案. 现代传播,2010,(8).

134. 梁东,刘建堤. 市场营销新视点. 经济管理出版社,2007.

135. 梁冬梅,旅游公共关系原理与实务. 北京:清华大学出版社,2008.

136. 梁琳娜,李蕾. 营销策划与创新. 兰州:甘肃民族出版社,2009.

137. 梁沈。会议营销实操大全. 广州:广东经济出版社,2008.

138. 梁莹. 社会资本与公民文化的成长公民文化成长与培育中的社会资本因素探析. 北京:中国社会科学出版社,2011.

139. 廖泉文. 人力资源考评系统. 济南:山东人民出版社,2000.

140. 林有宏,黄宇芳. 电信行业精确营销方法与案例. 北京:人民邮电出版社,2009.

141. 刘大可. 商务旅游. 北京:中国人民大学出版社,2009.

142. 刘登辉. 市场营销石油化工类专业适用. 北京:高等教育出版社,2007.

143. 刘戈,网络消费市场中的体验营销,中国市场,2012(14):9-10

144. 刘红霞. 市场调查与预测. 北京:科学出版社,2011.

145. 刘宏建. 应用统计学. 北京:中国科学技术大学出版社,2011.

146. 刘坤远. 公共关系. 成都:西南交通大学出版社,2009.

147. 刘强. 全球竞争时代的品牌营销. 现代营销,2010,(10).

148. 刘圣英. 浅谈组织内部的时间管理. 改革与开放,2010,22:056.

149. 刘松萍. 给自己打分——参展商如何评估展会效果. 参展商,2005,(6):30-33.

150. 楼红平. 市场营销. 上海:上海交通大学出版社,2009.

151. 卢晓. 节事活动策划与管理(第2版). 上海:上海人民出版社出版,2009.

152. 吕勇明. 现代商业企业管理(高级). 上海:上海辞书出版社,2009.

153. 罗明义. 旅游经济分析理论·方法·案例. 昆明:云南大学出版社,2010.

154. 马连福. 体验营销:触摸人性的需要. 北京:首都经济贸易大学出版社,2005.

155. 马勇,郑建瑜. 大型活动策划与管理. 重庆大学出版社,2007,5:46-47.

156. 马勇,冯玮. 会展管理. 北京:机械工业出版社,2006.

157. 蒙坪. 公共关系. 北京:化学工业出版社,2008.

158. 潘国锦. 企业危机公关理论与方法初探. 南方经济,2005,(7):45-47.

159. 潘志明. 浅谈企业大型活动的策划、组织与管理,管理观察,2012(15):71-72.

160. 彭石普. 营销策划能力基础. 北京:北京邮电大学出版社,2008.

161. 彭顺生. 论奖励旅游在现代企业管理中的作用及其实现途径,管理观察,2009(6):85-87.

162. 彭涛. 大型体育赛事对城市空间发展的影响研究——以广州为例,2008.

163. 彼德·德鲁克著. 齐若兰译. 管理实践. 北京:机械工业出版社,2006.

164. 齐心. 出版企业的品牌塑造——以公共关系理论为视阈的考察. 科技与出版,2012,9:007.

165. 钱放主. 商务礼仪. 武汉:武汉理工大学出版社,2009.

166. 钱炜. 城市社区志愿服务激励机制研究,2010.

167. 钱增泉. 市场营销学. 南京：东南大学出版社,2007.

168. 秦宗槐. 营销策划. 合肥：安徽人民出版社,2008.

169. 任锡源. 销售经理360度全程序工作手册. 北京：中国经济出版社,2006.

170. 任锡源,王爱国,潘东芬. 营销策划理论与实务. 北京：首都经济贸易大学出版社,2006.

171. 邵焱,谭恒,刘玉芳. 现代市场营销学. 北京：清华大学出版社,2007.

172. 沈丽鹏. 浅析企业管理创新之路. 当代经济,2008,(4)：52-52.

173. 盛安之. 营销的58个创新策划. 北京：企业管理出版社,2008.

174. 施昌奎. 会展经济：运营·管理·模式. 北京：中国经济出版社,2006.

175. 施春来. 企业营销策划. 北京：中国经济出版社,2008.

176. 史国祥. 会展导论. 天津：南开大学出版社,2009.

177. 舒晓楠. 商务与管理沟通. 北京：机械工业出版社,2010.

178. 宋素红. 推销理论与实务. 北京：化学工业出版社,2007.

179. 宋维红. 学校公共关系理论与实践. 北京：中央编译出版社,2007.

180. 宋亦平,王晓艳. 服务失误归因对服务补救效果的影响. 南开管理评论,2005,8(004)：12-17.

181. 苏保忠,张正河. 公共管理学. 北京：北京大学出版社,2004。

182. Lynn Van Der Wagen 著. 宿荣江译. 活动项目策划与管理—旅游、文化、商务及体育活动. 北京：旅游教育出版社,2004.

183. 孙中伟,索扬. 旅行社成功策划奖励旅游业务流程之研究. 石家庄师范专科学校学报,2004,6(6)：62-66.

184. 泰勒. 数据、模型与决策. 北京：中国人民大学出版社,2011.

185. 谭红翔. 会展策划实务. 北京：对外经济贸易大学出版社,2007.

186. 汤定娜. 国际市场营销学. 北京：高等教育出版社,2006.

187. 唐代剑. 旅游市场营销学. 杭州：浙江大学出版社,2005.

188. 唐志攀,刘伟成. 对秘书在大型会议中做好媒体接待工作的几点思考. 秘书之友,2012(2)：14-15.

189. 唐志攀,刘伟成. 对秘书在大型会议中做好媒体接待工作的几点思考. 秘书之友,2012(2)：14-15.

190. Karen, Holems. & Corinne Leech,天向互动教育中心(译),个人与团队管理(第二版)(上册). 北京：清华大学出版社,霍尔默斯,& 里奇,2008).

191. 仝德稷,张奎祥. 营销竞争战术. 北京：中国经济出版社,2004.

192. 万斌. 大型活动项目管理指导手册. 第四卷. 合肥：安徽文化音像出版社,2003.

193. 王保伦. 会展经营与管理. 北京：北京大学出版社,2006.

194. 王昌国,程敏然. 市场营销学. 中国科学技术大学出版社,2006.

195. 王春雷. 国外重大活动经济影响研究. 旅游学刊,2008,23(004)：88-96.

196. 王洪亮,李国祥. 国际市场营销管理学. 广州：暨南大学出版社,1994.

197. 王金艳. 网络会议的实现方法. 科技创新导报,2012(19)：247.

198. 王敏杰,刘利民. 企业参展效益评价指标体系研究. 当代经济,2009,(1)：158-159.

199. 王起静. 会展项目管理. 中国商务出版社,2004.

200. 王瑞丰.市场营销技术：策划与运作.北京：北京航空航天大学出版社,2007.

201. 王首程.会议管理.北京：高等教育出版社,2008.

202. 王缇萦.商务旅游策划与管理.上海：上海人民出版社,2007.

203. 王伟,浮石.活动创造价值活动运营实操手册.长沙：湖南科学技术出版社,2009.

204. 王昊军.突破思维定势.创新科技,2006,(6)：39-39.

205. 王学东.营销策划：方法与实务.北京：清华大学出版社,2010.

206. 王永贵.顾客资源管理.北京：北京大学出版社,2005.

207. 吴必虎.区域旅游规划原理.中国旅游出版社,2001.

208. 吴粲,李林.策划学精要.中国人民大学出版社,2009.

209. 吴慈生,张术松,王庆军.公共部门人力资源管理.合肥：合肥工业大学出版社,2008.

210. 吴虹,张锋.浅析会展项目的风险管理.有色金属设计,2008,34(4)：26-31.

211. 吴继文.奖励旅游.台北：经济部商业司,2007.

212. 吴文峰.财务主管实务.广州：广东经济出版社,2009.

213. 吴晓烨.体验经济视角下奖励旅游产品的创意化设计,中国集体经济,文化产业,2008：92-94.

214. 吴亚红.市场营销实务,高职高专版.南京：南京大学出版社,2007.

215. 武邦涛.会展管理实务.上海：上海远东出版社,2005.

216. 奚华.商场超市金牌主管经营与管理.北京：中国商业出版社,2008.

217. 向阳,强月霞.会议策划与组织.重庆：重庆大学出版社,2010.

218. 肖庆国,武少源.会议运营管理.北京：中国商务出版社,2008.

219. 谢明,杜子芳.公共政策分析导论.北京：中国人民大学出版社,2010.

220. 兴盛乐.社交礼仪与形象设计.北京：企业管理出版社,2007.

221. 徐玖平.循环经济系统规划理论与方法及实践.北京：科学出版社,2008.

222. 许春晓,柴晓敏付淑礼.城市居民对重大事件的感知变化研究——2006杭州世界休闲博览会期间的纵向研究.旅游学刊,2008,22(11)：89-94.

223. 许军.市场营销学.成都：西南交通大学出版社,2009.

224. 许正林.西方广告经典著作导读.郑州：郑州大学出版社,2009.

225. 同向军,刘金龙.利用关键路径法保障油田工程项目进度的新举措.油气田地面工程,2010,29(006)：96-97.

226. 杨春兰,韩芳.会展概论.上海：上海财经大学出版社,2006.

227. 杨秀英,傅琼,魏佐国.市场营销管理.北京：中国商务出版社,2006.

228. 殷剑巍,马勇朱洪军.对企业赛事赞助效果制约因素的实证研究和探讨.湖北体育科技,2012,31(4)：392-395.

229. 于海波,吴必虎卿前龙.重大事件对旅游目的地影响研究——以奥运会对北京的影响为例.中国园林,2009,(11)：22-25.

230. 于晓静.国外社会企业的发展及其启示.社团管理研究,2011,(5)：46-49.

231. 云牧心.社交与礼仪知识全集.北京：北京工业大学出版社,2006.

232. 泽丝曼尔,比特纳,格兰姆勒.服务营销.北京：机械工业出版社,2011.

233. 曾琳智.新编公共关系学.上海：上海财经大学出版社,2009.

234. 曾薇.庆典活动策划者应当重视的几个重要公共关系观念—以60周年国庆庆典活动为例.时代经贸,2010(157)：152-153.

235. 曾学清,王忠.从领导者素质论看体验经济下企业领导者所需素质.企业家天地,2006,(10).

236. 湛文倩,袁传攀.浅析企业员工的时间管理.企业导报,2011,8：081.

237. 张爱邦,刘雪梅.营销策划原理与实务.北京：高等教育出版社,2009.12.

238. 张灿.新编公文写作技巧与标准范例.北京：蓝天出版社,2004.

239. 张策.会展业务流程.北京：高等教育出版社,2008.

240. 张春玲.浅谈信息时代的网络公关.秘书之友,2010,(002)：15-16.

241. 张道顺.旅游产品设计与操作手册.北京：旅游教育出版社,2010.

242. 张栋,朱烨烽.基于大型会议活动中信息联络工作的研究与思考.文化实务,8(46)：2011,74-75.

243. 张光辉.市场营销学.北京：中国农业出版社,2009.

244. 张红.会展概论.北京：高等教育出版社,2006.

245. 张鸿.营销策划学.广州：中山大学出版社,2009.

246. 张静容,张月娥.新编公共关系实务.北京：北京大学出版社,2009.

247. 张丽璃.秘书会务工作与实训.北京：中国人民大学出版社,2009.

248. 张丽霞,吴宏伟.网络营销站点的评估分析.北方经贸,2005,(1)：36-37.

249. 张敏,杨凤梅,朱晓红.利用思维导图提高学生学习效率的探索.中国医学教育技术,2010,24(4).

250. 张琼.奖励旅游在国内企业管理中的应用障碍及其对策.科教导刊,2010(5)：106-107.

251. 张荣刚.网络媒体环境下企业危机公关分析.商业研究,2010,(008)：85-89.

252. 张文建,金辉.中外会展述论.上海：上海人民出版社,2006.

253. 张显春.会展旅游.重庆：重庆大学出版社,2007.

254. 张以琼.会展场馆管理与服务.广州：广东经济出版社,2007.

255. 张岳峰.怎样做好大型会议的组织安排工作.秘书工作.1999(9)：28-29.

256. 赵锁龙.管理秘书实务(21世纪公共管理系列教材).北京：中国人民大学出版社,2004.

257. 赵涛,罗伯特议事规则操作指南.北京：北京工业大学出版社出版,2008.

258. 赵伟功.人本管理视角下的会议功能与功效改进.武汉交通职业学报,2006,8(1)：41-44.

259. 赵旭东.公司法学.北京：高等教育出版社,2003.

260. 郑建瑜.会议策划与管理.南开：南开大学出版社,2008.

261. 郑铁.英国事件管理本科专业设置及其启示——以英国中央兰开夏大学旅游休闲管理系为例.高教论坛,2009,(4)：126-128.

262. 郑学益.构筑产业链,形成核心竞争力——兼谈福建发展的定位及其战略选择.福建改革,2000,8：14-15.

263. 郑岩,曾武灵.会展与事件旅游.北京：中国科学技术出版社,2008.

264. 钟韵,彭华.旅游研究中的系统思维方法：概念与应用.旅游学刊,2001,16(003)：48-53.

265. 周明.营销策划策略与方法.北京：北京大学出版社,2010.

266. 周雅琴.浅谈提高会议效率的管理对策.湖南大众传媒职业技术学院学报,2012(1)：74-76.

267. 周永亮。中国企业的执行问题.北京：机械工业出版社,2008.

268. 周勇.北京居民对 2008 奥运会影响的态度和看法.旅游学刊,2008,23(7)：40-48.

269. 朱北仲.国际市场营销.北京：中国商务出版社,2009.

270. 朱晓民.中国本土营销策略.北京：中国发展出版社,2005.

271. 朱阳瑾,王绫. 基于模糊系统分析法的会展企业风险管理.现代商贸工业,2008,19(11)：147-148.

272. 庄贵军.企业营销策划.北京：清华大学出版社,2005.

273. 新加坡展览会议署官方网站：http://www.yoursingapore.com/content/mice/en.html

274. 日本国际观光振兴机构官方网站：http://www.jnto.go.jp

275. 事件组织者协会官方网站：http://www.aeo.org.uk

276. 国际节事协会官方网站。http://www.ifea.com

277. 国际奖励旅游及旅行经理人协会官方网站,http://www.siteglobal.com

278. 国际大会与会议协会官方网站,www.iccaworld.com

279. 国际会议筹组人协会官方网站,http://www.iapco.org

280. 国际展览与项目协会中国官方网站,http://www.iaeechina.com/

281. 国际展览业协会官方网站,http://www.ufi.org

282. 国际目的地营销机构协会官方网站,http://www.destinationmarketing.org

283. 国际奖励旅游及旅行经理人协会官方网站,http://www.siteglobal.com

284. 国际节庆协会官方网站,http://www.ifea.com

285. 国际场馆经理人协会官方网站,http://www.venue.org

286. 国际展览运输协会官方网站,http://www.iela.org

287. 2010 上海世博会官方网站,http://www.expo2010.cn

288. 澳门特别行政区政府旅游局官方网站,http://www.macautourism.gov.mo/

教师服务

感谢您选用清华大学出版社的教材！为了更好地服务教学，我们为授课教师提供本书的教学辅助资源，以及本学科重点教材信息。请您扫码获取。

≫ 教辅获取

本书教辅资源，授课教师扫码获取

≫ 样书赠送

旅游管理类重点教材，教师扫码获取样书

 清华大学出版社

E-mail: tupfuwu@163.com
电话：010-83470332 / 83470142
地址：北京市海淀区双清路学研大厦 B 座 509

网址：https://www.tup.com.cn/
传真：8610-83470107
邮编：100084

教师服务

感谢您选用清华大学出版社的教材！为了了解并服务您的教学，我们为授课教师提供本书的教学辅助资源，以及本学科重点教材信息。请您扫码获取。

>> 教辅获取

本书教辅资源，授课教师扫码获取

>> 样书赠送

高等教育重点教材，授课教师扫码获取样书

清华大学出版社

E-mail：tupfuwu@163.com
电话：010-83470332 | 83470142
地址：北京市海淀区双清路学研大厦B座509

网址：https://www.tup.com.cn/
传真：8610-83470107
邮编：100084